汽车电气设备与维修（第3版）
工 单 册

主　编　孙志刚　赵　艳　王浩名

班　级：_____
姓　名：_____
学　号：_____

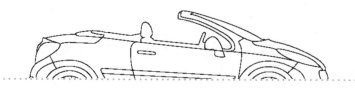 

前 言
PREFACE

  本工单册是学生在学习完单元知识或在实习实训过程中需要自行完成的部分，辅助考核学生所学专业知识点，了解学生职业技能提升程度。配合每个情境进行，共包含学习目标、强化训练和评价反馈三部分，力争使学生完成由知识点的强化学习到掌握职业技能的转换。工单册中配有文字、图表以及辅助学习的视频等。

  本工单册在编写过程中参阅了许多国内公开出版的同类教材，参阅了"1+X"职业资格证书的有关要求和标准，在此向有关作者深表感谢。

  由于编者水平有限，工单册中错误在所难免，敬请读者批评指正。

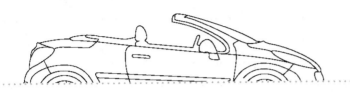

目 录
CONTENTS

学习情境一　蓄电池的检修与维护 ··················· 273
 学习目标 ··················· 273
 强化训练 ··················· 273
  学习任务资讯 ··················· 273
  制定蓄电池的检修与维护方案 ··················· 274
  基础知识准备 ··················· 275
  工作过程与分析 ··················· 281
  技能提升自测 ··················· 284
 评价反馈 ··················· 285
  成果鉴定评估 ··················· 285
  成绩认定单 ··················· 286
 拓展任务 ··················· 286
 任务评价 ··················· 289

学习情境二　交流发电机的检测与维护 ··················· 290
 学习目标 ··················· 290
 强化训练 ··················· 290
  学习任务资讯 ··················· 290
  制定交流发电机的检修与维护方案 ··················· 291
  基础知识准备 ··················· 292
  工作过程与分析 ··················· 301
  技能提升自测 ··················· 304
 评价反馈 ··················· 306
  成果鉴定评估 ··················· 306
  成绩认定单 ··················· 307
 拓展任务 ··················· 307
 任务评价 ··················· 310

学习情境三　起动机的检修与维护 ··················· 311
 学习目标 ··················· 311
 强化训练 ··················· 311

- 学习任务资讯 ········· 311
- 制定起动机的检修与维护方案 ········· 312
- 基础知识准备 ········· 313
- 工作过程与分析 ········· 316
- 技能提升自测 ········· 319
- 评价反馈 ········· 321
 - 成果鉴定评估 ········· 321
 - 成绩认定单 ········· 322
- 拓展任务 ········· 322
- 任务评价 ········· 325

学习情境四　点火系的拆装、检测与诊断 ········· 326

- 学习目标 ········· 326
- 强化训练 ········· 326
 - 学习任务资讯 ········· 326
 - 制定点火系的拆装、检测与诊断方案 ········· 327
 - 基础知识准备 ········· 327
 - 工作过程与分析 ········· 336
 - 技能提升自测 ········· 339
- 评价反馈 ········· 340
 - 成果鉴定评估 ········· 340
 - 成绩认定单 ········· 341
- 拓展任务 ········· 341
- 任务评价 ········· 344

学习情境五　照明与信号系统的检修与维护 ········· 345

- 学习目标 ········· 345
- 强化训练 ········· 345
 - 学习任务资讯 ········· 345
 - 制定照明与信号系统的检修与维护学习方案 ········· 346
 - 基本知识准备 ········· 346
 - 工作过程与分析 ········· 351
 - 技能提升自测 ········· 353
- 评价反馈 ········· 355
 - 成果鉴定评估 ········· 355
 - 成绩认定单 ········· 356
- 拓展任务 ········· 356
- 任务评价 ········· 359

学习情境六　仪表、报警灯与电子显示装置维护 ………………………………… 361
学习目标 ……………………………………………………………………………… 361
强化训练 ……………………………………………………………………………… 361
学习任务资讯 ……………………………………………………………………… 361
制定仪表、报警灯与电子显示装置维护学习方案 ……………………………… 362
基本知识准备 ……………………………………………………………………… 362
工作过程与分析 …………………………………………………………………… 364
技能提升自测 ……………………………………………………………………… 366
评价反馈 ……………………………………………………………………………… 367
成果鉴定评估 ……………………………………………………………………… 367
成果认定单 ………………………………………………………………………… 368
拓展任务 ……………………………………………………………………………… 368
任务评价 ……………………………………………………………………………… 371

学习情境七　安全与舒适系统维护 ……………………………………………………… 373
学习目标 ……………………………………………………………………………… 373
强化训练 ……………………………………………………………………………… 373
学习任务资讯 ……………………………………………………………………… 373
制定安全与舒适系统维护学习方案 ……………………………………………… 374
基本知识准备 ……………………………………………………………………… 374
工作过程与分析 …………………………………………………………………… 376
技能提升自测 ……………………………………………………………………… 378
评价反馈 ……………………………………………………………………………… 379
成果鉴定评估 ……………………………………………………………………… 379
成绩认定单 ………………………………………………………………………… 380
拓展任务 ……………………………………………………………………………… 380
任务评价 ……………………………………………………………………………… 383

学习情境八　空调系统的检修与维护 …………………………………………………… 385
学习目标 ……………………………………………………………………………… 385
强化训练 ……………………………………………………………………………… 385
学习任务资讯 ……………………………………………………………………… 385
制定空调系统的检修与维护学习方案 …………………………………………… 386
基本知识准备 ……………………………………………………………………… 387
工作过程与分析 …………………………………………………………………… 389
技能提升自测 ……………………………………………………………………… 390
评价反馈 ……………………………………………………………………………… 396
成果鉴定评估 ……………………………………………………………………… 396

成绩认定单 ··· 397
　　拓展任务 ··· 397
　　任务评价 ··· 400

学习情境九　电路图组成内容识读 ································· 401
　学习目标 ··· 401
　强化训练 ··· 401
　　学习任务资讯 ··· 401
　　制定电路图组成内容识读学习方案 ······································· 402
　　基本知识准备 ··· 402
　　工作过程与分析 ·· 407
　　技能提升自测 ··· 408
　评价反馈 ··· 410
　　成果鉴定评估 ··· 410
　　成绩认定单 ·· 411
　拓展任务 ··· 411
　任务评价 ··· 414

学习情境十　汽车整车电气设备生产性检测与维护 ············ 415
　学习目标 ··· 415
　强化训练 ··· 415
　　学习任务资讯 ··· 415
　　制定汽车整车电气设备生产性能检测与维护学习方案 ·············· 416
　　基本知识准备 ··· 417
　　工作过程与分析 ·· 422
　　技能提升自测 ··· 424
　评价反馈 ··· 426
　　成果鉴定评估 ··· 426
　　成绩认定单 ·· 427
　拓展任务 ··· 428
　任务评价 ··· 429

学习情境一 蓄电池的检修与维护

为了完成蓄电池的检测与维护任务，必须了解蓄电池的结构、工作原理及作用；掌握蓄电池型号的含义及选择蓄电池型号的原则；掌握蓄电池的充电方法，常见故障及排除方法；掌握蓄电池的维护内容等。

 学习任务资讯

学习情境描述	售后服务经理接到客户反映灯光亮度不足、喇叭响度不够的故障后，递交给学员一个检修、维护蓄电池的任务，要求检查蓄电池的容量及是否有故障，并确定是否可再用，如可再用，则进行检修、试验并排除可能出现的故障。若不可用，则给出建议更换的型号并进行更换。制定学习和维修计划，完成此任务。将检修、维护的相关信息告知经理，得到经理的确认后，提交一份分析报告并归档	
职业能力目标	专业能力	采取行动导向，确定汽车蓄电池维护步骤的能力； 使用专用工具对蓄电池进行检测的能力； 对蓄电池维修质量进行检验的能力； 确保工作安全、环保的能力； 工作结果的评价与记录能力
	社会能力	团队协作能力； 与客户沟通的能力； 对有关宏观、微观政策的了解能力
	方法能力	扩展相应的信息收集能力； 使用企业信息资源制定学习与工作计划的能力； 独立使用各种媒介完成学习任务的能力； 工作结果的评价与反思能力
要求	必须分组、分工、协作共同完成，制定学习和维修计划； 学生要做好记录，各小组选派代表展示学习结果； 评议各小组展示的学习成果	
信息来源	校本教材基础知识、讲义（指导老师讲解）、蓄电池的使用说明书； 蓄电池的检测、充电设备、网络信息系统	

续表

作业前提	蓄电池供电电压正常（不低于12.7 V）； 熟悉蓄电池工作原理、拆装的注意事项； 熟悉蓄电池的充电设备
学习步骤	与客户（经理）交谈了解任务内容； 获取学习情境中的必要信息和相关的数据； 制定学习和维修计划，按要求进行测试、检验及故障诊断训练； 进行自我评价
拓展	新型蓄电池有哪些

制定蓄电池的检修与维护方案

劳动组织	建议小组由4~6名学生组成，设组长1名，带领本组同学制定学习计划，进行学习组织，老师负责安全与技术指导，组织学生轮换操作	请参照上述分工，将本小组人员安排如下：
学习与工作计划	小组讨论：	老师点评：
工具准备	请根据工作内容与目标制定所需的工用具。 选定负责人：	要领取的工具与材料：

基础知识准备

主要学习方法：通过教师讲解、观看课件演示、查阅蓄电池使用说明书以及参阅书后的基础知识等方式掌握基础知识。

一、蓄电池构造识别

（1）定义：蓄电池（俗称"_____"）是一种将_____转变为_____的装置，是可逆的低压直流电源。能量的转换：蓄电池放电时，将_____转变为电能；蓄电池充电时，将电能转化为_____储存起来，直到化学能储存满时充电结束。

（2）构造：写出图中各部分的名称及组成部件作用。

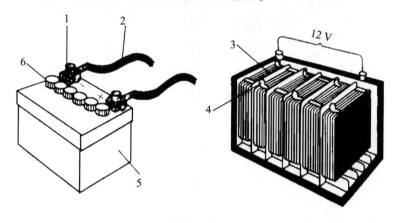

蓄电池构造

1. _____   2. _____   3. _____
4. _____   5. _____   6. _____

各部分的组成物质及作用

名称	组成物质	作用
正负极板		
栅架		
壳体		
电解液		
联条		

二、蓄电池的检测方法

1. 检测工具的认识

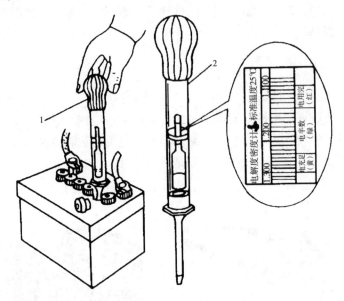

蓄电池检测工具（一）

写出图中工具名称及作用：

名称：_____

作用：_____

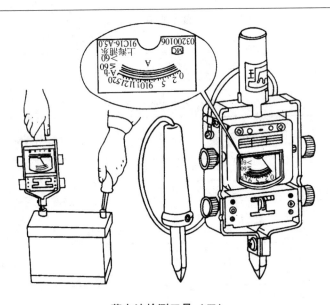

蓄电池检测工具（二）

名称：_____

作用：_____

2. 外部检测

（1）检查容器是否破裂。造成破裂的原因有蓄电池_____过紧、行车剧烈_____、外物击伤和电解液_____等。检查判断蓄电池_____高度及电池_____的潮湿情况来判断容器是否有裂纹存在。

（2）检查封口胶是否破裂。封口胶破裂多因_____或受到_____造成的。

（3）检查极柱螺栓和螺母腐蚀是否腐蚀。螺栓和螺母腐蚀会产生腐蚀污物，可以用_____将污物刮去，再用蘸有5%的碱溶液的抹布擦去残余的_____，再用清水清洗干净，最后在极柱和接线端表面涂上_____保护。

（4）检查蓄电池是否爆炸。蓄电池爆炸主要是由于_____排不出来，所以必须保证排气孔通气顺畅。

3. 内部极板的检测

● 极板硫化：

用玻璃管测量电解液液面高度

蓄电池极板硫化后的现象：在充、放电时会有异常现象，如_____时蓄电池容量下降很快，用高率放电计检查时，_____端电压急剧降低；充电时单体蓄电池_____上升快，电解液_____迅速升高，但_____却提高很慢，且过早出现"沸腾"现象。

产生极板硫化的主要原因是：

（1）蓄电池长期_____，或放电后没有及时充电。

（2）蓄电池内液面过低，使极板上部与空气接触而发生_____（主要是负极板）。

（3）电解液密度过高、电解液_____、环境温度温差较大等因素也能引起蓄电池极板硫化。

● 极板活性物质大量脱落：

极板活性物质脱落一般多发生在_____板上，其特征为充电时电解液中有褐色物质_____上升，单体蓄电池端电压上升快，电解液过早出现"_____"现象，而电解液密度不能达到规定的最大值；放电时，蓄电池容量明显下降。

极板活性物质大量脱落的原因有充电_____过大、_____时间过长、低温长时间大电流放电等。另外，蓄电池受到_____时，也会引起极板活性物质脱落。

● 极板短路：

极板短路的故障现象是：充电过程中，电解液_____上升，单体蓄电池端电压与电解液_____上升缓慢；放电时，蓄电池_____明显下降。

极板短路的原因主要有：_____损坏；活性物质在蓄电池底部_____过多、极板弯曲及_____落入正、负极板之间等。对于短路的蓄电池必须将其拆开，查明原因，排除故障。

4. 蓄电池使用中技术状况的检查

1）电解液液面高度的检查

电解液液面高度的标准：_____

277

目前使用的新型蓄电池都是采用塑料透明壳体，可以从蓄电池侧面观察_____高度，蓄电池容器侧面有液面高度指示线，电解液不足时应加注_____。

注意：除非确知液面降低是由于_____所致，否则不允许加入硫酸溶液。

2）放电程度的检查

放电程度可以通过_____得到。根据实际经验，电解液密度每下降 0.01 g/cm³，相当于蓄电池放电 6%，所以根据所测得的电解液密度就可以粗略估算出蓄电池的放电程度。

5. 蓄电池的更换

1）蓄电池的分类

汽车上使用的蓄电池有两大类，即_____和_____。铅酸蓄电池又分为普通蓄电池、_____、_____及胶体电解质蓄电池等；镍碱蓄电池有_____及铜镍蓄电池等。铅酸蓄电池具有价格便宜、内阻小等特点，在汽车上广泛应用；镍碱蓄电池具有容量大、使用寿命长、维护简单等优点，但价格昂贵，目前只在少数汽车上使用。

新型蓄电池包括：_____、_____以及碱性蓄电池和电动车蓄电池。

2）蓄电池的规格识别

请写出 JB/T 2599—1993《铅酸蓄电池产品型号编制方法》中规定的产品型号含义如下：

$$\boxed{\text{I}}\ \boxed{\text{II}}\ \boxed{\text{III}}$$

第Ⅰ部分：表示_____数，用阿拉伯数字表示。

第Ⅱ部分：表示蓄电池的类型和特征，由_____组成。一般第一个字母用 Q，表示_____蓄电池；其他字母表示蓄电池的特征代号，如

A—_____

W—_____

第Ⅲ部分：表示_____容量，用 20 h 放电率额定容量来表示，以阿拉伯数字表示，单位为 A·h（安·时），在型号中单位略去。

写出下列规格的含义：

（1） 6 - QA - 105：_____

_____。

（2） 6 - QAW - 100：_____

_____。

3）蓄电池的使用与更换注意事项

（1）蓄电池选择的条件要求：

（2）蓄电池电解液的选择：

（3）冬季使用蓄电池的注意事项：

（4）新蓄电池的使用要求：

三、蓄电池充电操作

新蓄电池和修复后的蓄电池在首次使用前必须进行初充电；放电后的蓄电池也要通过充电才能重新投入使用；蓄电池在正常使用过程中为了保持一定容量，延长使用寿命，还要进行一些必要的补充充电、均衡充电等维护性充电作业。我们应该掌握充电的相关知识。

1. 充电方法

充电方法包括：_____、_____ 及脉冲快速充电三种方法。

2. 各种充电方法的注意事项

常用的充电设备由交流电源和整流器组成。常用的有_____、_____。下图为充电机外型图。

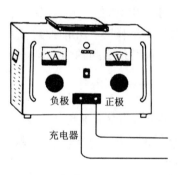

充电机外型

1）定流充电

（1）定义：
_____。

（2）充电时接线方法：

2）定压充电

（1）定义：
_____。

（2）充电时接线方法：

3. 充电作业的划分

根据充电目的的不同，蓄电池的充电作业分为＿＿＿＿＿、＿＿＿＿＿、去硫化充电等。

1）初充电

新蓄电池或修复后的蓄电池在使用之前的首次充电称为初充电。初充电的特点是充电电流小、充电时间长。

（1）按规定将电解液加注到蓄电池中，加入电解液的温度不得超过＿＿＿＿＿℃，加入电解液后蓄电池应静置 3~6 h，电解液液面应高出极板＿＿＿＿＿mm。

（2）接通充电电源。因为新蓄电池的极板表面已被空气氧化，充电时易于过热，因此，初充电一般应选用＿＿＿＿＿的充电电流。初充电通常分两个阶段：第一阶段的充电电流约为 $C_{20}/15$，充电至电解液中产生气泡，单体蓄电池端电压达＿＿＿＿＿V 为止；第二阶段将＿＿＿＿＿减半，继续充电到蓄电池充足电为止，全部充电时间约为＿＿＿＿＿小时。

（3）初充电完毕后，应测量电解液的相对密度，如不合规定，应用＿＿＿＿＿或相对密度为 1.40 的电解液进行调整。在初充电过程中，如果电解液温度上升至＿＿＿＿＿℃，可将充电电流减半或停止充电，待电解液温度下降后再继续充电。

2）补充充电

使用中的蓄电池有下列现象之一时，说明蓄电池容量不足，应进行补充充电。

（1）电解液＿＿＿＿＿下降到 1.15 g/cm³ 以下。

（2）冬季放电超过 25%，夏季放电超过＿＿＿＿＿%。

（3）起动机运转无力。发动机不工作时，开前照灯，灯光＿＿＿＿＿；按电喇叭（以下简称喇叭），喇叭声音＿＿＿＿＿。（说明什么问题？）

（4）蓄电池放置时间超过＿＿＿＿＿月。

3）去硫化充电

当蓄电池极板轻微硫化时，可进行去硫化充电，方法是：

（1）先倒出＿＿＿＿＿电解液，用＿＿＿＿＿反复冲洗蓄电池极板数次，然后加入馏水至液面高出极板 10~15 mm。

（2）用初充电电流进行充电，当电解液密度升到 1.15 g/cm³ 以上时，倒出电解液，加入蒸馏水，再继续充电，如此反复多次，至＿＿＿＿＿不再上升为止。

（3）用＿＿＿＿＿检查蓄电池容量，如蓄电池容量达到额定容量的 80% 时，说明＿＿＿＿＿已基本消除，即可使用。否则，蓄电池报废。

四、蓄电池使用一般常识

为了使蓄电池经常处于完好状态，延长其使用寿命，对使用中的蓄电池需进行下列维护工作：

（1）检查蓄电池在车上＿＿＿＿＿是否牢靠，起动电缆线与极桩的连接是否紧固，检查电缆线的线夹与极桩是否有＿＿＿＿＿，若有则应及时＿＿＿＿＿。

（2）经常检查蓄电池盖表面是否清洁，应及时清除盖上的＿＿＿＿＿、＿＿＿＿＿等脏物，保持加液孔盖上的＿＿＿＿＿畅通。

（3）定期检查电解液的液面高度，液面一般应高出极板＿＿＿＿＿mm。一般情况下，当液面低时,应补加_____。

(4) 定期对蓄电池进行_____充电,以保证蓄电池始终保持充足电的状态。

(5) 经常检查蓄电池的_____程度,超过规定时立即进行补充充电。

工作过程与分析

说明:此工作过程仅供参考,可以按你所制定的学习与工作计划执行。

一、蓄电池就车拆装

	试车检验后商定从车上拆下蓄电池检测	
拆装前状态记录	蓄电池品牌与型号:	
	使用情况:	
拆装前注意事项	正负接线柱的区别:	
	拆卸顺序记录	
	注意事项	

二、蓄电池的检测与维修

蓄电池的外观检测与维修
1. 蓄电池容器有无破裂:有( ) 无( ) 有破裂则分析造成的原因: 2. 封口胶有无破裂:有( ) 无( ) 有破裂分析造成的原因: 3. 极柱螺栓和螺母有无腐蚀:有( ) 无( ) 有腐蚀的进行处理并写出去除方法:
蓄电池的极板检测与维修
1. 极板有无硫化:有( ) 无( ) 2. 极板活性物质有无大量脱落:有( ) 无( ) 3. 极板有无短路:有( ) 无( ) 检测过程中发现有上述现象的试分析其原因:

续表

蓄电池技术状况检测与维修
1. 电解液液面高度的检查 按右侧检测方法检测电解液液面的高度。 电解液液面高度为：_____； 电解液不足时应加注_____； 什么情况下可以加入硫酸溶液？_____。 2. 放电程度的检查 放电程度的检测方法有：_____，_____。 写出你所用的方法并简单描述其检测过程：

三、蓄电池的充电知识

如果需要充电，请选择充电方法
1. 你选择的充电方法为_____。 2. 画出与充电机连接的接线方法示意图：   3. 观察并记录充电过程的现象：   4. 如何判断蓄电池已经充完电？

四、蓄电池的更换

| 检查完后判断是否需要更换。需要（ ）　不需要（ ）

联系分析并写出下列规格的含义：
1）6 – QA – 105：_____
2）6 – QAW – 100：_____ |

五、检测维修完蓄电池后的安装、试验

检修完后安装注意事项		
试验项目		
灯光亮度	正常（　　）	不正常（　　）
喇叭声响	正常（　　）	不正常（　　）
起动汽车	正常（　　）	不正常（　　）
确认蓄电池已经修好后，按现场 7S 的规定进行自我分析	整理（SEIRI）：区分物品的用途，清除不要用的东西。（　　） 整顿（SEITON）：必需品分区放置，明确标识，方便取用。（　　） 清扫（SEISO）：清除垃圾和脏污，并防止污染的发生。（　　） 清洁（SEIKETSU）：维持前 3S 的成果，制度化，规范化。（　　） 素养（SHITSUKE）：养成良好习惯，提高整体素质。（　　） 安全（SAFETY）：没有受到威胁，没有危险、危害、损失。（　　） 节约（SAVE）：节省，俭约。（　　）	
维修工时初步计算（元）		
蓄电池日常维护保养建议		

完成此任务后。将检修、维护的相关信息告知经理，并提交一份分析报告并归档。

技能提升自测

学生依据所学知识,自测所掌握的职业技能情况,填写本工单测试内容。

职业技能	技能测试项目		完成情况	
	序号	项目名称	内容记录	评定
蓄电池检查保养	1	蓄电池充电测试方法		
	2	蓄电池电量测试方法		
	3	蓄电池电缆的检查、清理、维修和更换方法		
	4	蓄电池充电情况检查方法		
	5	蓄电池的电缆、连接器、夹钳的检查细则		
	6	蓄电池的慢速和快速充电的操作步骤和安全措施		
	7	跨接起动的步骤及安全措施		
	8	蓄电池的加注和更换步骤		
	9	电池套、安装支架和固定夹的检查、清洁、修理、更换措施		
	10	蓄电池极桩连接状态的测试		

评价反馈

成果鉴定评估

专业		班级		小组成员		成果等级	
自我总结反思阶段	作业中的难点						
	成功之处						
	不足之处						
	改善方案						
小组总结阶段							
指导老师点评阶段							

注：成果等级分为 A、B、C、D 四级。
在小组总结中分析原因。

成绩认定单

情境一 蓄电池的检修与维护					
专业		班级		姓名	学号
考核项目		评分标准	教师评判		分数	得分
态度	团队合作	是否和谐	能和谐共事	不能	1分	
	拓展发言	是否精彩	精彩	不精彩	1分	
	小组讨论	是否积极	积极	不积极	1分	
	设备安全	有无损坏	无	有	1分	
	人身安全	有无损伤	无	有	2分	
	生产纪律	是否守纪	能遵守	不能遵守	2分	
	现场7S	是否做到	能做到	不能做到	2分	
工作页考评	基础知识掌握情况	蓄电池认知、检测充电方法及设备的使用情况	充分	一般	没预习	10分
	操作过程记录	操作过程记录是否完整、正确	完整	一般	没记录	10分
实际操作	计划方案	学习计划是否正确可行	正确易行	基本正确	不正确	10分
	工具使用	测试工具，充电设备等使用是否正确	完全正确	基本正确	不正确	10分
	操作过程	检验是否熟练正确	完全正确	基本正确	不正确	20分
		充电连接、操作是否正确	完全正确	基本正确	不正确	20分
	完成检修维护任务情况	蓄电池的工作是否正常	完全正常	基本正常	不正常	10分
教师签字：			年 月 日		合计	

任务描述

2010年3月1日居住在上海的金先生驾驶一辆奥迪轿车来到售后服务站，张先生描述该车在城乡行驶了6 500 km，保养了1次，底盘号为LFPH3ACC8A1A30006。该车在行驶过程中灯光亮度不足、喇叭响度不够。作为修理工，接到蓄电池供电系统的检修任务，要求检查蓄电池的容量，判断其是否有故障，确定是否可再用。如可再用，则进行组装、试验并排除可能出现的故障。制定学习和维修计划，完成此任务。零部件检修的相关信息要告知经理，得到经理的确认后，提交一份分析报告并归档。

1. 任务资讯

基本信息	车主：		用户地址：	
	性别：		检修日期：	
	底盘号：		行驶里程：	
	车型：		保养次数：	
使用状况	环境状况：□市内　□市郊　□城乡　□高速			
	载荷状况：□1~2人　□3~4人　□5人以上			
用户反映故障（用户描述车辆使用过程故障现象）			故障日期：	
故障现象确认（描述经核实的故障症状及车辆使用时的道路、气候状况等）				
故障系统原理分析（描述故障系统基本工作原理）				
导致该故障的原因有以下几点：				

2. 诊断方案确认（描述故障产生的可能原因及对应检查方法）

序号	可能原因	检查方法

3. 诊断方案实施（描述对应检查项目、测量数据和判定结果）

序号	检查项目	检查结果	正常状态	结果判定

4. 排除故障（描述最终确认的故障部位和修复方法）

故障部位（零部件）	故障原因	修复方法

5. 结论、心得和感悟

基本信息	姓名		学号		班级		组别	
	规定时间		完成时间		考核日期		总评成绩	
	情境模拟		蓄电池的检查与更换					
	考核方式		分组进行，单人操作，小组成员与教师参与考评					
考核项目		评分标准	教师和同学评判			分数	得分	
态度	团队合作	是否和谐	能和谐共事		不能	1分		
	拓展发言	是否精彩	精彩		不精彩	1分		
	沟通讨论	是否积极	积极		不积极	1分		
	设备安全	有无损坏	无损坏		有损坏	1分		
	人身安全	有无损伤	无		有	2分		
	生产纪律	是否守纪	能遵守		不能遵守	2分		
	现场7S	是否做到	能做到		不能做到	2分		
实际操作	工具使用	测试工具、检测设备等使用是否正确	完全正确	基本正确	不正确	10分		
	操作过程	蓄电池分解与安装是否正确	完全正确	基本正确	不正确	20分		
		检测是否熟练、正确	完全正确	基本正确	不正确	20分		
	完成检修维护任务情况	蓄电池的工作是否正常	完全正常	基本正常	不正常	10分		
	操作过程记录	操作过程记录是否完整	完整	一般	没记录	10分		
学生自评	内容：					10分		
小组互评	内容： 签名：					10分		
老师点评						签名：		

学习情境二　交流发电机的检测与维护

为了完成交流发电机的检测与维护任务，必须掌握交流发电机的构造、主要部件的作用及工作原理，交流发电机的拆装方法，交流发电机的整机检测及解体后主要部件的检测方法；了解发电机充电指示灯的作用及控制方法；掌握交流发电机常见故障的诊断及排除方法等知识。

学习情境描述		售后服务经理接到客户有关发动机起动后充电指示灯仍亮，或有时打开点火开关，充电指示灯不亮的维修任务，递交给学员检修发电机的任务，要求检查发电机各零部件的破损程度，确定是否可再用，如可再用，则进行组装、试验并排除可能出现的故障。制定学习和维修计划，完成此任务。零部件检修的相关信息要告知经理，得到经理的确认后，提交一份分析报告并归档
职业能力目标	专业能力	采取行动导向，确定汽车发电机检修及维护步骤的能力； 使用专用工具对发电机进行拆装检测的能力； 更换部件并对部件进行检测和调整的能力； 对维修质量进行检验的能力； 确保工作安全、环保的能力； 工作结果的评价与记录能力
	社会能力	团队协作能力； 与客户沟通的能力； 对有关宏观、微观政策的了解能力
	方法能力	扩展相应的信息收集能力； 使用企业信息资源制定学习与工作计划的能力； 独立使用各种媒介完成学习任务的能力； 工作结果的评价与反思能力
要求		必须分组、分工、协作共同完成，制定学习和维修计划； 学生要做好记录，各小组选派代表展示学习结果； 评议各小组展示的学习成果

续表

信息来源	校本教材基础知识、讲义（指导老师讲解）、发电机的使用说明书； 发电机的检测、试验设备，网络信息系统
作业前提	蓄电池供电电压正常（不低于 12.7 V）； 熟悉发电机工作原理、拆装的注意事项； 具有足量的连接导线及器件； 熟悉发电机的实验设备
学习步骤	与客户（经理）交谈了解任务内容； 获取学习情境中的必要信息和相关的数据； 制定学习和维修计划，按要求进行拆装、零部件检验及故障诊断训练； 进行自我评价

制定交流发电机的检修与维护方案

劳动组织	建议小组由 4~6 名学生组成，设组长 1 名，带领本组同学制定学习计划，进行学习组织，老师负责安全与技术指导，组织学生轮换操作	请参照上述分工，将本小组人员安排如下：
学习与工作计划	小组讨论：	老师点评：
工具准备	请根据工作内容与目标制定所需的工用具 选定负责人：	要领取的工具与材料：

基础知识准备

主要学习方法：通过教师讲解、观看课件演示、查阅交流发电机使用说明书以及参阅书后的基础知识等方式掌握基础知识。

交流发电机是在发动机正常工作时，向全车用电设备供电，同时向蓄电池进行补充充电。

一、交流发电机的结构识别

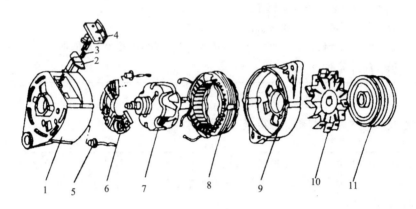

交流发电机结构图

1. 各部件识别

写出各部件名称：

1. _____   2. _____   3. _____
4. _____   5. _____   6. _____
7. _____   8. _____   9. _____
10. _____ 11. _____

2. 各部件用途分析

1）转子

交流发电机的转子是用来建立_____的，主要由两块_____、_____绕组、轴和_____等组成。

转子结构

写出图中转子各组成部件名称：

1. _____   2. _____   3. _____
4. _____   5. _____

两个电刷的作用：_____

两个电刷引出的接线柱分别为_____、
_____。

2）定子

定子，又叫作电枢，是用来产生交流电动势的，由铁芯和三相绕组组成。

定子结构如右图：1 为_____；2，3，4，5 为_____。

定子结构

定子绕组的连接方式如下，区分（a）与（b）：

（a）   （b）

（a）为_____；（b）为_____。

3）整流器

（1）作用：是将三相绕组中产生的三相交流电转换为直流电。写出序号代表内容：

（a）   （b）

整流器

1._____ 2._____ 3._____ 4._____ 5._____

（2）结构：通常是由六只硅整流二极管组成的三相桥式整流电路。区分正负二极管：

正二极管（子）：_____
_____。

负二极管（子）：_____
_____。

4）端盖

作用：_____

前后端如何区分：_____

两种电刷架的安装方式分别为：（a）_____；（b）_____。

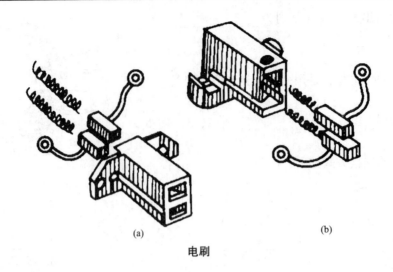
电刷

二、交流发电机部件检测与试验方法

（一）整机测试

1. 测量各接线柱之间的电阻方法

工具：万用表，挡位选择_____挡。

测量方法：测量_____与_____之间的电阻值；

测量_____与_____之间的正、反向电阻值；

测量_____与_____之间的正、反向电阻值。

与其标准值相比较。标准值见下表。

交流发电机各接线柱之间的电阻 单位：Ω

交流发电机型号	"F"与"-"之间的电阻值	"+"与"-"之间的电阻值		"+"与"F"之间的电阻值	
		正向	反向	正向	反向
JF11 JF13 JF21	5~6	40~50	>1 000	50~60	>1 000
JF12 JF22 JF23 JF26	19.5~21	40~50	>1 000	50~70	>1 000

判断说明：如果"F"与"-"之间的阻值过大，表明_____接触不良，或励磁绕组断开；若阻值过小，则表明_____短路的情况。

若"+"与"-"、"+"与"F"之间的_____小于表中的标准值，则表示有硅二极管发生短路；如接近表中的数值，但负载电流测试时电流很小，则表示有的_____发生断路。

2. 测试电路的连接

试连接空载和满载测试的电路示意图。

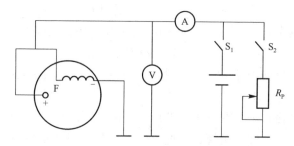

（二）交流发电机零部件的检修

1. 转子的检修

（1）检修项目：励磁绕组是否短路和断路。

检修工具：＿＿＿＿＿＿＿＿。

检修方法：如右图所示。

判断过程：如果阻值低于标准值，则说明励磁绕组＿＿＿＿＿＿＿；如果阻值为无穷大，则说明励磁绕组＿＿＿＿＿＿＿。

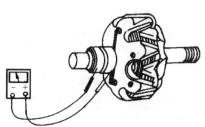

用万用表可检测励磁
绕组是否短路和断路

（2）检修项目：励磁绕组是否搭铁。

检修工具：＿＿＿＿＿＿＿。

检修方法：如右图所示。

判断过程：每个集电环与转子轴之间，其阻值＿＿＿＿＿＿＿，如果阻值很低，说明励磁绕组＿＿＿＿＿＿＿。

2. 定子的检修

检修工具：万用表。

检修项目：定子绕组是否断路和搭铁。

用万用表可检测励磁
绕组是否搭铁

检修方法：断路检测，每次任取两个首端，测量＿＿＿＿＿＿＿，每次测量的阻值都应小于 0.5 Ω；如果阻值有＿＿＿＿＿＿＿的情况，说明励磁绕组断路。

搭铁检测：测量三次，阻值均应为无穷大，如果有不是＿＿＿＿＿＿＿的情况，说明定子绕组搭铁。

处理方式：如果励磁绕组断路或搭铁应更换＿＿＿＿＿＿＿＿＿。

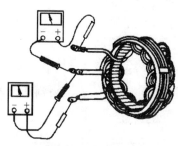

用万用表可检测定子
绕组是否断路

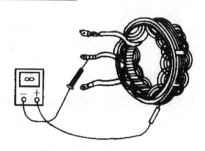

用万用表可检测定子
绕组是否搭铁

3. 二极管的检修

检测工具：_____。

标准：二极管的正向电阻应在_____Ω，反向电阻应在_____Ω 以上。

检测方法：将二极管与定子绕组之间的连线断开，用万用表的两个表笔分别接到_____上，测二极管的正向与反向电阻。

判断过程：若正、反向电阻均为 0，说明二极管_____；若正、反向电阻均为无穷大，说明二极管_____。

维修方法：更换二极管需要在压床上进行，或在台虎钳上使用专用工具，但不得使用锤子敲击，以免损坏元件。压装二极管时，过盈量控制在 0.07~0.09 mm。

4. 电刷的检测

电刷的标准高度应是_____mm，磨损至_____mm 时，应进行更换。

5. 内搭铁式晶体管调节器的测试

测试用品：可调直流电源被测晶体管调节器如图连接好线路；

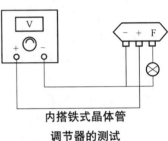

内搭铁式晶体管
调节器的测试

判断过程：逐渐提高电源电压，当电压大于_____V 时，灯泡开始发亮，继续提高电压，当电压达到_____V 时，灯泡应熄灭，这种情况说明调节器完好。如果灯泡从开始一直不亮或亮了以后一直不熄灭，说明调节器有故障。

6. 外搭铁式晶体管调节器的测试

测试用品：可调直流电源，被测晶体管调节器。

检测方法：如右图所示连接好线路。

判断过程：同内打铁式晶体管调节器的测试。

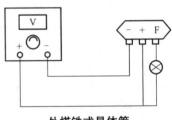

外搭铁式晶体管
调节器的测试

三、交流发电机故障诊断

（一）充电系的故障现象

一般充电系的故障现象有以下几种情况：

（1）发动机起动后，充电指示灯仍亮。

（2）发动机起动后，充电指示灯亮，发动机高速运行时，充电指示灯熄灭。

（3）汽车运行时，经常烧灯泡、熔丝及各种开关等电气设备。

（4）打开点火开关，充电指示灯不亮。

（5）汽车运行时，发电机或传动带有异响。

（二）故障诊断过程

对于大多数汽车来说，充电系的电路故障现象都是根据_____来判断，正常情况是：_____

_____

下图为利用二极管来控制充电的指示灯电路请说明各种情况下的工作过程。

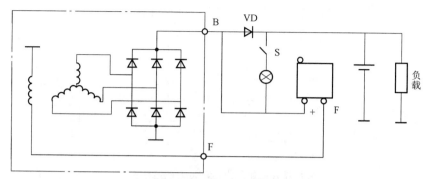

二极管控制的充电指示灯电路

当点火开关 S 闭合时，励磁电路过程：

_____

_____

当发动机起动后，二极管 VD 导通，VD 将充电指示灯短路，灯熄灭，表明发电机工作正常。

此时蓄电池充电电路为：_____

励磁电路为：_____

（三）各种故障诊断过程说明

1. 发动机起动后，充电指示灯仍亮故障

这种情况说明发电机没有_____，但是故障不一定在发电机本身。在检查故障时先分清调节器是否单独安装。

1）调节器单独安装的情况

（1）如下图所示为内搭铁式交流发电机不发电的诊断方法。

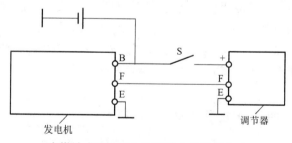

内搭铁式交流发电机不发电的诊断方法

A. 检查发电机传动带有无_____现象。

B. 检查调节器的_____是否正常。

C. 将调节器上的"____"和"____"两接线柱上的导线短接后起动发动机。起动后，如果充电指示灯熄灭，说明调节器有故障，需要更换调节器。

如果充电指示灯仍亮，用一根导线将一常火线引至发电机的_____接线柱 F，起动发动机。若发电，故障在充电线路；若仍不发电，故障在_____。

(2) 如下图所示为外搭铁式交流发电机不发电的诊断方法。

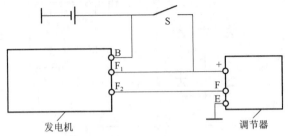

外搭铁式交流发电机不发电的诊断方法

A. 检查发电机传动带有无松滑现象。

B. 检查调节器的火线是否正常。

C. 检查发电机的_____是否有"火"。

当上述检查均为正常时，再做进一步诊断。

D. 将调节器上的"F"和"E"两接线柱上的_____后起动发动机。

起动后，如果充电指示灯熄灭，说明_____有故障，需要更换调节器；如果充电指示灯仍亮，用一根导线将发电机的磁场接线柱 F_2 直接搭铁，起动发动机。若发电，故障在充电线路；若仍不发电，故障在_____。

2）整体式交流发电机

A. 检查发电机_____有无松滑现象。若有松滑，需紧固。

B. 检查发电机的_____是否脱落。若有松脱，需紧固。

若上述检查均为正常时，再做进一步诊断，具体方法如下：

C. 先闭合点火开关，用万用表测量发电机上的"D+"接线柱（蓝色）有无电压。

如果电压不为零，说明_____有故障，这时可先更换调节器。若发电，故障在_____；若仍不发电，故障在发电机，应从车上拆下发电机进一步检查。

如果电压为零，则说明_____有故障，应检查线路。

2. 发动机起动后，充电指示灯亮，发动机高速运行时，充电指示灯熄灭故障

故障原因：发电机_____低。

诊断过程：

A. 检查发电机传动带有无松滑现象、发电机的_____是否牢固。若有松脱，需紧固。

B. 电刷接触不良、整流器中的个别_____损坏、定子中的三相绕组或转子中的励磁绕组局部短路等，一般需要将发电机拆下，解体检查。

3. 汽车运行时，经常烧灯泡、熔丝及各种开关等电气设备的故障

故障原因：发电机_____。

诊断过程：用电压表测量蓄电池的两个极桩，测量时将发动机的转速控制在 2 000 r/min 左右，观察电压表的读数。如果读数大于_____V，说明_____有故障，可直接更换调节器。

学习情境二　交流发电机的检测与维护

4. 打开点火开关，充电指示灯不亮

故障原因：充电指示灯电路有故障。

故障诊断：

A. 检查充电指示灯_____的地方；

B. 检查发电机的_____是否有损坏；

C. 检查_____是否有故障。

5. 汽车运行时，发电机或传动带有异响

故障原因：可能是发电机_____引起的。

故障诊断：

A. 检查传动带状况和张紧力，必要时可更换。

B. 检查轴承是否有异响。

四、交流发电机的使用与维护

1. 交流发电机的型号识别

汽车交流发电机的型号组成如下所示：

| 1 | 2 | 3 | 4 | 5 |

1—产品代号：JF 表示_____；JFZ 表示_____；JFB 表示_____；JFW 表示_____。

2—电压等级代号，用一位阿拉伯数字表示：1 代表_____；2 代表_____；6 代表_____。

3—_____等级代号，用一位阿拉伯数字表示，如 6 表示电流为 60~69 A。

4—设计序号，按产品的先后顺序，用阿拉伯数字表示。

5—变形代号，交流发电机是以调整臂的位置作为变形代号。从驱动端看，Y 表示_____位于右边；Z 表示调整臂位于_____；调整臂在中间时不加标记。

JFZ1913Z 型，其含义为：_____

_____

2. 交流发电机与调节器的使用注意事项

（1）蓄电池的极性_____搭铁，不得接反。否则，会烧坏发电机与调节器中的电子元件。

（2）发电机工作时，不允许用试火的方法检查发电机的火线接线柱是否发电，否则将损坏发电机的整流器。

（3）当发现_____不发电或发电量小时，应及时到修理厂检修，否则易导致_____充电不足。

（4）发电机正常工作时，切不可任意拆动用电设备的连接线，以防止引起电路中的瞬时过电压，损坏_____。

（5）发动机自行熄火时，应及时关闭点火开关，以防止蓄电池通过_____放电。

（6）选用专用调节器，特殊情况临时使用代用调节器时，注意代用调节器的_____与搭铁极性。

3. 交流发电机与调节器的维护注意事项

(1) 检测充电系统前，需进行初步检验。许多故障都是从这简单的步骤中查出的。其检查项目如下：

① 发电机传动带的状况。_____将影响发电机的发电量，过紧将导致轴承过早损坏。如图所示为奥迪轿车发电机传动带松紧度的检测，a 的标准值为_____mm。

② 发电机、调节器的_____连接是否良好。

③ 蓄电池的电缆线和极桩，发动机与底盘的_____线。

④ 检查蓄电池有无充电不足的迹象。简单检查方法是：_____

_____

⑤ 检查蓄电池有无过充电的迹象。过充现象是：_____

奥迪轿车发动机传动带松紧度的检测

(2) 解体后清洁各个部件，在进行零部件检测前先进行简单检验。

① 如右图所示，通过使前后轴承在转子轴上旋转的办法检查轴承有无噪声、晃动或发涩，如果有任何一种情况，都必须更换轴承。

② 目测检查集电环。如果集电环_____变脏可用细砂布抛光。

发动机轴承的检测

③ 目测定子绕组和励磁绕组转子有无_____的迹象，如果有，更换定子或转子总成。

④ 目测前后端盖、风扇及带轮有无_____。如果有，更换该部件。

⑤ 电刷高度小于_____mm 时，必须更换。正常高度为：_____mm。

4. 发电机的拆卸注意事项

(1) 必须首先拆下蓄电池的搭铁线（请选择正极还是负极），然后才可以断开发电机与调节器的线束。

(2) 当拆卸发电机轴承时，必须使用_____，如右图所示。

(3) 一般情况下，发电机的带轮、风扇和前端盖不必从_____上拆卸。

用拉力器拆卸发电机轴承

(4) 拆卸整流器及后端盖上的接线柱时，所有_____，不得丢失。

5. 车维修检测时注意事项

(1) 最好使用专用工具。如美国 SUN 电子公司产的 VAT-40 充电系统检测仪，国产发电机故障试验器 VW1315A 等设备。

(2) 在判断不发电故障部位是在发电机还是调节器，将调节器短路时，必须注意这时发电机的电压将失控,电压可能达到 16~30 V,所以实验要控制在很短时间内进行。

(3) 当线路故障没有排除时,不要更换新的调节器,否则可能会损坏新的调节器。

 工作过程与分析

说明:此工作过程仅供参考,可以按自行制定的学习与工作计划执行。

一、交流发电机在车上的安装位置识别

(1) 写出交流发电机在车上周围的连接部件名称。

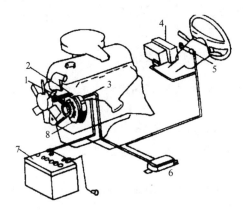

交流发电机的连接

1. _____   2. _____   3. _____   4. _____
5. _____   6. _____   7. _____   8. _____

(2) 从车上拆下交流发电机并总结拆卸注意事项及步骤。

注意事项:_____

拆卸步骤:_____

所用工具名称:_____

二、发电机的不解体检测

(1) 外部检查:检查交流发电机端盖有无破裂,结果:_____。检查各接柱有无松动,结果:_____。用手转动发电机转子,检查转动是否灵活自如,结果:_____。

(2) 交流发电机各接柱的电阻测量:用万用表检测发电机各接线端子间的电阻,应与规定相符。对于普通交流电机拆解前的测量,建议使用指针式万用表,其测量结果依使用的万用表型号不同,而各有差异。常用发电机各接线柱间电阻值如下表所示。

常用发电机各接线柱间电阻值

发电机型号	"F"与"E"间电阻/Ω	"B"与"E"间电阻		"N"与"E"或"B"间电阻	
		正向/Ω	反向/Ω	正向/Ω	反向/Ω
JF11, 13, 15, 21, 132N	4~7	40~50	≥10	10~15	≥10
JWF14（无刷）	3.5~3.8	40~50	≥10	10~15	≥10
夏利 JFZ1542	2.8~3.0	40~50	≥10	10~15	≥10
桑塔纳 JFZ1913	2.8~3.0	65~80	≥10	10~15	≥10

测量结果："F"与"E"间电阻，记录结果_____，与标准比较_____；"B"与"E"间电阻，记录结果_____，与标准比较_____；"N"与"E"或"B"间电阻，记录结果_____，与标准比较_____。

三、交流发电机的拆卸步骤及注意事项

（1）拆下电刷及电刷架（外装式）紧固螺钉，取下电刷架总成。

（2）在前后端盖上做_____，拆下连接前后端盖的_____，将其分解为与转子结合的前端盖和与定子连接的后端盖两大部分。

注意：不能单独将后端盖分离下来，否则会扯断_____连接线（即三相定子绕组端头）。

（3）将转子夹紧在老虎钳上，拆下带轮紧固_____，再依次取下带轮、风扇、半圆键、定位套。

（4）将前端盖与转子分离，若该部装配过紧，可用_____拉开或用木槌轻轻敲，使之分离。注意：铝合金端盖容易_____，因此拆卸时应均匀用力。

（5）拆掉防护罩，拆下后端盖上的三个螺钉，即可将_____取下。对于整体式发电机，先拧下"B"端子上的固定螺母并取下绝缘套管；再拧下后防尘盖上的三个带垫片的固定螺母，取下后防尘盖；然后拆下电刷组件的两个固定螺钉和调节器的三个固定螺钉，取下电刷组件和IC调节器总成；最后拧下整流器二极管与定子绕组引线端子的连接螺钉，取下整体式整流器总成。

（6）拆下定子上四个接线端（三相绕组_____）在散热板上的连接螺母，使定子与后端盖分离。

（7）拆下后端盖上紧固整流器总成的螺钉，取下_____总成。（注：若经检验，所有二极管均良好，则该步骤可不进行。）

（8）用布或棉纱蘸适量_____擦洗转子绕组、定子绕组、电刷及其他机件。

四、各部件的检修

1. 转子检修

（1）断路与短路检查：用万用表 $R \times 1$ 挡测滑环电阻，如右图所示，记录结果：_____，说明_____。

（一般 12 V 发电机转子绕组电阻为 3.5~6 Ω，24 V 的为 15~21 Ω。）

用万用表可检测励磁绕组是否断路和短路

(2) 转子绕组搭铁检查：用万用表 $R \times 1k$ 挡测滑环与铁芯（或转子轴）之间电阻，如右图所示，记录结果：_____，说明，_____。

(3) 滑环检查：

A. 观察滑环表面是否有烧蚀，若有轻微的烧蚀如何处理？_____，若烧蚀严重如何处理？_____

B. 测量滑环厚度_____（不小于 1.5 mm），大于怎么办？_____

用万用表可检测励磁绕组是否搭铁

(4) 转子轴检查：主要查看是否有弯曲。

2. 定子检修

(1) 定子绕组断路与短路检查如下图所示。

测量结果：_____（小于或大于）0.5 Ω 若为∞，说明什么？_____ 短路如何检查？_____

(2) 定子绕组搭铁检查如下图所示。

测量三次，阻值均应为无穷大，如果有不是无穷大的情况，说明定子绕组_____，需更换定子总成。

定子绕组断路与短路检查　　　　定子绕组搭铁检查

3. 二极管的检修

检测工具：万用表。

检测标准：二极管的正向电阻应在 8～10 Ω，反向电阻应在 1 000 Ω 以上。

检测方法：将二极管与定子绕组之间的连线断开，用万用表的两个表笔分别接到二极管的引线与壳体上，测二极管的正向与反向电阻。

判断过程：若正向电阻为_____，反向电阻为_____，说明二极管_____路；若正、反向电阻均为_____，说明二极管_____路。

维修方法：更换二极管需要在压床上进行，或在台虎钳上使用专用工具，但不得使用锤子敲击，以免损坏元件。

4. 电刷的检测

电刷的标准高度应是 14 mm，磨损至 7 mm 时，应进行更换。

测量结果：_____mm，是否需要更换？_____

五、交流发电机的更换

检查完后判断是否需要更换。需要（　）　　不需要（　）

分析并写出下列交流发电机的型号的含义。
JWZ1913Z：_____

_____

六、检测维修完发电机后的安装、试验

检修完后安装 注意事项		
试验项目		
起动后充电指示灯	仍亮（　）	不亮（　）
打开点火 开关后指示灯	仍亮（　）	不亮（　）
确认发电机已经修好后，按现场7S的规定进行自我分析	整理（SEIRI）：区分物品的用途，清除不用的物品。（　） 整顿（SEITON）：必需品分区放置，明确标识，方便取用。（　） 清扫（SEISO）：清除垃圾和脏污，并防止污染的发生。（　） 清洁（SEIKETSU）：维持前3S的成果，制度化，规范化（　） 素养（SHITSUKE）：养成良好习惯，提高整体素质。（　） 安全（SAFETY）：没有受到威胁，没有危险、危害、损失。（　） 节约（SAVE）：节省，俭约。（　）	
维修工时 初步计算（元）		
发电机日常 维护保养建议		

 技能提升自测

学生依据所学知识，自测所掌握的职业技能情况，填写本工单测试内容。

职业技能	技能测试项目		完成情况		评定
	序号	项目名称	内容记录		
充电系统检查保养	1	发电机的皮带的调整和更换步骤，皮带校正情况检查措施	1. 检查时，在两个驱动带轮之间驱动带的中央部位施加_____压力，此时驱动带的挠度应符合规定指标。新驱动带（即从未用过的驱动带）一般为_____mm，旧驱动带（即装车随发动机转动过 5 min 或 5 min 以上的驱动带）一般为 10~14 mm。具体指标以车型手册规定为准，挠度不符规定应予调整。 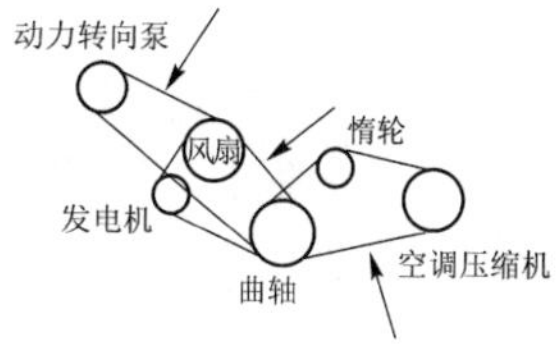 2. 写出更换步骤及校正措施：		
	2	皮带的磨损情况检查措施			
	3	发电机的拆卸、检查、更换步骤	1. 在图中识别出发电机： 2. 写出发电机拆卸、检查步骤： 3. 识别发电机型号并更换： JFZ1913Z 表示： 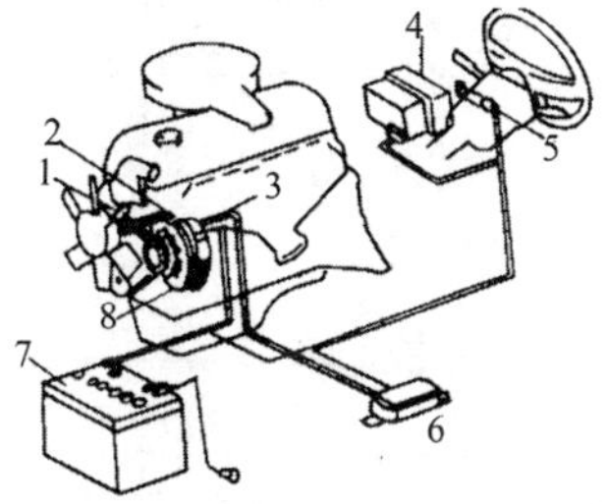		
	4	发电机输出测试方法	1. 发电机接线柱识别方法： 2. 简要写出发电机空载测试方法： 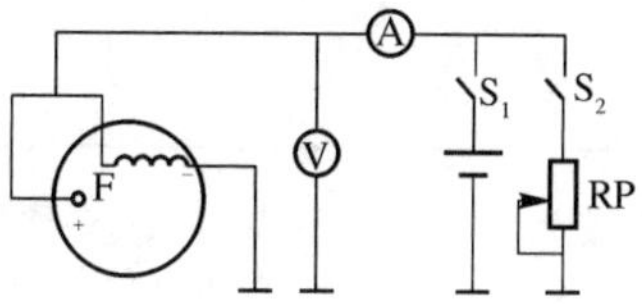		
	5	充电电路的接头和导线的维修和更换方法	简要回答		

续表

职业技能	技能测试项目		完成情况		评定
	序号	项目名称	内容记录		
充电系统故障诊断分析	6	充电不足的故障原因分析	依据电路图回答第6、7、8项 		
	7	不充电的故障原因分析			
	8	充电过度的故障原因分析			

评价反馈

成果鉴定评估

专业		班级		小组成员		成果等级	
自我总结反思阶段		作业中的难点					
		成功之处					
		不足之处					
		改善方案					
小组总结阶段							
指导老师点评阶段							

注：成果等级分为 A、B、C、D 四级。
在小组总结中分析原因。

成绩认定单

情境二 交流发电机的检修与维护						
专业		班级		姓名	学号	
考核项目		评分标准	教师评判		分数	得分
态度	团队合作	是否和谐	能和谐共事	不能	1分	
	拓展发言	是否精彩	精彩	不精彩	1分	
	小组讨论	是否积极	积极	不积极	1分	
	设备安全	有无损坏	无	有	1分	
	人身安全	有无损伤	无	有	2分	
	生产纪律	是否守纪	能遵守	不能遵守	2分	
	现场7S	是否做到	能做到	不能做到	2分	
工作页考评	基础知识掌握情况	零部件认知、检测方法	充分	一般 没预习	10分	
	操作过程记录	操作过程记录是否完整、正确	完整	一般 没记录	10分	
实际操作	计划方案	学习计划是否正确可行	正确易行	基本正确 不正确	10分	
	工具使用	拆装工具、检测工具、试验工具等使用是否正确	完全正确	基本正确 不正确	10分	
	操作过程	拆装是否熟练正确	完全正确	基本正确 不正确	20分	
		零部件检测是否正确	完全正确	基本正确 不正确	20分	
	完成组装维护任务情况	起动机组装及运转是否正常	完全正常	基本正常 不正常	10分	
教师签字:		年 月 日			合计	

任务描述

2010年2月24日居住在吉林的于先生驾驶一辆CA7204AT4轿车来到售后服务站,王先生描述该车在市区内行驶了5 000 km,保养了1次,底盘号为LFPH3ACC8A1A30001。该车发动机起动后充电指示灯仍亮,有时打开点火开关,充电指示灯不亮。作为修理工,接到检修发电机的任务,要求检查发电机各零部件的破损程度,确定是否可再用。若可再用,则进行组装、试验并排除可能出现的故障。制订学习和维修计划,完成此任务。将零部件检修的相关信息要告知经理,得到经理的确认后,提交一份分析报告并归档。

1. 任务资讯

基本信息	车主:		用户地址:	
	性别:		检修日期:	
	底盘号:		行驶里程:	
	车型:		保养次数:	
使用状况	环境状况:□市内　□市郊　□城乡　□高速			
	载荷状况:□1~2人　□3~4人　□5人以上			
用户反映故障(用户描述车辆使用过程故障现象)			故障日期:	
故障现象确认(描述经核实的故障症状及车辆使用时的道路、气候状况等)				
故障系统原理分析(描述故障系统基本工作原理)				
导致该故障的原因有以下几点:				

2. 诊断方案确认（描述故障产生的可能原因及对应检查方法）

序号	可能的原因	检查方法

3. 诊断方案实施（描述对应检查项目、测量数据和判定结果）

序号	检查项目	检查结果	正常状态	结果判定

4. 排除故障（描述最终确认的故障部位和修复方法）

故障部位（零部件）	故障原因	修复方法

5. 结论、心得和感悟

任务评价

基本信息	姓名		学号		班级		组别	
	规定时间		完成时间		考核日期		总评成绩	
	情境模拟		交流发电机的检查与更换					
	考核方式		分组进行,单人操作,小组成员与教师参与考评					
	考核项目	评分标准	教师和同学评判				分数	得分
态度	团队合作	是否和谐	能和谐共事		不能		1分	
	拓展发言	是否精彩	精彩		不精彩		1分	
	沟通讨论	是否积极	积极		不积极		1分	
	设备安全	有无损坏	无损坏		有损坏		1分	
	人身安全	有无损伤	无		有		2分	
	生产纪律	是否守纪	能遵守		不能遵守		2分	
	现场7S	是否做到	能做到		不能做到		2分	
实际操作	工具使用	测试工具、检测设备等使用是否正确	完全正确	基本正确	不正确		10分	
	操作过程	发电机分解与安装是否正确	完全正确	基本正确	不正确		20分	
		检测是否熟练、正确	完全正确	基本正确	不正确		20分	
	完成检修维护任务情况	发电机的工作是否正常	完全正常	基本正常	不正常		10分	
	操作过程记录	操作过程记录是否完整	完整	一般	没记录		10分	
学生自评		内容:					10分	
小组互评		内容: 签名:_____					10分	
老师点评							签名:_____	

学习情境三　起动机的检修与维护

为了完成起动机的检修与维护任务，必须掌握起动机的构造、主要部件的作用及工作原理；掌握起动机的拆装方法，起动机的整机检测及解体后主要部件的检测方法；掌握电刷的检测与更换方法，起动机轴承的检查与更换方法；能正确分析起动机各种故障的部位，掌握其诊断及排除方法等知识。

 学习任务资讯

学习情境描述		售后服务经理接到一故障车辆，现象为当点火开关打到 ST 挡时，起动机不转动，并且电磁开关没有动作，于是递交给学员一个检修起动机任务，要求检查各零部件的破损程度，确定是否可再用，如可再用，则进行组装、试验并排除可能出现的故障。制定学习和维修计划，完成此任务。零部件的相关信息和组装情况告知经理，得到经理的确认后，提交一份分析报告并归档
职业能力目标	专业能力	采取行动导向，确定汽车起动机检修维护步骤的能力； 使用专用工具对起动机进行拆装检测的能力； 更换部件并对部件进行检测和调整的能力； 对维修质量进行检验的能力； 确保工作安全、环保的能力； 工作结果的评价与记录能力
	社会能力	团队协作能力； 与客户沟通的能力； 对有关宏观、微观政策的了解能力
	方法能力	扩展相应的信息收集能力； 使用企业信息资源制定学习与工作计划的能力； 能独立使用各种媒介完成学习任务的能力； 工作结果的评价与反思能力
要求		必须分组、分工、协作共同完成，制定学习和维修计划； 学生要做好记录，各小组选派代表展示学习结果； 评议各小组展示的学习成果

续表

信息来源	校本教材基础知识、讲义（指导老师讲解）、起动机的使用说明书； 起动机的检测、试验设备，网络信息系统
作业前提	蓄电池供电电压正常（不低于 12.7 V）； 掌握基本知识，熟悉起动机工作原理、拆装的注意事项； 具有足量的连接导线及器件； 熟悉起动机的实验设备
学习步骤	与客户（经理）交谈了解任务内容； 获取学习情境中的必要信息和相关的数据； 制定学习和维修计划，按要求进行拆装、零部件检验及故障诊断训练； 进行自我评价

制定起动机的检修与维护方案

劳动组织	建议小组由 4～6 名学生组成，设组长 1 名，带领本组同学制定学习计划，进行学习组织，老师负责安全与技术指导，组织学生轮换操作	请参照上述分工，将本小组人员安排如下：
学习与工作计划	小组讨论：	老师点评：
工具准备	请根据工作内容与目标制定所需的工用具。 选定负责人：	要领取的工具与材料：

基础知识准备

主要学习方法：通过教师讲解、观看课件演示、查阅起动机使用说明书以及参阅书后的基础知识等方式掌握基础知识。

汽车发动机是靠外力起动的，电力起动因其操作简便，起动迅速可靠，重复起动能力强，所以在现代汽车上广泛采用。汽车起动系由蓄电池、起动机、起动继电器、点火开关等组成。起动机在点火开关和继电器的控制下，将蓄电池的电能转化为机械能，带动发动机飞轮齿圈使曲轴转动，完成发动机的起动。

一、起动机的基础知识

（1）汽车起动系一般由 _____、_____、_____、_____ 组成。

（2）起动机一般俗称"_____"，它工作时将蓄电池产生的电能转化为 _____，带动发动机的飞轮齿圈，使 _____ 转动，完成发动机的起动；它主要由 _____、_____、_____ 组成。

（3）分析起动机各组成部分的功用。

_____
_____
_____
_____

（4）起动机分为 _____、_____、_____ 三类。

（5）认识起动机的型号：

QC/T 73—1993《汽车电气设备产品型号编制方法》规定，起动机的型号分为 5 个部分：

| 1 | 2 | 3 | 4 | 5 |

写出各部分名称：

1: _____

2: _____

3: _____

4: _____

5: _____

解释 QD124 型号的含义：_____
_____

二、起动机的结构识别

串励直流电动机认识	
(图示：电枢及电动机分解图,标号1-8)	作用：
	组成：
	工作原理：

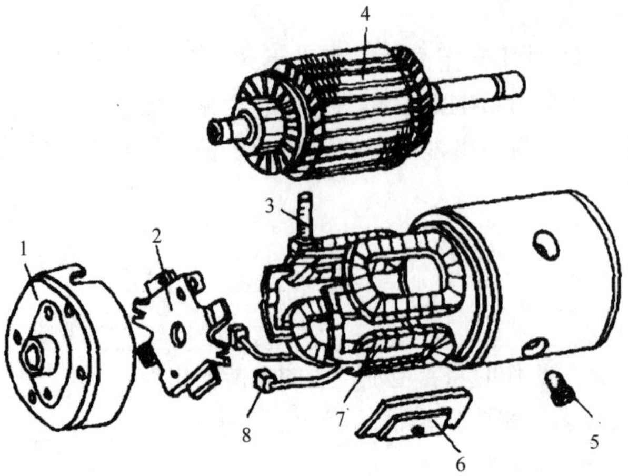

	电枢与磁极
电枢的认识	(图示：电枢标号1-4) 1._____ 2._____ 3._____ 4._____
作用	
组成	
工作原理	
磁极	(图示(a)标号1-4，(b)磁极分布图)	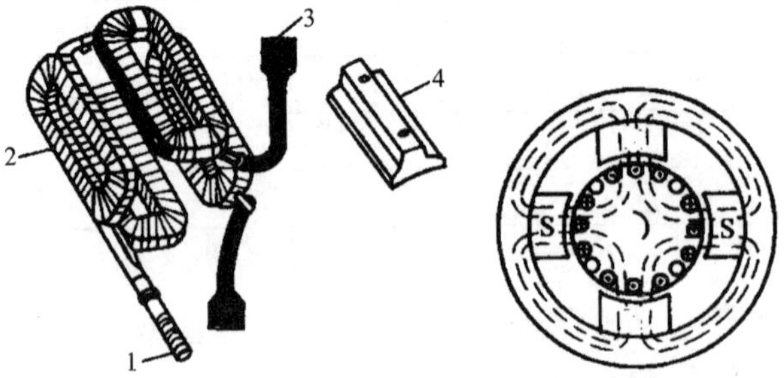 1._____ 2._____ 3._____ 4._____

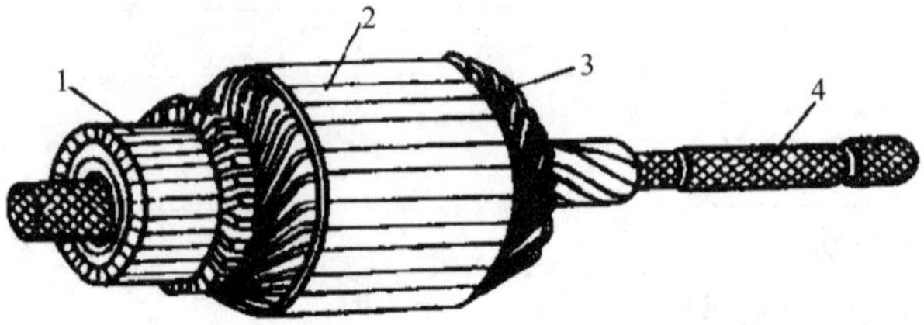

磁极的作用：_____

续表

电枢与磁极		
电刷及电刷架	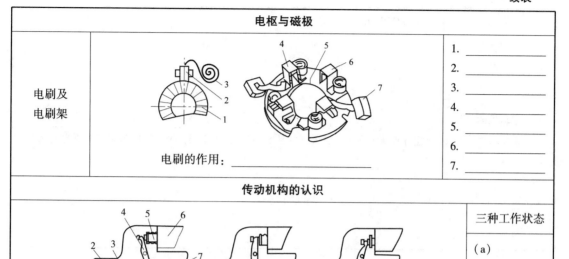 电刷的作用：_____	1._____ 2._____ 3._____ 4._____ 5._____ 6._____ 7._____

传动机构的认识	
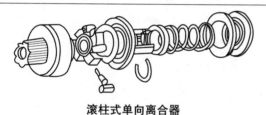	三种工作状态 （a） （b） （c）

汽车发动机对起动机传动机构的要求

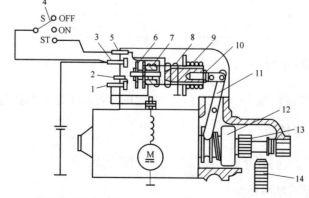

滚柱式单向离合器

单向离合器的作用：单向离合器将电动机产生的_____传递给发动机的_____，并在发动机起动后打滑防止电枢飞散

电磁开关

1，3—主接线柱；2—点火线圈附加电阻端接线柱；4—点火开关；5—起动接线柱；6—接触盘；7—吸拉线圈；8—保持线圈；9—活动铁芯；10—调节螺钉；11—拨叉；12—单向离合器；13—驱动齿轮；14—飞轮

续表

起动机的工作过程	起动时电路：
	松开点火开关S，点火开关从ST挡回到ON挡，吸拉线圈与保持线圈电路为：

三、起动机的拆装

通过实训，可以更加深入地掌握起动机的具体结构；并按照拆装工艺，培养正确的拆装习惯。

（1）起动机拆装的步骤。

_____
_____
_____
_____

（2）总结起动机拆装的注意事项。

_____
_____
_____
_____

 工作过程与分析

说明：此工作过程仅供参考，可以按自行制定的学习与工作计划执行。

一、起动机的故障诊断

通过实训，掌握起动机最常见的故障现象和诊断方法。

任务1　起动机不转故障诊断

1. 故障现象

接通点火开关起动挡，起动机没有转动迹象。

2. 故障原因
___
___
___

3. 故障诊断程序
___
___
___

任务 2　起动无力故障诊断

1. 故障现象

接通点火开关起动挡，起动机转速很低，甚至有时有短暂停转现象。

2. 故障原因
___
___
___

3. 故障诊断程序
___
___
___
___

二、起动机的检修与维护

通过实训，能够掌握对起动机进行简单测试的方法及维护的注意事项。

任务 1　励磁绕组的检修

1. 励磁绕组短路检查。（连线）

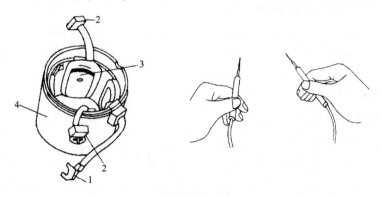

励磁绕组短路检查

1—励磁绕组正极；2—电刷；3—励磁绕组；4—壳体

2. 励磁绕组搭铁检查。（连线）

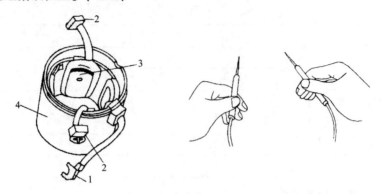

励磁绕组搭铁检查
1—励磁绕组正极；2—电刷；3—励磁绕组；4—壳体

3. 总结

总结励磁绕组的检修项目和使用工具。

_____
_____
_____
_____

任务 2　电枢绕组的检修

1. 电枢绕组搭铁检查。（连线）

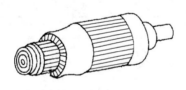  

电枢绕组搭铁检查

2. 总结

总结电枢绕组的检修项目和使用工具。

_____
_____
_____

任务 3　电刷的检修

总结电刷检修项目。

_____
_____
_____
_____

学习情境三 起动机的检修与维护

任务 4 起动机的使用注意事项

任务 5 起动机的维修注意事项

三、完成售后服务经理交代的维修任务

（1）任务分析：接到一故障车，现象为当点火开关打到 ST 挡时，起动机不转动，并且电磁开关没有动作。

（2）写出排除故障的诊断分析、检测步骤。

（3）排除故障，并写出维修过程报告，上报经理归档。

  技能提升自测

学生依据所学知识，自测所掌握的职业技能情况，填写本工单测试内容。

职业技能	技能测试项目		完成情况	
	序号	项目名称	内容记录	评定
起动系统检查保养	1	起动机继电器和电磁线圈的测试和更换步骤	1. 写出起动机继电器的测试和更换步骤 2. 写出电池线圈的测试和更换步骤	
	2	起动机拆卸和更换步骤	1. 在图中识别出起动机 2. 写出起动机拆卸步骤 3. 识别起动机型号并更换 QD124 表示	

续表

职业技能	技能测试项目		完成情况	
	序号	项目名称	内容记录	评定
起动系统检查和测试	1	起动机电路电压降测试方法	按图中标识验证起动机工作时启动电路压降 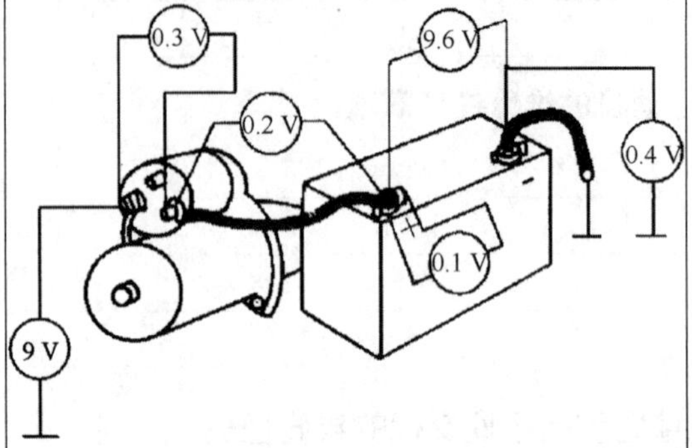 （图中标注：0.3 V、0.2 V、9.6 V、0.4 V、0.1 V、9 V）	
	2	起动机台架试验方法	进行整机连线测试。（起动机、蓄电池、导线若干等）	
	3	起动马达控制电路的开关、接头和接线检测方法	1. 写出主电路接通时的电路流程 2. 试写出各部件的检查和测试方法	
	4	起动机控制电路的开关、接头和导线检查和测试方法	1. 写出控制电路的控制流程 2. 试写出各部件的检查和测试方法	
	5	起动马达部件更换步骤	试写出起动机拆装步骤	

成果鉴定评估

专业		班级		小组成员		成果等级	
自我总结反思阶段		作业中的难点					
		成功之处					
		不足之处					
		改善方案					
小组总结阶段							
指导老师点评阶段							

注：成果等级分为 A、B、C、D 四级。
在小组总结中分析原因。

成绩认定单

情境三 起动机的组装与维护					
专业		班级	姓名		学号
考核项目		评分标准	教师评判		分数	得分
态度	团队合作	是否和谐	能和谐共事	不能	1分	
	拓展发言	是否精彩	精彩	不精彩	1分	
	小组讨论	是否积极	积极	不积极	1分	
	设备安全	有无损坏	无	有	1分	
	人身安全	有无损伤	无	有	2分	
	生产纪律	是否守纪	能遵守	不能遵守	2分	
	现场7S	是否做到	能做到	不能做到	2分	
工作页考评	基础知识掌握情况	零部件认知、检测方法	充分	一般	没预习	10分	
	操作过程记录	操作过程记录是否完整、正确	完整	一般	没记录	10分	
实际操作	计划方案	学习计划是否正确可行	正确易行	基本正确	不正确	10分	
	工具使用	拆装工具、检测工具、试验工具等使用是否正确	完全正确	基本正确	不正确	10分	
	操作过程	拆装是否熟练正确	完全正确	基本正确	不正确	20分	
		零部件检测是否正确	完全正确	基本正确	不正确	20分	
	完成组装维护任务情况	起动机组装及运转是否正常	完全正常	基本正常	不正常	10分	
教师签字：		年	月	日	合计	

任务描述

2010年2月25日居住在吉林的刘先生驾驶一辆CA7165AT4轿车来到售后服务站，王先生描述该车在市区内行驶了16 km，底盘号为LFPH3ACC8A1A30002。该车在起动时开始起动无力，起动数次后无法起动。作为修理工，接到检修起动机的任务，要求检查起动机各零部件的破损程度，确定是否可再用。若可再用，则进行组装、试验并排除可能出现的故障。制订学习和维修计划，完成此任务。将零部件检修的相关信息告知经理，得到经理的确认后，提交一份分析报告并归档。

1. 任务资讯

基本信息	车主：		用户地址：	
	性别：		检修日期：	
	底盘号：		行驶里程：	
	车型：		保养次数：	
使用状况	环境状况：□市内　□市郊　□城乡　□高速			
	载荷状况：□1~2人　□3~4人　□5人以上			
用户反映故障（用户描述车辆使用过程故障现象）			故障日期：	
故障现象确认（描述经核实的故障症状及车辆使用时的道路、气候状况等）				
故障系统原理分析（描述故障系统基本工作原理）				
导致该故障的原因有以下几点：				

2. 诊断方案确认（描述故障产生的可能原因及对应检查方法）

序号	可能的原因	检查方法

3. 诊断方案实施（描述对应检查项目、测量数据和判定结果）

序号	检查项目	检查结果	正常状态	结果判定

4. 排除故障（描述最终确认的故障部位和修复方法）

故障部位（零部件）	故障原因	修复方法

5. 结论、心得和感悟

基本信息	姓名		学号		班级		组别		
	规定时间		完成时间		考核日期		总评成绩		
	情境模拟		起动机的检查与更换						
	考核方式		分组进行，单人操作，小组成员与教师参与考评						
	考核项目	评分标准	教师和同学评判				分数	得分	
态度	团队合作	是否和谐	能和谐共事		不能		1分		
	拓展发言	是否精彩	精彩		不精彩		1分		
	沟通讨论	是否积极	积极		不积极		1分		
	设备安全	有无损坏	无损坏		有损坏		1分		
	人身安全	有无损伤	无		有		2分		
	生产纪律	是否守纪	能遵守		不能遵守		2分		
	现场7S	是否做到	能做到		不能做到		2分		
实际操作	工具使用	测试工具、检测设备等使用是否正确	完全正确	基本正确	不正确		10分		
	操作过程	起动机分解与安装是否正确	完全正确	基本正确	不正确		20分		
		检测是否熟练、正确	完全正确	基本正确	不正确		20分		
	完成检修维护任务情况	起动机的工作是否正常	完全正常	基本正常	不正常		10分		
	操作过程记录	操作过程记录是否完整	完整	一般	没记录		10分		
学生自评		内容：					10分		
小组互评		内容： 签名：					10分		
老师点评							签名：		

学习情境四　点火系的拆装、检测与诊断

为了完成点火系的检测与维修任务，必须掌握点火系的组成、作用及工作原理，点火系各部件的拆装方法，三种信号发生器的结构、原理及测试方法；掌握点火正时的步骤及能使用仪器检测点火正时是否准确；掌握点火系常见故障的诊断及排除方法等知识。

　学习任务资讯

学习情境描述		当发动机起动时有故障，多数情况为点火系或燃油供给系故障，可以通过转动曲轴，观察高压线是否跳火来判断点火系是否有故障。本学习任务为完成传统点火系、磁感式点火系以及霍尔式电子点火系的检测与维修
职业能力目标	专业能力	采取行动导向，确定汽车点火系部件组装及维护步骤的能力； 使用专用工具对点火系部件进行拆装检测的能力； 更换部件并对部件进行检测和调整的能力； 对维修质量进行检验的能力； 确保工作安全、环保的能力； 工作结果的评价与记录能力
	社会能力	团队协作能力； 与客户沟通的能力； 对有关宏观、微观政策的了解能力
	方法能力	扩展相应的信息收集能力； 使用企业信息资源制定学习与工作计划的能力； 能独立使用各种媒介完成学习任务的能力； 工作结果的评价与反思能力
要求		必须分组、分工、协作共同完成，制定学习和维修计划； 学生要做好记录，各小组选派代表展示学习结果； 评议各小组展示的学习成果
信息来源		校本教材基础知识、讲义（指导老师讲解）； 点火系的检测、试验设备，网络信息系统

续表

作业前提	蓄电池供电电压正常（不低于 12.7 V）； 熟悉点火系工作原理、部件拆装的注意事项； 具有足量的连接导线及器件； 熟悉点火系的试验设备
学习步骤	与客户（经理）交谈了解任务内容； 获取学习情境中的必要信息和相关的数据； 制定学习和维修计划，按要求进行拆装、零部件检验及故障诊断训练 进行自我评价

 制定点火系的拆装、检测与诊断方案

劳动组织	建议小组由 4~6 名学生组成，设组长 1 名，带领本组同学制定学习计划，进行学习组织，老师负责安全与技术指导，组织学生轮换操作	请参照上述分工，将本小组人员安排如下：
学习与工作计划	小组讨论：	老师点评：
工具准备	请根据工作内容与目标制定所需的工用具。 选定负责人：	要领取的工具与材料：

 基础知识准备

主要学习方法：通过教师讲解、观看课件演示、查阅相关书籍以及书后的基础知识等方式掌握基本知识。

一、点火系的作用和组成

（1）将下面传统点火系的各组成部分填到空格里。

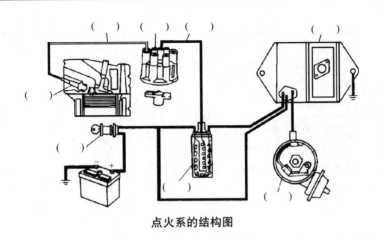

点火系的结构图

（2）点火系的作用是将汽车电源提供的＿＿＿＿电转变成＿＿＿＿电，并适时地送到各缸的＿＿＿＿，使其跳火，点燃气缸内的＿＿＿＿。

（3）点火系按照点火能量的储存方式可分为＿＿＿＿、＿＿＿＿；按照信号发生器的原理可分为＿＿＿＿、＿＿＿＿、＿＿＿＿。

（4）电源由＿＿＿＿和＿＿＿＿组成。发动机转速低的情况下，向点火系＿＿＿＿，在发动机工作的大部分时间内，由＿＿＿＿向点火系统供电。

（5）分电器一般由＿＿＿＿、＿＿＿＿和＿＿＿＿组成，其作用是将点火线圈产生的＿＿＿＿按照发动机的做功次序送至＿＿＿＿。

①配电器主要由＿＿＿＿、＿＿＿＿组成，其作用是按发动机＿＿＿＿，将高压电分配到各缸火花塞上。

②信号发生器有三种类型，分别是＿＿＿＿、＿＿＿＿及＿＿＿＿。

③机械式点火提前角调节机构分为＿＿＿＿、＿＿＿＿。

④看图指出分电器各组成部分。

（6）点火控制器也称为＿＿＿＿，其主要起＿＿＿＿，用来控制点火系初级电路的＿＿＿＿和＿＿＿＿。

（7）点火线圈是点火系统中的变压器，它由＿＿＿＿、＿＿＿＿和＿＿＿＿组成，将蓄电池和发电机中的低电压转变为能击穿＿＿＿＿的高电压。其瞬间输出电压可高达＿＿＿＿V。

①点火线圈按磁路的结构形式不同，可分为＿＿＿＿、＿＿＿＿和＿＿＿＿。

分电器的组成

②分别指出下列点火线圈的磁路类型。

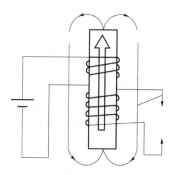

点火线圈（一） _____

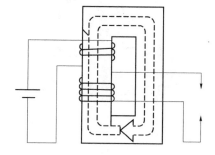

点火线圈（二） _____

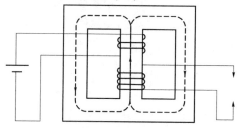

点火线圈（三） _____

③指出点火线圈各部分名称。

1. _____ 2. _____ 3. _____
4. _____ 5. _____ 6. _____

（8）火花塞承受高电压，产生_____，点燃_____。

①火花塞间隙多为_____mm。

②火花塞裙部温度保持在 500~600 ℃时，落在绝缘体上的油滴能立即烧去，通常将这个温度称为火花塞的_____。

③火花塞的类型有_____、_____、_____、_____、_____、_____。

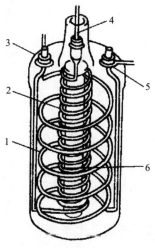

点火线圈结构

④指出火花塞主要组成部分的名称。

1. _____
2. _____
3. _____
4. _____
5. _____

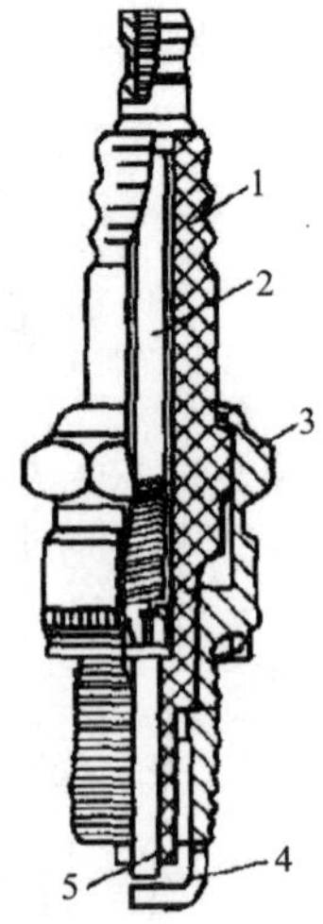

⑤火花塞的型号，根据 ZB/TJ37003—1989 标准规定，火花塞型号由三部分组成：

| 1 | 2 | 3 |

其含义分别是：

1：_____
2：_____
3：_____

（9）点火开关是用来_____或_____点火系统的电路，同时还用于控制其他系统的一些用电设备。

火花塞的结构

二、点火系的工作过程

如下图所示，发动机工作时，分电器中_____的转子也随之旋转。转子旋转时，感应线圈中便产生正弦脉冲信号。当信号发生器传送给点火控制器的信号为正脉冲信号时，点火控制器中起开关作用的晶体管导通，初级电路导通，电路为：_____

_____

点火系的初级电路导通时，初级绕组便产生_____。

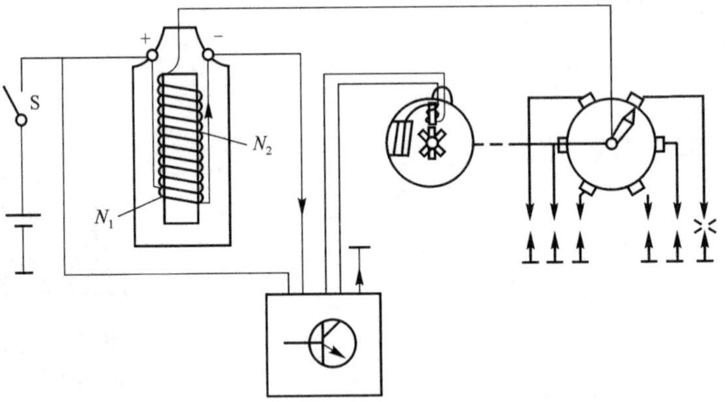

点火系的工作原理图

当信号发生器传送给点火控制器的信号为负脉冲信号时，点火控制器中起开关作用的晶体管_____，初级电路被_____，初级电流及磁场迅速消失。这时，在点火线圈两个绕组中都产生感应电动势。由于次级绕组的匝数多，因此，在点火线圈的次级绕组中产生高压电。

此时，随分电器轴一同旋转的分火头正好对准分电器盖上某缸的旁电极，高压电由分高压线送给火花塞，使火花塞跳火，点燃混合气。

根据以上分析，点火系的工作过程可分成三个阶段，即初级电路_____，点火能量_____；初级电路_____，次级电路产生_____；火花塞电极产生_____，点燃_____。

三、信号发生器的识别

1. 电磁感应式电子点火系与信号发生器

（1）电磁感应式信号发生器由_____、_____、_____、_____组成。

(a)   (b)   (c)

信号发生器

（2）根据上图判断，转子在图_____位置时磁通最大，此时的磁感应线圈的感应电动势为_____。

（3）CA1092汽车点火控制器有_____个接线端，其中1号接线端_____，2、3号接线端通过红、白两根导线接_____，5号接线端通过红白双色线接_____来的电源，6号接线端通过绿色导线接点火线圈_____。

（4）连接磁感应点火系线路。

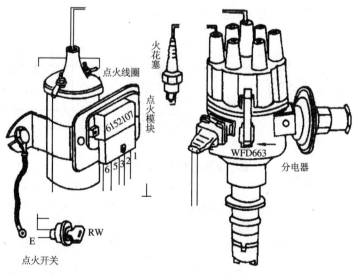

磁感应点火系线路

2. 霍尔式信号发生器

（1）霍尔效应定律：_____
_____

（2）看下图指出霍尔信号发生器的组成。

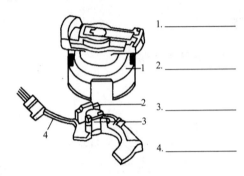

1._____
2._____
3._____
4._____

霍尔信号发生器组成

（3）霍尔信号发生器的工作过程如下：

当发动机工作时，分电器轴带动触发叶轮转动，每当触发叶轮的叶片进入永久磁铁和_____之间的空气气隙时，原来垂直进入霍尔元件的_____被叶片遮住，霍尔元件的磁路被触发叶轮的叶片旁路，因此霍尔元件_____，霍尔集成电路输出级的晶体管处于_____状态，其集电极电位为高电位 11～12 V，即此时信号发生器的输出信号为_____V；当触发叶轮的叶片离开此气隙时，永久磁铁的磁力线则可垂直进入霍尔元件，于是在霍尔元件中便会产生_____，霍尔集成电路输出级的晶体管处于_____状态，其集电极电位为低电位_____V，这时霍尔信号发生器输出信号为 0.3～0.4 V。故触发叶轮每转一周，霍尔信号发生器便可产生_____个脉冲信号，将此信号输送给点火控制器便可实现对点火系的控制。

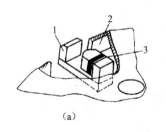 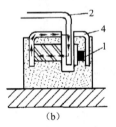 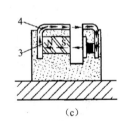

(a)   (b)   (c)

霍尔信号发生器的工作原理

(a) 结构原理；(b) 叶轮片在霍尔元件与永久磁铁之间；(c) 叶轮片离开霍尔元件与永久磁铁之间的气隙
1—霍尔元件；2—触发叶轮片；3—永久磁铁；4—导磁板

（4）海桑塔纳点火系的点火控制器有_____个接线端，其中 1 号接线端通过绿色导线与点_____相连，2 号接线端接_____（棕色导线），3、5、6 号接线端接_____，其中 5 号线（黑红色）为_____，6 号线（绿白色）为_____，3 号线（棕白色）为_____，4 号线（黑色）为_____。1 号接线端和 2 号接线端之间为_____，7号接线端接_____。

（5）霍尔式点火系连线。

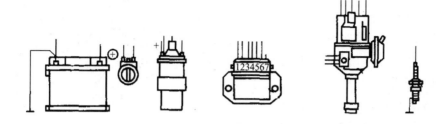

霍尔式点火系

3. 光电式信号发生器

（1）看图指出光电信号发生器的组成。

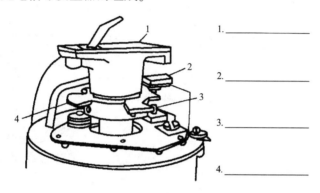

1._____
2._____
3._____
4._____

光电信号发生器

（2）光电信号发生器的工作过程：遮光盘随分电器轴旋转时，当遮光盘的叶片转至_____与光敏晶体管之间时，便把发光二极管发出的光束_____，使其不能射入光敏晶体管，此时光敏晶体管_____；当遮光盘上的缺口通过发光二极管与光敏晶体管之间时，发光二极管所发出的光束直接照到_____，使其_____。遮光盘每转一周，信号发生器便产生_____个交变信号，输送给点火控制器，控制着点火系的正常工作。

四、点火系主要部件的检修

1. 点火线圈的检测

（1）初级绕组电阻值的检查

初级绕组的短路、断路、搭铁和过热都会引起点火系不能正常工作。初级绕组电阻用万用表_____Ω挡测量，如右图所示。

若万用表指示阻值无穷大，则说明初级绕组_____；若阻值小于标准值，则说明匝间有_____；若阻值在

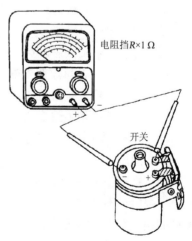

电阻挡R×1Ω

开关

初级线圈的测量

1.2~1.7 Ω 内，则正常。

（2）次级绕组电阻值的检查

用万用表 $R×1$ kΩ 挡测量，若万用表指示阻值无穷大，则说明次级绕组_____；若阻值小于标准值或为零时，则说明匝间有_____；其正常阻值为：8~16 kΩ（有触点式点火线圈）或 2.4~3.5 kΩ，如右图所示。

（3）点火线圈绝缘电阻的检查

用数字万用表 20 MΩ 挡测量，点火线圈任一端与外壳间的电阻均应为_____，否则存在漏电故障，应更换。

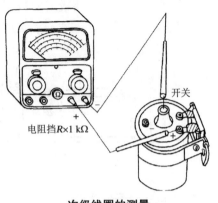

次级线圈的测量

2. 断电器检查

（1）触点外观检查

断电器触点表面的正常接触面应为_____，且表面平整、光洁、接触面积不小于 80%，如触点烧蚀则接触表面有密集的微孔且呈_____，此时可使用白金砂条或双面砂纸在两触点之间进行修磨，以消除蚀坑。

（2）触点间隙的检查

断电器触点间隙一般为_____mm，检查方法如右图所示。

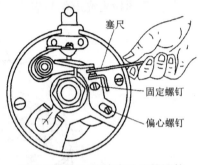

断电器触点间隙检查及位置调整

检查国产车断电器触点间隙时，应先将断电臂顶块位于凸轮的最高位置，用塞尺测量出两触点间的间隙大小。

（3）断电器触点间隙的调整

断电器触点间隙的调整一般有两种方法。

第一种方法：旋松静触点支架的_____，转动偏心螺钉，检查触点间隙，使之符合要求，然后把固定螺钉锁紧。

第二种方法：旋松静触点支架固定螺钉，用螺钉旋具拨动_____，改变触点间隙直至符合要求。触点间隙调整好后，应将分电器转一圈，检查各缸触点间隙的均匀性，调整部位参见相关图形。

（4）断电器弹簧张力的检查

如右图所示，用_____测量，一般触点臂弹簧的弹力为 4.90~6.86 N，低于下限值为不合格，此时可根据其固定螺钉的连接方式或缩短连接长度或预弯弹簧片，以增加弹力。

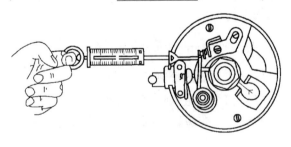

断电器弹簧张力检查

3. 高压电路电阻的检查

（1）分火头电阻的检查如图所示，桑塔纳、奥迪为_____kΩ。

（2）火花塞插头电阻的检查如图所示，桑塔纳、奥迪为（1±0.4）kΩ（_____）和（5±1.0）kΩ（有屏蔽）。

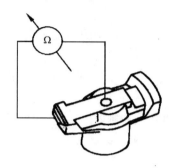

分火头电阻的检查

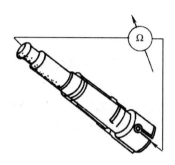

火花塞插头电阻的检查

（3）防干扰接头电阻的检查如图所示，桑塔纳、_____为（1±0.4）kΩ。

（4）高压线电阻的检查如图所示，中央高压线，桑塔纳不大于_____kΩ，奥迪不大于 2 kΩ；分高压线，桑塔纳不大于 7.4 kΩ，奥迪不大于_____kΩ。

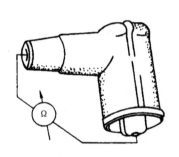

防干扰街头电阻的检查

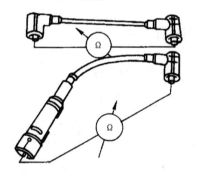

高压线电阻的检查

4. 点火正时的检测

点火正时的检测可以通过路试，也可以用正时灯或点火测试仪完成。现介绍使用正时灯检查点火正时的步骤：

（1）起动发动机，_____温度。

（2）预热后，检查_____是否在规定的范围内。

（3）将正时灯的红色线和黑色线分别连接在蓄电池正极和负极上，信号线连接在_____分高压线上，如右图所示。

（4）使发动机在规定的转速运转，将正时灯对准规定的止时记号（如桑塔纳、奥迪等轿车对准飞轮）。若指针出现在正时记号的前方，表明点火_____；若出现

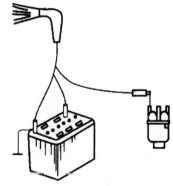

正时灯的连接方法

在正时记号之后，则表明点火_____。

（5）点火正时不正确时，应松开分电器壳体_____，将分电器轴按顺时针或逆时针方向转动少许，直至调整好点火正时。

五、点火系的使用与维护注意事项

（1）由于初级电流较大，必须使用_____点火线圈，不能用普通的点火线圈代替。

（2）清洗发动机时，_____在发动机熄火后进行。

（3）若进行点火系的故障检测，应在发动机_____后，断开点火系的线路，连接检测仪表。

（4）当点火系有故障，由其他车辆拖行时，须将点火控制器的_____拔下。

（5）分火头及高压线接头都具有高压_____电阻，以防无线电干扰，不能用普通件来代替。

 工作过程与分析

说明：此工作过程仅供参考，可以按自行制定的学习与工作计划执行。

通过实训，掌握点火系主要部件的检测方法，掌握常见点火系故障的诊断与排除方法。

一、零部件检测

任务1　点火线圈的检查

1. 初级绕组的阻值检查

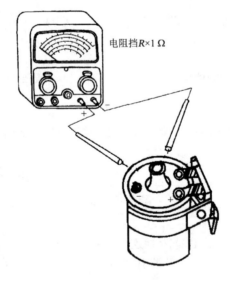

初级绕组阻值检查

阻值：_____，状态（短路、断路、正常）：_____。

2. 磁极绕组的阻值检查

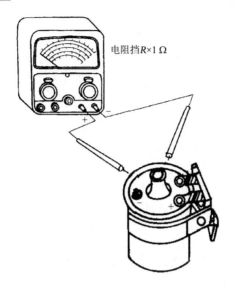

磁极绕组阻值检查

阻值：_____，状态（短路、断路、正常）：_____。

任务2　断电器的检查

（1）断电器的触点间隙一般为_____mm，用_____（工具）来测得触点间隙。

（2）调整触点间隙要先拧松_____，然后拧动_____或是调整_____的位置。

（3）断电器弹簧张力一般为_____，用_____（工具）测得。

任务3　高压电路电阻的检查

_____
_____
_____

任务4　点火正时的检测

_____
_____
_____
_____
_____
_____
_____

二、点火系的故障诊断

1. 发动机不能起动或突然熄火

检查项目	检查方法
检查蓄电池电压	喇叭声响：响亮（　　）不响亮（　　） 灯光强弱：强（　　）不强（　　） 解决方法：
判断点火系的故障在高压电路还是在低压电路	车上有电流表的判断： 车上没电流表的判断：
低压电路的故障判断	判断方法：
高压电路的故障判断	判断方法：

2. 发动机工作不正常

现象		检测方法
某个缸缺火	有一缸或几缸缺火就会造成发动机运转不匀，排气管排黑烟并放炮，产生的原因多为高压分线漏电或脱落、分电器盖漏电、凸轮磨损不均、火花塞工作不良或不工作、高压分线插错等	
多个缸缺火		

技能提升自测

学生依据所学知识,自测所掌握的职业技能情况,填写本工单测试内容。

职业技能	技能测试项目		完成情况	
	序号	项目名称	内容记录	评定
点火系的检查保养	1	火花塞的检查和更换流程		
	2	次级点火部件及线束的检查、测量和更换方法		
点火系的测试与维修	1	初级点火波形的检测和判读方法		
	2	次级点火波形的检测和判读方法		
	3	点火线圈的检测方法		
	4	点火正时和提前角/延迟角的调整方法		
点火系的故障诊断分析	1	点火系常见故障诊断策略		
	2	点火系相关故障码解析		
	3	发动机加速熄火的诊断分析策略		
	4	发动机怠速中熄火的诊断分析策略		
	5	发动机起步熄火的诊断分析策略		

成果鉴定评估

专业		班级		小组成员		成果等级	
自我总结反思阶段		作业中的难点					
		成功之处					
		不足之处					
		改善方案					
小组总结阶段							
指导老师点评阶段							

注：成果等级分为 A、B、C、D 四级。
在小组总结中分析原因。

成绩认定单

情境四 点火系的拆装、检测与诊断					
专业		班级	姓名		学号
考核项目		评分标准	教师评判		分数	得分
态度	团队合作	是否和谐	能和谐共事	不能	1分	
	拓展发言	是否精彩	精彩	不精彩	1分	
	小组讨论	是否积极	积极	不积极	1分	
	设备安全	有无损坏	无	有	1分	
	人身安全	有无损伤	无	有	2分	
	生产纪律	是否守纪	能遵守	不能遵守	2分	
	现场7S	是否做到	能做到	不能做到	2分	
工单考评	基础知识掌握情况	零部件认知、检测方法	充分	一般	没预习	10分	
	操作过程记录	操作过程记录是否完整、正确	完整	一般	没记录	10分	
实际操作	计划方案	学习计划是否正确可行	正确易行	基本正确	不正确	10分	
	工具使用	拆装工具、检测工具、试验工具等使用是否正确	完全正确	基本正确	不正确	10分	
	操作过程	拆装是否熟练正确	完全正确	基本正确	不正确	20分	
		零部件检测是否正确	完全正确	基本正确	不正确	20分	
	完成组装维护任务情况	点火系组装及运转是否正常	完全正常	基本正常	不正常	10分	
教师签字：		年 月 日			合计	

任务描述

2010年2月26日，居住在四平的王先生驾驶一辆CA7204AT2轿车来到售后服务站，王先生描述该车在市区内行驶了62 000 km，底盘号为LFPH3ACC8A1A30004。该车起动后发动机运转无力，急速时抖动。作为修理工，接到检修点火系的任务，要求检查点火系各零部件的工作情况，确定是否可再用。若可再用，则进行组装、试验并排除可能出现的故障。制订学习和维修计划，完成此任务。将零部件检修的相关信息告知经理，得到经理的确认后，提交一份分析报告并归档。

1. 任务资讯

基本信息	车主：		用户地址：	
	性别：		检修日期：	
	底盘号：		行驶里程：	
	车型：		保养次数：	
使用状况	环境状况：□市内　□市郊　□城乡　□高速			
	载荷状况：□1~2人　□3~4人　□5人以上			
用户反映故障（用户描述车辆使用过程故障现象）			故障日期：	
故障现象确认（描述经核实的故障症状及车辆使用时的道路、气候状况等）				
导致该故障的原因有以下几点：				

2. 诊断方案确认（描述故障产生的可能原因及对应检查方法）

序号	可能的原因	检查方法

3. 诊断方案实施（描述对应检查项目、测量数据和判定结果）

序号	检查项目	检查结果	正常状态	结果判定

4. 排除故障（描述最终确认的故障部位和修复方法）

故障部位（零部件）	故障原因	修复方法

5. 结论、心得和感悟

基本信息	姓名		学号		班级		组别		
	规定时间		完成时间		考核日期		总评成绩		
	情境模拟		点火系的检查与更换						
	考核方式		分组进行,单人操作,小组成员与教师参与考评						
考核项目		评分标准		教师和同学评判			分数		得分
态度	团队合作	是否和谐		能和谐共事		不能		1分	
	拓展发言	是否精彩		精彩		不精彩		1分	
	沟通讨论	是否积极		积极		不积极		1分	
	设备安全	有无损坏		无损坏		有损坏		1分	
	人身安全	有无损伤		无		有		2分	
	生产纪律	是否守纪		能遵守		不能遵守		2分	
	现场7S	是否做到		能做到		不能做到		2分	
实际操作	工具使用	测试工具,检测设备等使用是否正确		完全正确	基本正确	不正确		10分	
	操作过程	点火系分解与安装是否正确		完全正确	基本正确	不正确		20分	
		检测是否熟练、正确		完全正确	基本正确	不正确		20分	
	完成检修维护任务情况	点火系的工作是否正常		完全正常	基本正常	不正常		10分	
	操作过程记录	操作过程记录是否完整		完整	一般	没记录		10分	
学生自评	内容:							10分	
小组互评	内容:				签名:_____			10分	
老师点评									

签名:_____

学习情境五　照明与信号系统的检修与维护

掌握照明与信号系统的组成及各主要部件的作用及工作原理，了解其在车上的安装位置，掌握其组成及各主要部件在车上的拆装方法；能够正确分析照明与信号系统的系统电路图；掌握前照灯的调整方法；能正确分析照明与信号系统的故障原因并排除故障。

 学习任务资讯

学习情境描述	售后服务经理递交给学员一个检测、维修照明与信号系统的任务，要求检查各零部件的破损程度，确定是否可再用，如可再用，则进行组装、试验并排除可能出现的故障。制定学习和维修计划，完成此任务。零部件的相关信息和组装情况告知经理，得到经理的确认后，提交一份分析报告并归档	
职业能力目标	专业能力	采取行动导向，确定汽车起动机组装及维护步骤的能力； 使用专用工具对起动机进行拆装检测的能力； 更换部件并对部件进行检测和调整的能力； 对维修质量进行检验的能力； 确保工作安全、环保的能力； 工作结果的评价与记录能力
	社会能力	团队协作能力； 与客户沟通的能力； 对有关宏观、微观政策的了解能力
	方法能力	扩展相应的信息收集能力； 使用企业信息资源制定学习与工作计划的能力； 能独立使用各种媒介完成学习任务的能力； 工作结果的评价与反思能力
要求	必须分组、分工、协作共同完成，制定学习和维修计划； 学生要做好记录，各小组选派代表展示学习结果； 评议各小组展示的学习成果	
信息来源	校本教材基础知识、讲义（指导老师讲解）； 前照灯的检测、试验设备，网络信息系统	

续表

作业前提	蓄电池供电电压正常（不低于12.7 V）； 熟悉照明与信号系统的工作原理、拆装的注意事项； 具有足量的连接导线及器件； 熟悉照明系统的检验设备
学习步骤	与客户（经理）交谈了解任务内容； 获取学习情境中的必要信息和相关的数据； 制定学习和维修计划，按要求进行拆装、零部件检验及故障诊断训练； 进行自我评价

 制定照明与信号系统的检修与维护学习方案

劳动组织	建议小组由4~6名学生组成，设组长1名，带领本组同学制定学习计划，进行学习组织，老师负责安全与技术指导，组织学生轮换操作	请参照上述分工，将本小组人员安排如下：
学习与工作计划	小组讨论：	老师点评：
工具准备	请根据工作内容与目标制定所需的工用具： 选定负责人：	要领取的工具与材料：

基本知识准备

主要学习方法：通过教师讲解、观看课件演示、查阅相关书籍以及书后的基础知识等方式掌握基本知识。

一、前照灯的基本知识

1. 前照灯的认识

（1）汽车前照灯的夜间照明必须保证车前_____m以内的路面上有明亮而均匀的光照。

（2）分别指出下面两种灯泡的类型和各部分名称。

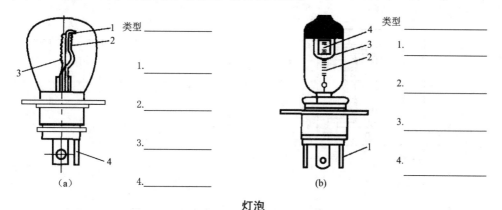

类型 _____
1. _____
2. _____
3. _____
4. _____

类型 _____
1. _____
2. _____
3. _____
4. _____

灯泡

（3）指出下面两个前照灯的类型，并指出（b）图各部分名称。

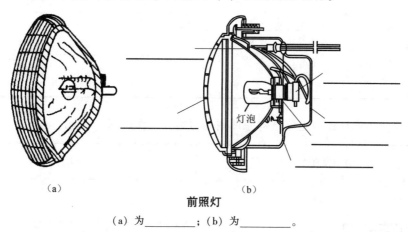

前照灯

（a）为_____；（b）为_____。

（4）无反射镜的灯泡，其光度只能照清周围_____m左右的距离，而经反射镜反射后的平行光束可照清前方_____m以上的距离。

（5）前照灯防眩目的手段有_____
_____等。

（6）更换灯泡时一定注意不能_____。

2. 前照灯的使用注意事项

二、转向信号灯、闪光器电路图识读

（1）识读电容式闪光器结构原理图并写出其工作过程。

结构原理图	工作过程
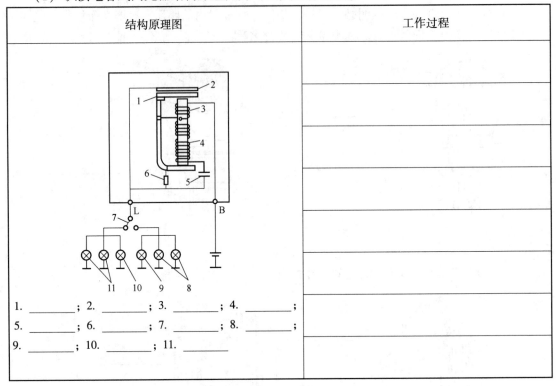 1._____；2._____；3._____；4._____； 5._____；6._____；7._____；8._____； 9._____；10._____；11._____	

（2）识读旁热翼片式闪光器结构原理图并写出其工作过程。

结构原理图	工作过程
1._____；2._____；3._____； 4._____；5._____；6._____； 7._____；8._____；9._____	

（3）识读直热翼片式闪光器结构原理图并写出其工作过程。

结构原理图	工作过程
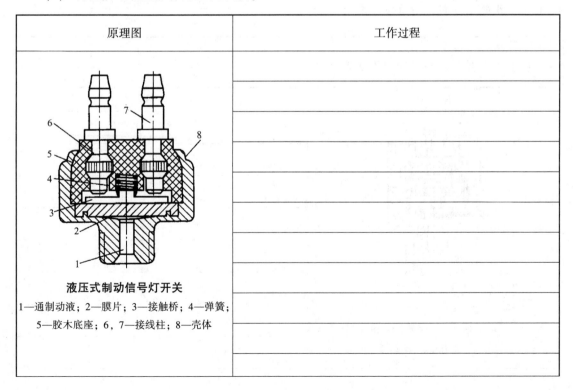 1. _____；2. _____；3. _____； 4. _____；5. _____；6. _____； 7. _____；8. _____；9. _____	

三、其他信号装置工作原理图识读

（1）制动信号装置工作原理图识读。

原理图	工作过程
液压式制动信号灯开关 1—通制动液；2—膜片；3—接触桥；4—弹簧； 5—胶木底座；6，7—接线柱；8—壳体	

续表

原理图	工作过程
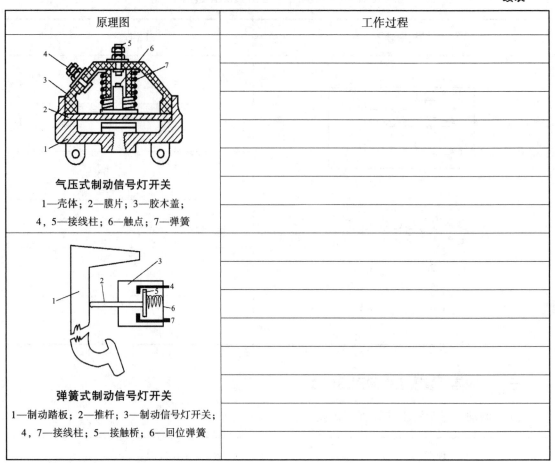 气压式制动信号灯开关 1—壳体；2—膜片；3—胶木盖； 4，5—接线柱；6—触点；7—弹簧	
弹簧式制动信号灯开关 1—制动踏板；2—推杆；3—制动信号灯开关； 4，7—接线柱；5—接触桥；6—回位弹簧	

（2）倒车信号装置工作原理图识读。

原理图	工作过程
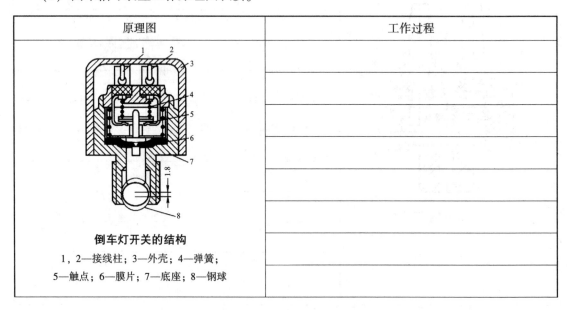 倒车灯开关的结构 1，2—接线柱；3—外壳；4—弹簧； 5—触点；6—膜片；7—底座；8—钢球	

续表

原理图	工作过程
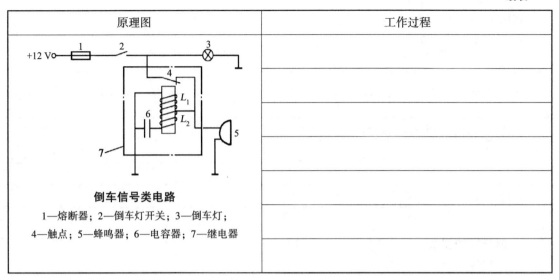 倒车信号类电路 1—熔断器；2—倒车灯开关；3—倒车灯； 4—触点；5—蜂鸣器；6—电容器；7—继电器	

四、电喇叭认识

（1）汽车电喇叭按外形可分为_____、_____、_____三种；按声音分为_____、_____两种。

（2）工作原理图识读。

原理图	工作过程
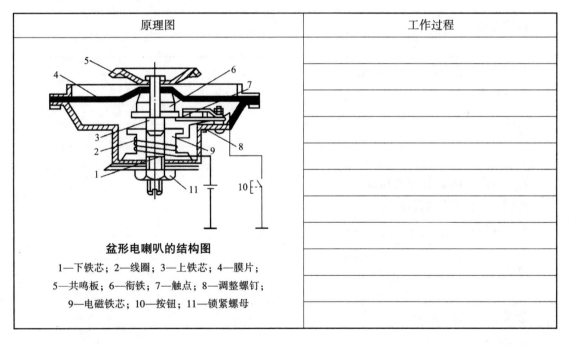 盆形电喇叭的结构图 1—下铁芯；2—线圈；3—上铁芯；4—膜片； 5—共鸣板；6—衔铁；7—触点；8—调整螺钉； 9—电磁铁芯；10—按钮；11—锁紧螺母	

工作过程与分析

说明：此工作过程仅供参考，可以按自行制定的学习与工作计划执行。

1. 前照灯的常见故障诊断

故障 1 前照灯不亮

故障原因：_____

_____

排除方法：_____

_____

故障 2 只有远光灯亮或只有近光灯亮

故障原因：_____

_____

排除方法：_____

_____

2. 前照灯的调整

（1）调整部位：_____

（2）调整步骤：_____

3. 转向信号灯电路的常见故障

故障 1 转向灯开关打到左侧或右侧时，转向指示灯闪烁比正常情况快

故障原因：_____

_____

排除方法：_____

_____

故障 2 左、右转向灯均不亮

故障原因：_____

_____

排除方法：_____

_____

4. 电喇叭的故障诊断与排除

故障 1 电喇叭的音量小

故障原因：_____

_____

排除方法：_____

_____

故障 2 电喇叭不响

故障原因：_____

_____

排除方法：_____

_____

5. 电喇叭的调整

电喇叭的调整步骤

_____

_____

_____

_____

 技能提升自测

学生依据所学知识，自测所掌握的职业技能情况，填写本工单测试内容。

职业技能	技能测试项目		完成情况	
	序号	项目名称	内容记录	评定
照明与信号系统检查保养	1	前照灯光束进行校正的步骤	简单叙述六步	
	2	前照灯系统组成认知	写出组成：	
	3	制动系统组成认知	写出组成：	
	4	喇叭结构认知	写出组成：	
	5	转向系统组成认知	写出组成：	
照明与信号系统诊断检测与维修	1	白昼行驶灯系统的检测和维修方法	拓展阅读：	
	2	前照灯的更换和测试方法		
	3	停车灯、尾灯电路和辅助灯电路（雾灯/行驶灯）的控制器、开关、继电器、灯泡、插座、接头和导线的更换和测试方法	以尾灯为例说明：	
	4	喇叭电路的控制器、喇叭、喇叭继电器、喇叭按钮（开关）、接头和导线的测试和更换方法		
		一般应重点检查以下两项内容：一是是否有短路，检查接线柱接触不良处（断路）；二是熔断丝是否熔断。在车上均可采用试灯法和万用表进行检查		

续表

职业技能	技能测试项目		完成情况	
	序号	项目名称	内容记录	评定
照明与信号系统诊断检测与维修	5	前照灯和变光开关、继电器、控制装置、传感器、插座和前照灯电路的导线的测试和更换方法		
	6	缩式前照灯总成电路的控制器、电机、开关、继电器、接头和导线的测试和更换方法		
	7	喇叭电路的控制器、喇叭、喇叭继电器、喇叭按钮（开关）、接头和导线的测试和更换方法		
	8	转向信号和示险灯电路的控制器、开关、闪光器、灯泡、插座、接头和导线的测试和更换方法		
	9	倒车灯电路的控制器、开关、灯泡、插座、接头和导线的测试和更换方法		
	10	制动灯电路的控制器、开关、灯泡、插座、接头或导线的测试和更换方法		
照明与信号系统故障诊断分析	汽车灯系的故障不外乎两类：一类是器件本身的故障；另一类是线路存在的故障。应先查器件本身的故障，如没有，应按各系统的线路逐级检查，认真查明出现故障的原因及可存在的隐患，正确地加以排除			
	1	前照灯过亮、暗淡、间歇工作、不工作或不断电的故障原因解析		
	2	伸缩式前照灯总成间歇工作、缓慢或不工作的故障原因解析		
	3	喇叭不工作、持续工作或间歇工作的故障原因解析		

续表

职业技能	技能测试项目		完成情况	
	序号	项目名称	内容记录	评定
照明与信号系统故障诊断分析	4	无转向信号灯、无危险警示灯、单边或双边不闪烁的故障原因解析		
	5	倒车灯不工作、间歇工作、暗淡、不正常或不断电的故障原因解析		
	6	制动灯不工作、间歇工作、暗淡或不断电的故障原因解析		

成果鉴定评估

专业		班级		小组成员		成果等级	
自我总结反思阶段		作业中的难点					
		成功之处					
		不足之处					
		改善方案					
小组总结阶段							
指导老师点评阶段							

注：成果等级分为 A、B、C、D 四级。
在小组总结中分析原因。

成绩认定单

情境五 照明与信号系统的检修与维护					
专业		班级		姓名		学号	
考核项目		评分标准	教师评判			分数	得分
态度	团队合作	是否和谐	能和谐共事		不能	1分	
	拓展发言	是否精彩	精彩		不精彩	1分	
	小组讨论	是否积极	积极		不积极	1分	
	设备安全	有无损坏	无		有	1分	
	人身安全	有无损伤	无		有	2分	
	生产纪律	是否守纪	能遵守		不能遵守	2分	
	现场7S	是否做到	能做到		不能做到	2分	
工作页考评	基础知识掌握情况	零部件认知、检测方法	充分	一般	没预习	10分	
	操作过程记录	操作过程记录是否完整、正确	完整	一般	没记录	10分	
实际操作	计划方案	学习计划是否正确可行	正确易行	基本正确	不正确	10分	
	工具使用	拆装工具、检测工具、试验工具等使用是否正确	完全正确	基本正确	不正确	10分	
	操作过程	部件调整是否熟练正确	完全正确	基本正确	不正确	20分	
		故障诊断方法是否正确	完全正确	基本正确	不正确	20分	
	完成组装维护任务情况	排除故障的部件运转是否正常	完全正常	基本正常	不正常	10分	
教师签字：			年	月	日	合计	

任务描述

2010年2月27日居住在北京的刘先生驾驶一辆CA7165MT4轿车来到售后服务站，刘先生描述该车在城乡行驶了6 632 km，底盘号为LFPH3ACC8A1A30005。该车在行驶过程中转向灯开关打到左侧或右侧时，转向指示灯闪烁比正常情况快，有时只有远光灯亮或只有近光灯亮，喇叭声音也不大。作为修理工，接到照明与信号系统的任务，要求检查照明与信号系统各零部件的工作情况，确定是否可再用。若可再用，则进行组装、试验并排除可能出现的故障。制订学习和维修计划，完成此任务。将零部件检修的相关信息告知经理，得到经理的确认后，提交一份分析报告并归档。

1. 任务资讯

基本信息	车主：		用户地址：	
	性别：		检修日期：	
	底盘号：		行驶里程：	
	车型：		保养次数：	
使用状况	环境状况：□市内　□市郊　□城乡　□高速			
	载荷状况：□1~2人　□3~4人　□5人以上			
用户反映故障（用户描述车辆使用过程故障现象）			故障日期：	
故障现象确认（描述经核实的故障症状及车辆使用时的道路、气候状况等）				
故障系统原理分析（描述故障系统基本工作原理）				
导致该故障的原因有以下几点：				

2. 诊断方案确认（描述故障产生的可能原因及对应检查方法）

序号	可能原因	检查方法

3. 诊断方案实施（描述对应检查项目、测量数据和判定结果）

序号	检查项目	检查结果	正常状态	结果判定

4. 排除故障（描述最终确认的故障部位和修复方法）

故障部位（零部件）	故障原因	修复方法

5. 结论、心得和感悟

基本信息	姓名		学号		班级		组别	
	规定时间		完成时间		考核日期		总评成绩	
	情境模拟		照明与信号的检查与更换					
	考核方式		分组进行，单人操作，小组成员与教师参与考评					
考核项目		评分标准	教师和同学评判				分数	得分
态度	团队合作	是否和谐	能和谐共事		不能		1分	
	拓展发言	是否精彩	精彩		不精彩		1分	
	沟通讨论	是否积极	积极		不积极		1分	
	设备安全	有无损坏	无损坏		有损坏		1分	
	人身安全	有无损伤	无		有		2分	
	生产纪律	是否守纪	能遵守		不能遵守		2分	
	现场7S	是否做到	能做到		不能做到		2分	
实际操作	工具使用	测试工具、检测设备等使用是否正确	完全正确	基本正确	不正确		10分	
	操作过程	照明与信号分解与安装是否正确	完全正确	基本正确	不正确		20分	
		检测是否熟练、正确	完全正确	基本正确	不正确		20分	
	完成检修维护任务情况	照明与信号的工作是否正常	完全正常	基本正常	不正常		10分	
	操作过程记录	操作过程记录是否完整	完整	一般	没记录		10分	

续表

学生自评	内容:		10分	
小组互评	内容:	签名:_____	10分	
老师点评			签名:_____	

学习情境六　仪表、报警灯与电子显示装置维护

掌握仪表、报警系统的组成及主要部件的作用及工作原理；了解仪表、报警系统各主要部件在车上的安装位置；掌握仪表、报警系统各主要部件在车上的拆装方法；能够正确分析仪表系统的系统电路图，了解仪表、报警系统通用符号的含义；能正确分析仪表、报警系统的故障原因并排除故障。

 学习任务资讯

学习情境描述	售后服务经理交给学员一个检修、维护仪表、报警灯与电子显示装置的任务，要求检查各部件的破损程度和原因，确定是否可再用，如可再用，则进行试验并排除可能出现的故障。制定学习和维修计划，完成此任务。把相关信息情况告知经理，得到经理的确认后，提交一份分析报告并归档	
职业能力目标	专业能力	采取行动导向，确定仪表、报警灯与电子显示装置维护步骤的能力； 对部件进行检测和调整，必要时更换部件的能力； 对维修质量进行检验的能力； 确保工作安全、环保的能力； 工作结果的评价与记录能力
	社会能力	团队协作能力； 与客户沟通的能力； 对有关宏观、微观政策的了解能力
	方法能力	扩展相应的信息收集能力； 使用企业信息资源制定学习与工作计划的能力； 能独立使用各种媒介完成学习任务的能力； 工作结果的评价与反思能力
要求	必须分组、分工、协作共同完成，制定学习和维修计划； 学生要做好记录，各小组选派代表展示学习结果； 评议各小组展示的学习成果	
信息来源	校本教材基础知识、讲义（指导老师讲解）； 网络信息系统等	

续表

作业前提	汽车蓄电池供电电压正常（不低于12.7 V）； 熟悉仪表、报警灯与电子显示装置的工作原理，拆装、检测的注意事项； 具有足量的连接导线及器件
学习步骤	与客户（经理）交谈了解任务内容； 获取学习情境中的必要信息和相关的数据； 制定学习和维修计划，按要求进行检验及故障诊断训练； 进行自我评价

 制定仪表、报警灯与电子显示装置维护学习方案

劳动组织	建议小组由4~6名学生组成，设组长1名，带领本组同学制定学习计划，进行学习组织，老师负责安全与技术指导，组织学生轮换操作	请参照上述分工，将本小组人员安排如下：
学习与工作计划	小组讨论：	老师点评：
工具准备	请根据工作内容与目标制定所需的工用具： 选定负责人：	要领取的工具与材料：

基本知识准备

主要学习方法：通过教师讲解、观看课件演示、查阅相关书籍以及书后的基础知识等方式掌握基本知识。

一、汽车仪表的组成

指出下面 5 个仪表的名称。

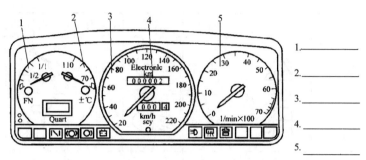

1. _____
2. _____
3. _____
4. _____
5. _____

桑塔纳 2000 轿车组合仪表

1. 电流表

（1）汽车电流表用来指示_____的大小，它_____（串接或并接）在电路中，电流表的正极接_____，负极接_____。当电流表的指针指向"+"侧时，表示蓄电池_____；当电流表的指针指向"-"侧时，表示蓄电池_____。

（2）目前，进口汽车基本上都已取消了电流表而用_____代替；国内的一些汽车，如解放 CA1092 汽车两者都具备。

2. 机油压力表

（1）机油压力表用来指示_____的大小，机油压力表的电路由机油压力表和_____两部分组成，机油压力表安装在_____，而_____安装在润滑主油道上。

（2）目前进口汽车基本上都已取消了机油压力表而用_____代替，国产大多数汽车还同时装有二者。

（3）发动机正常工作时，机油压力正常值为：_____MPa，低速时不小于_____MPa，高速时不大于_____MPa。

3. 冷却液温度表

（1）冷却液温度表（俗称_____表）用来指_____。冷却液温度表的工作电路由冷却液温度表和_____两部分组成，冷却液温度表安装在_____，_____安装在发动机气缸盖的冷却水套上。

（2）目前在多数汽车上，冷却液温度表与_____同时使用。

4. 燃油表

燃油表的作用是指示_____，传感器安装在_____。燃油表的传感器均为_____式的传感器。

5. 车速里程表

车速里程表是用来指示_____和_____的仪表，由车速表和里程表两部分组成。

6. 转速表

转速表用于指示_____的运转速度。发动机转速表有机械式和_____两种。

二、汽车报警系统的组成

指出下列常见的指示及报警信号装置的符号所对应的名称。

符号	名称	符号	名称	符号	名称	符号	名称
⇦⇨		⚠		🔦		🚬	
®		⛽		🔦		☀	
🔋		AIR BAG		🔦		🌀	
🚼		ABS		ⓘ		⌣	
📯		🚗		Ⓟ		〰	
🌡		〰		🛢		✿	

三、电子显示装置

(1) 主动显示就是指显示元件本身能_____；被动显示就是显示元件相当于一个光阀，它的显示靠另一个_____来的光线进行调节。发光二极管属于_____显示装置，液晶属于_____显示装置。

(2) 电子显示装置按显示元件分可分为_____、_____、_____、_____。

  工作过程与分析

说明：此工作过程仅供参考，可以按自行制定的学习与工作计划执行。

(1) 机油压力报警灯亮故障警告什么？如何排除？

（2）冷却液温度报警灯亮故障警告什么？如何排除？

（3）燃油不足报警灯亮故障警告什么？如何排除？（还有什么装置显示燃油不足）

（4）制动液不足报警灯亮故障警告什么？如何排除？

（5）制动器摩擦片使用极限报警灯亮故障警告什么？如何排除？

（6）制动灯线路故障报警灯亮故障警告什么？如何排除？

技能提升自测

学生依据所学知识,自测所掌握的职业技能情况,填写本工单测试内容。

职业技能	技能测试项目		完成情况	
	序号	项目名称	内容记录	评定
仪表、报警灯与电子显示装置检测维修	1	仪表板照明电路的印刷电路板、开关、继电器、灯泡、插座、接头、导线和控制器的更换方法	以继电器为例来说明:	
	2	仪表、仪表传感器及插接器、导线、控制器和仪表电路的印刷电路板的更换方法	以水温传感器更换方法来说明:	
	3	电子仪表电路的控制器、传感器、传感装置、接头和导线的更换方法		
	4	报警灯、指示灯和驾驶员信息系统电路的控制器、灯泡、插座、接头、电子器件和导线的更换方法		
	5	音响报警装置电路的导线、开关、继电器、传感器、计时器、电子部件、控制器、印刷电路和接头的更换方法		
仪表、报警灯与电子显示装置故障诊断分析	1	仪表常见故障原因解析		
	2	电子组合仪表的读数间断、太高、太低或不亮的故障原因解析		
	3	报警灯、指示灯和其他驾驶员信息系统不工作、持续工作和间歇工作的故障原因解析		
	4	音响报警装置不工作、持续工作或间歇工作的故障原因解析		
	5	驻车指示灯、尾灯或辅助灯(雾灯/行驶灯)过亮、间歇工作、暗淡、不工作或不断电的故障原因解析		
	6	仪表板照明电路不能控制亮度、间歇工作、暗淡、不亮和不断电的故障原因解析		

成果鉴定评估

专业		班级		小组成员		成果等级	
自我总结反思阶段	作业中的难点						
	成功之处						
	不足之处						
	改善方案						
小组总结阶段							
指导老师点评阶段							

注：成果等级分为 A、B、C、D 四级。
在小组总结中分析原因。

成果认定单

情境六 仪表、报警灯与电子显示装置维护					
专业		班级	姓名	学号	
考核项目		评分标准	教师评判		分数	得分
态度	团队合作	是否和谐	能和谐共事	不能	1分	
	拓展发言	是否精彩	精彩	不精彩	1分	
	小组讨论	是否积极	积极	不积极	1分	
	设备安全	有无损坏	无	有	1分	
	人身安全	有无损伤	无	有	2分	
	生产纪律	是否守纪	能遵守	不能遵守	2分	
	现场7S	是否做到	能做到	不能做到	2分	
工作页考评	基础知识掌握情况	各种仪表、报警灯认知	充分	一般	没预习	10分	
	操作过程记录	实车认识操作过程记录是否完整、正确	完整	一般	没记录	10分	
实际操作	计划方案	学习计划是否正确可行	正确易行	基本正确	不正确	10分	
	工具使用	拆装工具、检测工具、试验工具等使用是否正确	完全正确	基本正确	不正确	10分	
	操作过程	各种报警灯检测是否熟练正确	完全正确	基本正确	不正确	20分	
		各种报警灯故障排除是否正确	完全正确	基本正确	不正确	20分	
	完成组装维护任务情况	修复后报警灯工作是否正常	完全正确	基本正确	不正确	10分	
教师签字：			年 月 日		合计	

任务描述

2010年2月28日居住在上海的张先生驾驶一辆CA6371轿车来到售后服务站，张先生描述该车在城乡行驶了 6 000 km，保养了 1 次，底盘号为 LFPH3ACC8A1A30005。该车在行驶过程中仪表有时不能显示所有功能。作为修理工，接到仪表、报警灯与电子显示装置系统的任务，要求检查仪表、报警灯与电子显示装置各零部件的工作情况，确定是否可再用。若可再用，则进行组装、试验并排除可能出现的故障。制订学习和维修计划，完成此任务。将零部件检修的相关信息告知经理，得到经理的确认后，提交一份分析报告并归档。

1. 任务资讯

基本信息	车主：		用户地址：	
	性别：		检修日期：	
	底盘号：		行驶里程：	
	车型：		保养次数：	
使用状况	环境状况：□市内　□市郊　□城乡　□高速			
	载荷状况：□1~2人　□3~4人　□5人以上			
用户反映故障（用户描述车辆使用过程故障现象）			故障日期：	
故障现象确认（描述经核实的故障症状及车辆使用时的道路、气候状况等）				
故障系统原理分析（描述故障系统基本工作原理）				
导致该故障的原因有以下几点：				

2. 诊断方案确认（描述故障产生的可能原因及对应检查方法）

序号	可能的原因	检查方法

3. 诊断方案实施（描述对应检查项目、测量数据和判定结果）

序号	检查项目	检查结果	正常状态	结果判定

4. 排除故障（描述最终确认的故障部位和修复方法）

故障部位（零部件）	故障原因	修复方法

5. 结论、心得和感悟

基本信息	姓名		学号		班级		组别	
	规定时间		完成时间		考核日期		总评成绩	
	情境模拟		仪表、报警灯与电子显示装置的检查与更换					
	考核方式		分组进行，单人操作，小组成员与教师参与考评					
考核项目		评分标准		教师和同学评判			分数	得分
态度	团队合作	是否和谐		能和谐共事		不能	1分	
	拓展发言	是否精彩		精彩		不精彩	1分	
	沟通讨论	是否积极		积极		不积极	1分	
	设备安全	有无损坏		无损坏		有损坏	1分	
	人身安全	有无损伤		无		有	2分	
	生产纪律	是否守纪		能遵守		不能遵守	2分	
	现场7S	是否做到		能做到		不能做到	2分	
实际操作	工具使用	测试工具、检测设备等使用是否正确	完全正确		基本正确	不正确	10分	
	操作过程	仪表、报警灯与电子显示装置分解与安装是否正确	完全正确		基本正确	不正确	20分	
		检测是否熟练、正确	完全正确		基本正确	不正确	20分	
	完成检修维护任务情况	仪表、报警灯与电子显示装置的工作是否正常	完全正常		基本正常	不正常	10分	
	操作过程记录	操作过程记录是否完整	完整		一般	没记录	10分	

续表

学生自评	内容:	10分	
小组互评	内容: 签名:_____	10分	
老师点评		签名:_____	

学习情境七　安全与舒适系统维护

掌握安全与舒适系统的组成及主要部件的作用及工作原理；了解安全与舒适系统各主要部件在车上的安装位置；了解安全与舒适系统的控制电路及工作过程；了解安全与舒适系统的操作方法；了解安全与舒适系统通用符号的含义；能正确分析安全与舒适系统的故障原因并排除故障。

学习情境描述		售后服务经理递交给学员一个全面维护车上安全与舒适系统的任务，要求检查安全气囊及所配置的舒适系统，确定是否可再用，如可再用，则进行试验并排除可能出现的故障。制定学习和维修计划，完成此任务。搜集相关信息，并将有关情况告知经理，得到经理的确认后，提交一份分析报告并归档
职业能力目标	专业能力	采取行动导向，确定舒适系统维护步骤的能力； 请专职人员维护汽车安全气囊，了解其维护方法的能力； 对各舒适系统进行检测和调整，必要时进行更换的能力； 对维修质量进行检验的能力； 确保工作安全、环保的能力； 工作结果的评价与记录能力
	社会能力	团队协作能力； 与客户沟通的能力； 对有关宏观、微观政策的了解能力
	方法能力	扩展相应的信息收集能力； 使用企业信息资源制定学习与工作计划的能力； 能独立使用各种媒介完成学习任务的能力； 工作结果的评价与反思能力
要求		必须分组、分工、协作共同完成，制定学习和维修计划； 学生要做好记录，各小组选派代表展示学习结果； 评议各小组展示的学习成果

续表

信息来源	校本教材基础知识、讲义（指导老师讲解）； 各种舒适系统的使用说明书、网络信息系统
作业前提	蓄电池供电电压正常（不低于12.7 V）； 熟悉舒适系统工作原理、维护的注意事项； 具有足量的连接导线及器件； 熟悉各种舒适系统的试验设备
学习步骤	与客户（经理）交谈了解任务内容； 获取学习情境中的必要信息和相关的数据； 制定学习和维修计划，按要求进行拆装、零部件检验及故障诊断训练； 进行自我评价

 制定安全与舒适系统维护学习方案

劳动组织	建议小组由4~6名学生组成，设组长1名，带领本组同学制定学习计划，进行学习组织，老师负责安全与技术指导，组织学生轮换操作	请参照上述分工，将本小组人员安排如下：
学习与工作计划	小组讨论：	老师点评：
工具准备	请根据工作内容与目标制定所需的工用具： 选定负责人：	要领取的工具与材料：

基本知识准备

主要学习方法：通过教师讲解、观看课件演示、查阅相关书籍以及书后的基础知识等方式掌握基本知识。

一、安全气囊

(1) 汽车上表示安全气囊的标志是_____，根据碰撞类型的不同，安全气囊可分为_____安全气囊、_____安全气囊和_____安全气囊。

(2) 对正面碰撞事故中的乘员具有更好的保护效果的是安全气囊与_____配合使用。

(3) 常规安全气囊主要由_____、_____、_____、_____组成，其中传感器按功能又分为_____、_____和_____；安全气囊组件包括_____、_____、_____、_____和_____。

(4) 安全气囊按布置位置可分为_____、_____、_____、_____、_____等；安全气囊在工作时充入的是_____。

(5) SRS 指示灯位于_____，接通点火开关时，诊断单元对系统进行_____，SRS 指示灯点亮_____秒后熄灭表示系统正常；否则，表示常规安全气囊出现故障，应进行检修。

二、中央门锁系统

(1) 中央门锁系统主要由_____、_____和_____等组成。

(2) 汽车上的控制开关有_____、_____、_____、_____、_____、_____等。

(3) 门锁控制器为_____提供锁、开脉冲电流，有_____式门锁控制器、_____式门锁控制器和_____式门锁控制器。

(4) 车速感应式门锁控制器是在中央门锁系统中加装一车速感应开关，当汽车行驶速度达_____km/h 以上时，若车门未闭锁，不需要驾驶员操纵，门锁控制器将自动闭锁。

(5) 门锁无线遥控系统主要由_____、_____、_____及_____等组成。

三、电动门窗与电动天窗控制系统

(1) 电动门窗控制系统主要由_____、_____、_____、_____、_____等组成，电动门窗一般使用_____式电动机或_____式电动机。

(2) 电动门窗控制系统的主控开关一般安装在_____。

(3) 电动天窗控制系统按操作方式可分为_____、_____和_____；按开启状态可分为_____和_____。

四、电动座椅

电动座椅由_____、_____及_____等部分组成，除能保证六向移动的功能外，还能调整_____、_____、_____以及_____等。

五、电动刮水器

电动刮水器主要由_____、_____、_____、_____、_____和_____等组成。

六、风窗洗涤器

风窗洗涤器主要由_____、_____、_____和_____组成。

工作过程与分析

说明：此工作过程仅供参考，可以按自行制定的学习与工作计划执行。

1. 安全气囊报废处理

注意事项	操作方法

2. 电动刮水器的检修

检修项目	处理方法
换向器及电刷烧蚀	
刮水片停位不准	
刮水片停位失灵	
刮水片不能工作	

3. 风窗洗涤器的检修

检修项目	处理方法
输液系统	
储液罐内的液体存储量	
洗涤泵	
电动机无电压	
开关	

4. 除霜器故障检修

检修项目	处理方法
电阻丝断裂较短	
电阻丝断裂较长不易补接	
搭铁不良	
继电器故障	
开关损坏	

技能提升自测

学生依据所学知识,自测所掌握的职业技能情况,填写本工单测试内容。

职业技能	技能测试项目		完成情况		评定
	序号	项目名称	内容记录		
安全与舒适系统检查保养	1	安全气囊（SRS）禁止和启用措施	简述汽车安全气囊正确使用方法及检修注意事项：		
	2	安全气囊指示灯的工作原理	拓展知识部分		
	3	雨刷和喷水器的工作情况检查细则			
	4	更换雨刷片的步骤			
安全与舒适系统检测维修	1	间歇工作（脉动）的刮水器控制器的测试和更换方法			
	2	刮水器电机、电阻器、开关、继电器、控制器、接头和刮水器电路的导线的测试和更换方法			
	3	洗涤器电路的导线、洗涤器电机、泵总成、继电器、开关和接头的测试和更换方法			
	4	电动车窗电路的导线、升降器、开关、控制器、继电器、电机和接头的测试和更换方法			
	5	电动座椅记忆控制器和电路、电动座椅齿轮箱、电缆、开关、控制器、传感器、继电器、电磁阀、电机和接头的测试和更换方法			
	6	电动门锁、背门/后备厢电路的导线、开关、继电器、控制器、执行器/电磁阀和接头的测试和更换方法			

续表

职业技能	技能测试项目		完成情况	
	序号	项目名称	内容记录	评定
安全与舒适系统故障诊断分析	1	刮水器持续运行、间歇运行、速度控制不良、不能停止或不工作的故障原因解析		
	2	车窗洗涤器不工作或间歇工作的故障原因解析		
	3	电动车窗不工作、缓慢或间歇工作的故障原因解析		
	4	电动座椅和驾驶员记忆控制器不工作、缓慢或间歇工作的故障原因解析		
	5	电动门锁和背门/后备厢锁不工作、工作不良或间歇工作的故障原因解析		

成果鉴定评估

专业		班级		小组成员		成果等级	
自我总结反思阶段		作业中的难点					
		成功之处					
		不足之处					
		改善方案					
小组总结阶段							
指导老师点评阶段							

注：成果等级分为 A、B、C、D 四级。
在小组总结中分析原因。

成绩认定单

情境七　安全与舒适系统维护					
专业		班级	姓名		学号
考核项目		评分标准	教师评判		分数	得分
态度	团队合作	是否和谐	能和谐共事	不能	1分	
	拓展发言	是否精彩	精彩	不精彩	1分	
	小组讨论	是否积极	积极	不积极	1分	
	设备安全	有无损坏	无	有	1分	
	人身安全	有无损伤	无	有	2分	
	生产纪律	是否守纪	能遵守	不能遵守	2分	
	现场7S	是否做到	能做到	不能做到	2分	
工作页考评	基础知识掌握情况	零部件认知	充分	一般	没预习	10分	
	操作过程记录	操作过程记录是否完整、正确	完整	一般	没记录	10分	
实际操作	计划方案	学习计划是否正确可行	正确易行	基本正确	不正确	10分	
	工具使用	拆装工具、检测工具、试验工具等使用是否正确	完全正确	基本正确	不正确	10分	
	操作过程	各部件检测是否熟练正确	完全正确	基本正确	不正确	20分	
		各部件故障排除方法是否正确	完全正确	基本正确	不正确	20分	
	完成组装维护任务情况	各部件检测维护后运转是否正常	完全正常	基本正常	不正常	10分	
教师签字：　　　　　　年　　月　　日					合计	

任务描述

2010年3月16日，居住在上海的刘先生驾驶一辆 CA7165AT4 轿车来到售后服务站，刘先生描述该车在市区内行驶了 70 000 km，底盘号为 LFPH3ACC8A1A30007。该车停放在室外，第二天早上取车时天正在下雨，起动发动机后想刮去风挡玻璃上面的水珠，刮水器只能间歇性刮水,不能连续进行刮水。该车使用的是柔性齿条传动刮水器,修理工接到检修任务,要求检查刮水系统各零部件的工作状况,确定是否可再用。若可再用,则进行组装、试验并排除可能出现的故障。制订学习和维修计划,完成此任务。将零部件检修的相关信息告知经理,得到经理的确认后,提交一份分析报告并归档。

1. 任务资讯

基本信息	车主:		用户地址:	
	性别:		检修日期:	
	底盘号:		行驶里程:	
	车型:		保养次数:	
使用状况	环境状况:□市内 □市郊 □城乡 □高速			
	载荷状况:□1~2人 □3~4人 □5人以上			
用户反映故障(用户描述车辆使用过程故障现象)			故障日期:	
故障现象确认(描述经核实的故障症状及车辆使用时的道路、气候状况等)				
故障系统原理分析(描述故障系统基本工作原理)				
导致该故障的原因有以下几点:				

2. 诊断方案确认（描述故障产生的可能原因及对应检查方法）

序号	可能的原因	检查方法

3. 诊断方案实施（描述对应检查项目、测量数据和判定结果）

序号	检查项目	检查结果	正常状态	结果判定

4. 排除故障（描述最终确认的故障部位和修复方法）

故障部位（零部件）	故障原因	修复方法

5. 结论、心得和感悟

任务评价

基本信息	姓名		学号		班级		组别	
	规定时间		完成时间		考核日期		总评成绩	
	情境模拟		安全与舒适系统维护					
	考核方式		分组进行，单人操作，小组成员与教师参与考评					
	考核项目	评分标准	教师和同学评判			分数	得分	
态度	团队合作	是否和谐	能和谐共事		不能		1分	
	拓展发言	是否精彩	精彩		不精彩		1分	
	沟通讨论	是否积极	积极		不积极		1分	
	设备安全	有无损坏	无损坏		有损坏		1分	
	人身安全	有无损伤	无		有		2分	
	生产纪律	是否守纪	能遵守		不能遵守		2分	
	现场7S	是否做到	能做到		不能做到		2分	
实际操作	工具使用	测试工具、检测设备等使用是否正确	完全正确	基本正确	不正确		10分	
	操作过程	安全与舒适系统维护分解与安装是否正确	完全正确	基本正确	不正确		20分	
		检测是否熟练、正确	完全正确	基本正确	不正确		20分	
	完成检修维护任务情况	安全与舒适系统维护的工作是否正常	完全正常	基本正常	不正常		10分	
	操作过程记录	操作过程记录是否完整	完整	一般	没记录		10分	

续表

学生自评	内容：	10 分	
小组互评	内容： 签名：_____	10 分	
老师点评		签名：_____	

学习情境八　空调系统的检修与维护

为了完成空调的检修与维护任务，必须掌握空调系统的基本知识、基本组成、基本工作原理；暖风系统的类型、组成和基本工作原理；空调制冷系统的组成、基本工作原理和主要组成件的结构及工作原理；通风系统和空气净化系统的结构和工作原理；空调控制系统的功能、电路和基本工作原理。能够对暖风系统的故障进行诊断；对空调制冷系统进行维护作业并会排除故障；会通风系统和空气净化系统的维护作业；会利用电路图判断空调控制电路故障等。

学习情境描述		2010年3月2日居住在上海的刘先生驾驶一辆捷达王轿车来到售后服务站，刘先生描述该车在城乡行驶了70 230 km，底盘号为LFPH3ACC8A1A30008。该车在行驶过程中空调制冷效果不好。作为修理工，接到空调系统检修的任务，要求检查空调系统各零部件的工作情况，确定故障位置，进行维修或更换，然后进行试验并排除可能出现的故障。制定学习和维修计划，完成此任务。零部件检修的相关信息要告知经理，得到经理的确认后，提交一份分析报告并归档
职业能力目标	专业能力	学生采取行动导向，确定空调检修及维护步骤的能力； 使用专用工具对空调进行拆装检测的能力； 更换部件并对部件进行检测和调整的能力； 对维修质量进行检验的能力； 确保学生工作安全、环保的能力； 工作结果的评价与记录能力
	社会能力	团队协作能力； 与客户、同组人员沟通的能力； 对有关宏观、微观政策的了解能力
	方法能力	扩展相应的信息收集能力； 使用企业信息资源制定学习与工作计划的能力； 能独立使用各种媒介完成学习任务的能力； 工作结果的评价与反思能力

续表

要求	可以分组、分工、协作共同完成，制定学习和维修计划； 学生要做好记录，各小组选派代表解读典型电路图； 评议各小组展示的学习成果
信息来源	校本教材基础知识、教学方案设计； 空调的使用说明书； 空调系统的检测、试验设备，网络信息系统
作业前提	收集大众车系空调的典型电路图； 熟悉电路图的组成内容、基本元件及读图注意事项
学习步骤	与客户（经理）交谈了解任务内容； 获取学习情境中的必要信息和相关的数据； 制定学习和维修计划； 按要求进行典型空调各部件系统的检修训练； 进行自我评价

☞ 制定空调系统的检修与维护学习方案

劳动组织	建议小组由4~6名学生组成，设组长1名，带领本组同学制定学习计划，进行学习组织，老师负责安全与技术指导，组织学生轮换操作	请参照上述分工，将本小组人员安排如下：
学习与工作计划	小组讨论：	老师点评：
工具准备	请根据工作内容与目标制定所需的工用具： 选定负责人：	要领取的工具与材料：

学习情境八　空调系统的检修与维护

基本知识准备

主要学习方法：通过教师讲解、观看课件演示、查阅相关书籍以及书后的基础知识等方式掌握基本知识。

一、空调系统基本知识

1. 概述部分

（1）汽车空调通常具备的功能包括：_____、_____、_____、_____对应汽车空调系统具备四种装置：_____、_____、_____、_____。

（2）制冷过程中热量的转移是靠液体的状态变化实现的，我们将这种液体称为_____。

（3）根据沸点与压强的关系，降低压强可以使物质的_____降低，使其更加容易蒸发而吸收热量；提高压强可以使物质的沸点_____，使其更加容易转化为液体而放出热量。

（4）高压的液体通过一个小孔，可以使其迅速_____而压强降低，在这种情况下，液体由于压强的降低而非常容易汽化而吸热。因此，将储液罐中的制冷剂通过一个小孔（_____）放出，让其进入一个称为_____的容器。由于制冷剂的压强下降，所以很快便会蒸发，吸收蒸发器周围的热量，使蒸发器周围得到冷却。

（5）一个制冷循环，储液罐中的_____的液态制冷剂从_____喷出，压强下降，体积迅速膨胀，转化为气体，吸收周围的热量，使周围的_____，气态的制冷剂再经_____加压形成高压气态制冷剂，高压气态制冷剂进入冷凝器冷却，从气态转变为液态，同时放出热量，液态制冷剂再进入_____，以备再次使用，这就是一个完整的制冷循环。

（6）制冷剂具有_____、_____、_____和_____的性质。制冷剂用字母____表示。目前，R12 又称为_____，常用的替代品是_____，R12 和 R134a 两种制冷剂_____互换使用。

2. 暖风系统

（1）汽车的暖风系统按热源的不同可分为_____、_____、废气取暖系统等。

（2）热水取暖系统的工作原理是热源通常采用发动机的_____，使冷却水流过一个加热器芯，再使用_____将冷空气吹过加热器芯加热空气，使车内的温度升高。

（3）热水取暖系统主要由_____、_____、_____、控制面板等组成。

3. 制冷系统

（1）制冷系统的作用是：将车内的热量通过_____在循环系统中循环转移到车外，实现车内_____。制冷系统主要包括_____系统和_____等部分。

（2）制冷循环系统的组成部件包括：_____、_____、储液干燥器和集液器、_____、_____。

（3）压缩机的作用是将从蒸发器出来的_____、_____的气态制冷剂通过压缩转变为高温、高压的气态制冷剂，并将其送入_____。

（4）冷凝器的作用是将压缩机送来的_____、_____的气态制冷剂转变为液态制冷剂，制冷剂在冷凝器中散热而发生状态的改变，因此冷凝器是一个_____。

(5) 膨胀阀安装在蒸发器的入口处，其作用是将储液干燥器的高温、高压的_____制冷剂从膨胀阀的小孔喷出，使其降压，体积膨胀，转化为_____制冷剂，在蒸发器中吸热变为气态制冷剂，同时还可根据制冷负荷的大小调节制冷剂的流量，确保蒸发器出口处的制冷剂全部转化为气体。

(6) 蒸发器也是一个热交换器，膨胀阀喷出的雾状制冷剂在蒸发器中蒸发，吸收蒸发器空气中的_____，使其降温，达到_____的目的。

4. 空调的调节系统

空调的调节系统有手动调节和_____之分，手动空调的调节包括_____调节、出风口位置调节、_____调节和空气的内外循环调节等。

5. 通风系统

(1) 通风系统的作用是将车外的_____空气引入车内，将车内的污浊空气排出车外，同时通风系统还具有_____的作用。

(2) 目前汽车上的通风有两种基本的方式：一种是利用汽车行驶中产生的_____进行通风；另一种是利用车上的_____进行强制通风。

6. 空调控制系统

(1) 空调控制系统的功能是保证空调制冷系统正常运转，同时也要保证空调系统工作时发动机的正常运转。空调控制系统主要是通过_____的结合与分离实现温度控制与系统保护，通过对鼓风机的转速控制调节制冷负荷。

(2) 写出电磁离合器的工作过程：

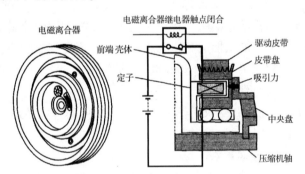

电磁离合器的接合状态

(3) 写出蒸发器的温度控制过程（以蒸发压力调节器调节法为例）：

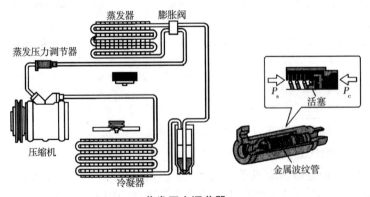

蒸发压力调节器

(4) 空调控制系统除了有蒸发器的温度控制，还有冷凝器_____控制、制冷循环的_____控制、发动机的_____控制、发动机_____控制、皮带保护控制、压缩机双级控制、双蒸发器控制等。

二、空调维修注意事项

(1) 处理制冷剂时应注意的安全问题：

(2) 在更换零件或管路时要注意的问题：

(3) 在拧紧连接零件时应注意的问题：

(4) 处理装有制冷剂的容器时应注意的问题：

(5) 在空调制冷系统开启补充制冷剂时应注意的问题：

工作过程与分析

说明：此工作过程仅供参考，可以按自行制定的学习与工作计划执行。

(1) 写出空调直观检查内容：

（2）如何检查制冷剂的数量？

（3）检查制冷剂是否有泄漏，指出常见主要泄漏部位：

（4）制冷剂的加注步骤：

（5）以下图为例简述空调系统控制电路的故障诊断过程。

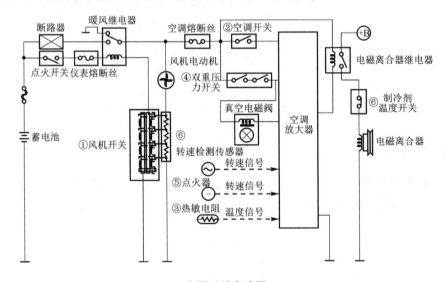

空调系统电路图

技能提升自测

学生依据所学知识,自测所掌握的职业技能情况,填写本工单测试内容。

职业技能	技能测试项目		完成情况		评定
	序号	项目名称	内容记录		
制冷系统检查保养	1	空调压缩机传动皮带、皮带轮和张紧轮的检查、调整及更换的步骤和注意事项	1. 在汽车空调系统中识别该元件。 2. 写出空调压缩机在系统中的作用: 3. 传动皮带检查、调整及更换的步骤及注意事项: 4. 皮带轮检查、调整及更换的步骤及注意事项: 5. 张紧轮检查、调整及更换的步骤及注意事项:		
	2	制冷组件泄漏的迹象目视检查方法	检查制冷循环系统的各连接处是否有_____,如果有油渍,说明该处有泄漏,应紧固该_____		
	3	空调冷凝器的检查细则及更换			
	4	制冷剂及压缩机油的型号判读及加注量查询	1. 型号:制冷剂常用其头一个字母_____来代表,后面表示制冷剂名称,如 R12、R22、R134a 等。目前汽车上广泛采用_____。 注意:R12 和 R134a 两种制冷剂_____互换使用。 2. 部分储液干燥罐上装有观察玻璃,可观察制冷剂的流动情况,确定制冷剂的数量		

续表

职业技能	技能测试项目		完成情况		评定
	序号	项目名称	内容记录		
暖气装置和发动机冷却系统检查保养	1	发动机冷却系统和暖风系统的软管和管路的识别方法	1. 发动机冷却系统由水箱、_____、水泵、调温阀（_____）、_____、发动机的缸体和缸盖中的水套等组成。 2. 汽车的暖风系统分为热水取暖系统、燃气取暖系统、废气取暖系统等。热水取暖系统主要由_____、水阀、_____、控制面板等组成		
	2	空调加热器的管路、阀门、软管的识别方法	1. 空调热水取暖系统主要由_____、水阀、鼓风机、控制面板等组成。 2. 加热器芯由_____和散热器片组成，发动机的冷却水进入加热器芯的水管，通过散热器片散热后，再返回发动机的冷却系统。 3. 水阀用来控制进入加热器芯的水量，进而调节暖风系统的加热量。调节时，可通过控制面板上的_____或旋钮进行控制		
过滤系统和相关控制器检查保养	1	空调滤芯器的检查和更换细则	1. 空气滤清器的检查： 2. 空气滤清器的更换方法：		
	2	空调系统异味的查找方法	1. 空调异味产生的原因： 2. 空调异味的处理办法：		

续表

职业技能	技能测试项目		完成情况	
	序号	项目名称	内容记录	评定
空调系统维修	1	空调系统性能测试方法		
	2	空调系统的常规检查方法		
	3	空调系统泄漏测试方法		
	4	空调系统制冷剂的鉴别和回收步骤		
	5	空调系统排空方法		
	6	空调系统部件和软管的清洗方法		
	7	空调系统制冷剂的加注步骤		
	8	鉴别润滑油类型的方法		
空调压缩机检测维修	1	空调系统压力和温度保护装置的测试和更换方法		
	2	空调压缩机传动皮带、皮带轮和张紧轮的调整和更换方法		
	3	空调压缩机离合器部件或总成的测试和更换方法		
	4	压缩机润滑油类型和液位检查方法		
	5	空调压缩机的测试和更换方法		
	6	空调压缩机固定座的检查和更换方法		

续表

职业技能	技能测试项目		完成情况	
	序号	项目名称	内容记录	评定
蒸发器冷凝器和相关部件检测维修	1	空调系统消声器、软管、管路、过滤器、管接头和密封件的检查和维修方法		
	2	空调冷凝器气阻的判断方法		
	3	冷凝器和固定件的测试和更换方法		
	4	收集干燥器或贮液干燥器的更换步骤		
	5	膨胀阀的测试和更换方法		
	6	节流管的检查和更换方法		
	7	蒸发器的测试和更换方法		
	8	蒸发器罩的维修和排水方法		
	9	蒸发器压力、温度控制系统和装置的测试和更换方法		
	10	空调系统检修阀（仪表连接）的识别和更换方法		
	11	空调系统高压保护装置的更换方法		

续表

职业技能	技能测试项目		完成情况	
	序号	项目名称	内容记录	评定
暖风系统维修	1	冷却系统测试方法		
	2	冷却和暖风系统的软管或皮带的检查和更换方法		
	3	散热器、带限压阀的散热器加水口盖和水泵等的测试和更换方法		
	4	节温器、旁通阀和护罩的测试和更换方法		
	5	冷却液的回收和冲洗步骤		
	6	风扇（电动和机械式）、风扇离合器、风扇传动皮带、风扇护罩和导风板的测试和更换方法		
	7	加热器冷却液控制阀（手动、真空和电动型）的测试和更换方法		
	8	加热器芯的冲洗和更换方法		

评价反馈

成果鉴定评估

专业		班级		小组成员		成果等级	
自我总结反思阶段		作业中的难点					
		成功之处					
		不足之处					
		改善方案					
小组总结阶段							
指导老师点评阶段							

注：成果等级分为 A、B、C、D 四级。
在小组总结中分析原因。

成绩认定单

情境八 空调系统的检修与维护							
专业		班级		姓名		学号	
考核项目		评分标准	教师评判		分数	得分	
态度	团队合作	是否和谐	能和谐共事	不能	1分	
	拓展发言	是否精彩	精彩	不精彩	1分	
	小组讨论	是否积极	积极	不积极	1分	
	设备安全	有无损坏	无	有	1分	
	人身安全	有无损伤	无	有	2分	
	生产纪律	是否守纪	能遵守	不能遵守	2分	
	现场7S	是否做到	能做到	不能做到	2分	
工作页完成情况	基础知识掌握情况	空调基础知识的认知，零部件组成、功能检修方法	充分	一般	没预习	10分
	操作过程记录	操作过程记录是否完整、正确	完整	一般	没记录	10分
实际操作	计划方案	学习计划是否正确可行	正确易行	基本正确	不正确	10分
	分析典型工作过程	直观检查的工作过程	完全正确	基本正确	不正确	10分
		检查制冷剂数量的工作过程	完全正确	基本正确	不正确	10分
		检查制冷剂泄漏的工作过程	完全正确	基本正确	不正确	20分
		制冷剂的加注过程和故障诊断排除的工作过程	完全正确	基本正确	不正确	20分
教师签字：			年 月 日			合计	

任务描述

2010年3月2日，居住在上海的刘先生驾驶一辆捷达工轿车来到售后服务站，刘先生描述该车在城乡行驶了70 230 km，底盘号为LFPH3ACC8A1A30008。该车在行驶过程中空调制冷效果不好。作为修理工，接到空调系统检修的任务，要求检查空调系统各零部件的工作情况，确定是故障位置，进行维修更换、试验并排除可能出现的故障。制订学习和维修计划，完成此任务。将零部件检修的相关信息告知经理，得到经理的确认后，提交一份分析报告并归档。

1. 任务资讯

基本信息	车主：		用户地址：	
	性别：		检修日期：	
	底盘号：		行驶里程：	
	车型：		保养次数：	
使用状况	环境状况：□市内　□市郊　□城乡　□高速			
	载荷状况：□1~2人　□3~4人　□5人以上			
用户反映故障（用户描述车辆使用过程故障现象）			故障日期：	
故障现象确认（描述经核实的故障症状及车辆使用时的道路、气候状况等）				
故障系统原理分析（描述故障系统基本工作原理）				
导致该故障的原因有以下几点：				

2. 诊断方案确认（描述故障产生的可能原因及对应检查方法）

序号	可能的原因	检查方法

3. 诊断方案实施（描述对应检查项目、测量数据和判定结果）

序号	检查项目	检查结果	正常状态	结果判定

4. 排除故障（描述最终确认的故障部位和修复方法）

故障部位（零部件）	故障原因	修复方法

5. 结论、心得和感悟

基本信息	姓名		学号		班级		组别	
	规定时间		完成时间		考核日期		总评成绩	
	情境模拟		空调系统的检修与维护					
	考核方式		分组进行，单人操作，小组成员与教师参与考评					
	考核项目		评分标准	教师和同学评判			分数	得分
态度	团队合作		是否和谐	能和谐共事		不能	1分	
	拓展发言		是否精彩	精彩		不精彩	1分	
	沟通讨论		是否积极	积极		不积极	1分	
	设备安全		有无损坏	无损坏		有损坏	1分	
	人身安全		有无损伤	无		有	2分	
	生产纪律		是否守纪	能遵守		不能遵守	2分	
	现场7S		是否做到	能做到		不能做到	2分	
实际操作	工具使用		测试工具、检测设备等使用是否正确	完全正确	基本正确	不正确	10分	
	操作过程		空调系统分解与安装是否正确	完全正确	基本正确	不正确	20分	
			检测是否熟练、正确	完全正确	基本正确	不正确	20分	
	完成检修维护任务情况		空调系统的工作是否正常	完全正常	基本正常	不正常	10分	
	操作过程记录		操作过程记录是否完整	完整	一般	没记录	10分	
学生自评		内容：					10分	
小组互评		内容： 签名：					10分	
老师点评						签名：____		

学习情境九　电路图组成内容识读

掌握线束、熔断器、继电器及连接器的特点；了解全车电路图的基本知识；掌握识读全车电路的规则；掌握继电器及开关的检测方法；能正确分析全车电路图。

 学习任务资讯

学习情境描述		售后服务经理为了培养学员在维修中使用电路图分析各种故障的能力，让学员以大众车系为主完成典型电路图的识读任务。最后需提交一份完成报告并归档
职业能力目标	专业能力	采取行动导向，具备汽车电路图读图的能力； 借助各种方法、手段学习电路图的能力； 分析电路图的能力； 借助电路图解决实际问题的能力； 确保工作安全、环保的能力； 工作结果的评价与记录能力
	社会能力	团队协作能力； 与客户、同组人员沟通的能力； 对有关宏观、微观政策的了解能力
	方法能力	扩展相应的信息收集能力； 使用企业信息资源制定学习与工作计划的能力； 能独立使用各种媒介完成学习任务的能力； 工作结果的评价与反思能力
要求		可以分组、分工、协作共同完成，制定学习和维修计划； 学生要做好记录，各小组选派代表解读典型电路图； 评议各小组展示的学习成果
信息来源		校本教材基础知识、讲义（指导老师讲解）、网络信息系统
作业前提		熟悉大众车系典型电路图； 熟悉电路图的组成内容、基本元件及读图注意事项

续表

学习步骤	与客户（经理）交谈了解任务内容； 获取学习情境中的必要信息和相关数据； 制定学习和维修计划； 按要求进行典型电路图的读图练习； 进行自我评价

 制定电路图组成内容识读学习方案

劳动组织	建议小组由4~6名学生组成，设组长1名，带领本组同学制定学习计划，进行学习组织，老师负责安全与技术指导，组织学生轮换操作	请参照上述分工，将本小组人员安排如下：
学习与工作计划	小组讨论：	老师点评：
工具准备	请根据工作内容与目标制定所需的工用具： 选定负责人：	要领取的工具与材料：

基本知识准备

主要学习方法：通过教师讲解、观看课件演示、查阅相关书籍以及书后的基础知识等方式掌握基本知识。

一、电路图组成内容识读

（一）汽车导线、线束及插接器

（1）导线用于连接各_____。其中截面积在 4 mm² 以上的采用_____线，而 4 mm² 以下的导线均采用_____线。

(2) 为了使全车电路规整，安装方便及保护导线的绝缘，一般都将相同区域的不同规格的导线用棉纱或薄聚氯乙烯带缠绕包扎成束，称为线束。但汽车上的全车电路中高压线、蓄电池的电缆线除外。线束可分为_____、_____、_____等。

(3) 插接器用于_____与分线束之间、线束与_____之间、线束与_____之间的连接。插接器为保证接触可靠，其上都有锁紧装置，为了避免安装中出现差错，插接器还制成不同的规格、形状。

(二) 汽车开关、电路保护装置及继电器

1. 汽车开关

在汽车电路中，各用电设备或独立的电源系中都设有单独的控制开关。

1) 点火开关

在所有的开关中，点火开关最为复杂，它控制着_____系、_____系、_____系以及绝大多数的辅助电气设备。

2) 组合开关

组合开关是多功能开关，安装在便于驾驶员操纵的_____上。

2. 电路保护装置

为防止电路中导线或电气设备过载，在每个用电设备的电路中都需要电路保护装置。

1) 熔断器

熔断器是最普通的电路保护装置。

如下图所示区分各种熔断器，分别指出 (a)、(b)、(c) 各代表什么：

(a) _____ (b) _____ (c) _____

熔断器

2) 断电器

如下图所示为非循环式断电器，试说明其工作过程：_____

如下图所示为循环式断电器，试说明其工作过程：_____

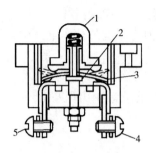
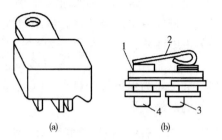

非循环式断电器　　　　　　　　　　　循环式断电器
1—复位按钮；2—双金属片；　　　　　（a）外形；（b）结构
3—触点；4，5—接线柱　　　　　　　1—触点；2—双金属片；3，4—接线柱

3. 它的主要作用是_____

汽车上常见的继电器有：电源继电器、卸荷继电器、前照灯继电器、雾灯继电器、起动继电器、电喇叭继电器、鼓风机继电器、空调继电器、电动窗继电器等。多数继电器放置在熔断器盒内，还有一部分继电器随系统的线束而定。

二、汽车电路图基本符号识别

1. 电器符号

虽然不同车型的电路图不相同，但汽车电路图所采用的符号大体相同。熟读下表大众车系电路图中使用的符号。

大众车系电路图中使用的符号

名称	图形符号	名称	图形符号	名称	图形符号
交流发电机		机械控制开关		后风窗加热器	
起动电动机		热能控制开关		车内照明灯	
点火线圈		冷却液温度传感器		火花放电点	
刮水器电动机		继电器		扁平插头	
手动控制开关		电喇叭		多孔连接插头	
压力控制开关		继电器		电磁阀	
多挡机械控制开关		点烟器		指示仪表	

2. 导线的标记

线束标记，如导线上标有 W/R，则表示＿＿＿＿＿＿＿＿＿＿＿＿＿＿＿＿＿＿＿＿。
下表为电路图中导线颜色代号。

电路图中导线颜色代号

颜色	黑	白	红	绿	黄	棕	蓝	灰	紫	粉	橙	浅蓝	浅绿	深绿
英文代号	B	W	R	G	Y	Br	Bl	Cr	V	P	O	L	Lg	Dg
德文代号	Sw	Ws	Ro	Gn	Ge	Br	Bl	Cr	—	Li	—	Hb	—	—

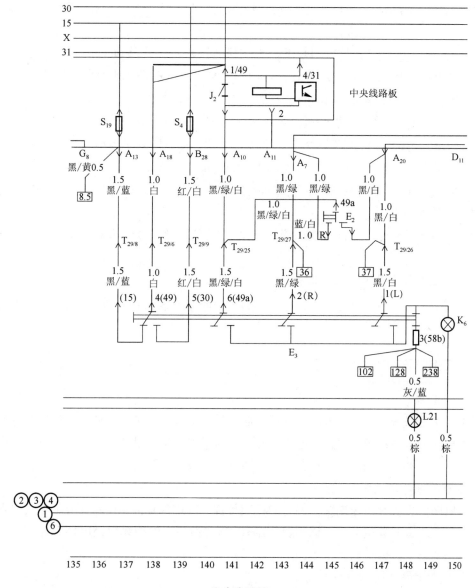

汽车电路图

3. 汽车电路图读图举例

（1）整车电气系统正极电源分三路：标有"30"的为常火线，电压为_____ V，即与蓄电池直接相连，中间不经过任何开关，不论是停车时或_____状态均有电。专供发动机熄火时也需用电的电器使用，如停车灯、制动灯、报警灯、顶灯、冷却风扇电动机等；标有"15"的为小容量_____火线，它是在点火开关接通后才能有电的火线；标有"X"的为车辆起步时才可接通的_____电器用火线。

（2）搭铁线也分三路：标有"①"的为搭铁线；标有"②""③""④"的为中央线路板搭铁线；标有"⑦"的为尾灯线束搭铁线；而标有"31"的为_____内搭铁线。

（3）图中 J_2 为继电器（电子控制），12 表示该继电器_____位于中央线路板上第 12 位。

（4）S 代表_____，其后的数字代表该熔断器在中央线路板上_____的位置。如 S_{19} 表示该熔丝处于中央线路板第 19 位，熔丝的容量可从它的颜色来判断：紫色为_____ A，红色为_____ A，蓝色为 15 A，绿色为_____ A，黄色为_____ A。

（5）A_{13} 为中央线路板接头说明，该蓝/黑色导线连接于中央线路板 A 线束第 13 位插头上。以此类推，B_{28} 即在 B 线束第 28 位插头上。导线上标有的数字表示线的截面积，如 1.5、1.0、2.5 分别表示该线_____为 1.5 mm²、1.0 mm²、2.5 mm²。

（6）$T_{29/8}$ 表示连接插头，即连接于 29 孔插头的第 8 位上。以此类推，$T_{29/6}$ 表示连接于 29 孔插头的第 6 位上。

（7）导线尾部标号表示该导线连接的开关接线柱号，如"15"表示 E_3 开关的"15"接线柱。

（8）K_6 表示危险报警闪光灯指示灯。

（9）"102""128""238"表示此导线与线路图下端第 102、128、238 编号上方的导线连接。

三、阅读电路图的注意事项

1. 回路原则

对于全车电路来说，只有电源、总熔断器等是各个电气系统公用的，任何一个电路系统都是一个完整的电气系统。它包括电源、开关、熔断器、用电设备、导线等，电流走向为从电源正极→熔断器→开关→用电设备→搭铁→电源负极。

2. 注意相线与搭铁线

同一电路中可能有多条相线，但有的相线与蓄电池正极直接相连；而有的相线由点火开关控制，只有点火开关接通后，该相线才能有"火"；还有的相线由继电器等控制。在电路图中有很多搭铁线，但搭铁部位不同。

3. 注意继电器和用电设备的开关

多数开关控制相线，而有些开关则控制搭铁线。有些继电器和开关的触点是常开的，而有些继电器和开关的触点是常闭的。

工作过程与分析

说明：此工作过程仅供参考，可以按自行制定的学习与工作计划执行。
对照电路图写出电路工作过程。
（1）电源系的工作过程：

（2）起动系电路的工作过程：

（3）点火系电路的工作过程：
①传统点火系电路的工作过程：

②霍尔式点火系电路的工作过程：

技能提升自测

学生依据所学知识,自测所掌握的职业技能情况,填写本工单测试内容。

职业技能	技能测试项目		完成情况	
	序号	项目名称	内容记录	评定
汽车电路识别	1	电路信息的查询方法和所需电子元件的信息识别	1. 写出电路图组成内容: 2. 电路图中常用电子元件的符号及名称:	
	2	电路图的电路故障位置	借助电路图分析电路故障常见位置:	
	3	电路图汽车各种端子间线束信息识别	线束识别方法:	
			举例说明电路图的电子元件与控制模块之间的线束和端子信息识别方法	
			举例说明电路图中的开关和控制器的线束信息识别方法	
			举例说明电路图中的传感器的线束信息识别方法	
			举例说明电路图中的执行器的线束信息识别方法	

续表

职业技能	技能测试项目		完成情况	
	序号	项目名称	内容记录	评定
电子电路检测维修	1	电路图判读方法	1. 区分线路图和电路图： 2. 写出电路图判读一般方法： 3. 线路分析的一般原则： 4. 常用检查工具：	
	2	电路图的电子元件与控制模块电路信息判读方法	电子元件识别及测量方法：	
	3	电路图中的开关和控制器的电路信息判读方法	电路中开关和控制器识别及测量方法：	

成果鉴定评估

专业		班级		小组成员		成果等级	
自我总结反思阶段	作业中的难点						
	成功之处						
	不足之处						
	改善方案						
小组总结阶段							
指导老师点评阶段							

注：成果等级分为 A、B、C、D 四级。
在小组总结中分析原因。

成绩认定单

情境九　电路图组成内容识读						
专业		班级		姓名		学号
考核项目		评分标准	教师评判		分数	得分
态度	团队合作	是否和谐	能和谐共事	不能	1 分	
	拓展发言	是否精彩	精彩	不精彩	1 分	
	小组讨论	是否积极	积极	不积极	1 分	
	设备安全	有无损坏	无	有	1 分	
	人身安全	有无损伤	无	有	2 分	
	生产纪律	是否守纪	能遵守	不能遵守	2 分	
	现场 7S	是否做到	能做到	不能做到	2 分	
工作页完成情况	基础知识掌握情况	电路图的认知，读图方法	充分	一般　没预习	10 分	
	操作过程记录	操作过程记录是否完整、正确	完整	一般　没记录	10 分	
实际操作	计划方案	学习计划是否正确可行	正确易行	基本正确	不正确	10 分	
	分析典型工作过程	电源系的工作过程	完全正确	基本正确	不正确	10 分	
		起动系电路的工作过程	完全正确	基本正确	不正确	10 分	
		传统点火系电路的工作过程	完全正确	基本正确	不正确	20 分	
		霍尔式点火系电路的工作过程	完全正确	基本正确	不正确	20 分	
教师签字：		年　　月　　日			合计	

任务描述

2010 年 3 月 3 日，居住在上海的刘先生驾驶一辆捷达轿车来到售后服务站，刘先生描述该车在城乡行驶了 150 000 km，底盘号为 LFPH3ACC8A1A30009。该车在雨天行驶过程中雾灯突然不亮，其他灯光系统正常。作为修理工，接到灯光系统检修的任务，要求检查灯光系统线束及电路部分及灯泡的工作情况，确定故障位置，进行维修更换、试验并排除可能出现的故障。制订学习和维修计划，完成此任务。零部件检修的相关信息告知经理，得到经理的确认后，提交一份分析报告并归档。

1. 任务资讯

基本信息	车主：		用户地址：	
	性别：		检修日期：	
	底盘号：		行驶里程：	
	车型：		保养次数：	
使用状况	环境状况：□市内　□市郊　□城乡　□高速			
	载荷状况：□1~2人　□3~4人　□5人以上			
用户反映故障（用户描述车辆使用过程故障现象）			故障日期：	
故障现象确认（描述经核实的故障症状及车辆使用时的道路、气候状况等）				
故障系统原理分析（描述故障系统基本工作原理）				
导致该故障的原因有以下几点：				

2. 诊断方案确认（描述故障产生的可能原因及对应检查方法）

序号	可能的原因	检查方法

3. 诊断方案实施（描述对应检查项目、测量数据和判定结果）

序号	检查项目	检查结果	正常状态	结果判定

4. 排除故障（描述最终确认的故障部位和修复方法）

故障部位（零部件）	故障原因	修复方法

5. 结论、心得和感悟

基本信息	姓名		学号		班级		组别	
	规定时间		完成时间		考核日期		总评成绩	
	情境模拟		汽车电路系统的检测与维修					
	考核方式		分组进行，单人操作，小组成员与教师参与考评					
	考核项目		评分标准	教师和同学评判			分数	得分
态度	团队合作		是否和谐	能和谐共事		不能	1分	
	拓展发言		是否精彩	精彩		不精彩	1分	
	沟通讨论		是否积极	积极		不积极	1分	
	设备安全		有无损坏	无损坏		有损坏	1分	
	人身安全		有无损伤	无		有	2分	
	生产纪律		是否守纪	能遵守		不能遵守	2分	
	现场7S		是否做到	能做到		不能做到	2分	
实际操作	工具使用		测试工具、检测设备等使用是否正确	完全正确	基本正确	不正确	10分	
	操作过程		电路分解与安装是否正确	完全正确	基本正确	不正确	20分	
			检测是否熟练、正确	完全正确	基本正确	不正确	20分	
	完成检修维护任务情况		电路的工作是否正常	完全正常	基本正常	不正常	10分	
	操作过程记录		操作过程记录是否完整	完整	一般	没记录	10分	
学生自评		内容：					10分	
小组互评		内容： 签名：_____					10分	
老师点评							签名：_____	

学习情境十　汽车整车电气设备生产性检测与维护

为了完成汽车整车常用电气设备故障的检测与维护任务，必须了解各电气设备在车上的连接方式及作用，掌握汽车各电气设备常见故障及其排除方法；熟悉整车电气设备间故障的检测维修的思路及综合维护的内容。

 学习任务资讯

学习情境描述	本生产性实训为模块化结构并提供开放式实训平台，实训模块可根据不同的实训要求进行组合；同时学校还可以根据教学需要，配置不同品牌的车型电气系统，也可以增加其他实训模块。事先配置如电源系统、充电系统、启动系统、点火系统、灯光仪表部分系统以及各部分装置的零部件。各个部分自成系统，学生可以自由组装和调试。系统的控制部分采用蓄电池直接供电，也可以利用220 V交流电源供电（配有变频器），整个实训考核装置的模块之间连接方式采用安全导线连接，以确保实训和考核安全	
职业能力目标	专业能力	学生采取行动导向，对照电路图确定各电气设备连接步骤的能力； 使用通用和专用工具对已连接电气设备进行检测的能力； 更换各部件并对电气系统进行检测和调整的能力； 对连接质量进行检验，能诊断并排除工作过程中故障的能力； 确保工作安全、环保的能力； 工作结果的评价与记录能力
	社会能力	团队协作能力； 与客户、同组人员沟通的能力； 对有关宏观、微观政策的了解能力
	方法能力	扩展相应的信息收集能力； 使用企业信息资源制定学习与工作计划的能力； 能独立使用各种媒介完成学习任务的能力； 工作结果的评价与反思能力
要求	可以分组、分工、协作共同完成，制定学习和连接各系统计划； 要做好记录，各小组选派代表解读系统连接过程； 评议各小组展示的学习成果	

续表

信息来源	校本教材基础知识、教学方案设计、各电气系统电路图； 各零部件的检测、试验方法，网络信息系统
作业前提	收集大众车系电气系统典型电路图； 熟悉电路图的组成内容、基本元件及读图注意事项
学习步骤	与客户（经理）交谈了解任务内容； 获取学习情境中的必要信息和相关数据； 制定学习和维修计划； 按要求进行各电气系统连接、检查、换件并排除故障训练； 进行自我评价

制定汽车整车电气设备生产性能检测与维护学习方案

劳动组织	建议小组由 4~6 名学生组成，设组长 1 名，带领本组同学制定学习计划，进行学习组织，老师负责安全与技术指导，组织学生轮换操作	请参照上述分工，将本小组人员安排如下：
学习与工作计划	小组讨论：	老师点评：
工具准备	请根据工作内容与目标制定所需的工用具： 选定负责人：	要领取的工具与材料：

学习情境十　汽车整车电气设备生产性检测与维护

基本知识准备

主要学习方法：通过教师讲解、观看课件演示、查阅相关书籍以及借助网络学习等方式掌握基本知识。

下面是三幅电路原理图，看图依次完成以下识图任务。

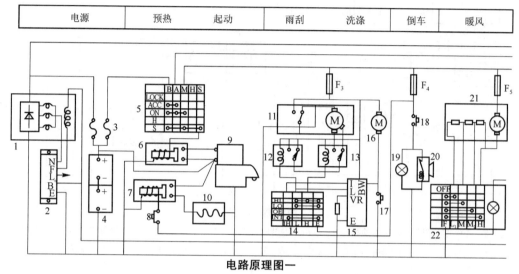

电路原理图一

1—发电机；2—调节器；3—易熔线；4—蓄电池；5—起动开关；6—起动继电器；7—预热继电器；8—预热按钮；
9—起动机；10—空气加热器；11—刮水器；12，13—刮水器继电器；14—刮水器开关；15—间歇控制器；
16—洗涤泵；17—洗涤泵开关；18—倒车开关；19—倒车灯；20—蜂鸣器；21—暖风电机；22—暖风电机开关

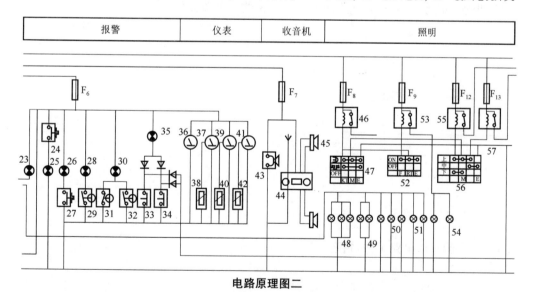

电路原理图二

23—充电指示灯；24—手制动灯开关；25—手制动灯；26—驾驶室翻转指示灯；27—翻转开关；28—气压报警灯；
29—气压报警开关；30—机油报警灯；31，32—机油报警开关及机油压力报警开关；33，34—车门开关；35—车门指示灯；
36—电压表；37—水温表；38—水温传感器；39—油量表；40—油量传感器；41—油压表；42—油压传感器；43—点烟器；
44—收放机；45—扬声器；46—小灯断电器；47—灯光开关；48—仪表灯；49—牌照灯；50—示宽灯；51—尾灯；
52—雾灯开关；53—雾灯继电器；54—雾灯；55—远光继电器；56—变光开关；57—近光继电器

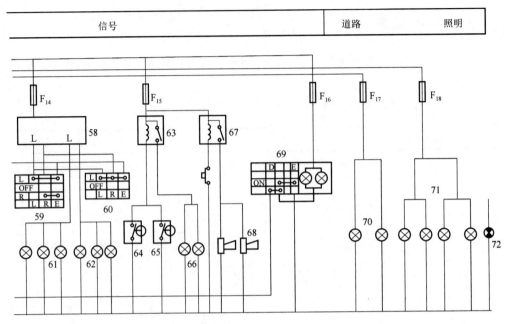

电路原理图三

58—闪光器；59—转向开关；60—遇险报警开关；61—左转向灯；62—右转向灯；63—制动灯继电器；64，65—制动开关；66—制动灯；67—喇叭断电器；68—电喇叭；69—室内灯；70—近光灯；71—远光灯；72—远光指示灯

一、识读倒车灯电路图（见电路原理图一）

（1）识别图上倒车部分电路的开关件及有关的各电器元件：

（2）画出倒车灯电路图：

（3）写出倒车灯电路工作过程：

二、识读起动系统电路图（见电路原理图一）

（1）识别图上起动系统的开关件及有关电器元件：

（2）画出起动系统电路图：

（3）写出起动系统电路工作过程：

三、识读大灯（前照灯）电路图（见电路原理图二、电路原理图三）

（1）识别图上前照灯电路上的开关件及有关的电器元件：

（2）画出前照灯电路图：

（3）写出大灯电路工作过程：

四、识读转向灯电路图（见电路原理图二、电路原理图三）

（1）识别图上转向灯电路的开关件及有关电器元件：

（2）画出转向灯电路图：

（3）写出转向灯电路工作过程：

五、识读示宽灯电路图（见电路原理图二）

（1）识别图上示宽灯的开关件及有关的电器元件：

（2）画出示宽灯电路图：

（3）写出示宽灯电路工作过程：

六、识读喇叭电路图（见电路原理图三）

（1）识别图中喇叭电路的开关件及有关电器元件：

（2）画出喇叭电路图：

（3）写出喇叭电路工作过程：

七、识读制动灯电路图（见电路原理图三）

（1）识别图上制动部分电路开关件及有关的各电器元件：

（2）画出制动灯电路图：

（3）写出制动灯电路工作过程：

工作过程与分析

说明：此工作过程仅供参考，可以按自行制定的学习与工作计划执行。

实际操作并写出空调系统的检查内容和步骤及注意事项。

（1）实际连接大灯各组成部件，检验其是否工作正常，如有问题诊断其原因并排除故障。

连接过程记录：

（2）实际连接制动灯各组成部件，检验其是否工作正常，如有问题诊断其原因并排除故障。

连接过程记录：

（3）实际连接喇叭各组成部件，检验其是否工作正常，如有问题诊断其原因并排除故障。

连接过程记录：

（4）实际连接转向灯各组成部件，检验其是否工作正常，如有问题诊断其原因并排除故障。

连接过程记录：

技能提升自测

学生依据所学知识,自测所掌握的职业技能情况,填写本工单测试内容。

职业技能	技能测试项目		完成情况	
	序号	项目名称	内容记录	评定
汽车整车电气设备生产性检测与维护	1	整车实训台电子元件识别	1. 写出各电器元件名称: 2. 写出各连接器件名称:	
	2	充电系连接及测试	1. 写出电路图组成内容: 2. 写出易引发故障及防护措施:	
	3	启动系统连接及测试	1. 写出电路图组成内容: 2. 写出易引发故障及防护措施:	
	4	点火系统连接及测试	1. 写出电路图组成内容: 2. 写出易引发故障及防护措施:	
	5	大灯连接及测试	1. 写出电路图组成内容: 2. 写出易引发故障及防护措施:	
	6	小灯连接及测试	1. 写出电路图组成内容: 2. 写出易引发故障及防护措施:	

续表

职业技能	技能测试项目		完成情况	
	序号	项目名称	内容记录	评定
汽车整车电气设备生产性检测与维护	7	雾灯连接及测试	1. 写出电路图组成内容： 2. 写出易引发故障及防护措施：	
	8	转向灯连接及测试	1. 写出电路图组成内容： 2. 写出易引发故障及防护措施：	
	9	喇叭连接及测试	1. 写出电路图组成内容： 2. 写出易引发故障及防护措施：	
	10	倒车系统连接测试	1. 写出电路图组成内容： 2. 写出易引发故障及防护措施：	
	11	制动系统连接及测试	1. 写出电路图组成内容： 2. 写出易引发故障及防护措施：	
	12	整车电气设备连接故障诊断排除分析	1. 整车电气设备连接注意事项： 2. 故障诊断分析方法：	

评价反馈

成果鉴定评估

专业		班级		小组成员		成果等级	
自我总结反思阶段		作业中的难点					
		成功之处					
		不足之处					
		改善方案					
小组总结阶段							
指导老师点评阶段							

注：成果等级分为 A、B、C、D 四级。
在小组总结中分析原因。

成绩认定单

情境十　汽车整车电气设备生产性能检测与维护						
专业		班级		姓名		学号	
考核项目		评分标准	教师评判		分数	得分
态度	团队合作	是否和谐	能和谐共事	不能	1分	
	拓展发言	是否精彩	精彩	不精彩	1分	
	小组讨论	是否积极	积极	不积极	1分	
	设备安全	有无损坏	无	有	1分	
	人身安全	有无损伤	无	有	2分	
	生产纪律	是否守纪	能遵守	不能遵守	2分	
	现场7S	是否做到	能做到	不能做到	2分	
工作页完成情况	基础知识掌握情况	电路图中基本元件等的认知，各系统零部件组成、各电路检测与诊断	充分	一般	没预习	10分	
	操作过程记录	操作过程记录是否完整、正确	完整	一般	没记录	10分	
实际操作	计划方案	学习计划是否正确可行	正确易行	基本正确	不正确	10分	
	分析典型工作过程	检查大灯的连线过程	完全正确	基本正确	不正确	10分	
		检查制动灯的连线过程	完全正确	基本正确	不正确	10分	
		检查喇叭的连线过程	完全正确	基本正确	不正确	20分	
		检查转向灯的连线过程	完全正确	基本正确	不正确	20分	
教师签字：　　　　　　年　　月　　日						合计	

一、电源系统

项目	记录内容
零件名称	
连接顺序	
连接注意事项	
调试，如有故障进行原因分析	
如有故障写出排除故障步骤	

二、起动系统

项目	记录内容
零件名称	
连接顺序	
连接注意事项	
调试，如有故障进行原因分析	
如有故障写出排除故障步骤	

三、点火系统

项目	记录内容
零件名称	
连接顺序	
连接注意事项	
调试，如有故障进行原因分析	
如有故障写出排除故障步骤	

四、灯光仪表等系统

项目	记录内容
零件名称	
连接顺序	
连接注意事项	
调试，如有故障进行原因分析	
如有故障写出排除故障步骤	

学习情境十 汽车整车电气设备生产性检测与维护

基本信息	姓名		学号		班级		组别	
	规定时间		完成时间		考核日期		总评成绩	
	情境模拟		汽车整车电气设备生产性能检测与维护					
	考核方式		分组进行,单人操作,小组成员与教师参与考评					
考核项目		评分标准	教师和同学评判				分数	得分
态度	团队合作	是否和谐	能和谐共事		不能		1分	
	拓展发言	是否精彩	精彩		不精彩		1分	
	沟通讨论	是否积极	积极		不积极		1分	
	设备安全	有无损坏	无		有		1分	
	人身安全	有无损伤	无		有		2分	
	生产纪律	是否守纪	能遵守		不能遵守		2分	
	现场7S	是否做到	能做到		不能做到		2分	
实际操作	工具使用	测试工具、检测设备等使用是否正确	完全正确	基本正确	不正确		10分	
	操作过程	整车电气设备的分析与测量是否正确	完全正确	基本正确	不正确		20分	
		检测是否熟练、正确	完全正确	基本正确	不正确		20分	
	完成检修维护任务情况	整车电气设备的故障维修与排除是否正常	完全正常	基本正常	不正常		10分	
	操作过程记录	操作过程记录是否完整	完整	一般	没记录		10分	
学生自评	内容:						10分	
小组互评	内容: 签名:_____						10分	
老师点评						签名:_____		

"十四五"职业教育国家规划教材

汽车电气设备与维修

（第3版）

主　编　孙志刚　赵　艳　王浩名
主　审　董大伟

书籍码YVVZ6KA3B

北京理工大学出版社
BEIJING INSTITUTE OF TECHNOLOGY PRESS

版权专有　侵权必究

图书在版编目（CIP）数据

汽车电气设备与维修/孙志刚，赵艳，王浩名主编. —3版. —北京：北京理工大学出版社，2019.11（2024.1重印）

ISBN 978-7-5682-7898-0

Ⅰ. ①汽⋯　Ⅱ. ①孙⋯ ②赵⋯ ③王⋯　Ⅲ. ①汽车-电气设备-车辆修理-高等职业教育-教材　Ⅳ. ①U472.41

中国版本图书馆 CIP 数据核字（2019）第 248069 号

出版发行 / 北京理工大学出版社有限责任公司
社　　址 / 北京市海淀区中关村南大街 5 号
邮　　编 / 100081
电　　话 /（010）68914775（总编室）
　　　　　（010）82562903（教材售后服务热线）
　　　　　（010）68944723（其他图书服务热线）
网　　址 / http://www.bitpress.com.cn
经　　销 / 全国各地新华书店
印　　刷 / 唐山富达印务有限公司
开　　本 / 787 毫米 × 1092 毫米　1/16
印　　张 / 27.5　　　　　　　　　　　　　　　　　责任编辑 / 封　雪
字　　数 / 634 千字　　　　　　　　　　　　　　　文案编辑 / 封　雪
版　　次 / 2019 年 11 月第 3 版　2024 年 1 月第 4 次印刷　　责任校对 / 周瑞红
定　　价 / 69.00 元　　　　　　　　　　　　　　　责任印制 / 李志强

图书出现印装质量问题，请拨打售后服务热线，本社负责调换

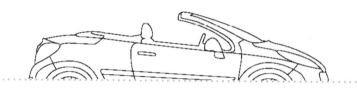 

前言
PREFACE

"汽车电气设备与维修"作为汽车维修类专业的核心课程，其教学内容必须满足学员将来的工作需要，并体现高职高专办学特色。通过几年来的改革实践，我们在原先版本基础上，进行了增删，增加了大量微课等信息化资源，同时依据"1+X"证书标准要求，在教材中融入技能等级知识，强化针对性学习，编写了工单册辅助教学，使得教学内容更贴近生产实际，知识结构更趋于任务化、系统化和完整化。

本书从现场的实际需求分析，以了解汽车电气系统、正确使用汽车电气设备、解决汽车电气设备的实际故障为目的。全书共设十个情境，包括：蓄电池的检修与维护，交流发电机的检测与维护，起动机的检修与维护，点火系的拆装、检测与诊断，照明与信号系统的检修与维护，仪表、报警灯与电子显示装置的维护，安全与舒适系统维护，空调系统的检修与维护，电路组成内容识读。在每一情境中学习目标、情景描述、相关知识、实操演练、评价反馈等部分。相关知识中的每个学习单元都配备了强化训练，供学生进一步深入研究领会相关知识。实操演练部分依据现场汽车电气设备故障的维修任务流程来编制，包括：任务咨询，诊断方案确认，诊断方案实施，排除故障，结论、心得和感悟等部分。工单册与主教材配套，每个情境包括学习目标，强化训练，评价反馈三个模块，每模块采取学习任务资讯、制定学习方案、基本知识准备、工作过程与分析、技能提升自测等部分完成，通过学习使学生尽早明确学习的意义和将来在企业中的社会身份。

为贯彻落实党的二十大精神，基于当前经济社会对高素质技术技能人才的需要，根据人才强国战略，为体现立德树人的根本目的，教材充分体现汽车产业技能人才的综合素质养成，在维修中注重保护环境，养成7S习惯；注重维修排故实践，勇于探索万事万物之间的联系，全面系统的分析故障产生的原因，创新故障诊断思路和方法；逐步养成企业所需的提高工作效率，降低生产成本和时间成本的基本要求。

本书的特点可归结为以下几点：

1. 校企合作编写程度较高、体现岗位/岗位群需求特色明显。本教材在编写过程中聘请了多位企业专家和技术骨干进行岗位需求的分析和知识点的凝练，由多年处在教学实践一线"双师型"教师编写。注重学生的职业生涯中专业能力、方法能力和社会能力的培养。突显机电维修工等岗位的技能要求。

2. 对应职业资格或技能等级特色明显。本教材在编写过程中，进一步梳理了从初级工到高级工的技能要求，由浅入深，根据相关岗位的职业能力需要设计教材学习内容，使学员

除具备维修现场解决实际问题的能力,还具备考取相应的职业技能等级证书的能力。

  3. 教材内容设计注意职业实践活动特点。以经验性(怎么做)和策略性(怎么做更好)知识、技能为主,情境设计与实施过程中以学生亲历完成工作过程为原则,编写过程中依据特定的工作任务情景,全书围绕现场的汽车电气设备典型案例,融合专业理论和实践技能,任务驱动,将应知、应会的学习,在"教、学、做"理实一体化的学习情景中展开,有利于提高学生学习积极性,做到所教、所学、所用的衔接。

  4. 信息化配套程度较高。

  本教材适合高职高专汽车专业学生使用,也可供其他院校相关专业师生及从事汽车维修工作的人员自学参考。

  参加本教材编写工作的有吉林铁道职业技术学院孙志刚、赵艳、邢海波、魏星;北汽福田汽车诸城奥铃汽车厂王浩名。在编写过程中也得到了神华马自达汽车服务有限责任公司周立伟、车拉夫汽车科技有限公司王斌等企业专业和技术骨干的大力支持。

  全教材由孙志刚、赵艳、王浩名(企业高级技师、全国技术能手,五一劳动奖章获得者)担任主编。董大伟担任主审。

  本教材在编写过程中参阅了许多国内外公开出版的同类教材,同时参阅了"1+X"职业资格证书的有关要求和标准,并得到现场维修人员的大力支持,在此深表感谢。

编 者

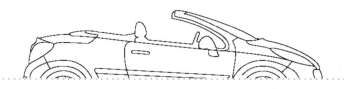

目 录
CONTENTS

学习情境一 蓄电池的检修与维护 ……………………………………（001）

 学习目标 ………………………………………………………………（001）
 情境描述 ………………………………………………………………（001）
 相关知识 ………………………………………………………………（001）
  单元一 蓄电池的基本知识 …………………………………………（001）
  单元二 蓄电池的检修方法 …………………………………………（007）
  单元三 蓄电池的使用与保养 ………………………………………（013）
 拓展学习 ………………………………………………………………（019）

学习情境二 交流发电机的检测与维护 ………………………………（020）

 学习目标 ………………………………………………………………（020）
 情境描述 ………………………………………………………………（020）
 相关知识 ………………………………………………………………（020）
  单元一 交流发电机的基本知识 ……………………………………（020）
  单元二 充电系的常见故障及各零部件的检修方法 ………………（040）
  单元三 交流发电机与调节器的使用及维护 ………………………（045）
 拓展学习 ………………………………………………………………（048）

学习情境三 起动机的检修与维护 ……………………………………（049）

 学习目标 ………………………………………………………………（049）
 情境描述 ………………………………………………………………（049）
 相关知识 ………………………………………………………………（049）
  单元一 起动机的基本知识 …………………………………………（049）
  单元二 起动机的常见故障及各零部件的检修方法 ………………（064）
  单元三 起动机的使用及维护 ………………………………………（070）
 拓展学习 ………………………………………………………………（071）

学习情境四 点火系的拆装、检测与诊断 ……………………………（072）

 学习目标 ………………………………………………………………（072）

情境描述 …………………………………………………………………… (072)
相关知识 …………………………………………………………………… (072)
    单元一　点火系的基本知识 ………………………………………… (072)
    单元二　点火系的故障诊断与维修 ………………………………… (101)
拓展学习 …………………………………………………………………… (115)

学习情境五　照明与信号系统的检修与维护 …………………………… (116)

学习目标 …………………………………………………………………… (116)
情境描述 …………………………………………………………………… (116)
相关知识 …………………………………………………………………… (116)
    单元一　照明与信号系统的基本知识 ……………………………… (116)
    单元二　汽车灯系的故障检修 ……………………………………… (140)
拓展学习 …………………………………………………………………… (142)

学习情境六　仪表、报警灯与电子显示装置维护 ……………………… (143)

学习目标 …………………………………………………………………… (143)
情境描述 …………………………………………………………………… (143)
相关知识 …………………………………………………………………… (143)
    单元一　仪表、报警灯与电子显示装置的基本知识 ……………… (143)
    单元二　汽车仪表常见故障与排除 ………………………………… (161)

学习情境七　安全与舒适系统维护 ……………………………………… (164)

学习目标 …………………………………………………………………… (164)
情境描述 …………………………………………………………………… (164)
相关知识 …………………………………………………………………… (164)
    单元一　安全与舒适系统的基本知识 ……………………………… (164)
    单元二　各种常见系统的检修 ……………………………………… (194)

学习情境八　空调系统的检修与维护 …………………………………… (197)

学习目标 …………………………………………………………………… (197)
情境描述 …………………………………………………………………… (197)
相关知识 …………………………………………………………………… (197)
    单元一　空调系统的基本知识 ……………………………………… (197)
    单元二　空调系统的维护 …………………………………………… (224)
    单元三　空调系统的故障诊断 ……………………………………… (236)
拓展学习 …………………………………………………………………… (239)

学习情境九　电路图组成内容识读 ……………………………………… (240)

学习目标 …………………………………………………………………… (240)
情境描述 …………………………………………………………………… (240)

相关知识 …………………………………………………………………（240）
　　　单元一　汽车电路图的基本知识 …………………………………（240）
　　　单元二　汽车电路图的识读 ………………………………………（250）
　　　单元三　利用电路图排除故障 ……………………………………（254）
　　拓展学习 …………………………………………………………………（258）

学习情境十　汽车整车电气设备生产性能检测与维护 ………（259）

　　学习目标 …………………………………………………………………（259）
　　情境描述 …………………………………………………………………（259）
　　相关知识 …………………………………………………………………（259）
　　　单元一　实训装置简介 ……………………………………………（259）
　　　单元二　生产性实训说明 …………………………………………（261）
　　拓展学习 …………………………………………………………………（263）

参考文献 ……………………………………………………………………（264）

汽车电汽设备与维修（第3版）工单册 ……………………………（265）

学习情境一
蓄电池的检修与维护

为了完成蓄电池的检测与维护任务,必须了解蓄电池的结构、工作原理及作用;掌握蓄电池型号的含义及选择蓄电池型号的原则;掌握蓄电池的充电方法、常见故障及排除方法;掌握蓄电池的维护内容等。

售后服务经理接到客户反映:汽车起动时,起动机转速迅速减慢,转动无力;按喇叭声音弱、无力;开启大灯,灯光很暗;平时发现电解液耗损过快;蓄电池自行放电严重。安排给学员一个检查蓄电池技术状况、维护蓄电池的任务,要求检查蓄电池的容量,检查其是否有故障,确定是否可再用。如可再用,则进行检修、试验并排除可能出现的故障。若不可用,给出建议更换的型号,并进行更换。将检修、维护的相关信息告知经理,得到经理的确认后,提交一份分析报告并归档。

单元一 蓄电池的基本知识

一、概述

蓄电池(俗称"电瓶")是一种化学能与电能互相转换的装置,是可逆的低压直流电源。蓄电池放电时,将其储存的化学能转换为电能;蓄电池充电时,将电能转换为化学能储存起来,直到化学能储存满时充电结束。

1. 蓄电池的分类

根据电解液的不同可分为:

铅酸蓄电池 { 普通蓄电池
免维护蓄电池
干荷电蓄电池
胶体电解质蓄电池 }

特点：具有价格便宜、内阻小等特点，在汽车上广泛应用。

镍碱蓄电池 { 铁镍蓄电池
铜镍蓄电池 }

特点：具有容量大、使用寿命长、维护简单等优点，但价格昂贵，目前只在少数汽车上使用。

2. 蓄电池的作用

汽车上装有发电机与蓄电池两个直流电源，蓄电池与发电机并联，共同向全车用电设备供电。在发动机正常工作时，由发电机向全车用电设备供电，与此同时，蓄电池处于充电状态，由发电机给蓄电池充电。

1-1 蓄电池功用

蓄电池的作用如下：

（1）在发动机起动时，蓄电池给起动机提供大电流，同时向点火系统、燃油喷射系统及发动机其他用电设备供电。

（2）在发电机不发电时，由蓄电池向用电设备供电。

（3）当取下汽车钥匙时，由蓄电池向时钟、发动机及车身的 ECU（Electronic Control Unit）存储器、电子音响系统及防盗报警系统等供电。

（4）当发电机超载时，蓄电池协助发电机供电。

（5）当发电机正常发电时，蓄电池可将发电机的电能转换为化学能储存起来（即充电）。

（6）蓄电池相当于一个大容量电容器，在发电机转速和负载变化较大时，能够保持汽车电源电压的相对稳定。同时，还可吸收电路中产生的瞬间过电压，保护汽车电子元件不被损坏。

汽车上所使用的蓄电池主要是为了满足起动机工作的需要，所以通常称为起动型蓄电池。起动型蓄电池在短时间（5~10 s）内可提供强大的起动电流（一般为 200~600 A，最大可达 800~1 000 A）。

二、蓄电池的构造与型号

1. 蓄电池的构造

汽车上常用的蓄电池主要有：普通蓄电池、干荷蓄电池和免维护蓄电池。普通铅酸蓄电池主要由极板、隔板、电解液、壳体、联条、极柱（桩）等部分组成。蓄电池由单体电池组成，12 V 蓄电池由六个单体电池串联而成，每个单体电池电压为 2.1 V，如图 1-1 所示。

极板：极板分为正极板和负极板两种，均由栅架和填充在其上的活性物质构成，如图 1-2 所示。蓄电池充、放电过程中，电能和化学能的相互转换就是依靠极板上活性物质和电解液中硫酸的化学反应来实现的。

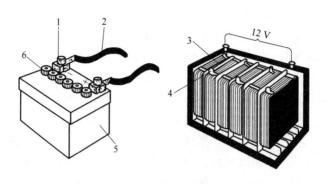

图1-1 蓄电池的构造
1—极桩；2—起动电缆；3—单体电池；4—联条；5—外壳；6—加液孔盖

正极板：其上的活性物质是二氧化铅（PbO_2），呈深棕色。

负极板：其上的活性物质是海绵状纯铅（Pb），呈青灰色。

栅架：其作用是容纳活性物质并使极板成形，一般由铅锑合金浇铸而成。其中含锑5%~7%，加入锑是为了提高栅架的机械强度并改善浇铸性能，但加锑会引起蓄电池的自放电。

国产负极板的厚度为1.8 mm、正极板的厚度为2.2 mm（正极活性物质脱落和栅架腐蚀是决定蓄电池使用寿命的主要原因）。进口蓄电池普遍采用薄型极板，正、负极板的厚度均在1.1~1.5 mm。薄型极板在相同体积的情况下可以提高蓄电池的容量，改善蓄电池的起动性能。

为了增大蓄电池的容量，将多片正、负极板分别并联，组成正、负极板组，装在单体内，如图1-3所示。由于正极板的机械强度差，所以在每个单体中负极板组比正极板组多一片，这样每一片正极板都处于两片负极板之间，使其两侧放电均匀，防止正极板弯曲变形。

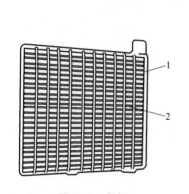

图1-2 极板
1—栅架；2—活性物质

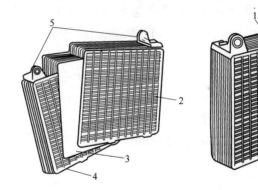

图1-3 单体电池极板组
1—组装完的极板组；2—负极板；3—隔板；4—正极板；5—联条

隔板：为了减小蓄电池的内阻和尺寸，蓄电池内部正、负极板应尽可能地靠近，但为了避免彼此接触而短路，正、负极板之间要用隔板隔开。隔板材料应具有多孔性和渗透性的特点，且化学性能稳定，即具有良好的耐酸性和抗氧化性。

常用的隔板有木质隔板、微孔橡胶隔板、微孔塑料隔板、玻璃纤维隔板和纸板等。

电解液：电解液由专用硫酸（密度1.84 g/cm³）和蒸馏水按一定比例配制而成，密度一般为1.24~1.309 g/cm³（电解液的温度为25 ℃）。配制电解液必须使用耐酸的器皿，切记只能将硫酸慢慢地倒入蒸馏水中，并不断搅拌。

壳体：蓄电池的壳体作用是盛放电解液和极板组。要求应由耐酸、耐热、耐振、绝缘性好并且有一定机械强度的材料制成，一般采用橡胶或塑料。

壳体内部由六个互不相通的单体组成，底部有突起的肋条以便放置极板组。肋条之间的空间用来储存脱落下来的活性物质，以防止在极板间造成短路。极板装入壳体后，上部用与壳体相同材料制成的电池盖密封。每个单体的顶部有一个加液孔，用于添加电解液和蒸馏水，也用于检查电解液液面高度和测量电解液密度等，加液孔盖上设有通风孔，供蓄电池化学反应中产生的气体［氢气（H_2）和氧气（O_2）等］能随时逸出。

联条：联条的作用是将单体电池串联起来，提高整个蓄电池的端电压。普通蓄电池联条的串联方式一般是外露式，而新型蓄电池联条的串联方式是穿壁式，如图1-4所示。

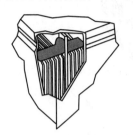

图1-4　单体电池的串联方式

2. 蓄电池的规格型号

蓄电池的型号按 JB/T 2599—1993《铅酸蓄电池产品型号编制方法》规定，产品型号含义如下：

$$\boxed{\text{Ⅰ}}\quad\boxed{\text{Ⅱ}}\quad\boxed{\text{Ⅲ}}$$

第Ⅰ部分：表示串联的单体蓄电池数，用阿拉伯数字表示。

第Ⅱ部分：表示蓄电池的类型和特征，用汉语拼音字母组成。一般第一个字母用 Q，表示启动型蓄电池；其他字母表示蓄电池的特征代号，如：A 表示干荷电式，H 表示湿荷电式，W 表示免维护式，在电动车电池上 DZM 系列中 D 表示电动车，Z 表示助力车，M 表示免维护式，EVF 系列中 EV 表示电动车电池（国家标准），F 表示阀控电池等等。

第Ⅲ部分：表示蓄电池的额定容量，用 20 h 放电率额定容量来表示，以阿拉伯数字表示，单位为 A·h（安·时），在型号中单位略去。

电动车用电池目前市场上最为普遍的是用铅酸动力电池，电池型号分为电动助力车用 DZM 系列，型号主要有：6-DZM-12、6-DZM-25、6-DZM-28；电动道路车用 EVF 系列，型号主要有：三轮车用 6-EVF-32、6-EVF-45、6-EVF-55；四轮车用 3-EVF-200、4-EVF-150、6-EVF-150。其中 DZM-电动助力车用密封电池，EVF-电动车辆用阀控式电池等等。

例如：

（1）6-QA-105：表示由六个单体蓄电池组成，额定电压 12 V，额定容量为 105 A·h 的启动型干荷电蓄电池。

（2）6-QAW-100：表示由六个单体蓄电池组成，额定电压 12 V，额定容量为 100 A·h 的启动型干荷电免维护蓄电池。

（3）6-DZM-12：表示由六个单体蓄电池组成，额定电压 12 V，2 小时率额定容量为 12 A·h 电动助力车用密封电池。

在蓄电池选用时，按照先选"型"，再选"号"的次序进行。首先要选起动型，再选电压和容量，电压必须和汽车电气系统的额定电压一致，容量必须满足汽车起动的要求。根据起动机要求的电压和容量选择，一般应满足连续起动三次以上的要求。每辆车尽量选用一个蓄电池，实在不行，才选用两个蓄电池。若电压不符，则两个电池串联，每个蓄电池的电压为总电压的 1/2；若容量不符，则选两个蓄电池并联，每个容量为总容量的 1/2。

三、蓄电池的工作原理和工作特性

1-2 蓄电池工作原理

1. 蓄电池的工作原理

1）电动势的建立

当正负极板各一片浸入电解液时，通过活性物质与电解液反应的过程使负极板带负电，正极板带正电。当反应达到平衡时，溶解便停止，此时负极板具有负电位，约为 -0.1 V；正极板呈正电位，约为 +2.0 V。因此，当外电路未接通时，蓄电池的静止电动势约为 2.1 V。

2）蓄电池的放电

当蓄电池接上负载后，在电动势的作用下，电流 I 从正极经过负载流往负极（即电子从负极到正极）。

3）蓄电池的充电

充电时，应将蓄电池接直流电源（充电机）。当电源电压高于蓄电池电动势时，在电源电压作用下，电流从蓄电池正极流入、负极流出（外电路电子是从正极流向负极）。

2. 蓄电池的工作特性

内阻：蓄电池的内阻由极板电阻、隔板电阻、联条电阻及电解液电阻等四部分组成。正常情况下，蓄电池的内阻很小，所以能够为起动机提供几百安培的起动电流。

极板电阻总的来说是很小的。随着蓄电池放电的进行，正、负极板表面 $PbSO_4$ 逐渐增多，由于 $PbSO_4$ 的导电性差，因此放电程度越高，极板电阻越大。

隔板电阻与材料有关。木质隔板由于其多孔性差，所以其电阻比橡胶隔板和塑料隔板的电阻大。

联条电阻与联条形式有关。传统外露式联条电阻比内部穿壁式、跨越式联条的电阻要大。

电解液电阻与密度和温度有关。温度低，黏度大，电解液电阻大。而电解液的密度过高或过低，均会使电解液电阻增大。电解液的密度为 $1.2\ g/cm^3$ 时（电解液的温度为 15 ℃），电解液的电阻最小。电解液电阻与密度的关系如图 1-5 所示。

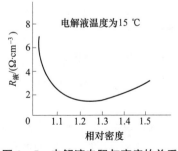

图 1-5 电解液电阻与密度的关系

1）放电特性

蓄电池的放电特性是指在恒流放电过程中，蓄电池的端电压 U 和电解液密度随时间变化的规律。

蓄电池放电终止的特征是：

（1）电解液密度下降至最小允许值。

（2）单体蓄电池的端电压下降至放电终止电压。

允许的放电终止电压与放电电流有关，放电电流越大，持续放电时间越短，则允许的放电终止电压越低，见表 1-1。

表 1-1 允许的放电终止电压与放电电流的关系

放电电流/A	$0.05C_{20}$	$0.1C_{20}$	$0.25C_{20}$	$1C_{20}$	$3C_{20}$
持续放电时间	20 h	10 h	3 h	30 min	5.5 min
单体电池允许的放电终止电压/V	1.75	1.70	1.65	1.55	1.50

2）充电特性

蓄电池的充电特性是指在恒流充电过程中，蓄电池的端电压 U 和电解液密度随充电时间变化的规律。

蓄电池充电终止的特征：

（1）蓄电池电解液内产生大量气泡，呈"沸腾"状态。

（2）端电压和电解液密度均上升至最大值，且 2~3 h 内不再增加。

四、蓄电池的容量及影响因素

1. 蓄电池的容量

蓄电池的容量是标志蓄电池对外放电能力、衡量蓄电池性能的优劣以及选用蓄电池的最重要的指标。

蓄电池容量是指在规定的放电条件下，完全充电的蓄电池所能输出的电量，用"C"表示，单位为 A·h（安·时）。

蓄电池容量分为 20 h 放电率额定容量、起动容量及储备容量等。这里只介绍常用的 20 h 放电率额定容量，简称额定容量。

完全充电的蓄电池，在电解液温度为 25 ℃ 时，以 20 h 放电率（放电电流为 $0.05C_{20}$）连续放电，直到单体蓄电池端电压降至 1.75 V 时为止，蓄电池所输出的电量称为额定容量，用 C_{20} 表示。额定容量是设计容量，是蓄电池性能的重要标志之一。例如，6Q100 型蓄电池，其"100"就是额定容量，是在电解液平均温度为 25 ℃ 时，以 5 A 的电流连续放电 20 h 后，单体蓄电池端电压降至 1.75 V 时得到的。

2. 影响蓄电池容量的因素

放电电流的影响：放电电流越大，端电压下降越快，放电时间越短，故蓄电池容量越小。

电解液温度的影响：电解液温度降低，蓄电池容量减小。因此，冬季在寒冷地区使用蓄电池时，应特别注意蓄电池的保温。

电解液密度的影响：适当增加电解液的密度，可以减小蓄电池内阻，提高电解液的渗透速度，使蓄电池容量增大。实践证明，电解液密度稍低有利于提高蓄电池的放电电流和容量及延长蓄电池的使用寿命。因此冬季在保证电解液不结冰的前提下，也应尽可能使用密度稍低的电解液。

单元二　蓄电池的检修方法

一、蓄电池的常见故障及其排除

1. 内部故障

1）极板硫化

蓄电池长期充电不足或放电后长时间未充电，极板上会逐渐生成一层白色大晶粒的 $PbSO_4$，这种现象称为硫酸铅硬化，简称硫化。其阻碍了电解液的渗透和扩散，使蓄电池的内阻增加，起动时不能给起动机提供足够大的起动电流，以致不能起动发动机。

蓄电池极板硫化后的现象：放电时蓄电池端电压下降较快；充电时则电压上升快，温度升高也快，电解液会过早地出现大量气泡（"沸腾"）；充电时电解液的密度上升缓慢，且达不到规定值。极板硫化严重是，可以通过加液孔看到极板上部有白色的霜状物。

产生极板硫化的主要原因是：

（1）蓄电池长期充电不足，或放电后没有及时充电。

（2）蓄电池内液面过低，使极板上部与空气接触而发生氧化（主要是负极板）。

（3）电解液密度过高、电解液不纯、环境温度温差较大等因素也能引起蓄电池极板硫化。

处理措施：在蓄电池极板硫化还不严重时，可以通过去硫化充电法减弱或消除极板上的粗晶粒 $PbSO_4$，如果极板硫化严重则只能更换新的蓄电池。

注意事项：为了避免极板硫化，蓄电池应经常处于充足电的状态，放完电的蓄电池应及时进行充电，电解液密度要选择恰当，液面高度应符合规定。

对于已经硫化的蓄电池极板，轻者可用去硫化充电法消除极板硫化，重者蓄电池应报废。

2）自放电

充足电的蓄电池，放置不用会逐渐失去电量，这种现象称为蓄电池的自放电。蓄电池每昼夜自行放电量大于2%额定容量的自放电属于故障性自放电。

造成故障性自放电的原因有以下几方面：

（1）电解液中有杂质，这些杂质在极板周围形成局部蓄电池而产生自放电。

（2）蓄电池内部短路引起的自放电。

（3）蓄电池盖表面不清洁，如有电解液等，会造成自放电，还会使极桩腐蚀。

因此，为了减少蓄电池的自放电，电解液的配制应符合要求，使用中还应经常保持蓄电池表面的清洁。

3）极板活性物质大量脱落

极板活性物质脱落一般多发生在正极板上，其特征为充电时电解液中有褐色物质自底部上升，单体蓄电池端电压上升快，电解液过早出现"沸腾"现象，而电解液密度不能达到规定的最大值；放电时，蓄电池容量明显下降。极板活性物质大量脱落的原因有充电电流过大、过度充电时间过长、低温长时间大电流放电等。另外，蓄电池受到剧烈振动时，也会引起极板活性物质脱落。

4）极板短路

极板短路的故障现象是：充电过程中，电解液温度迅速上升，单体蓄电池端电压与电解液密度上升缓慢；放电时，蓄电池容量明显下降。

极板短路的原因主要有：隔板损坏；活性物质在蓄电池底部沉积过多；极板弯曲及金属杂质落入正、负极板之间等。对于短路的蓄电池，必须将其拆开，查明原因，排除故障。

2. 外部故障

外部故障主要是由以下几方面引起。

（1）容器破裂。造成破裂的原因有蓄电池固定螺母旋得过紧、行车剧烈振动、外物击伤和电解液结冰等。

检查判断方法：检查蓄电池电解液的液面高度；检查电池底部的潮湿情况。如果电解液液面高度过低及电池底部有潮湿现象，则可以用来判断容器是否有裂纹存在。

（2）封口胶破裂。多因质量不佳或受到撞击造成。

（3）极柱螺栓和螺母腐蚀。螺栓和螺母产生腐蚀污物，可以用竹片将污物刮去，再用蘸有5%的碱溶液的抹布擦去残余的污物和酸液，在用清水清洗干净，最后在极柱和接线端表面涂上凡士林油保护。

（4）蓄电池爆炸。主要是氢、氧排不出来，所以必须保证蓄电池排气孔通气顺畅。

通过以上学习，我们知道现在的蓄电池，大部分是属于铅酸电池，均是通过化学反应提供能量，在使用过程中蓄电池损坏的原因很多，比如过度放电、极板硫化、线路损坏等等，有的情况是完全无法修复的。但是，废旧蓄电池里面的化学反应溶液等是可以实现重复利用，只要回收到厂家，经过对齐进行重新的处理，又能做出新的蓄电池出来，而且铅酸本身对环境有很大的污染，重新回首对环境有很大好处。

二、蓄电池的充电

废旧蓄电池回收流程　　1-3 蓄电池充电

1. 充电种类

1）初充电

新蓄电池或修复后的蓄电池在使用之前的首次充电称为初充电。初充电的特点是充电电流小、充电时间长。

初充电的过程如下所示：

（1）按规定将电解液加注到蓄电池中，加入电解液的温度不得超过35℃，加入电解液后蓄电池应静置3~6 h，电解液液面应高出极板10~15 mm。

（2）接通充电电源。因为新蓄电池的极板表面已被空气氧化，充电时易于过热，因此，初充电一般应选用较小的充电电流。初充电通常分两个阶段：第一阶段的充电电流约为$C_{20}/15$，充电至电解液中产生气泡，单体蓄电池端电压达2.4 V为止；第二阶段将充电电流减半，继续充电到蓄电池充足电为止，全部充电时间为60~70 h。

（3）初充电完毕后，应测量电解液的相对密度，如不合规定，应用蒸馏水或相对密度为1.40的电解液进行调整。

在初充电过程中，如果电解液温度上升至40℃，可将充电电流减半或停止充电，待电解液温度下降后再继续充电。

2）补充充电

使用中的蓄电池有下列现象之一时，说明蓄电池容量不足，应进行补充充电。

（1）电解液密度下降到1.15 g/cm³以下。

（2）冬季放电超过25%，夏季放电超过50%。

（3）起动机运转无力。发动机不工作时，开前照灯，灯光暗淡；按电喇叭（以下简称喇叭），喇叭声音小。

（4）蓄电池放置时间超过一个月。

3）去硫化充电

当蓄电池极板轻微硫化时，可进行去硫化充电，方法如下：

（1）先倒出蓄电池内的电解液，用蒸馏水反复冲洗蓄电池极板数次，然后加入蒸馏水至液面高出极板 10~15 mm。

（2）用初充电电流进行充电，当电解液密度升到 1.15 g/cm³ 以上时，倒出电解液，加入蒸馏水，再继续充电，如此反复多次，至密度不再上升为止。

（3）用 10 h 放电率放电检查蓄电池容量，如蓄电池容量达到额定容量的 80%，说明硫化已基本消除，即可使用。否则蓄电池报废。

2. 充电方法

通常蓄电池的充电方法有定流充电、定压充电及脉冲快速充电三种方法，不同的充电种类应根据具体情况正确选择充电方法。

1）定流充电

在充电过程中，充电电流保持一定的充电方法，称为定流充电。

定流充电注意事项：

（1）由于充电过程中蓄电池电动势逐渐升高，因此，定流充电过程中要不断调整充电电压。当单体蓄电池的端电压上升到 2.4 V 时，电解液开始有气泡冒出，这时应将充电电流减半，直到蓄电池完全充足电为止。

（2）采用定流充电时，被充电的多个蓄电池可串联在一起充电，如图 1-6 所示。充电时，每个单体电压需要 2.7 V，故串联电池的单体总数不应超过 $n = U_e/2.7$（U_e 为充电机的充电电压）。此外，所串联的蓄电池最好容量相同，否则充电电流的大小必须按照容量最小的蓄电池来选定。

（3）定流充电适用于蓄电池的初充电、补充充电及去硫化充电，其缺点是充电时间长，并且需要经常调整充电电压。

2）定压充电

充电过程中，电源电压始终保持不变的充电方法称为定压充电，如图 1-7 所示。在定压充电开始时，充电电流很大。此后随着蓄电池电动势的增大，充电电流逐渐减小，至充电终止时，充电电流降到最小值。如果充电电压调整得当，当充足电时，充电电流为零。

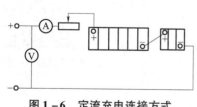

图 1-6 定流充电连接方式

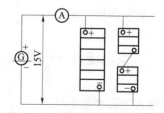

图 1-7 定压充电的连接方式

由于定压充电时间短，充电过程中不需调整充电电压，因此适合于蓄电池的补充充电。但定压充电过程，不能调整充电电流的大小，所以不能用于蓄电池的初充电及去硫化充电。

定压充电时,要求所有充电的蓄电池电压必须相同。

采用定压充电时,要选择好充电电压。若充电电压过高,则充电初期充电电流过大,且易发生过度充电现象;若充电电压过低,则蓄电池充电不足。在汽车上,发电机给蓄电池的充电是定压充电,故发电机的调节电压要选择适当,过高过低对蓄电池都不利。

3) 脉冲快速充电

在充电过程的后期,蓄电池两极板间电位差会高于两极板活性物质的平衡电极电位(每单体为 2.1 V),这种现象称为极化。极化阻碍了蓄电池充电过程化学反应的正常进行,是造成充电效率低及充电时间长的主要因素。

脉冲快速充电,克服了充电过程中所产生的极化现象,有效地提高了充电效率。脉冲快速充电首先利用充电初期极化现象不明显、蓄电池可以接受大电流充电的特点,初期采用 $0.8 \sim 1\ C_{20}$ 的大电流对蓄电池进行定流充电,使蓄电池容量在短时间内达到 60% 左右的额定容量;当单体蓄电池端电压达 2.4 V,电解液开始冒气泡时,控制电路使充电转入脉冲快速充电阶段:先停止充电 25 ms 左右,接着再反向脉冲快速充电,反向充电的脉宽一般为 $150 \sim 1\ 000\ \mu s$,脉幅为 $(1.5 \sim 3)C_{20}$ 的充电电流,接着再停止充电 25 ms,然后再用正向脉冲进行充电,周而复始,直到充足电为止,其充电电流波形如图 1-8 所示。

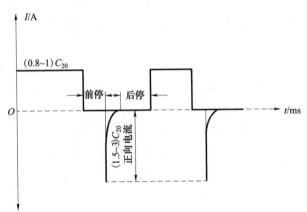

图 1-8 脉冲快速充电电流波形

脉冲快速充电的优点:

(1) 充电时间大为缩短,一般初充电不多于 5 h,补充充电需要 $1 \sim 2$ h。而采用定流充电进行初充电需要 $60 \sim 70$ h,采用定压充电进行补充充电需要 $13 \sim 16$ h。

(2) 可以增加蓄电池容量。

(3) 去硫化作用显著。

三、蓄电池使用中技术状况的检查

1-4 蓄电池的检查与更换

1. 电解液液面高度的检查

玻璃管测量法:液面高度可用玻璃管测量,如图 1-9 所示。用一空心玻璃管插到蓄电池电解液内机板的上平面处,用大拇指按紧玻璃管上端使管口密封,提起玻璃管,测量玻璃管内的液面高度,即为电解液液面高出极板的高度。正常降低时应补充蒸馏水,使之达到标准值。

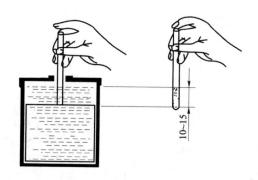

图 1-9 用玻璃管测量电解液液面高度

液面高度指示线法：都对使用透明工程塑料容器的蓄电池，为检查液面高度，在容器壁上刻有两条高度指示线。正常液面高度介于两线之间，低于下线为液面过低，应加蒸馏水进行补充。

加液孔观察判断法：在电解液加液孔内侧的标准液面位置处开有方视孔的蓄电池，可观察液面在方视孔的位置来检视液面高度。当夜面在方视孔的下面时则液面过低；若页面正好与方视孔平齐时则液面高度为标准值；当液面满过方视孔而充满加液孔底部以上时为过多。

注意：发现电解液面高度低于标准值时，应及时补充蒸馏水。除非确知液面降低是由于电解液溅出所致，否则不允许加入硫酸溶液。

2. 放电程度的检查

放电程度可以通过测量电解液密度得到，如图 1-10 所示。根据实际经验，电解液密度每下降 0.01 g/cm³，相当于蓄电池放电 6%，所以根据所测得的电解液密度就可以粗略估算出蓄电池的放电程度。

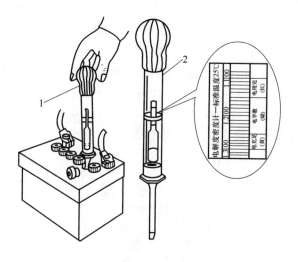

图 1-10 测量电解液的密度和温度
1—密度计；2—温度计

3. 起动性能的测试

蓄电池的主要作用是给起动机提供大电流，所以蓄电池的主要性能也就是起动性能。高率放电计的工作原理是模拟接入起动机负荷，测量蓄电池在大电流（接近起动机起动电流）放电时的端电压，用以判断蓄电池的起动能力和放电程度，如图 1-11 所示。

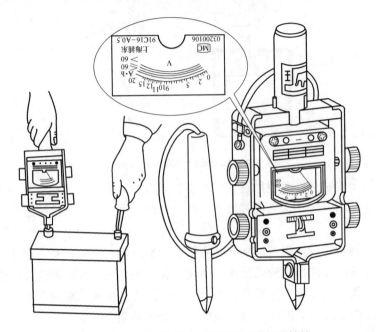

图 1-11　用高率放电计测试蓄电池的起动性能

测试时，用力将高率放电计触针压紧蓄电池正、负极，保持 5 s，若蓄电池端电压能保持在 9.6 V 以上，说明该蓄电池性能良好，但容量不足；若稳定在 10.6~11.6 V，说明蓄电池是充足电状态；若蓄电池端电压迅速下降，则说明蓄电池已损坏。

4. 蓄电池极桩连接状态的测试

为保证蓄电池在车上能给起动机提供大电流，除蓄电池本身的技术状况良好外，蓄电池极桩与电缆线的连接也非常重要，极桩与电缆线的连接是否可靠可通过测量二者之间的压降来确定。如图 1-12 所示，将电压表正表棒接到蓄电池的正极桩上，负表棒接到正极桩电缆线的线夹上，接通起动机，使起动机带动发动机工作，这时电压表的读数不得大于 0.5 V，否则说明极桩与线夹接触不良，将起动困难。当极桩与线夹接触不良时，若是极桩表面氧化，应清除氧化物；若是接触松动，应重新紧固线夹。负极桩与其电缆线的线夹的压降的测量，其表棒接触与上述相反。

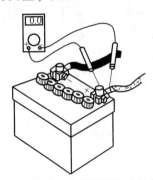

图 1-12　蓄电池极桩与电缆线的线夹接触压降的测试

单元三　蓄电池的使用与保养

一、蓄电池的使用与维护

蓄电池在使用、充电、更换等情况下有时需要拆卸，一定要注意轻拿轻放、型号相符合、安装要牢固、接触良好、注意蓄电池极性，因我国汽车上大多采用负极搭铁，为避免引起短路故障，拆装时一般要先拆负极后拆正极，安装时现安装正极后连接负极。

1. 蓄电池的使用

1）蓄电池的选择

选择蓄电池时，主要根据外型尺寸和额定容量。额定容量不能大也不能小，小了易导致起动困难，大了易导致蓄电池长期充电不足。

2）电解液的选择

现今蓄电池所使用的电解液一般都是购买配制好的标准电解液，无须维修站自己配制电解液。在给蓄电池加注电解液时，要选择电解液的密度，一般情况下应该选择密度偏低的电解液。寒冷地区选择电解液的前提应该是保证电解液不结冰。电解液密度与冰点的关系如表1-2所示。

表1-2　电解液密度与冰点的关系

电解液密度/$(g \cdot cm^{-3})$	1.10	1.15	1.20	1.25	1.30	1.31
冰点/℃	-7	-14	-25	-50	-66	-70

3）冬季使用蓄电池的注意事项

冬季使用蓄电池，应经常保持蓄电池处于充足电状态，因为放电后的蓄电池电解液密度会降低，增大了结冰的危险。

冬季给蓄电池补加蒸馏水时，只能在给蓄电池充电前进行，通过充电使水较快地和电解液混合，减少电解液结冰的危险。

由于冬季蓄电池容量降低，因此，要注意对蓄电池的保暖，或起动之前对发动机进行预热，以便使发动机容易起动。

4）新蓄电池的使用

一般情况下，新蓄电池在使用之前应参考说明书，以说明书为准。非干荷电蓄电池在使用之前应进行初充电；干荷电蓄电池在使用之前不需要初充电，加注电解液后30 min即可使用。

2. 蓄电池的维护

为了使蓄电池经常处于完好状态，延长其使用寿命，对使用中的蓄电池需进行下列维护工作：

（1）检查蓄电池在车上安装是否牢靠；检查起动电缆线与极桩的连接是否紧固；检查电缆线的线夹与极桩是否有氧化物，若有则应及时清除。

（2）经常检查蓄电池盖表面是否清洁，应及时清除盖上的灰尘、电解液等脏物，保持加液孔盖上的气孔畅通。

（3）定期检查电解液的液面高度，液面一般应高出极板 10～15 mm。一般情况下，当液面降低时，应补加蒸馏水。

（4）定期对蓄电池进行补充充电，以保证蓄电池始终保持充足电的状态。

（5）经常检查蓄电池的放电程度，超过规定时应立即进行补充充电。

3. 蓄电池的贮存

（1）湿贮存适用于短期不使用的蓄电池。贮存时将蓄电池充足电，液面调至正常高度，密封加液孔盖上的通气孔，然后将蓄电池放置室内。贮存的时间不宜超过六个月，若容量下降25%时应立即充电。

（2）干贮存适用于存放时间较长的蓄电池。贮存时将蓄电池以 20 h 放电率完全放电，倒出电解液，用蒸馏水多次冲洗至水中无酸性，将水全部倒出，晾干后旋紧加液孔盖密封贮存。

4. 蓄电池充电连接步骤

①将充电机的输出电缆线正、负极分别与蓄电池正、负接线柱连接。

②将充电机接在 220 V 的交流电源上，并选择合适的电压。确认充电电流调到最小值。

③打开充电机的电源开关，并选择合适的电流档位和合适的充电时间。

④充电完毕，关闭充电机电源开关，分离充电机负极电缆与负极接线柱，然后分离充电机正极电缆与蓄电池正极接线柱。

5. 电动车电池的充电注意事项

①确定交流电源与充电器输入电压是否相符。

②确定充电器输出电压与电瓶额定电压是否相符。

③先插充电器与电池盒相连的插头，后插交流电源插头。

④充电器用于室内，应注意防潮、防震动。充电时严禁覆盖，应放在通风散热的地方。

⑤充电时，充电器的指示灯是先红灯后绿灯，灯变绿后应保证浮充 2 小时，这对抑制电池硫化有好处。

⑥防止电瓶亏电，对长期搁置不用的电瓶，应每月充足电一次，一般以充电器红灯转绿灯后继续浮充 5 小时为佳。

二、新型蓄电池

启动型铅蓄电池虽然被誉为汽车的传统电源，但仍存在能量低、相对密度小、充电频繁、维修麻烦、寿命较短、受地区气温条件影响较大等缺点。为此，人们长期以来都在不断研制其他类型的汽车用电池，尽量改善汽车电源的性能。本节就几种有发展前途和推广价值的其他电池作简要介绍。

1. 干荷电铅蓄电池

在极板完全呈干燥状态下能够长期（一般为 2 年）保存其化学过程中所得到的电量的蓄电池叫作干荷电铅蓄电池。这类电池在注入符合规定的电解液之后，静置 20～30 min 即可投入使用，不需进行初充电，使用方便，是应急的理想电源。

干荷电铅蓄电池之所以具有干荷电性能，主要在于负极板的制造工艺与普通铅蓄电池不同，在负极板上的活性物质是海绵状铅，由于其表面积大，化学活性高，容易氧化，所以要在负极板的铅膏中加入某种抗氧化剂，如松香、油酸、硬脂酸、有机聚合物等。加入抗氧化剂后，可在干燥的过程中，形成一种保护膜覆盖在海绵状铅的表面，以免与空气接触而氧化。在极板化学过程中要有一次深放电或反复充、放电循环，使之在极板的深层也形成海绵状铅。

正极板上的活性物质是二氧化铅，在空气中是很稳定的。对于储存超过 2 年的干荷电铅蓄电池，因极板上有部分氧化，使用前应补充充电，充电 5～10 h 后再使用。由于这种电池使用方便，是理想的应急电源，已得到广泛使用。

目前，干荷电铅蓄电池均采用穿壁跨接式联条、整体塑料容器结构，图 1-13 所示为干式荷电铅蓄电池结构。

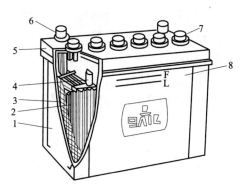

图 1-13　干荷电铅蓄电池结构
1—容器；2—隔板；3—极板；4—穿壁式联条；
5—整体盖；6—极柱；7—加液盖；
8—液面高度标线

干荷电蓄电池的使用。初次使用时，需将蓄电池加液盖旋开，疏通通气孔（有些采用蜡封口，有些采用封条贴封），加入标准相对密度为 1.26（15 ℃）的电解液到规定高度，记下相对密度和温度，将蓄电池静放 20 min，然后再测量电解液温度和相对密度，如温度上升不到 6 ℃、相对密度下降不到 0.01，蓄电池即可使用。若超过以上规定差值，则应照正常充电率对蓄电池再充电。

干荷电蓄电池除不必长时间初充电外，其使用与维护要求与普通蓄电池完全一致。

在下列情况下，请对干荷电蓄电池补充充电，并达到充足电状态。

（1）电解液注入后，超过 48 h 没使用的。

（2）由于发电机工作不良或车辆停放时间长或行驶行程过短等原因，造成蓄电池容量损失或充电不足（电解液相对密度低于 1.087）。

（3）蓄电池干态储存超过 1 年有效期。

2. 胶体电解质铅蓄电池

在胶体电解质蓄电池中，电解质用经过净化的硅酸钠溶液和硫酸水溶液混合后，凝结成稠厚的胶状物质，故而得名。

这种蓄电池的主要优点是电解质呈胶体状，不流动，无溅出，使用时只需加蒸馏水，不需要调整和测量相对密度值；使用、维护、保管、运输都比较安全和方便；同时，可保护极板活性物质不易脱落；寿命比一般铅蓄电池长 20% 以上。其缺点是内阻较大，起动容量较小，自放电程度较高。

3. 免维护蓄电池

免维护蓄电池是现代汽车上广泛使用的一种新型蓄电池，或称为 MF 蓄电池。这种新型蓄电池是 20 世纪 70 年代后期进入国际市场，并得到迅速发展。

免维护蓄电池的含义是，在汽车合理使用过程中无须加水，只要把电池装好就行，是名副其实的免维护。无论任何高温或低温天气都有足够的电力起动汽车，结构坚固耐用，保护装置多。市内短途车可行驶 800 000 km，长途货车可行驶 400 000 ~ 480 000 km，不需进行维护，可用 3.5 ~ 4 年不必加水，极桩基本没有腐蚀，自放电少，在车上或贮存时不需要进行补充充电，是一种先进的新型汽车电源。

1）免维护蓄电池的结构特点

图 1 - 14 所示免维护蓄电池的结构示意图，与普通铅蓄电池相比在构造与使用特性上具有很多特点。

（1）采用铅钙合金栅架。免维护蓄电池的结构特点主要是极板栅架采用铅钙或低锑合金制成。AC Delco 免维护蓄电池采用"小窗口"式铸造的铅钙栅架（不含锑），带有塑料底座。铸造的系条坚固，增强了正极板的抗震性，具有坚固、电功率高和防腐蚀等优越性。采用铅钙合金栅架，一是增强了栅架的支承强度；二是使蓄电池在充、放电过程中减少了析气量和耗水量，自放电也大大减少。

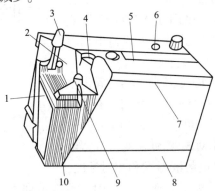

图 1 - 14　免维护铅蓄电池的构造

1—极板组；2—极板上部；3—压铸成型密封式极桩；4—安全通气装置；5—盖；6—内装液体密度计；
7—外壳与盖连接处；8—外壳；9—穿壁式单格电池连接条；10—袋式隔板

（2）采用袋式聚氯乙烯隔板。如图 1 - 15 所示，将正极板装入袋式聚氯乙烯微孔塑料隔板之中，避免活性物质脱落，并防止极板短路，因而壳体底部不需凸筋，降低了极板组的高度，增大了极板上部容积，使电解液储量增多，延长了补充充电期限。

（3）采用新型安全通气装置和气体收集器。如图 1 - 16 所示，这种新型安全通气装置，实际是在孔盖内部设置了一个氧化铝过滤器，它可以安全通风，既可避免蓄电池内的硫酸气排出与外部火花直接接触发生爆炸，又可借助通气装置中装有的催化剂钯，促使化学反应中产生的氢离子与氧离子再结合成水返回电解液。

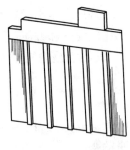

图 1 - 15　袋式隔板

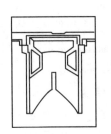

图 1 - 16　通气装置

气体收集器用以收集水蒸气和硫酸气。当水蒸气和硫酸气进入集气室后将其冷却变为液体再流回电解液。

有的生产厂家生产的免维护铅蓄电池通气装置使用一种消氢帽,其结构如图 1-17 所示。它是在蓄电池的防酸隔爆帽中增加了一个消氢装置,用铂、钯作催化剂,将电池内部产生的氢和氧重新化合成水,再流回电解液。消氢帽安装在免维护蓄电池盖的出气孔上。

这种通气装置可使蓄电池顶部和接线柱保持清洁,减少接线端头的腐蚀,保证接线牢固可靠。

(4) 内装液体密度计电眼。MF 蓄电池增设了一个内装式温度补偿型密度计电眼 (实际是一个检视装置)。通过这个装置,可以判断出所使用蓄电池的技术状况。

目前,采用全密封型免维护蓄电池的小轿车越来越多,由于这种蓄电池盖上没有设置加液孔,因此不能用密度计测量电解液的相对密度,为此在这种免维护蓄电池盖上设有一个结构如图 1-18 (a) 所示的蓄电池技术状态指示器 (电子眼) 来指示蓄电池的技术状况。

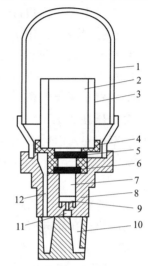

图 1-17 消氢帽

1—外罩; 2—铜球及分子筛; 3—刚玉筒;
4—瓷盘; 5—上滤气片; 6—下滤气片;
7—滤酸粒; 8—托盘; 9—塑料片;
10—回水盘; 11—进气孔; 12—回水管

蓄电池技术状态指示器又称为内装式密度计,由透明塑料管、底座和两个小球 (一个为红色、另一个为蓝色) 组成,借助螺纹安装在蓄电池盖上,两只颜色不同的小球安放在塑料管与底座之间的中心孔中,红色小球在上、蓝色小球在下。由于两个小球是由密度不同的材料制成,因此可随电解液密度变化而上下浮动。

蓄电池技术状态指示器是根据光学折射原理来反映蓄电池技术状态的。当蓄电池充电充足、电解液相对密度大于 1.22 时,两个小球向上浮动到极限位置,经过光线折射小球的颜色,从指示器顶部观察到的结果如图 1-18 (b) 所示,中心呈红色圆点周围呈蓝色圆环,表示蓄电技术状态良好。

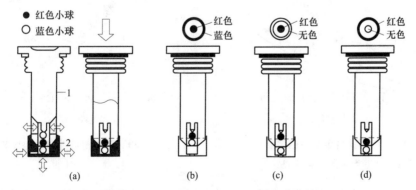

图 1-18 蓄电池技术状态指示器结构原理

(a) 指示器结构; (b) 存电充足; (c) 充电不足; (d) 电解液不足
1—透明塑料管; 2—指示器底座

当充电不足,电解液相对密度过低时,蓝色小球下移到极限位置,如图 1-18 (c) 所示,中心呈红色圆点,周围呈无色透明圆环,表示蓄电池充电不足,应及时补充充电。

当电解液液面过低,两个小球都下移到极限位置,如图 1-18 (d) 所示,中心呈无色透明圆点,周围呈红色圆环,表示电解液不足,蓄电池无法继续使用,应更换蓄电池。

(5) 单格电池间的连接条采用穿壁式贯通连接以减小内阻。

(6) 外壳为聚丙烯塑料热压而成的全密封外壳,工艺性好,重量轻。

2) 免维护蓄电池的优点

(1) 在整个使用过程中不需要添加蒸馏水。铅蓄电池在使用过程中,消耗水的途径一是水的蒸发(占 10% 左右),二是水的电解(占 90%),蓄电池析气导致电解液失水,在充电末期冒出大量气泡,失水更多。免维护蓄电池采用铅钙栅架,在对蓄电池充电时,单格电池电压在 2.15 V 之前不会冒出气泡,因此,水分蒸发少。实践证明,传统蓄电池每行车 1 000 km,消耗水 16~32 g,而免维护电池每行车 1 000 km 仅消耗水 1.6~3.2 g。图 1-19 所示为三种不同材料栅架制作的蓄电池在充电过程中电解液中水分的耗量程度的比较。

在相同的充电电压和温度条件下,铅钙合金栅架的蓄电池水的消耗最少。传统蓄电池采用含锑的栅架,在充电和加速大电流放电时,会产生大量的气泡,使电解液中水分蒸发,因此需经常添加蒸馏水。另外由于免维护蓄电池采用袋式隔板将极板完全包住,并且极板直接坐落在电池底部,可使电解液量比普通电池增加较多(不但储液量增加,而且耗水量减少,所以免维护电池在使用中无须加水)。

(2) 自放电少,寿命长。普通蓄电池,由于栅架含锑,在放电过程中,锑要从栅架内转移到正负极板的活性物质及电解液中,因而增加了自放电,缩短了使用寿命。免维护蓄电池由于极板栅架中无锑,因此,自放电大大减少,使用寿命延长,一般在 4 年左右。

图 1-20 所示为两种蓄电池自放电比较。

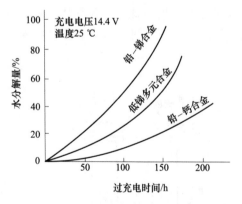

图 1-19　三种不同合金材料栅架制作的蓄电池的电解液损耗特性

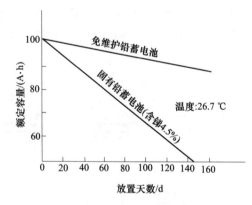

图 1-20　两种蓄电池自放电比较

(3) 接线柱腐蚀小。普通蓄电池中,由于析出的酸气聚集在顶部,不仅会腐蚀接线柱,还会在电极间形成短路。免维护蓄电池因有安全通气孔和气体收集器,电池中硫酸气不会排出,顶部干燥,极桩几乎无腐蚀。

(4) 耐过充电性能好。铅钙栅架的蓄电池具有较高的内阻,所以具有较强的耐过充电能力。图 1-20 所示为两种蓄电池耐过充电性能的比较。

从图可以看出，在相同的充电电压和温度条件下，普通蓄电池的过充电电流比免维护电池大得多。图1-21（a）中免维护蓄电池的过充电电流，在充满电时仅52 mA，接近于零；而普通电池都保持着1.1 A的充电电流。图1-21（b）中表现的差别更大，比较（a），（b）图可知，当温度从26.7 ℃提高到51.6 ℃时，普通电池的过充电电流增大了三倍，而免维护电池仅增大一倍多。

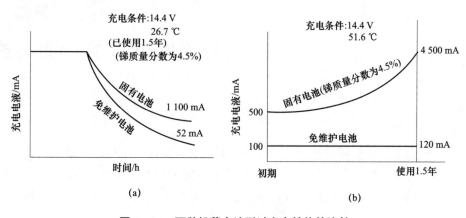

图1-21　两种铅蓄电池耐过充电性能的比较
（a）充电电流比较；（b）使用期间充电电流的变化比较

（5）起动性能好。免维护电池由于单格间采用穿壁式连接，缩短了电路的连接长度，放电电压可提高0.15~0.4 V，因此有较好的起动性能。此外，还具有低温起动功率大、耐热和抗震性能好等优点。

使用万用表检查蓄电池电压实例

1-5 使用万用表检查蓄电池电压　　　　　7S 管理内容和作用

学习情境二
交流发电机的检测与维护

为了完成交流发电机的检测与维护任务，必须掌握交流发电机的构造、主要部件的作用及工作原理；交流发电机的拆装方法；交流发电机的整机检测及解体后主要部件的检测方法；了解发电机充电指示灯的作用及控制方法；掌握交流发电机常见故障的诊断及排除方法等知识。

售后服务经理接到客户有关发动机起动后充电指示灯仍亮，或有时打开点火开关，充电指示灯不亮的维修的任务，安排给学员检修发电机的任务，要求检查发电机各零部件的破损程度，确定是否可再用。如可再用，进行组装、试验并排除可能出现的故障。制定学习和维修计划，完成此任务。零部件检修的相关信息要告知经理，得到经理的确认后，提交一份分析报告并归档。

单元一　交流发电机的基本知识

　　汽车上虽然装有蓄电池，但它存储的电能非常有限。比如起动发动机时，起动机要消耗蓄电池大量电能，若不及时对其进行补充充电，就不能满足汽车上不断增多的用电设备的需求，也就很难保证汽车的频繁起动与正常运行。所以可以说发电机是汽车电气系统的主要电源。发电机的作用是将发动机的部分机械能转变成电能，向除起动机以外的所有用电设备供电，并及时对蓄电池进行补充充电。

　　长期以来，汽车上采用的是直流发电机，由于靠整流子换向的直流发电机已不能适应现代汽车的要求，而逐渐被交流发电机所取代。交流发电机的采用，是汽车电器的一大突破。自20世纪50年代开始使用，当今世界发达国家均已在汽车上普遍采用硅整流交流发电机，我国也从70年代开始使用，并已迅速普及。所以本书不再叙述直流发电机及其调节器。

　　交流发电机与直流发电机相比，在结构方面带有根本性差别的是用硅二极管的固体换向器取代了机械整流器，这就是交流发电机优于直流发电机的主要原因之一。因此，现代汽车都使用硅整流发电机。

一、交流发电机概述

1. 汽车上两种电源作用的区分

（1）蓄电池的主要作用：起动发动机以及在发动机不工作时充当备用电源。

（2）发电机的作用：在发动机正常工作时，向全车用电设备供电，同时发电机还要向蓄电池进行补充充电。

汽车上所用的交流发电机大多为三相交流发电机，主要由三相同步交流发电机和硅二极管整流器组成，所以又称为硅整流发电机，简称交流发电机。

交流发电机，按调节器是否单独安装可分为两大类：一类是调节器单独安装，称为普通硅整流发电机；另一类是调节器安装在发电机内部，称为整体式硅整流发电机。

2. 交流发电机的构造

交流发电机在汽车上的安装位置如图 2-1 所示。汽车交流发电机，其结构基本相同，主要由转子、定子、整流器、前端盖、后端盖、带轮及风扇等组成。图 2-2 所示为交流发电机的整体结构，图 2-3 所示为 JF132 型交流发电机的解体图。

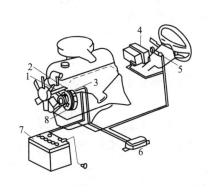

图 2-1 交流发电机在汽车上的安装位置
1—V 带；2—调整臂；3—发电机；4—仪表盘；
5—点火开关；6—调节器；7—蓄电池；8—支架

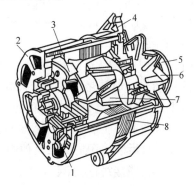

图 2-2 交流发电机的整体结构
1—电刷及电压调节器；2—后端盖；3—元件板总成；
4—前端盖；5—带轮；6—风扇；7—转子；8—定子

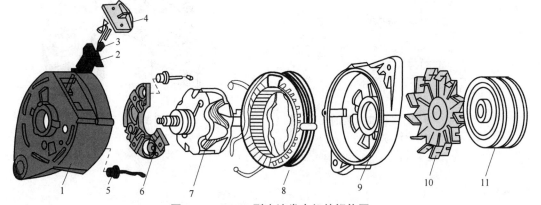

图 2-3 JF132 型交流发电机的解体图
1—后端盖；2—电刷架；3—电刷；4—电刷弹簧压盖；5—硅二极管；6—元件板；
7—转子；8—定子；9—前端盖；10—风扇；11—带轮

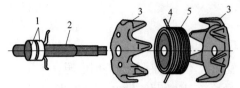

图2-4 交流发电机的转子

1—集电环；2—轴；3—爪极；4—磁轭；5—磁轭绕组

1）转子

交流发电机的转子是用来建立磁场的，主要由两块爪极、励磁绕组、轴和集电环等组成，如图2-4所示。两块爪极压装在转子轴上，在两块爪极的内部装有导磁用的铁芯，其上绕有励磁绕组。励磁绕组的两端引线分别焊在彼此绝缘的两个集电环上（与轴绝缘）。两个集电环与装在后端盖上的两个电刷相接触。这两个电刷引出的接线柱即为发电机的"F"（"磁场"）接线柱和"－"（"E"或"搭铁"）接线柱。当发电机工作，两个电刷与直流电源接通时，便有电流通过励磁绕组（该电流称为发电机的励磁电流），在励磁绕组中产生磁场，使两块爪极被磁化为N极和S极，从而形成相互交错的N、S磁极，磁极的对数一般为四至八对，国产交流发电机的磁极对数多为六对。

2）定子

定子，又叫作电枢，用来产生交流电动势，由铁芯和三相绕组组成。定子铁芯由相互绝缘的内圆带槽的环状硅钢片叠成，定子槽内置有三相对称绕组，三相绕组的连接方法有星形连接和三角形连接，目前大多数汽车用的交流发电机采用星形连接。

3）整流器

（1）作用：是将三相绕组中产生的三相交流电转换为直流电。

（2）结构：通常是由6个硅整流二极管组成的三相桥式整流电路。

图2-5所示为硅整流二极管的安装。

（3）元件板：元件板又称散热板，用铝合金制成月牙形，如图2-6所示。

元件板与后端盖用尼龙或其他绝缘材料制成的垫片隔开，并用螺栓通至后端盖外部，作为发电机的火线接线柱"B"（"＋"、"A"或"电枢"接线柱）。元件板上压装3个硅整流二极正极管。

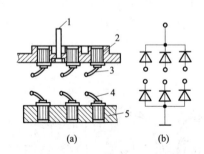

图2-5 硅整流二极管的安装

1—火线接线柱；2—元件板；3—正极管子；
4—负极管子；5—后端盖

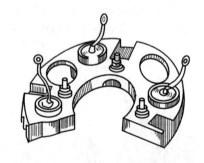

图2-6 元件板

4）硅整流二极管

交流发电机的整流器，通常由6个硅二极管组成。二极管的内部结构、外形和表示符号如图2-7所示。其引线和外壳分别是它的2个电极。二极管的正向电阻应在8~10 Ω，反向电阻应大于1 000 Ω。

目前国内外采用的交流发电机多为负极搭铁。压装在后端盖上的3个硅二极管，其引线为二极管的负极，外壳为正极，俗称负极管或反烧管，管壳底上打有黑色标记；压装在元件板上的3个硅二极管，其引线为二极管的正极，外壳为负极，俗称正极管或正烧管，管壳底上打有红色标记。

硅二极管的型号、技术参数见表2-1。硅二极整流管的外形尺寸及安装孔径见表2-2。正负二极管的区分见表2-3。

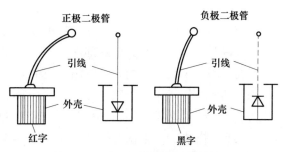

图2-7 硅二极管的外形及符号

表2-1 国产汽车用硅二极管的主要技术参数

二极管型号	额定正向平均电流/A	五分钟过载倍数/%	反向不重复峰值电压/V	反向不重复平均电流/mA	通态平均电压降/V	额定结温/℃	额定温升/℃
QZ10	10	125	≥200	≤2	≤0.6	150	75
QZ15	15	125	≥200	≤3	≤0.6	150	75
QZ20	20	125	≥200	≤4	≤0.6	150	75
QZ30	30	125	≥200	≤5	≤0.6	150	75
QZ50	50	125	≥200	≤6	≤0.6	150	75

注：Z表示整流用；Q表示汽车用；数字表示在规定条件下额定正向电流的平均值（A）。

表2-2 汽车用硅二极管的外形尺寸及配合安装孔径　　mm

二极管型号	外形尺寸				相应配合安装孔径
	直径	管高	总高	压线头孔径	
QZ10 QZ15 QZ20	13 + 0.08 ~ 0.15	8	19	4.2	13 + 0.027
QZ30 QZ50	19 + 0.1 ~ 0.18	14	35	5.1	19 + 0.033

表2-3 正负二极管的区分

类型	引线	外壳	颜色	安装位置
正二极管（子）	二极管的正极	二极管的负极	管底涂有红色	3个正二极管的外壳与元件板接在一起成为发电机的正极，用螺栓引至后端盖外部作为发电机的火线接线柱，标记为"B"（"A"、"+"、或"电枢"）。
负二极管（子）	二极管的负极	二极管的正极	管底涂有黑色	3个负二极管的外壳与发电机的后端盖接在一起成为发电机的负极。元件板必须与后端盖绝缘，并固定在后端盖上，为维修方便，有些车型的发电机将3个负二极管压装在另一个元件板上。

5）前端盖、后端盖

前端盖和后端盖是由非导磁材料铝合金制成的，漏磁少，并具有轻便、散热性能好等优点。作用是安装轴承和其他零部件，支承转轴，封闭内部构件。

在后端盖上装有电刷架和电刷，两个电刷分别装在电刷架的孔内，借助弹簧压力与集电环保持接触，用于引入激磁电流。一个电刷引出线接到发电机后端盖上的磁场接线柱（标记为"F"或"磁场"）上；另一个接搭铁电刷的引线，用螺钉固定在后端盖上（标记为"－"或"搭铁"）。电刷的标准高度应是 14 mm，磨损极限为 7 mm。交流发电机的电刷架有两种结构形式，如图 2－8 所示。

外装式：电刷架可以直接从发电机的外部进行拆装。

内装式：电刷架不可以从发电机的外部进行拆装。

交流发电机的搭铁形式分为如图 2－9 所示。

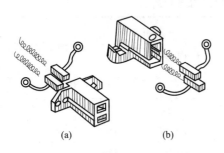

图 2－8　电刷架的结构形式

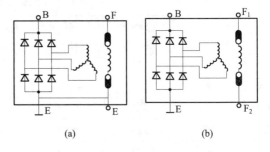

图 2－9　交流发电机的搭铁形式

（a）内搭铁式；（b）外搭铁式

内搭铁：交流发电机励磁绕组的两端通过电刷分别引至发电机后端盖上的接线柱，称为"F"（或"磁场"）和"E"（或"搭铁"）接线柱，即励磁绕组的一端在发电机的外壳上直接搭铁。

外搭铁：交流发电机励磁绕组的两端引至后端盖上的接线柱分别称为"F_1"和"F_2"接线柱，两个接线柱均与发电机的后端盖绝缘，励磁绕组需经调节器搭铁。

6）带轮及风扇

交流发电机的前端装有带轮，由发动机通过风扇传动带驱动发电机旋转。在带轮的后面装有叶片式风扇，前后端盖上分别有出风口和进风口。当发动机带动发电机高速旋转时，可使空气流经发电机内部，对发电机进行冷却，图 2－10（a）所示为奥迪轿车所用的发电机。对于一些高档轿车，其发电机的功率大、体积小，为了提高散热强度，一般装有两个风扇，且将风扇叶直接焊在转子上，图 2－10（b）所示为丰田轿车所用的发电机。

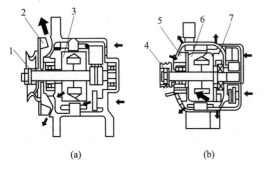

图 2－10　交流发电机的通风

（a）单风扇式；（b）双风扇式

1，4—带轮；2，5，7—风扇；3，6—转子

7）交流发电机的型号规格

交流发电机的型号规定如下：根据我国汽车行业标准 QC/T 73—1993《汽车电气设备产

品型号编制方法》的规定,汽车交流发电机的型号组成如下所示。

1—产品代号,交流发电机的产品代号有 JF、JFZ、JFB、JFW 四种,分别表示交流发电机、整体式交流发电机、带泵式交流发电机和无刷式交流发电机。

2—电压等级代号,用 1 位阿拉伯数字表示,见表 2-4。

3—电流等级代号,用 1 位阿拉伯数字表示,见表 2-5。

4—设计序号,按产品的先后顺序,用阿拉伯数字表示。

5—变形代号,交流发电机是以调整臂的位置作为变形代号。从驱动端看,Y 表示调整臂位于右边;Z 表示调整臂位于左边;调整臂在中间时不加标记。例如,桑塔纳、奥迪 100 型轿车所用的交流发电机代号为 JFZ1913Z 型,其含义为:电压等级为 12 V、输出电流大于 90 A、第 13 代设计,调整臂位于左边的整体式交流发电机。

表 2-4 电压等级代号

电压等级代号	1	2	3	4	5	6
电压等级/V	12	24	—	—	—	6

表 2-5 电流等级代号

产品名称 \ 电流等级/A	1	2	3	4	5	6	7	8	9
普通交流发电机	~19	≥20~29	≥30~39	≥40~49	≥50~59	≥60~69	≥70~79	≥80~89	≥90
整体式交流发电机									
带泵交流发电机									
无刷交流发电机									
永磁式交流发电机									

二、交流发电机的工作原理

1. 发电原理

直流发电机的工作原理是使线圈在磁场中转动,线圈的工作边不断切割磁力线而发电;反过来,如果使磁场旋转,而将线圈固定在其周围,同样也能发电。交流发电机就是把通电线圈所产生的磁场在发电机中旋转,使其磁力线切割定子线圈,在线圈内产生交变电动势。

2-1 发电机的工作原理

交流发电机产生交流电的基本原理仍然是电磁感应原理。交流发电机工作原理图如图 2-11 所示。

若转子不停地旋转,则感应电动势和负载中电流的方向和大小将随时间做周期性变化,于是就产生交变电动势和交变电流。由于磁感应强度的分布近似于正弦规律,使交流电也按正弦规律变化,这就是所谓的正弦交流电,它是一般交流电的基本波形。

实际使用的交流发电机是三相同步交流发电机,即是指转子的转速与旋转磁场的转速相同(同步转速)的三相交流发电机。图 2-12 所示为三相同步交流发电机的工作原理图。

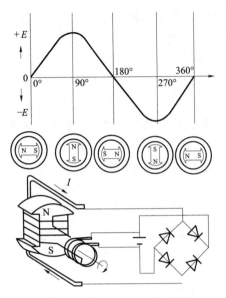

图 2-11 交流发电机工作原理图

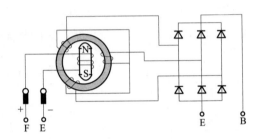

图 2-12 三相同步交流发电机的工作原理图

当转子旋转时,磁力线和定子绕组之间产生相对运动,在三相绕组中产生交变电动势,其频率为

$$f = \frac{p \cdot n}{60} \text{（Hz）}$$

式中　p——磁极对数;

　　　n——发电机转速(r/min)。

在汽车用交流发电机中,由于转子磁极呈鸟嘴形,其磁场的分布近似正弦规律,所以交流电动势也近似于正弦波形。三相绕组在定子槽中是对称绕制的,产生的三相电动势也是对称的,所以在三相绕组中产生频率相同、幅值相等、相位互差 $120°\left(\text{弧度为}\frac{2}{3}\pi\right)$ 电角度的正弦电动势 e_A、e_B 和 e_C。

三相绕组中电动势的瞬时值方程式为

$$e_A = \sqrt{2}E_m \sin\omega t$$

$$e_B = \sqrt{2}E_\varphi \sin\left(\omega t - \frac{2}{3}\pi\right)$$

式中　E_φ——每相绕组电动势的有效值;

　　　ω——电角速度 $\left(\omega = 2\pi f = 2\pi \dfrac{p \cdot n}{60}\right)$;

　　　t——时间(s)。

同理可得 U_A,U_B,U_C 和 I_A,I_B,I_C。

发电机每相绕组中所产生的电动势的有效值为

$$E_\varphi = 4.44 K f N \Phi \text{（V）}$$

式中 K——绕组系数（交流发电机采用整距集中绕组，$K=1$）；
　　　f——感应电动势的频率（Hz）；
　　　N——每相绕组的匝数；
　　　Φ——每极磁通（Wb）。

对定型发电机而言，上式中的 K，p，N 均为定值，以发电机常数 C 代替，这样就简化为
$$E_\varphi = Cn\Phi$$

交流发电机定子绕组内感应电动势的大小与每相绕组串联的匝数以及感应电动势的频率成正比，即定子绕组的匝数越多，转子转速越高，则绕组内感应电动势也越高。

2. 整流原理

定子绕组中所感应出的交流电，要靠硅二极管组成的整流器改变为直流电。硅二极管具有单向导电性。当给二极管加上正向电压（正电位高于负电位）时导通，即呈现低电阻状态；当给二极管加一反向电压（正极电位低于负极电位）时截止，即呈现高电阻状态。利用硅二极管的这种单向导电的特性就可把交流电变为直流电。

三相桥式全波整流电路的整流原理如图 2-13 所示。

（1）元件板上三个正极管子 D_1、D_3、D_5 的正极分别接在发电机三相绕组的首端 A、B、C。D_1、D_3、D_5 分别在三相交流电正半周期内导通，且哪相电压最高，则接该相绕组的正极管子导通。

（2）后端盖上三个负二极管子 D_2、D_4、D_6 的负极分别接发电机三相绕组 A、B、C。D_2、D_4、D_6 分别在三相交流电负半周期内导通，且哪相电压最低，则接该相绕组的负极管子导通。

（3）同时导通的管子有两个，即正、负管子各一个。同时导通的两个管子总是将发电机的线电压加在负载 R 两端。

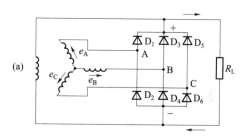

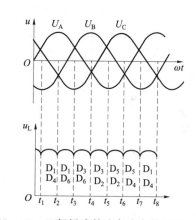

根据以上原则，其整流过程如下：

在 $t=0$ 时，U_C 最高，U_B 最低，则 D_5、D_4 导通，R 两端电压为 U_{CB}。

在 $t_1 \sim t_2$ 时间内，U_A 最高，U_B 最低，则 D_1、D_4 导通，R 两端电压为 U_{AB}。

在 $t_2 \sim t_3$ 时间内，U_A 最高，U_C 最低，则 D_1、D_6 导通，R 两端电压为 U_{AC}。

在 $t_3 \sim t_4$ 时间内，U_B 最高，U_C 最低，则 D_3、D_6 导通，R 两端电压为 U_{BC}。

图 2-13　三相桥式整流电路中的电压、电流波形
（a）电路；（b），（c）波形

依次下去，周而复始，就在负载两端得到一个比较平稳的脉动直流电压，一个周期内有 6 个纹波。

综上所述，可以得出以下结论。

①三相桥式全波整流电路能将三相交流电变成较平稳的直流电，整流效率高，质量好。

②经整流后的直流电压即是硅整流发电机的直流输出电压，数值为三相交流线电压的 1.35 倍，即

$$U = 1.35 U_L = 2.34 U\varphi$$

式中 U_L——线电压的有效值；

$U\varphi$——相电压的有效值，且

$$U_L = \sqrt{3} U\varphi$$

③每个二极管在一个周期内只导通 1/3 的时间，所以流过每只二极管的平均电流 I_D 只为负载电流 I 的 1/3，即

$$I_D = \frac{1}{3} I$$

④每只二极管所承受的最高反向电压 u_{DRM} 为线电压的最大值，即

$$u_{DRM} = \sqrt{2} U_L = \sqrt{2} \times \sqrt{3} U\varphi$$
$$= 2.54 U\varphi = 1.05 U$$

⑤对中性点接柱"N"而言，其中性点直流电压 U_N 为三相半波整流电压值，也就是直流输出电压值一半，即

$$U_N = \frac{1}{2} U$$

带有中心抽头的交流发电机如图 2-14 所示。中点电压一般用来控制各种用途的继电器，如磁场继电器、充电指示灯继电器等。

3. 励磁方法

在发电机开始发电时采用他励方式，即由蓄电池为励磁绕组提供励磁电流，以增强磁场，使发电机在低速转动时电压能够迅速上升，从而实现发动机怠速时发电机便可向蓄电池充电。发电机向蓄电池充电时，励磁方法由他励方式变为自励方式，即励磁电流由发电机自己提供。简单地说，交流发电机的励磁方法是：先他励、后自励。

下面借助九管交流发电机说明励磁方法，九管交流发电机的原理图如图 2-15 所示。

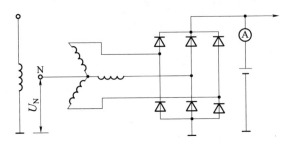

图 2-14 带有中心抽头的交流发电机

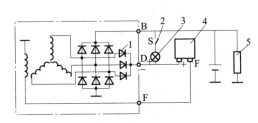

图 2-15 九管交流发电机的原理图
1—励磁二极管；2—点火开关S；3—充电指示灯；
4—调节器；5—负载

(1) 当点火开关 S 接通时，励磁电路如下（他励）：

蓄电池正极→点火开关S→充电指示灯→调节器→发电机励磁绕组→搭铁。这时充电指示灯亮，表示蓄电池放电。

(2) 当发动机起动，发电机电压高于蓄电池电压时，由于"D+"与"B"两点电位相等，因此充电指示灯因两端电位相等而熄灭，表示发电机正常发电。一方面，由发电机的火线接线柱"B"向全车供电及

2-2 充电警告灯电路原理

向蓄电池充电;另一方面通过"D+"为发电机的励磁绕组提供励磁电流(自励)。励磁电路如下:

"D+"→调节器→发电机励磁绕组→搭铁。

(3) 当发动机熄火时,充电指示灯亮,说明蓄电池在放电,提醒驾驶员关闭点火开关S;当车辆运行时,充电指示灯亮,说明充电系统有故障,提醒驾驶员应及时维修。

三、交流发电机的特性

汽车用硅整流交流发电机的工作特点是传动比大,转速变化范围大。对于一般汽油发动机来说,其转速比为1:8,对柴油机来说为1:5。因此汽车用硅整流交流发电机的特性必须以转速的变化为基础进而分析各有关量的变化。

交流发电机的特性有输出特性、空载特性和外特性,其中以输出特性最为重要。

1. 输出特性

交流发电机的输出特性又称负载或输出电流特性。它是指发电机向负载供电时,保持发电机输出电压恒定(对12 V的发电机规定为14 V,对24 V的发电机规定为28 V),即u为常数的情况下,发电机的输出电流与转速之间的关系,即$I=f(n)$的函数关系。

交流发电机的输出特性,可用图2-16所示的试验电路求得。首先闭合开关S_1和S_2,再起动动力装置。在发电机电压达到充电电压时断开S_2,发电机开始自激。调节转速使发电机电压达到额定值,记录下此时的转速值(图2-17中的n_1)。通常n_1为空载转速。接着调节负载R为最大,合上开关S_3,使发电机向负载供电。逐渐减小负载电阻R,增大电流,同时不断提高转速使发电机电压保持在额定值。就这样,将各测试点的电流I与所对应的转速n记录下来,在坐标纸上画出曲线。图2-17所示为交流发电机的输出特性曲线。

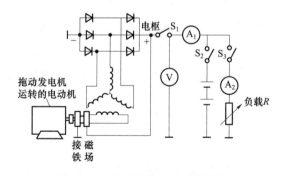

图2-16 交流发电机实验接线图

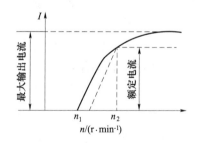

图2-17 输出特性

从交流发电机的输出特性曲线$I=f(n)$可以看出:

(1) 发电机的转速很低时,其端电压低于额定电压,此时发电机不能向外供电;当转速达到空载转速n_1时,电压达到额定值;当转速高于空载转速n_1时,发电机才有能力在额定电压下向外供电。所以空载转速值n_1常用作选择发电机与发动机速比的主要依据。

(2) 当转速超过n_1时,发电机输出电流I将随着转速n的升高和电阻R的减小而增大;当转速等于n_2时,发电机输出额定功率(即额定电流与额定电压之积),故将转速n_2称为满载转速。

空载转速和满载转速是交流发电机的主要性能指标，在产品说明书中均有规定。在使用中，应定期测得这两个数据，与规定值相比较，即可判断发电机性能是否良好。

（3）当发电机转速达到一定值时，发电机的输出电流就不再随转速的升高和负载电阻 R 的减小而增大。这时的电流值称为发电机的最大输出电流或限流值。这个性能表明，交流发电机具有自动限制电流的自我保护能力。交流发电机的最大输出电流约为额定电流的 1.5 倍。

交流发电机之所以能自我限制电流，可作如下的定性分析。

① 定子绕组具有一定的阻抗 Z，它对通过定子绕组的交流电流起着阻碍作用。

阻抗 Z 是由绕组的电阻 R 和感抗 X_L 合成的，即

$$Z = \sqrt{R^2 + X_L^2} \quad X_L = \omega L$$

式中　ω——角速度，$\omega = 2\pi f$（f 为频率：$f = \dfrac{pn}{60}$）；

L——单相定子绕组的电感。

由上式可知，感抗 X_L 与转速 n 成正比，高速时，由于绕组电阻，与感抗 X_L 相比可以忽略不计，因此可以认为定子绕组的阻抗 Z 与转速 n 成正比。

于是，转速越高，感抗 X_L 越大，即阻抗 Z 越大，阻碍交流电流的能力越强，可产生较大的内部电压降。

② 定子电流增加时，电枢反应增强，感应电动势也会下降。

所谓电枢反应是指在发电机内部除磁极磁场外，还有电枢电流产生的磁场，即存在磁极磁场和电枢磁场。电枢磁场对磁极磁场的影响称作电枢反应。在交流发电机中，爪极转子是旋转的磁场，定子是电枢，可产生电枢磁场。

综上所述，当发电机转速升高到使负载电流增加到一定数值后，如再提高转速，尽管定子绕组中的感应电动势增加，但因定子绕组的阻抗增大，内部电压降增大，再加上电枢反应引起的感应电动势下降，两者共同作用的结果就使发电机的输出电流不再增加。因而交流发电机具有自身限制输出电流的作用。其限制电流值的大小与定子绕组的电感 L 有关，也就是与定子绕组的匝数等有关。

因此采用交流发电机，可以不另加电流限制器，即具有自身限制电流的保护能力。

2. 空载特性

空载特性是指发电机空载时，发电机的端电压与转速之间的关系，即 $I=0$ 时，$U=f(n)$ 的函数关系，如图 2-18 所示。

从曲线可以看出，随着转速的升高，端电压上升较快，由他激转入自激发电时，即能向铅蓄电池进行补充充电，进一步证实了低速充电性能好的优点。因此，空载特性是判定硅整流发电机充电性能是否良好的重要依据。

3. 外特性

外特性是指转速一定时，发电机的端电压与输出电流的关系。即 n 为常数时，$u=f(I)$ 的函数关系。经不同恒定转速的试验后，可输出一组相似外特性曲线，如图 2-19 所示。

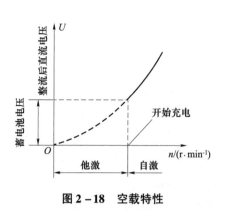
图 2-18 空载特性

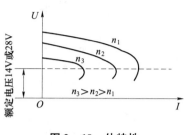
图 2-19 外特性

发电机的转速越高,端电压越高,输出电流也越大。转速对电压的影响较大,当保持在任一转速时,端电压均随输出电流的增大而相应下降。由于端电压受转速和负载变化的影响,交流发电机必须配用电压调节器才能保持电压的恒定。否则,当发电机在高速运转时,若突然失去负载,其电压会突然升高,这时发电机中的二极管以及调节器内的电子元件将有被击穿的危险。

四、新型交流发电机

随着汽车交流发电机技术的发展与进步,各汽车生产大国相继开发出了结构先进、性能优良的新型交流发电机。目前汽车装备的主要有八管交流发电机（如夏利轿车发电机）、九管交流发电机（如斯太尔汽车发电机）、十一管交流发电机（如奥迪、桑塔纳轿车发电机）和无刷交流发电机（如东风 EQ2102，EQ1108，EQ1141 型汽车发电机），这些发电机一般都制作成整体式结构。下面介绍其结构特点和工作原理。

1. 八管交流发电机

有的交流发电机除具有组成三相桥式整流电路的 6 个二极管外,还具有 2 个中性点二极管,其接线柱的记号为"N"。中性点对发电机外壳（即搭铁）之间的电压 U_N 是通过 3 个负极管三相半波整流得到的直流电压,所以 $U_N = (1/2)U$。中性点电压一般用来控制各种继电器如磁场继电器、充电指示灯继电器等。

有的交流发电机还利用中性点的输出提高发电机的输出功率。例如天津夏利 TJ7100，TJ7130 型轿车用 JFZ1542 型 14 V 45 A 交流发电机。连接在发电机中性点"N"与输出端"B"以及与搭铁端"E"之间的 2 个整流二极管,称为中性点二极管,如图 2-20 中 VD_7、VD_8 所示。提高输出功率的原理如下。

发电机高速时,当中性点电压的瞬时值高于输出电压（平均电压 14 V）时,从中性点输出的电流见图 2-20（a）,其输出电路为:定子绕组→中性点二极管→VD_7→负载（包括蓄电池）→负极管→定子绕组。当中性点电压瞬时值低于搭铁电位时,流过中性点二极管 VD_8 的电流见图 2-20（b）,其输出电路为:定子绕组→正极管→接线柱 B→负载（包括蓄电池）→中性点二极管 VD_8→定子绕组。

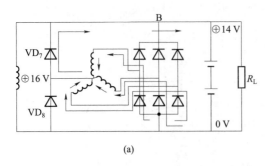 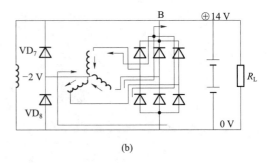

图 2-20 中性点二极管的电流流径

(a) 当中性点电压的瞬时值高于输出电压时；(b) 当中性点电压瞬时值低于搭铁电位时

由此可见，只要在中性点处连接 2 个整流二极管，就可利用中性点输出的交流电压来增加交流发电机的输出电流，如图 2-21 所示。试验表明，在不改动交流发电机结构的情况下，加装 2 个整流二极管后，当发电机中高速运转（发电机转速超过 2 000 r/min，发动机转速超过 800 r/min）时，其输出功率与额定功率相比就可增大 11% ~ 15%。

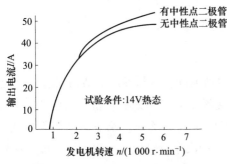

图 2-21 交流发电机输出电流比较

当交流发电机输出电流时，中性点不仅具有直流电压，而且还含有交流成分，即中性点具有三次谐波电压，且幅值随发电机的转速而变化。

当交流发电机空载时，由于鸟嘴形磁极使磁场分布近似为正弦曲线，从而使三相感应电动势的波形接近于正弦波。当发电机正常工作有电流输出时，由于电枢反应（定子绕组输出电流产生的磁场对磁场电流产生的磁场的影响称为电枢反应）的强弱、漏磁、铁磁物质的磁饱和以及整流二极管的非线性特性等因素，将会导致交流发电机内的磁通分布变为非正弦分布，从而造成交流发电机感应电动势和输出电压的波形产生畸变，相电压的实际波形如图 2-22（a）所示。利用数学方法分析证明，输出电压畸变的波形可以认为是由图 2-22（b）所示的正弦基波和图 2-22（c）所示的三次谐波（波形频率为基本频率 3 倍的波）叠加而成的。

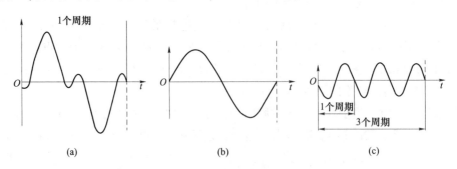

图 2-22 发电机输出电流时的畸变波形

(a) 相电压畸变波形；(b) 相电压基波；(c) 三次谐波波形

如果将交流发电机三相绕组输出电压波形进行分解，就可得到如图 2-23 所示的三相电压的基波电压和三次谐波电压波形。由图可见，尽管三相电压的基波相位差为 120°电角度，然而各相的三次谐波之间的相位却是相同的（即相位差为 0）。

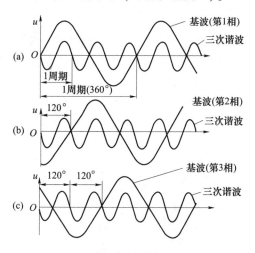

图 2-23　各相绕组基波与三次谐波
(a) 第 1 相波形；(b) 第 2 相波形；(c) 第 3 相波形

当三相绕组采用 Y 形连接时，因为线电压（输出电压）是两相电压之差，而三次谐波电压大小相等、相位相同，可以互相抵消，所以发电机对外输出的电压反映不出三次谐波电压。但相电压可以反映出三次谐波电压，且该三次谐波电压的幅度随发电机转速升高而升高，如图 2-24 所示。可见，交流发电机中性点电压是由三相正弦基波电压整流得到的直流电压 U_N 和三次谐波电压（交流电压）U_N 叠加而成的。

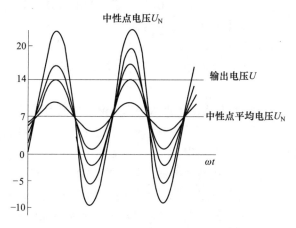

图 2-24　不同转速时中性点电压波形

当发电机转速升高到一定程度（超过 2 000 r/min）时，交流电压的最高瞬时值有可能超过发电机的直流输出电压 U，最低瞬时值则可能低于搭铁端电压（0 V），如图 2-24 所示。如果在中性点与发电机输出端"B"以及与搭铁端"E"之间分别连接 1 个整流二极管，那么当交流电压高于发电机输出电压 U 或低于 0 V 时就可向外输出。

2. 九管交流发电机

1) 九管交流发电机结构特点

普通交流发电机的基础上增设 3 个小功率二极管 VD_7、VD_8、VD_9，并与 3 个负极管 VD_2、VD_4、VD_6 组成三相桥式整流电路来专门供给磁场电流的发电机，称为九管交流发电机，所增设的 3 个小功率二极管称为磁场二极管。九管交流发电机不仅可以通过控制充电指示灯来指示蓄电池充电情况，而且能够指示充电系统是否发生故障。九管交流发电机充电系统电路如图 2-25 所示。

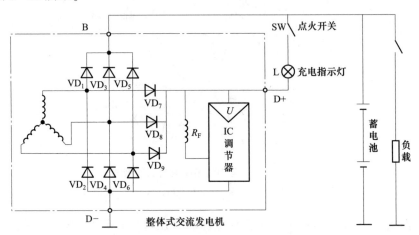

图 2-25　九管交流发电机充电系统电路

当发电机工作时，定子绕组产生的三相交流电动势经 6 个整流二极管 $VD_1 \sim VD_6$ 组成的三相桥式全波整流电路整流后，输出直流电压 U_B 向负载供电并向蓄电池充电。发电机的磁场电流则由 3 个磁场二极管 VD_7、VD_8、VD_9 与 3 个负极管 VD_2、VD_4、VD_6 组成的三相桥式全波整流电路整流后输出的直流电压 U_{D+} 供给。

2) 充电指示灯工作情况

九管交流发电机不仅可以通过控制充电指示灯来指示蓄电池充电情况，而且能够指示充电系统是否发生故障。

接通点火开关 SW，蓄电池电流便经点火开关 SW→充电指示灯→发电机 "D+" 端子→磁场绕组 R_F→调节器内部大功率三极管→搭铁→蓄电池负极构成回路。此时充电指示灯发亮，指示磁场电流接通并由蓄电池供电。

当发动机起动后，随着发电机转速升高，发电机 "D+" 端电压随之升高，充电指示灯两端的电位差降低，指示灯亮度变暗。当发电机电压升高到蓄电池端电压时，发电机 "B-" 端与 "D+" 端电位相等，充电指示灯两端电位差降低到零而熄灭，指示发电机已正常发电，磁场电流由发电机自己供给。

当发电机高速运转、充电系统发生故障而导致发电机不发电时，因为 "D+" 端无电压输出，所以充电指示灯两端电位差增大而发亮，警告驾驶员及时排除故障。

3. 十一管交流发电机

整流器总成是具有 3 个正极管 VD_1、VD_3、VD_5，3 个负极管 VD_2、VD_4、VD_6，3 个磁场二极管 VD_7、VD_8、VD_9 和 2 个中性点二极管 VD_{10}、VD_{11} 的交流发电机，称为十一管交流发

电机。桑塔纳、捷达轿车用 JFZ1913Z 型 14V90A 发电机和东风 EQ2102 型越野汽车用 JFW2621 型 28 V 45 A 整体式无刷发电机均为十一管交流发电机。

十一管交流发电机充电系统电路如图 2-26 所示，这种发电机不仅具有八管交流发电机提高输出功率的功用，而且具有九管交流发电机反映充电系统工作情况的功用，作用原理前面已述及，故不赘述。

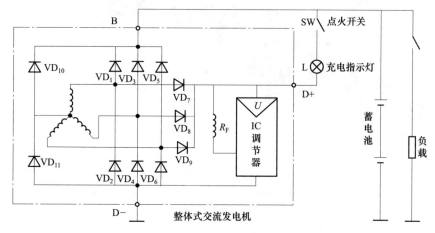

图 2-26　十一管交流发电机充电系统电路

4. 爪极式无刷交流发电机

上述几种交流发电机的磁场绕组都随转子轴旋转，因此必须采用电刷和集电环（滑环）才能将磁场电流引入磁场绕组。长期使用时，由于集电环与电刷会发生磨损或接触不良，故会造成磁场电流不稳或发电机不发电等故障。对于使用环境条件恶劣的汽车，特别是载货汽车和越野汽车，为了保证发电机可靠运行和减少维修工作，20 世纪 80 年代以来，国内外都在致力于开发研制结构新颖、性能优良、维修方便的无刷交流发电机，其显著特点是发电机内部没有电刷和集电环。

汽车用无刷交流发电机分为爪极式无刷交流发电机和感应子式无刷交流发电机两类。目前大多数采用爪极式无刷交流发电机。如东风 EQ2102 型越野汽车、部分东风 EQ1090 型和跃进 NJ1041、NJ1061 型载货汽车都已配装爪极式无刷交流发电机。

1）爪极式无刷交流发电机结构特点

爪极式无刷交流发电机的结构与前述有刷交流发电机基本相同，图 2-27 所示为国产 JFW14 系列无刷交流发电机的外形及零部件组成图，其显著特点是磁场绕组不随转子轴转动，因此磁场绕组两端引线可直接从发电机内部引出，从而省去集电环和电刷并形成无刷结构，而爪极在磁场绕组的外围旋转。

爪极式无刷交流发电机的结构原理和磁路如图 2-28 所示，磁场绕组 2 通过一个磁扼托架 1 固定在后端盖 4 上。两个爪极中只有一个爪极 8 直接固定在发电机转子轴上，另一爪极 3 的固定方法有两种，一种是用非导磁材料焊接（如铜焊焊接）固定在爪极 8 上；另一种是用非导磁连接环固定在爪极 8 上。当驱动带轮带动转子轴旋转时，一个爪极就带动另一爪极在定子内一起转动。在爪极 3 的轴向制有一个大圆孔，磁扼托架由此圆孔伸入爪极的空腔内。在磁扼托架与爪极以及与转子磁扼之间均需留出附加间隙 g_1、g_2，以便转子转动。

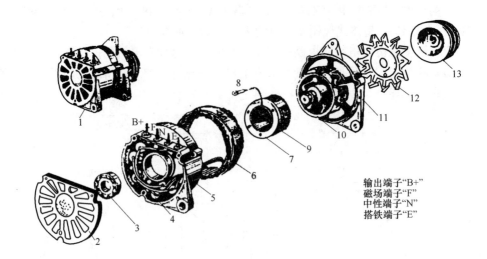

图 2-27 无刷交流发电机外形及零部件组成

1—外形图；2—防护盖；3—后轴承；4—整流二极管；5—磁场绕组托架与后轴承支架；6—定子总成；
7—磁扼；8—磁场绕组引线端子；9—磁场绕组；10—爪极；11—前端盖；12—风扇叶片；13—驱动带轮

输出端子"B+"
磁场端子"F"
中性端子"N"
搭铁端子"E"

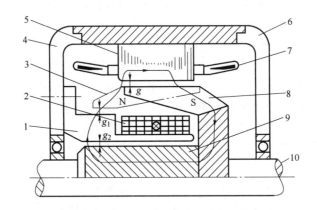

图 2-28 爪极式无刷交流发电机结构原理

1—磁扼托架；2—磁场绕组；3,8—爪极；4—后端盖；5—定子铁芯；
6—前端盖；7—定子绕组；9—磁轭；10—转子轴

2) 爪极式无刷交流发电机工作原理

当磁场绕组接通直流电流时，其主磁通路径由转子磁扼出发，经附加间隙 g_2 →磁扼托架→附加间隙 g_1 →左边爪极的磁极 N→主气隙 g →定子铁芯→主气隙 g →右边爪极的磁极 S→转子磁扼而形成闭合回路。由此可见：爪形磁极的磁通是单向通道，即左边爪极的磁极全是 N 极，右边爪极的磁极全是 S 极，或者相反。

因为无刷交流发电机的磁场绕组静止不动，转子上的爪极在磁场绕组与定子铁芯之间旋转，所以在转子旋转时，磁力线便交替穿过定子铁芯，定子槽中的三相绕组就会感应产生交变电动势形成三相交流电，经整流器整流后，即可变为直流电供给用电系统使用。

3) 爪极式无刷交流发电机的优缺点

爪极式无刷交流发电机的优点是：结构简单、维护工作量少，工作可靠性高，可在潮湿和多尘环境中工作；工作时无火花，减小了无线电干扰，这是因为无刷交流发电机没有集电环和电刷，不存在电刷与集电环接触不良而导致发电不稳或不发电等故障。

爪极式无刷交流发电机的缺点是：由于汽车发电机转速最高可达 18 000 r/min，因此连接两块爪极的制造工艺要求高、焊接困难；此外，由于主磁通路径中增加了两个附加间隙，因此在输出功率与有刷交流发电机相同的情况下，必须增大磁场绕组电流，这对控制磁场电流的调节器就提出了更高的要求。

5. 感应子式无刷交流发电机

（1）结构。感应子式交流发电机将磁场绕组和定子绕组都装在定子上。它由转子、定子、整流器等组成，如图 2-29 所示。

①转子。由凸齿状冲片铆成，通过前后端盖支承在定子中间。

②定子。由内圆带槽的硅钢片叠成的铁芯、定子绕组和磁场绕组组成。定子铁芯开有 12 个小槽和 4 个大槽，4 个大槽将 12 个小槽等分成 4 个部分。4 个大槽中装 4 组磁场绕组，采用串联连接。12 个小槽和 4 个大槽中装有定子绕组，它们由 2 根高强度漆包线并绕，16 个定子绕组（12 小 4 大）串联连接。

③整流器。由 2 个硅二极管组成单相全波整流电路，发电机工作时将定子绕组中产生的单相交流电整流为直流电。

（2）原理。当磁场绕组中有电流通过时，其周围产生磁场，使转子凸齿磁化，磁力线的方向与凸齿的极性如图 2-29 中箭头方向所示。转子的凸齿没有固定的极性，只与所处的位置有关。当凸齿处于图中右上角和左下角时为 N 极，而处于左上角和右下角时为 S 极。

发电机工作时，转子不断旋转，凸齿的极性以及定子绕组周围的磁场不断变化，则会使定子绕组中感应出大小和方向不断变化的感应电动势。电动势的方向总是与磁场变化的方向相反，按电动势相加的原则将定子绕组串联起来，经单相全波整流，即转变为直流电。

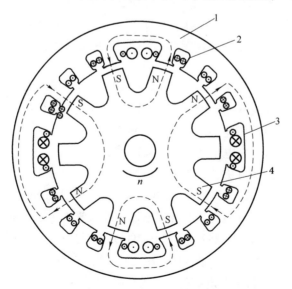

图 2-29 感应子式交流发电机结构示意图
1—定子；2—定子绕组；3—磁场绕组；4—转子

五、交流发电机的调节器

2-3 晶体管式电压
调节器工作原理

1. 电压调节器的工作原理

交流发动电机每相绕组电动势有效值公式为

$$E_\varphi = Cn\Phi$$

式中，C 为发电机的结构常数；n 为转子转速；Φ 为转子的磁极磁通量。也就是说交流发电机所产生的感应电动势 E_φ 与转速 n 和磁极磁通量 Φ 成正比。当转速 n 升高时，要想使发电机的输出电压保持恒定，只能通过减小磁极磁通量 Φ 来实现。又因为磁极磁通量 Φ 与励磁电流 I 成正比，故减小磁极磁通量 Φ 也就是减小励磁电流 I_j。

交流发电机调节器的工作原理是：当交流发电机的转速 n 升高时，调节器通过减小发电机的励磁电流 I_j 来减小磁极磁通量 Φ，使发电机的输出电压保持不变。

2. 电压调节器的分类

交流发电机调节器可分为：触点式电压调节器、晶体管调节器和集成电路调节器。三种调节器的基本原理都是以转速为基础，通过改变励磁电流来维持发电机的输出电压恒定。

六、充电指示灯的控制电路

充电指示灯（属于报警装置），主要用来监测充电系统的工作是否正常。一般情况下，当接通点火开关时，充电指示灯亮，而当发动机起动，交流发电机正常工作时，充电指示灯熄灭（只有极个别的车型例外，如天津大发）。因此，当发动机正常工作时，充电指示灯突然发亮，则表示充电系统有故障，提醒驾驶员注意及时维修。

充电指示灯的控制方法常见的有以下两种：

（1）利用中性点电压，通过起动复合继电器控制充电指示灯，如图 2-30 所示。其工作原理如下所述。

①充电指示灯由起动复合继电器中的保护继电器控制。充电指示灯的控制电路为：

蓄电池正极→点火开关 S→充电指示灯→起动复合继电器的接线柱 L→保护继电器的常闭触点 S_2→磁轭→起动复合继电器的接线柱 E→搭铁。

②当点火开关接通时，充电指示灯亮，其电路如上。

③当发动机起动后，发电机开始正常发电，由于发电机的中性点接线柱 N 有电压输出，这时，起动组合继电器上的磁化线圈 X_2 有电流通过，其电路如下：

发电机的中性点接线柱 N→起动组合继电器的接线柱 N→磁化线圈 X_2→搭铁接线柱 E。

这时，磁化线圈 X_2 将产生磁吸力，将常闭触点 S_2 打开，充电指示灯熄灭，表示发电机正常工作。

（2）利用二极管来控制充电指示灯。

利用二极管的单向导电性控制充电指示灯，如图 2-31 所示。其工作原理如下所述。

①当点火开关 S 闭合时，励磁电路如下（他励）：

蓄电池正极→点火开关 S→充电指示灯→调节器→发电机励磁绕组→搭铁。这时，充电指示灯亮。

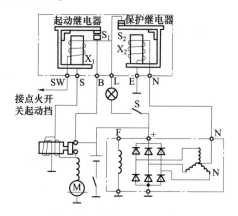

图2-30 东风EQ1092、解放CA1092 充电指示灯控制电路

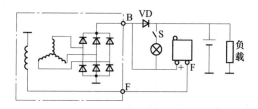

图2-31 沃尔沃汽车充电指示灯控制电路

②当发动机起动后，发电机的输出电压高于蓄电池的电动势，M极管VD导通，同时，VD将充电指示灯短路，充电指示灯熄灭，表示发电机正常工作。

蓄电池的充电电路为：发电机的火线接线柱B→VD→蓄电池正极。

励磁电路为（自励）：发电机的火线接线柱B→调节器→发电机励磁绕组→搭铁。

3. 充电指示灯控制电路分析实例

（1）卡罗拉充电指示灯（如图2-32所示）

控制原理：当发发电机发电量低于蓄电池电压时，充电指示灯两端点位不等，指示灯亮；当发电机发电电压高于蓄电池电压时，充电指示灯两端电位相等，指示灯不亮。发电机控制单元监测发电机发电电压，当发电电压相对较低时，发动机控制单元会命令发动机提升怠速，提高发电机发电量。

（2）迈腾充电指示灯（如图2-33所示）

控制原理：当发电机发电量低于蓄电池电压时，充电指示灯两端电位不等，指示灯亮；当发电机发电电压高于蓄电池电压时，充电指示灯两端点位相等，指示灯不亮。

中央电气设备控制单元J519向发电机提供励磁电流，发动机控制单元J623对发电发电量进行监测，发电机发电量低时，发动机控制单元会命令发动机提升怠速。

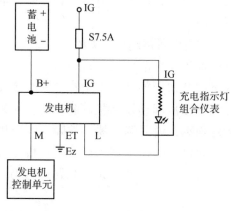

图2-32 卡罗拉充电指示灯

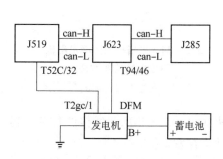

图2-33 迈腾充电指示灯

单元二　充电系的常见故障及各零部件的检修方法

一、充电系的故障诊断概述

1. 汽车充电系分类

一类是交流发电机与调节器各自独立安装，采用的是普通交流发电机；另一类是将集成电路调节器安装在发电机内部，采用的是整体式交流发电机。

2. 充电系的故障现象

一般充电系的故障现象有以下几种
(1) 发动机起动后，充电指示灯仍亮。
(2) 发动机起动后，充电指示灯亮，发动机高速运行时，充电指示灯熄灭。
(3) 汽车运行时，经常烧灯泡、熔丝及各种开关等电气设备。
(4) 打开点火开关，充电指示灯不亮。
(5) 汽车运行时，发电机或传动带有异响。

3. 故障诊断过程

对于大多数汽车来说，充电系的电路故障现象都是根据充电指示灯来判断的，正常情况是：当打开点火开关时，充电指示灯亮，起动发动机后，充电指示灯应熄灭。

二、常见故障

1. 发动机起动后，充电指示灯仍亮

这种情况说明发电机没有发电，但是故障不一定在发电机本身。在检查故障时应先分清调节器是否单独安装。

1) 调节器单独安装的情况

(1) 图 2-34 所示为内搭铁式交流发电机不发电的诊断方法。
①检查发电机传动带有无松滑现象。
②检查调节器的火线是否正常。
③将调节器上的"＋"和"F"两接线柱上的导线短接后起动发动机。起动后，如果充电指示灯熄灭，说明调节器有故障，需要更换调节器。如果充电指示灯仍亮，用一根导线将

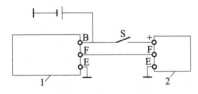

图 2-34　内搭铁式交流发电机
不发电的诊断方法
1—发电机；2—调节器

一常火线引至发电机的磁场接线柱 F，起动发动机，若发电，故障在充电线路；若仍不发电，故障在发电机。

（2）图2-35所示为外搭铁式交流发电机不发电的诊断方法。

①检查发电机传动带有无松滑现象。

②检查调节器的火线是否正常。

③检查发电机的磁场接线柱F是否有"火"。当上述检查均为正常时，再做进一步诊断。

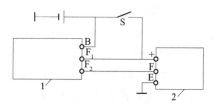

图2-35 外搭铁式交流发电机
不发电的诊断方法
1—发电机；2—调节器

④将调节器上的"F"和"E"两接线柱上的导线短接后起动发动机。起动后，如果充电指示灯熄灭，说明调节器有故障，需要更换调节器。如果充电指示灯仍亮，用一根导线将发电机的磁场接线柱F_2直接搭铁，起动发动机，若发电，故障在充电线路；若仍不发电，故障在发电机。

2）整体式交流发电机

（1）检查发电机传动带有无松滑现象，若有松滑，需紧固。

（2）检查发电机的外观接线是否脱落，若有松脱，需紧固。

（3）若上述检查均为正常，则再做进一步诊断，具体方法如下：

先闭合点火开关，用万用表测量发电机上的"D+"接线柱（蓝色）有无电压。如果有电压，说明发电机有故障，这时可先更换调节器。若发电，故障在调节器；若仍不发电，故障在发电机，应从车上拆下发电机进一步检查。如果测量"D+"接线柱没有电压，则说明充电线路有故障，应检查线路。

2. 发动机起动后，充电指示灯亮，发动机高速运行时，充电指示灯熄灭

其故障原因：发电机发电量低。

诊断过程：

（1）检查发电机传动带有无松滑现象、发电机的固定是否牢固。若有松脱，需紧固。

（2）电刷接触不良、整流器中的个别二极管损坏、定子中的三相绕组或转子中的励磁绕组局部短路等，一般需要将发电机拆下，解体检查。

3. 汽车运行时，经常烧灯泡、熔丝及各种开关等电气设备

其故障原因：发电机发电量高。

诊断过程：用电压表测量蓄电池的两个极桩，测量时将发动机的转速控制在2 000 r/min左右，观察电压表的读数。如果读数大于14.5 V，说明电压调节器有故障，可直接更换调节器。

4. 打开点火开关，充电指示灯不亮

其故障原因：充电指示灯电路有故障。

故障诊断：

（1）检查充电指示灯线路是否有断路的地方；

（2）检查发电机的电刷是否有损坏；

（3）检查组合继电器是否有故障。

5. 汽车运行时，发电机或传动带有异响

其故障原因：可能是发电机轴承或传动带引起的。

故障诊断：

（1）检查传动带状况和张紧力，必要时可更换。

（2）检查轴承异响时，利用一段软管，或一把长一字形螺钉旋具，也可以用听诊器，将一端放在靠近轴承的地方，然后将耳朵贴在另一端倾听。在倾听过程中，可提高发动机的转速，随着转速的提高，噪声越来越大，说明异响是轴承引起的，在倾听过程中，应留心发电机周围的风扇、传动带和其他运动件。更换轴承时，发电机需要拆下解体。

三、交流发电机的故障测试与修理

当充电系出现故障后，经检查确属交流发电机的故障，应将交流发电机从车上拆下来，做进一步检查与修理。

2-4 检查与更换发电机

1. 整机测试

1）测量各接线柱之间的电阻

利用万用表的（R×1）挡测量"F"与"-"之间的电阻值及"+"与"-"之间和"+"与"F"之间的正、反向电阻值，通过测得的阻值可以判断交流发电机内部的技术状况，其标准值见表2-6。如果"F"与"-"之间的阻值过大，表明电刷与集电环接触不良，或励磁绕组断开；若阻值过小，则表明励磁绕组有匝间短路的情况。

若"+"与"-"和"+"与"F"之间的正向电阻小于表2-6中的标准值，则表示有硅二极管发生短路；如接近表2-6中的数值，但负载电流测试时电流很小，则表示有的硅二极管发生断路。

2. 空载转速的测试

空载电压的测试在万能试验台上进行，接线方法如图2-36所示。先将开关 S_1 闭合，由蓄电池给发电机提供他励电流，接着起动电动机，逐步提高电动机的转速。当转速上升到 500~800 r/min 时，发电机开始自励；继续提高转速，同时观察电压表的读数，转速上升到规定值时，如果电压低于额定值（见表2-6），则表明发电机有故障。

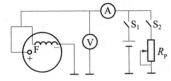

图2-36 交流发电机的空载和满载测试

表2-6 交流发电机各接线柱之间的电阻　　Ω

交流发电机型号	"F"与"-"之间的电阻值	"+"与"-"之间的电阻值		"+"与"F"之间的电阻值	
		正向	反向	正向	反向
JF11 JF13 JF21	5~6	40~50	>1 000	50~60	>1 000
JF12 JF22 JF23 JF26	19.5~21	40~50	>1 000	50~70	>1 000

3. 满载转速的测试

满载转速测试可以接着空载转速进行，如图 2-34 所示。当交流发电机的空载转速达到额定值时，接通开关 S_2，提高发电机转速，改变电阻 R_P，不断增大负载电流。如果发电机在输出额定电流的情况下，其电压能够达到或超出额定值（见表 2-7），则说明发电机完好；如果发电机在输出额定电流的情况下，其电压低于额定值，表明发电机有故障。

表 2-7 国产交流发电机的主要性能指标

交流发电机型号	额定数据			空载转速/ $(r \cdot min^{-1})$	满载转速/ $(r \cdot min^{-1})$	适用车型
	功率/W	电压/V	电流/A			
JF1314ZD	—	12	25	1 000	3 500	CA1090
JF1314-1	—	12	25	1 000	3 500	CA1090
JF1314B	—	12	25	1 000	3 500	EQ1090—1
JF1313Z	—	12	25	1 000	3 500	BJ1060 系列
JF13A	—	12	25	1 000	3 500	NJ1060
JF2311	—	24	18	1 000	3 500	NJ1140 系列
JFZ1714	—	12	45	1 000	6 000	依维柯
JFZ1913Z	—	12	90	1 050	6 000	桑塔纳
JFZ1512Z	—	12	55	1 050	6 000	标致
JFZ2518	—	24	27	1 150	5 000	切诺基
JFWZ18	—	12	60	1 000	3 500	

4. 用示波器观察输出电压波形

当交流发电机有故障时，其输出电压的波形将出现异常，因此根据输出电压波形可以判断交流发电机内部二极管及定子绕组是否有故障，交流发电机出现各种故障时输出电压的波形如图 2-37 所示。

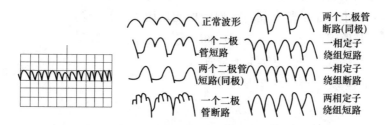

图 2-37 交流发电机出现各种故障时输出电压的波形

5. 交流发电机零部件的检修

1）转子的检修

（1）检修项目：励磁绕组是否短路、断路及搭铁。

检修工具：万用表。

检修方法：如图 2-38 所示。

判断过程：如果阻值低于标准值（见表 2-5），则说明励磁绕组短路；如果阻值为无穷大，则说明励磁绕组断路。

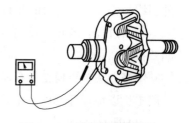

图 2-38 用万用表可检测励磁绕组是否短路和断路

(2) 检修项目:励磁绕组是否搭铁。

检修工具:万用表可检测。

检修方法:如图 2-39 所示。

判断过程:每个集电环与转子轴之间,其阻值都是无穷大,如果阻值很小,说明励磁绕组搭铁。无论励磁绕组是短路、断路还是搭铁,都必须更换转子。但是,更换转子的费用与更换发电机的费用接近,所以一般情况下,当励磁绕组需要更换时,就可以直接更换发电机总成。

2) 定子的检修

检修工具:万用表。

检修项目:定子绕组是否断路和搭铁。

检修方法:如图 2-40 所示。断路检测,每次任取两个首端,测量三次,每次测量的阻值都应小于 0.5 Ω;如果阻值有无穷大的情况,说明励磁绕组断路,需更换定子总成。

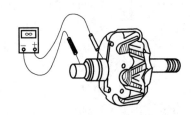

图 2-39 用万用表检测励磁绕组是否搭铁

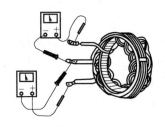

图 2-40 用万用表检测定子绕组是否断路

搭铁检测:如图 2-41 测量三次,阻值均应为无穷大,如果有不是无穷大的情况,说明定子绕组搭铁,需更换定子总成。

定子绕组短路很难检测。如图 2-41 所示,因为一个正常定子绕组的阻值非常小。如果所有其他部件的检测均属正常,但输出电压却很低,其原因可能是定子绕组匝间短路。无论定子绕组是断路、短路还是搭铁,均需更换定子总成。

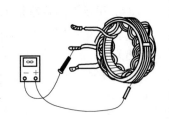

图 2-41 用万用表检测定子绕组是否搭铁

3) 二极管的检修

检测工具:万用表。

标准:二极管的正向电阻应在 8~10 Ω,反向电阻应在 1 000 Ω 以上。

检测方法:将二极管与定子绕组之间的连线断开,用万用表的两个表笔分别接到二极管的引线与壳体 L,测二极管的正向与反向电阻。

判断过程:若正、反向电阻均为 0,说明二极管短路;若正、反向电阻均为无穷大,说明二极管断路。

维修方法:更换二极管需要在压床上进行,或在台虎钳上使用专用工具,但不得使用锤子敲击,以免损坏元件。压装二极管时,过盈量控制在 0.07~0.09 mm。

6. 电刷的检测

电刷的标准高度应是 14 mm,磨损至 7 mm 时,应进行更换。

（三）调节器的测试

测试方法：就车测试和车下用实验的方法测试。用实验的方法测试时，对于晶体管调节器应先分清楚是内搭铁式还是外搭铁式。

1. 内搭铁式晶体管调节器的测试

测试用品：可调直流电源、被测晶体管调节器。

判断过程：如图 2-42 所示，连接好线路。逐渐提高电源电压；当电压大于 6 V 时，灯泡开始发亮，继续提高电压，当电压达到 13.5~16.5 V 时，灯泡应熄灭，这种情况说明调节器完好。如果灯泡从开始一直不亮或亮了以后一直不熄灭，说明调节器有故障。

2. 外搭铁式晶体管调节器的测试

测试用品：可调直流电源、被测晶体管调节器。

判断过程：按图 2-43 所示方法连接好线路。测试方法同内搭铁式晶体管调节器的测试。

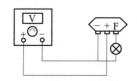

图 2-42　内搭铁式晶体管调节器的测试

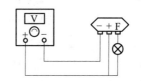

图 2-43　外搭铁式晶体管调节器的测试

3. 集成电路调节器的测试

测试用品：可调直流电源、被测集成电路调节器。

判断过程：整体式交流发电机的励磁绕组一般是通过调节器搭铁的。根据这一原理，按图 2-44 所示方法，先将可调直流电流与集成电路调节器用导线连接好。测试方法与上述两种方法相同。

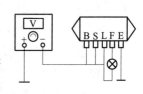

图 2-44　集成电路调节器的测试

单元三　交流发电机与调节器的使用及维护

一、交流发电机与电压调节器的正确使用

为了保证电源系统的使用性能，交流发电机与调节器在使用中应注意以下几点：

（1）汽车交流发电机均为负极搭铁，蓄电池搭铁极性必须与发电机一致。否则蓄电池将正向加在整流二极管上使二极管烧坏。

（2）发电机运转时，不能通过短接交流发电机的"B""E"端子（即用试火花的方法）来检查发电机是否发电，否则容易烧坏整流二极管。

（3）一旦发现发电机不发电或充电电流很小时，就应及时找出原因并排除故障。如果继续运转，那么故障就会扩大。如当一个二极管短路后，就会导致其他二极管和定子绕组被烧坏。

（4）当整流器的6个整流二极管与定子绕组连接时，绝对禁止使用220 V以上交流电压或兆欧表检查发电机的绝缘情况，否则将会损坏二极管及调节器中的电子元件。

（5）调节器与交流发电机的搭铁型式、电压等级必须一致，否则充电系统不能正常工作。对于外搭铁型发电机和外搭铁型调节器，磁场电流是由电源正极，经点火开关SW、磁场绕组、调节器"磁场"端子"F"流入调节器，再经调节器内部大功率三极管（NPN型三极管）后，从调节器"搭铁"端子流回电源负极。对于内搭铁型发电机与内搭铁型调节器，磁场电流则是由电源正极，经点火开关SW，从调节器"+"端子流入，先经内部大功率三极管（PNP型），从调节器"磁场"端子"F"流出，再经发电机磁场绕组、搭铁回到电源负极。由此可见，内搭铁型调节器只能与内搭铁型发电机配用；外搭铁型调节器只能与外搭铁型发电机配用。否则发电机就没有磁场电流而不能输出电压，蓄电池使用寿命将大大缩短。当调节器与发电机的搭铁型式不匹配而又急需使用时，只能通过改变发电机磁场绕组的搭铁型式，使发电机与调节器的搭铁型式一致。

（6）交流发电机的功率不得超过调节器所能匹配的功率。调节器所能匹配的功率，取决于大功率三极管的功率。发电机功率越大，磁场电流越大（如14 V/750 W交流发电机的磁场电流为3~4 A，14 V/1000 W交流发电机，其磁场电流为4~5 A），磁场电流越大，对大功率三极管的技术要求就越高，成本也就越高。大功率发电机的调节器配小功率发电机使用时，虽然不会影响充电系统工作，但成本较高，不经济。然而小功率发电机的调节器则不能与大功率发电机配用，因为一方面是调节器会因超负荷工作而使使用寿命大大缩短；另一方面是控制磁场电流的三极管的管压降增大，磁场电流最大值减小，发电机空载转速和额定转速都将增高，交流发电机的输出性能将降低。

（7）汽车停驶时应断开点火开关，以免蓄电池长时间向磁场绕组放电。在汽车上，一旦接通电源，调节器的大功率管就始终处于导通状态，汽车停驶时大功率管始终导通（夜间停驶也是如此），而且此时磁场电流接近最大值，不仅会使电子调节器使用寿命大为缩短，而且还会导致蓄电池亏电。试验证明：当调节器不受开关控制而直接与充足电的蓄电池连通时，使用5~7天，蓄电池便不能起动发动机，调节器的使用寿命也只有100天左右。

（8）发电机正常运行时，切不可任意拆卸各电器的连接线，以防引起电路中的瞬时过电压损坏二极管及调节器中的电子元件或其他电子设备。

（9）蓄电池可起到电容器的作用，即可在一定程度上吸收电路中的瞬时过电压。在发动机运行过程中不要拆下蓄电池连接导线，否则容易造成发电机二极管及调节器中的电子元件损坏。

（10）调节器的调节电压不能过高或过低，以避免损坏用电设备或引起蓄电池充电不足。

二、交流发电机与调节器的维护注意事项

汽车每行驶15 000 km，应检查调整驱动带的挠度；每行驶30 000 km，应将交流发电机从车上拆下检修一次，主要检查电刷和轴承磨损情况。新电刷高度为14 mm，磨损至7~8 mm时，应当更换新电刷；轴承如有显著松动，应更换新品。

1. 检查驱动带外观

驱动带外观检查如图 2-45（a）所示，用肉眼观察驱动带有无裂纹和破损现象，如有则应更换驱动带。驱动带安装情况应当符合图 2-45（b）的要求，如果安装情况如图 2-45（c）所示，则应更换驱动带。

2. 检查驱动带挠度

发电机传动带过松将影响发电机的发电量，过紧将导致轴承过早损坏。检查驱动带挠度的方法如图 2-46 所示。检查时，在两个驱动带轮之间驱动带的中央部位施加 100 N 压力，此时驱动带的挠度应符合规定指标。新驱动带（即从未用过的驱动带）一般为 5～7 mm，旧驱动带（即装车随发动机转动过 5 min 或 5 min 以上的驱动带）一般为 10～14 mm。具体指标以车型手册规定为准，挠度不符合规定应予调整。

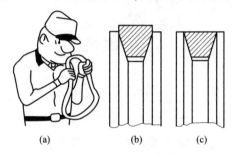

图 2-45 驱动带的外观检查
(a) 检查外观；(b) 安装正确；(c) 安装错误

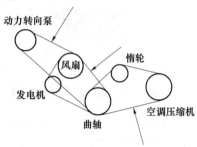

图 2-46 检查驱动带的挠度

3. 检查导线连接

（1）检查各导线的连接部位是否正确。
（2）发电机"B"端子必须加垫弹簧垫圈。
（3）采用线束连接器连接的发电机，其插头与插座必须用锁紧卡簧锁紧，不得有松动现象。

4. 检查有无噪声

当交流发电机出现故障特别是机械故障（如轴承破碎、转子轴弯曲等），发电机运转时，都会发出异常响声。检查时，逐渐加大发动机油门，同时监听发电机有无异常响声。如有异常响声，则需拆下发电机分解检修。

5. 检查能否发电

交流发电机能否发电，直接影响蓄电池的起动性能和使用寿命。检查方法如下：
（1）将万用表置于直流电压"DCV"挡，表的正极接发电机"B"端子；表的负极接发电机"E"端子或外壳，记下此时测得的电压（即蓄电池电压）。
（2）起动发动机并将转速升高到比怠速转速稍高，此时万用表指示的电压若高于蓄电池电压，说明发电机能够发电；若电压低于发动机未起动时的蓄电池电压，说明发电机不发电。此时需对充电系统进行全面检查。

6. 解体后清洁各个部件，在进行零部件检测前进行简单检验

（1）如图 2-47 所示，通过使前后轴承在转子轴上旋转的办法检查轴承有无噪声、晃

动或发涩，如果有任何一种情况，都必须更换轴承。

（2）目测检查集电环。如果集电环烧蚀、划伤、变色、变脏，则可用细砂布抛光。

（3）目测定子绕组和励磁绕组转子有无绝缘物烧蚀的迹象，如果有，则更换定子或转子总成。

（4）目测前后端盖、风扇及带轮有无裂纹。如果有，则更换该部件。

（5）电刷高度小于 7 mm 时，必须更换。

7. 发电机的拆卸注意事项

（1）必须首先拆下蓄电池的搭铁线，然后才可以断开发电机与调节器的线束。

（2）当拆卸发电机轴承时，必须使用拉力器，如图 2-48 所示。

 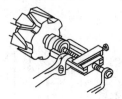

图 2-47　发电机轴承的检测　　　图 2-48　用拉力器拆卸发电机轴承

（3）一般情况下，发电机的带轮、风扇和前端盖不必从转子轴上拆卸。

（4）拆卸整流器及后端盖上的接线柱时，所有绝缘衬套和绝缘垫圈不得丢失。

8. 就车维修检测时注意事项

（1）最好使用专用工具。如美国 SUN 电子公司产的 VAT-40 充电系统检测仪、国产发电机故障试验器 VW1315A 等设备。

（2）在判断不发电故障部位是在发电机还是调节器，将调节器短路时，必须注意这时发电机的电压将失控，电压可能达到 16~30 V，所以实验要控制在很短时间内进行。

（3）当线路故障没有排除时，不要更换新的调节器，否则可能会损坏新的调节器。

（1）检查发电机充电线路。

（2）汽车充电指示灯点亮故障检测案例。

2-5 检查发电机　　　2-6 汽车充电指示灯
　　充电电路　　　　　点亮故障检测案例

学习情境三
起动机的检修与维护

为了完成起动机的检修与维护任务，必须掌握起动机的构造、主要部件的作用及工作原理；掌握起动机的拆装方法，起动机的整机检测及解体后主要部件的检测方法，掌握电刷的检测与更换方法；起动机轴承的检查与更换方法；能正确分析起动机各种故障的部位，掌握其诊断及排除方法等知识。

售后服务经理接到客户反映车在起动时开始起动无力，起动数次后无法起动。作为修理工，接到检修起动机的任务，要求检查起动机各零部件的破损程度，确定是否可再用。若可再用，则进行组装、试验并排除可能出现的故障。制订学习和维修计划，完成此任务。将零部件检修的相关信息告知经理，得到经理的确认后，提交一份分析报告并归档。

单元一 起动机的基本知识

发动机是靠外力起动的，通常把汽车发动机曲轴在外力作用下，从开始转动到怠速运转的全过程，称为发动机的起动。

发动机常用的起动方式有人力起动、辅助汽油机起动和电力起动。电力起动方式具有操纵轻便，起动迅速、安全、可靠，可重复起动等优点，所以为现代汽车广泛采用。一般将这种电力起动机简称为起动机。

现代汽车起动系一般由起动机、起动继电器、点火开关（起动挡）、电源（蓄电池）等组成。

起动机的作用就是将电能转变为机械能，带动发动机曲轴旋转，使发动机起动。发动机起动之后，起动机便立即停止工作。

起动机安装在汽车发动机飞轮壳前端的座孔上，如图3-1所示。

一、概述

1. 起动系的组成

起动系是由蓄电池、起动机、起动继电器、点火开关等组成,如图3-1所示。

3-1 启动系的组成

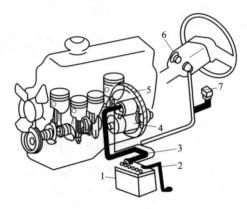

图3-1 起动系的组成

1—蓄电池;2—搭铁电缆;3—起动机电缆;4—起动机;5—飞轮;6—点火开关;7—起动继电器

2. 起动机的组成

起动机(俗称"马达")是起动系的主要组成部分,由串励式直流电动机、传动机构和电磁开关三部分组成。

1)串励式直流电动机

串励式直流电动机的作用是产生电磁转矩。

2)传动机构

传动机构的作用是在起动发动机时使起动机小齿轮与飞轮齿圈啮合,将起动机的转矩传递给发动机曲轴;在发动机起动后又能使起动机小齿轮自动空转或与飞轮齿圈脱离啮合。

3)电磁开关(也称为控制装置)

电磁开关的作用是接通和切断串励式直流电动机与蓄电池之间的电路,控制起动机小齿轮与发动机飞轮齿圈的啮合与分离。对于汽油发动机,有些起动机的电磁开关还具有在起动发动机时短路点火线圈附加电阻的作用。

3. 起动机的分类

目前,典型的电力起动机结构有以下几种类型:

1)电磁控制强啮合式起动机(常规起动机)

磁极一般采用电磁铁,传动机构中一般只由简单的驱动齿轮、单向离合器和拨叉等组成,无特殊结构和装置。

2)永磁起动机

电动机的磁极用永磁材料制成,取消了磁场线圈,可以使结构简化,体积小、质量轻。

3)减速起动机

减速起动机采用高速、小型、低力矩电动机,在传动机构中设有减速装置。质量和体积比普通起动机可减小30%~35%，但结构和工艺比较复杂。

4. 起动机的型号

根据中华人民共和国行业标准 QC/T 73—1993《汽车电气设备产品型号编制方法》规定，起动机的型号如下所示。

| 1 | 2 | 3 | 4 | 5 |

1—产品代号，起动机的产品代号：QD 表示起动机；QDJ 表示减速式起动机；QDY 表示永磁式起动机（包括永磁减速式起动机）。

2—电压等级代号，电压等级代号：1 表示 12 V；2 表示 24 V。

3—功率等级代号，功率等级代号其含义见表 3-1。

4—设计序号。

5—变型代号。

例如：QD124 表示额定电压为 12 V、功率为 1~2 kW、第四次设计的起动机。

表 3-1 起动机功率等级

功率等级代号	1	2	3	4	5	6	7	8	9
功率/kW	—	1~2	2~3	3~4	4~5	5~6	6~7	7~8	>8

二、串励式直流电动机

1. 工作原理

直流电动机是将电能转化为机械能的装置，是以通电导体在磁场中受磁场力作用这一原理为基础制成的，其工作原理如图 3-2 所示。

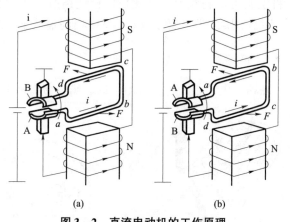

3-2 直流串励式电动机工作原理

图 3-2 直流电动机的工作原理

当电路接通时，如图 3-2（a）所示，线圈 abcd 的电流方向是：蓄电池正极→励磁绕组→电刷→换向器片 A→线圈（a→d）→换向器片 B→电刷→搭铁，根据左手定则可知，线圈中的有效边与 cd 所受磁场力 F 的方向如图中所示，此时线圈产生的转矩方向为逆时针；当线圈转过半周后，如图 3-2（b）所示，线圈 abcd 中的电流方向发生改变，电流方向是：蓄电池正极→励磁绕组→电刷→换向器片 B→线圈（d→a）→换向器片 A→电刷→搭铁，此时线圈中的电流方向虽改变为 $d \rightarrow a$，但线圈中的有效边与 cd 所受的磁场力 F 的方向同时改变，故线圈产生的转矩方向不变，仍为逆时针方向。

由于一个线圈所产生的转矩太小，转速又不稳定，所以电动机的电枢绕组是由很多线圈组成的，换向器的片数也随线圈的增多而增加。

2. 构造

直流电动机的构造如图3-3所示，主要由电枢、磁极、端盖、机壳、电刷及刷架等部件组成。

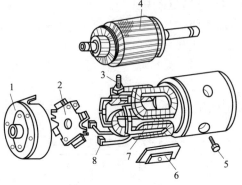

图3-3 直流电动机的构造

1—端盖；2—电刷架；3—接线柱；4—电枢；5—磁极固定螺钉；6—磁极铁芯；7—励磁绕组；8—电刷

1）电枢

电枢由电枢轴、电枢绕组、换向器、铁芯等组成，其作用是产生电磁转矩。电枢绕组都是用较粗的矩形裸铜线绕制而成，在铜线与铁芯之间、铜线与铜线之间用绝缘纸隔开。电枢绕组的两端均匀地焊在换向器片上。

换向器的作用是将电源提供的直流电转化成电枢绕组所需要的交流电，以保证电枢绕组所产生的转矩方向不变。换向器由铜片和云母片相间叠压而成，铜片之间用云母片绝缘。

2）磁极

磁极的作用是产生磁场，由铁芯和励磁绕组构成。磁极与磁路如图3-4所示。

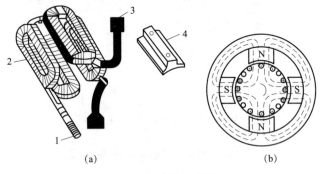

(a) (b)

图3-4 磁极与磁路

(a) 磁极；(b) 磁路

1—接线柱；2—励磁绕组；3—电刷；4—铁芯

为了增大起动转矩，磁极的数量较多，一般为四个磁极。每个磁极上套装的激磁绕组为矩形截面的铜条，外包绝缘层，按一定绕向连接后使S级与N极相间排列，如图3-4（a）所示。

图3-4（b）所示为四个磁极的磁路。四个磁场绕组所产生的磁场是相互交错的。

3）电刷与电刷架

电刷与电刷架的作用是将电流引入电动机使电枢产生定向转矩。电刷一般是用铜和石墨粉压制而成，呈红棕色，加入铜有利于减小电阻及增加耐磨性。电刷一般含铜80%~90%、石墨10%~20%。刷架多制成框架，正极刷架与端盖绝缘固装，负极刷架直接搭铁。刷架上装有弹力较大的盘形弹簧。如图3-5所示。

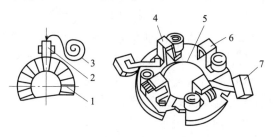

图3-5　电刷与电刷架

1—换向器；2—电刷；3—盘形弹簧；4—搭铁电刷架；5—绝缘垫；6—绝缘电刷架；7—搭铁电刷

4）机壳

机壳的一端有四个检查窗口，中部只有一个电流输入接线柱，并在内部与激磁绕组的一端相连接。

5）端盖

有前、后两个端盖，前端盖一般用铜板压制而成，后端盖为灰铸铁浇制成缺口杯状。它的中心压装着青铜石墨轴承或铁基含油轴承，外围有2或4个组装螺孔。

电刷装在前端盖内。后端盖上面有拨叉座，盖口有凸缘和安装螺孔，还有装中间轴承板的螺钉孔。

3. 直流电动机工作特点

电动机中电流越大，电动机产生的转矩就越大。

电动机的转速越高，电枢线圈中产生的反电动势就越大，电流也随之下降。

起动机在初始起动期间和起动期间各项指标的比较见表3-2。

表3-2　初始起动期间与正常起动期间起动机各项指标

阶段 项目	初始起动期间	正常起动期间
电动机速度	较低	较高
电动机电流	较大	较小
电动机产生的转矩	较大	较小
电枢中的反向电动势	较小	较大

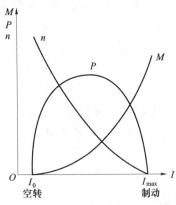

图3-6 直流串励式电动机的特性

直流串励式电动机的力矩 M、转速 n 和功率 P 随电枢电流变化的规律称为直流串励式电动机的特性。图3-6所示为直流串励式电动机的特性曲线,其中曲线 M、n 和 P 分别代表力矩特性、转速特性和功率特性。

结合表3-2和图3-6可知,在起动机起动的瞬间,电枢转速为零,电枢电流达到最大值,力矩也相应达到最大值,使发动机的起动变得很容易,这是汽车起动机采用串励式电动机的主要原因。

串励式电动机输出力矩较大时,电枢电流也大,电动机转速随电流的增加而急剧下降;反之,输出力矩较小时,电动机转速又随电枢电流的减小而很快上升。

串励式电动机具有轻载转速高、重载转速低的特性,这对保证起动安全可靠是非常有利的,这也是汽车上采用串励式电动机的一个重要原因。

串励式电动机的功率 P 可用下式表示:

$$P = Mn/9\ 550$$

式中 M——电枢轴上的力矩(Nm);
n——电枢转速(r/min)。

电动机完全制动时,转速和输出功率为零,力矩达到最大值。空载时,电流最小,转速最大,输出功率也为零。当电枢电流接近制动电流一半时,电动机输出功率最大。

三、传动机构

传动机构的作用是把直流电动机产生的转矩传递给飞轮齿圈,再通过飞轮齿圈把转矩传递给发动机的曲轴,使发动机起动;起动后,飞轮齿圈与驱动齿轮自动打滑脱离。它一般由驱动齿轮、单向离合器、拨叉、啮合弹簧等组成。

汽车发动机对起动机传动机构的要求:

(1) 起动机的驱动齿轮与发动机的飞轮齿圈啮合时要平稳,不能发生冲击现象。

(2) 由于起动机的驱动齿轮与发动机的飞轮齿圈速比很大(一般大于15),因此发动机起动后,驱动齿轮应能自动打滑或脱离啮合,以免发动机带动起动机电枢高速旋转,造成电枢绕组"飞散"事故。

(3) 因为起动机是由点火开关控制的,所以当发动机工作时,要防止点火开关误操作,使起动机的驱动齿轮再次与发动机的飞轮齿圈啮合,导致起动机与发动机的飞轮齿圈损坏。

图3-7所示为传动机构的工作示意图。

图3-7 (a) 所示为起动机不工作时所处的位置;图3-7 (b) 所示为在电磁开关的作用下,驱动齿轮与飞轮齿圈正在啮合,此时起动机的主电路还没有接通;图3-7 (c) 所示为驱动齿轮与发动机飞轮齿圈完全啮合,主电路接通,电枢轴开始带动发动机曲轴旋转。发动机起动后,驱动齿轮与飞轮齿圈仍处于啮合状态,单向离合器打滑,驱动齿轮在飞轮的带动下空转。起动结束后,驱动齿轮在电磁开关的作用下,与发动机飞轮齿圈脱离啮合。

起动机传动机构中的关键部件是单向离合器。其作用是在起动时将电枢产生的电磁转矩

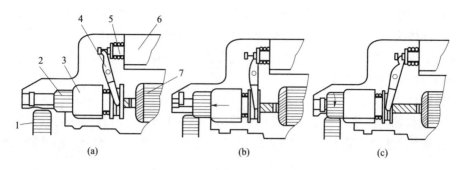

图 3-7 传动机构的工作示意图
(a) 起动机静止状态；(b) 驱动齿轮与飞轮齿圈正在啮合；(c) 完全啮合
1—飞轮；2—驱动齿轮；3—单向离合器；4—拨叉；5—活动铁芯；6—电磁开关；7—电枢

传递给发动机飞轮；而当发动机起动后，单向离合器立刻打滑，防止发动机飞轮带动电枢高速旋转，造成电枢绕组"飞散"的事故。

1. 滚柱式单向离合器

1）滚柱式离合器的构造

滚柱式离合器是目前国内外汽车起动机中使用最多的一种，解放牌汽车、东风牌汽车、北京130、北京212等汽车的起动机均采用此种离合器。

离合器的驱动齿轮采用40号中碳钢加工淬火而成，与外壳连成一体。外壳内装有十字块和四套滚柱及弹簧，十字块与花键套筒固联，壳底与外壳相互扣合密封。

花键套筒的外面装有缓冲弹簧及衬圈，末端固装着拨环与卡圈。整个离合器总成利用花键套筒套装在起动机轴的花键部位上，可以做轴向移动和随轴转动。滚柱式单向离合器的原理是通过改变滚柱在楔形槽中的位置来实现分离和结合，其结构如图3-8所示。

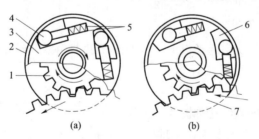

图 3-8 滚柱式单向离合器工作原理
(a) 起动时传递电磁转矩；(b) 起动后打滑
1—驱动齿轮；2—外壳；3—十字块；4—滚柱；5—弹簧与压帽；6—楔形槽；7—飞轮

2）滚柱式离合器的工作原理

离合器的外壳与十字块之间的间隙为宽窄不同的楔形槽。这种离合器就是通过改变滚柱在楔形槽中的位置来实现离合的。

工作过程如下：当起动机开始工作时，拨叉拨动移动衬套，使驱动齿轮1与发动机飞轮齿圈啮合，电磁转矩由电枢轴传到传动套筒与十字块3，使十字块3同电枢轴一同旋转。此时，再加上飞轮齿圈给驱动齿轮1的反作用力，滚柱在摩擦力矩的作用下，滚入楔形槽的窄端而卡死[如图3-8（a）]，于是驱动齿轮1和传动套筒为一个整体，带动飞轮，起动发动机。当发动机起动后，发动机飞轮带动驱动齿轮 1 旋转，外壳 2 的转速高于十字块 3 的转速，此时，滚柱滚向楔形槽的宽端而打滑［如图 3 – 8（b）］。这样发动机的转矩就不能通过驱动齿轮 1 传递给电枢，以防止电枢因高速飞转而造成电枢绕组"飞散"事故。

3）滚柱式离合器的调整

这种起动机需作如下调整：

（1）驱动齿轮与止推垫圈之间间隙的调整如图 3 – 9 所示，将拨叉压到极限位置时，驱动齿轮与止推垫圈间的间隙应在（2±0.5）mm 的范围内。若间隙不当，则可调整行程限位螺钉。

（2）开关接通时刻的调整。如图 3 – 10 所示，起动机必须使驱动齿轮与飞轮齿环啮合后才能接通起动机的工作电流，否则，会发生打齿现象，为此需进行开关接通时刻的调整。按图 3 – 10 接线，压下拨叉，当试灯 2 发亮时，驱动齿轮与止推垫圈的间隙，应在 4～5 mm 的范围内。若间隙不当，则可转动顶压螺钉进行调整，顺时针转动时间隙增大，反之减小。

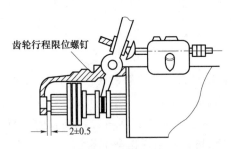

图 3 – 9　驱动齿轮与止推垫圈之间的间隙调整

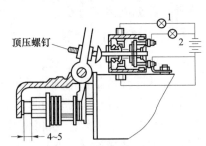

图 3 – 10　开关接通时刻的调整

试灯 1 应与试灯 2 同时发亮或先发亮，否则需检查开关接触盘的弹簧弹力是否过弱，如弹力尚好，可在接触盘上加垫片予以调整。

2. 摩擦片式单向离合器

这种离合器多用于大功率起动机上，早期国产 JN150 型汽车曾用过此种结构，苏联别拉斯（BEJIA3）汽车装用过此种离合器。

1）摩擦片式单向离合器的构造

摩擦片式单向离合器的结构如图 3 – 11 所示。

2）摩擦片式单向离合器的工作原理

摩擦片式单向离合器的原理是通过主、从动摩擦片的压紧和放松来实现分离，其结构如图 3 – 11 所示，起动机工作时，起动机电枢轴带动传动套筒的 10 转动，由于惯性的作用，内接合鼓 9 随着传动套筒 10 的旋转而左移，使主、从动摩擦片紧压在一起，利用摩擦力将电枢转矩传递给飞轮。发动机起动后，起动机的驱动齿轮被飞轮带着转动，转速高于电枢的转速，于是内接合鼓又沿传动套筒上的螺旋线右移，使主、从动摩擦片相互脱离而打滑，避免了因电枢高速飞转而造成电枢绕组"飞散"的事故。

当发动机的起动阻力过大时，曲轴不能立刻转动，此时内接合鼓 9 在传动套筒 10 的作用下，继续向左移动，导致弹性圈 3 在压环 4 的压力下弯曲，当弹性圈 3 弯曲到与内接合鼓 9 的左端面接触时，内接合鼓 9 便停止左移，于是主、从动摩擦片之间开始打滑，限制了起动机的最大输出转矩，防止了起动机过载。

摩擦片式单向离合器的最大输出转矩是可调节的，增减调整垫圈 5 的片数，可以改变内接合鼓 9 左端面与弹性圈 3 之间的间隙，调节起动机的最大输出转矩。

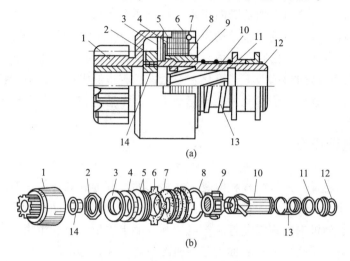

图 3－11 摩擦片式单向离合器结构

（a）装配图；（b）阶梯图

1—驱动齿轮与外接合鼓；2—螺母；3—弹性圈；4—压环；5—调整垫圈；6—从动摩擦片；7—主动摩擦片；8，12—卡环；9—内接合鼓；10—传动套筒；11—移动衬套；13—缓冲弹簧；14—挡圈

3. 弹簧式离合器

国产黄河 JN150 型汽车上的起动机用弹簧式离合器，此外，日本五十铃 TXD50 型汽车的起动机也用此种离合器

1）弹簧式离合器的构造

弹簧式离合器的结构如图 3－12 所示。

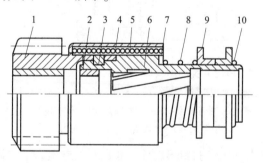

图 3－12 弹簧式单向离合器

1—驱动齿轮；2—挡圈；3—月形圈；4—扭力弹簧；5—护圈；6—连接套筒；7—垫圈；8—缓冲弹簧；9—移动衬套；10—卡簧

主动套筒套在电枢轴的花键上，小齿轮套筒则套在电枢轴前端的光滑部分。在对接处有两个月牙形圈，使二者只能做相对转动而不能做轴向移动。在小齿轮套筒与主动套筒的外圆上有扭力弹簧，扭力弹簧的内径略小于两套筒的外径，有一定的过盈量（0.25～0.5 mm）。在主动套筒上用垫圈封闭传动弹簧，外侧再套装缓冲弹簧和固连拨环。

2) 弹簧式离合器的工作原理

起动发动机时,由于拨叉推动拨环使驱动小齿轮啮入飞轮齿环,起动机转轴只带动花键套筒即主动套筒旋转,使扭力弹簧顺向扭紧并箍死两个套筒,于是就能传递扭矩。

发动机起动后,由于飞轮带着驱动齿轮的转速高于起动机轴,将扭力弹簧作反向放松,使驱动齿轮套筒与主动套筒松脱而打滑,从而防止了超速运转"飞散"的危险。

这种离合器具有结构简单、工艺简化、寿命长、成本低等优点,但因扭力弹簧所需圈数多,轴向尺寸较长,故适用于起动大功率起动机,而不适宜在小型起动机上采用。

四、电磁开关

起动机的控制装置分为机械式和电磁式两种,通常称为起动开关。对起动机控制装置的要求是操纵要方便,同时要便于重复起动;要能够确保起动机驱动小齿轮与发动机飞轮齿环先啮合,后接通起动机主电路以免打齿;当切断控制电路后,驱动小齿轮与飞轮齿环能顺利地脱离啮合。电磁式控制装置一般称为起动机的电磁开关,与电磁式拨叉装在一起,利用挡铁控制。下面以电磁式控制装置为例,参照图3-13,来说明一下起动机的工作过程。

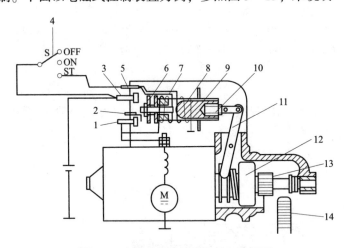

3-3 电磁开关工作原理

3-4 起动系统电路原理

图 3-13 电磁开关的结构与工作原理

1,3—主接线柱;2—点火线圈附加电阻端接线柱;4—点火开关;5—起动接线柱;
6—接触盘;7—吸拉线圈;8—保持线圈;9—活动铁芯;10—调节螺钉;
11—拨叉;12—单向离合器;13—驱动齿轮;14—飞轮

(1) 起动时,将点火开关S打到ST挡,电磁开关通电,其电路如下:

蓄电池正极→主接线柱3→点火开关S→起动接线柱5 ⟶ 保持线圈8→搭铁
                                              ⟶ 吸拉线圈7→主接线柱1 →串励式直流电动机→搭铁。

此时,吸拉线圈7与保持线圈8的电流绕向相同,磁场方向相同,活动铁芯9在两个线圈磁场力的共同作用下克服回位弹簧的作用向左移动,通过拨叉11使驱动齿轮13与发动机飞轮14啮合。当驱动齿轮13与飞轮14啮合后,接触盘6将主接线柱1、3内侧触头接通,于是起动机的主电路接通(电流为200~600 A),电路如下:

蓄电池正极→主接线柱3→接触盘6→主接线柱1→励磁绕组→电刷→电枢绕组→电刷→搭铁。

这时直流电动机产生电磁转矩,通过单向离合器带动曲轴旋转,起动发动机。

(2) 发动机起动后,单向离合器打滑。

(3) 松开点火开关 S,点火开关 S 从 ST 挡回到 ON 挡,这时从点火开关 S 到起动接线往 5 之间已没有电流,吸拉线圈 7 与保持线圈 8 的电路变为:

蓄电池正极→主接线柱 3→接触盘 6→主接线柱回→吸拉线圈 7→保持线圈 8→搭铁。

此时,由于吸拉线圈 7 与保持线圈 8 的电流绕向相反,磁场方向相反,磁吸力相互抵消,因此,活动铁芯 9 在回位弹簧的作用下,迅速右移,使主电路断开,驱动齿轮 13 与飞轮 14 脱离啮合,起动机停止工作。

在接触盘 6 接通主电路之前,由于电流经吸拉线圈 7 到励磁绕组与电枢绕组,所以电区产生了一个较小的电磁转矩,使驱动齿轮 13 在缓慢旋转状态下与飞轮 14 平稳啮合。主电路接通后,吸拉线圈 7 被短路,活动铁芯 9 的位置由保持线圈产生的磁吸力来保持。

主电路接通的同时,接触盘 6 将接线柱 2 接通,使点火线圈的附加电阻短接,提高点火电压。现在附加电阻已经很少采用,所以这个接线柱或不接线,或已经取消。

五、起动机的典型结构

近年来,在汽车上广泛采用体积小、转速高、转矩大的新型起动机,这类新型起动机主要有活动磁极式起动机、减速起动机和永磁起动机等。

1. 活动磁极式起动机

活动磁极式起动机与普通起动机的主要区别是它的 4 个磁极中有 1 个是活动的。这个活动磁极兼作电磁铁,其绕组兼作吸引线圈与保持线圈,构成电磁开关。这种起动机的结构及控制电路如图 3-14 所示。

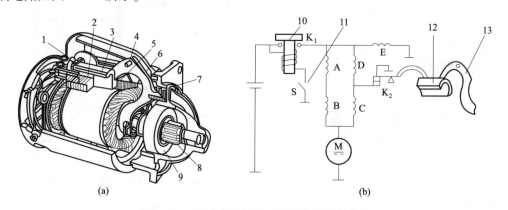

图 3-14 活动磁极式起动机结构和控制电路
(a) 结构;(b) 控制电路

1—接铁触点;2—驱动线圈;3—活动磁极;4—拨叉轴;5—保持线圈;6—拨叉;7—复位弹簧;
8—主动小齿轮;9—单向离合器;10—起动继电器;11—点火开关;12—活动磁极;13—拨叉;
A,B,C—固定磁极励磁绕组;D—活动磁极励磁绕组(兼作电磁开关吸引线圈);
E—保持线圈;K_1—起动继电器常开触点;K_2—搭铁触点

活动磁极式起动机工作过程如下:

（1）打开点火开关 S，起动继电器线圈通电，触点 K_1 闭合，接通了起动电路，一方面电流经励磁绕组（吸引线圈）D、搭铁触点 K_2 和保持线圈并联接地，产生电磁力，吸引活动磁极向下运动，拨叉逆时针摆动，推动右端离合器向右运动，使驱动小齿轮与发动机飞轮齿环啮合。另一方面，励磁绕组 A、B 及电枢绕组（励磁绕组 C 与电枢绕组并联）通电，使起动机驱动小齿轮在电枢缓慢转动下柔和地啮入飞轮齿环。

（2）驱动小齿轮与飞轮齿环啮合后，拨叉左端将电磁开关触点 K_2 打开，于是励磁绕组 A、B、C、D 和电枢绕组形成 4 级串励式直流电动机标准电路，产生强大的电磁转矩，起动发动机。

（3）发动机起动后，断开点火开关，起动继电器线圈断电，触点 K_1 打开，起动机断电，拨叉复位，起动机停止工作。

2. 减速起动机

所谓减速起动机，就是在起动机电枢和驱动齿轮之间增加了一套减速齿轮，一般减速比为 3~5，因此可将起动机的工作转速设计得较高，然后通过减速机构使驱动齿轮的转速降低并使转矩增加。

根据电机原理可知，若电磁功率不变，当转速增加时，则电动机的电枢直径、电枢铁芯长度可以减小。因此装用减速齿轮后，可采用小型、高速、低转矩的电动机，从而使起动机的质量与体积减小 30%~35%。这不仅提高了起动性能，而且减轻了蓄电池的负担。其缺点是机械零件增加，结构及生产工艺均比传统起动机复杂。

减速起动机的减速装置有三种类型，即外啮合式、内啮合式和行星齿轮传动式（同轴式），如图 3-15 所示。其传动方式如图 3-16 所示，技术性能见表 3-3。

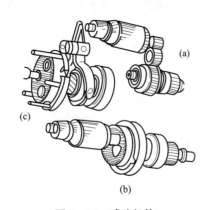 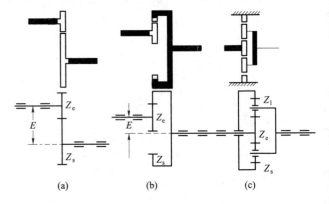

图 3-15　减速机构　　　　　　　　　图 3-16　减速装置传动方式
(a) 外啮合式；(b) 内啮合式；(c) 行星齿轮式　　(a) 外啮合式；(b) 内啮合式；(c) 行星齿轮传动式
　　　　　　　　　　　　　　　　　　　　E—中心距；Z_e—主动齿轮；Z_s—从动齿轮；Z_1—行星齿轮

如图 3-17 所示的减速起动机，减速齿轮组的主动小齿轮与电枢轴直接连接，减速齿轮与单向离合器直接连接。这种结构其减速比通常为 3.5:1，由于有了减速齿轮可以使起动机在较小的起动工作电流下，使起动机有较大的扭矩，从而可以做到用较小容量的蓄电池顺利起动起动机。

电动机的输出功率经过减速装置减速增扭之后，转速降低了 3~5 倍，转矩增大了 3~5

倍,从而使减速起动机起到减速增扭的作用。

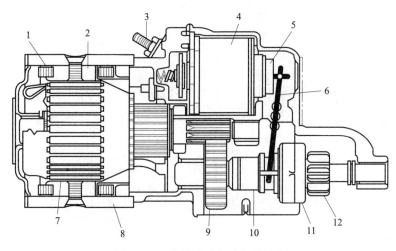

图 3-17 齿轮减速起动机的结构

1—磁场绕组;2—磁极;3—蓄电池接线柱;4—电磁线圈;5—柱塞;6—拨叉;
7—电枢;8—外壳;9—减速齿轮;10—齿轮轴;11—单向离合器;12—主动小齿轮

表 3-3 起动机减速装置的性能比较

传动方式	外啮合式	内啮合式	行星齿轮传动式
齿轮数量	2	2	5
中心距	$E=\dfrac{m}{2}(Z_s+Z_e)$(大)	$E=\dfrac{m}{2}(Z_s+Z_e)$(小)	$E=0$
传动比 i	$i=\dfrac{Z_s}{Z_e}$(较小)	$i=\dfrac{Z_s}{Z_e}$(较大)	$i=1+\dfrac{Z_s}{Z_e}$(较大)
减速比 j	$1<j<5$(j 大时 E 大)	$2.5<j<5$(j 大时 E 大)	$j>3.8$(j 大时体积大)
噪声	低	高	低
可靠性	高	高	低(原因:调整旋转零件多;磨损导致不平衡)
备注		(m——齿轮模数)	

3. 永磁起动机

随着稀土永磁材料的出现,近年来出现了一种以永磁材料作为磁极的起动机,称为永磁起动机,它省去了传统起动机中的励磁绕组。起动机的结构简化,体积、质量也相应减小。

适合于起动机的永磁材料有永磁铁氧体、钛铁硼永磁、稀土钕铁硼永磁等。钕铁硼永磁矫顽力较高,磁能积最大达 302 kJ/m³,它是永磁铁氧体的 12 倍。

将普通型起动机的电磁场用永久磁铁作为磁极就可制成永磁起动机。条形永久磁铁可用冷黏结法粘在起动机外壳内壁上,黏结剂可用厌氧胶或环氧型胶,也有的用片弹簧均匀地固装在起动机外壳内表面上。这种起动机的结构如图 3-18 所示。

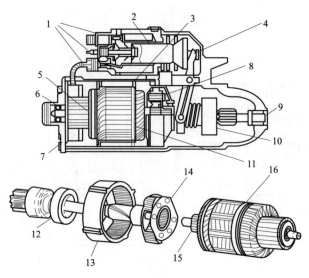

图 3-18 永磁减速式起动机

1—惰性气体保护焊接头；2—镀铬拉杆；3—永磁磁极；4—拨叉；5—整流器；6—滚珠轴承；
7—电刷；8—行星齿轮减速装置；9—滚柱轴承；10—单向离合器；11—平衡式电枢；12—驱动圈；
13—固定内齿圈；14—行星齿轮架；15—小齿轮；16—电枢

永磁起动机相对于普通起动机体积明显减小，其适合于安装在空间较小的车辆上。永磁起动机另一个特点是在电枢的前端装有行星齿轮减速器，使电枢能以较高的转速转动，并提高起动机的转矩。奥迪、捷达、高尔夫轿车均采用永磁起动机。

六、起动机的控制电路

一些汽车上的起动机控制电路中加装了起动继电器，避免起动机电磁开关的电流直接通过点火开关，起到保护点火开关的作用。此外，有的起动机控制电路还具有起动保护功能，可保证发动机起动后，起动机立刻自动停止工作，避免驱动齿轮随飞轮高速空转而增加磨损，而且起动系还具有防止误操作的功能，即在发动机工作时，点火开关打到 ST 挡，起动机不能工作，以免打坏驱动齿轮和飞轮齿圈。

带有起动继电器的起动系控制电路如图 3-19 所示。

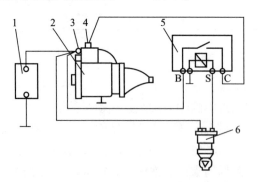

3-5 带起动继电器的控制电路

图 3-19 带有起动继电器的起动系的控制电路

1—蓄电池；2—起动机；3—主接线柱；4—起动接线柱；5—起动继电器；6—点火开关

解放 CA1092 汽车起动机控制电路如图 3-20 所示。解放 CA1092 汽车起动机由复合继电器控制，而复合继电器是由起动继电器和充电指示灯继电器组成。起动继电器的触点 K_1 常开，充电指示灯继电器的触点 K_2 常闭，其工作原理如下。

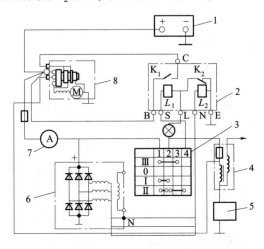

图 3-20　解放 CA1092 汽车起动机控制电路
1—蓄电池；2—起动组合继电器；3—点火开关；4—点火线圈；5—点火控制器；
6—发电机；7—电流表；8—起动机

（1）起动时，点火开关打到 Ⅱ 挡，复合继电器中的起动继电器磁化线圈 L_1 通电，其电路如下：

蓄电池正极→起动机主接线柱→熔断器→电流表→点火开关→复合继电器 S 接线柱→磁化线圈 L_1→触点 K_2→搭铁。

由于磁化线圈 L_1 通电，则 K_1 闭合，接通起动机电磁开关电路，起动机正常工作。

（2）发动机起动后，发电机开始发电，发电机中性点接线柱 N 使线圈 L_2 有电流通过，K_2 断开，磁化线圈 L_1 断电，触点 K_1 断开，使起动机电磁开关断电，起动机自动停止工作，同时充电指示灯熄灭。

（3）发动机工作时，由于发电机中性点电压的作用而使触点 K_2 常开，这时，即使将点火开关误打到 ST 挡，起动机也不会工作，以防止误操作。

另外，还应该防止起动系的误操作。当发动机工作时，起动机是不能工作的，这一点除了利用发电机的中性点电压控制起动复合继电器外，大多数汽车采用点火开关锁体控制。打到 ST 挡时，点火开关是从 OFF（关断）挡→ON（运行）挡→ST 挡，重复打起动挡时，点火开关必须从 OFF 挡开始，即当发动机没有起动着，或发动机自动熄火，需要再次起动发动机时，点火开关必须先回到 OFF 挡，然后才能起动发动机。当发动机运行时（在 ON 挡），锁体向 ST 挡方向是拧不动的，这样就可以防止起动系的误操作，如桑塔纳、奥迪等车都是采用这种方式防止误操作的。

对于装有自动变速器的汽车，要求只有变速器在 P 位（停车挡）或 N 位（空挡）时，起动机才能工作，否则起动发动机时，汽车不是向前跑就是向后跑而发生事故。为此装备自动变速器的汽车，在起动系中都设有"空挡起动开关"，当自动变速器在 P 位或 N 位之外的任何挡时，此开关都是断开的，即将起动机控制电路断开，使起动机无法工作。

单元二　起动机的常见故障及各零部件的检修方法

一、起动机的故障诊断

1. 起动机不工作

起动机不工作指的是当点火开关打到 ST 挡时，起动机不转动，并且电磁开关没有动作。检查步骤如下：

1）检查蓄电池

应先检查蓄电池的极桩是否松脱、氧化、腐蚀，检查电缆线及搭铁端是否正常。然后检查蓄电池是否亏电；可以按喇叭，根据喇叭声音的大小可判断蓄电池是否亏电，也可以开前照灯，根据灯光亮度的变化来判断蓄电池是否亏电。如果喇叭声音变小或前照灯灯光变暗，说明蓄电池亏电。如果以上都正常，则进行下一步检查。

2）检查起动机

将起动机上接电缆线的主接线柱与起动接线柱短接（见图 3-19 中 3 与 4 接线柱），若起动机不能工作，说明起动机的电磁开关等有故障，需拆下起动机检修。如果起动机能正常工作，进行下一步检查。

3）检查起动继电器及起动继电器到起动机的线路

将起动继电器的"电池"和"点火"两接线柱短接（见图 3-19 中的 B 和 S 接线柱，注意确认 B 接线柱有电）：

（1）若起动机正常工作，说明起动继电器及起动继电器到起动机的线路正常，故障在点火开关或点火开关到起动继电器的线路上，进行下一步检查。

（2）若起动机不工作，再将起动继电器上的"电池"和"起动"两接线柱短接（见图 3-19 中 B 与 C 接线柱），起动机正常工作，故障在起动继电器；起动机不工作，则故障在起动继电器到起动机的线路上。

2. 起动机起动无力

起动机起动无力指的是起动机的驱动齿轮已经与飞轮齿圈啮合，但由于起动机的转速太慢而不能使发动机起动。起动机起动无力一般是由于电路中存在潜在的故障引起的，这些潜在的故障引起额外的压降，使起动电流减小。起动机起动无力的原因有：蓄电池故障，包括蓄电池亏电，蓄电池极桩松动、氧化或腐蚀；起动机故障，包括电刷与换向器接触不良、电磁开关中的接触盘烧蚀、串励式直流电动机的励磁绕组或电枢绕组有局部短路。检查步骤如下所述。

1）检查蓄电池

先检查蓄电池的极桩与电缆线的接触是否有松动、氧化或腐蚀等现象；然后通过按喇叭、开前照灯等检查蓄电池是否亏电。如果以上情况都正常，可初步判断故障在起动机。

2）检查起动机

起动机起动无力，如果不是蓄电池和起动电缆线的故障，一般可将起动机从车上拆下，将起动机解体后进行检查维修。

对于起动机起动无力的故障现象，也可以通过测量起动电路压降的方法确定故障的部位，一般轿车的规律是：在起动时，每根起动电缆线的压降不大于 0.2 V，每个连接点的压降不大于 0.1 V，电磁开关内接触盘的压降不大于 0.3 V，起动机的工作电压不小于 9 V，蓄电池的端电压不小于 9.6 V，蓄电池负极桩到发动机缸体之间的电压不大于 0.4 V，如图 3-21 所示。

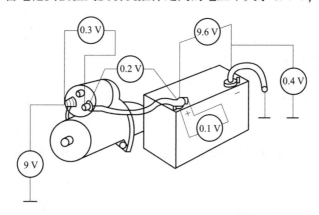

图 3-21 起动机工作时起动电路的压降测试

在检测过程中，如果已确定蓄电池的技术状态完好、电缆线与极桩的连接完好，那么当蓄电池的端电压小于 9.6 V 时，就可初步确定起动无力的故障部位在起动机；然后再测量电磁开关两个主接线柱的压降，若大于 0.3 V，说明故障部位在电磁开关；若起动机的工作电压大于 9 V，说明故障部位在电动机。

3. 起动机工作正常，但发动机不转动（或转动速度慢），并有异响

这种故障现象的主要原因可能是单向离合器打滑，或者是飞轮齿圈有部分齿损坏。一般可根据声音判断，声音"轻、尖且连续"的是单向离合器打滑，应更换单向离合器；声音"沉重、间断"的是飞轮齿圈损坏。也可重新转动曲轴或将车挂上挡，前后移动一下汽车，使起动机的驱动齿轮与发动机的飞轮齿圈重新啮合。如果能起动发动机，说明飞轮齿圈的齿轮啮合面部分损伤，飞轮齿圈损伤轻微的可将飞轮齿圈翻转过来重新使用，飞轮齿圈损伤严重的应更换飞轮齿圈。

二、起动机部件的检修

1. 励磁绕组的检修

短路故障的检查，如图 3-22 所示。将蓄电池的电压加在励磁绕组的两端，注意控制电流，同时用一铁片或螺钉旋具在四个磁极上分别感受磁吸力的大小，如果某一磁极有磁吸力明显低于其他磁极，则表明该磁极上的励磁绕组短路。

搭铁故障的检查，如图 3-23 所示。用万用表检查电刷与起动机外壳之间的导通情况。若导通，说明励磁绕组有搭铁故障。

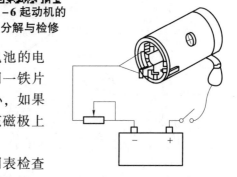

图 3-22 励磁绕组短路故障的检查

断路故障的检查，如图3-24所示。用万用表检查测量励磁绕组两端的导通情况。若不导通，说明励绕组有断路故障。

以上每种故障现象发生，都需更换励磁绕组，或更换起动机总成。

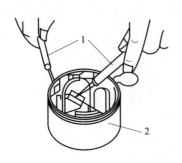

图3-23 励磁绕组搭铁故障的检查
1—万用表表棒；2—起动机外壳

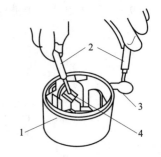

图3-24 励磁绕组断路故障的检查
1—外壳；2—万用表表棒；3—引线；4—电刷

2. 电枢的检修

（1）搭铁故障的检查，如图3-25所示。可用万用表检测换向器与电枢轴之间的导通情况。若导通，说明有搭铁故障，应更换电枢。

（2）断路故障的检查，如图3-26所示。可用万用表电阻"R×1"挡，将两个表笔分别接触换向器相邻的铜片，测量相邻换向器两片之间是否相通，如万用表指针指示"0"，说明电枢绕组无断路故障；若万用表指针在某处不摆动，即电阻值为无穷大，说明此处有断路故障，应更换电枢。

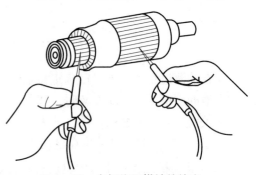

图3-25 电枢绕组搭铁的检查

（3）换向器的检查 当换向器表面有轻微烧蚀时，用细砂纸打磨即可；严重烧蚀（径向圆跳动大于0.05 mm）时，可在车床上精加工，但铜片厚度不得小于2 mm。修整后，云母片的高度与原标准一致，国产车的铜片与云母片等高，进口车的铜片比云母片高0.2 mm以上。

（4）电枢轴的常见故障是弯曲变形，检查方法如图3-27所示。用百分表测量电枢轴的弯曲程度，径向圆跳动应不大于0.15 mm，否则应校正。

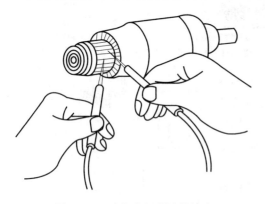

图3-26 电枢绕组断路的检查

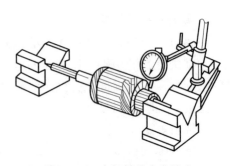

图3-27 电枢轴的弯曲检查

3. 电刷与电刷架的检修

电刷使用的极限高度为标准高度的 2/3，小于极限值时应更换，如图 3-28 所示。电刷的接触面不应小于 75%。电刷弹簧的弹力可用弹簧秤测量，弹力应大于 12 N，否则应更换，如图 3-29 所示。

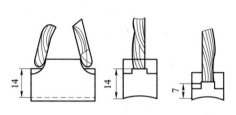

图 3-28　电刷高度的测量

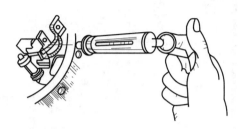

图 3-29　电刷弹簧弹力的测量

三、起动机的电路检修

（一）起动电路的组成

汽车起动机电路是现代汽车电路中的重要组成部分，因车型不同各起动电路略有不同，大体上可以分为无起动继电器的控制电路，带有起动继电器的控制电路和带有保护继电器的控制电路。

一般轿车的起动控制电路基本组成主要有：蓄电池、熔断丝、继电器、点火开关、驻车/空挡开关、起动机等。

（二）丰田卡罗拉 1.6 L 自动 GL 轿车起动电路图识读（如图 3-30 所示）

点火开关打到启动档（start），电流才能够从蓄电池正极出发，首先到达保险丝（30 A）、保险丝（7.5 A）→启动开关总成→中间插接器→驻车与空挡行程开关组件→系统继电器→搭铁→蓄电池负极，形成回路；电流产生磁场使继电器开关闭合→电流到达起动机总成→电流产生磁场，使起动机电磁开关闭合；当电磁开关接通后，电流自蓄电池→电池开关接触盘→起动机→接地，形成回路，起动机运转。

（三）迈腾 B7L 起动电路图识读（如图 3-31 所示）

E313 选档开关处于 P/N 档位置，经过 CAN 总线将档位信号提供给 J623 发动机电脑。同时需要驾驶员踩下制动踏板向 J623 发动机电脑提供制动信号。

D9 点火开关向 J527 输送点火开关位置信号，确认为起动档，同时 J527 通过 CAN 总线向 J519 提供起动信号，J519 命令卸荷继电器工作，暂停由卸荷继电器供电的元件。

D9 点火开关向 J623 发动机电脑报告起动信号，J623 发动机电脑控制起动继电器 J682、J710 工作。

电流走向：J519→J329 继电器 1#→J329 继电器线圈→J329 继电器 2#→接地。

SB30→J329 继电器 3#→J329 继电器开关→J329 继电器 5#→SC10→J682 继电器 1#→J682 继电器线圈→J682 继电器 2#→J623T94/21→J623 发动机电脑控制接地。

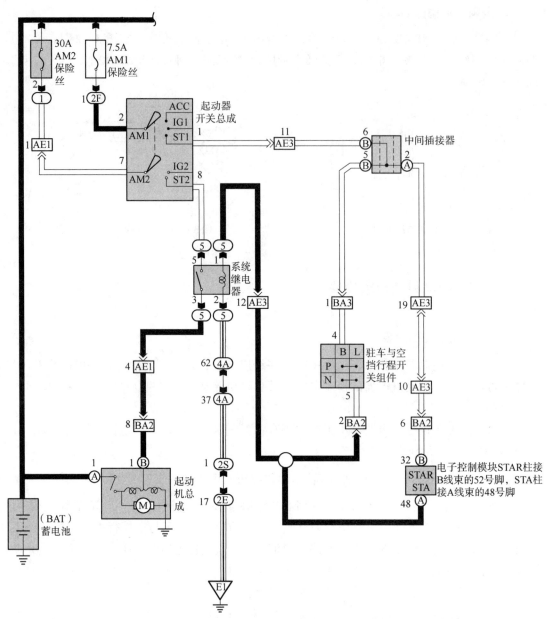

图 3-30　丰田卡罗拉 1.6 L 自动 GL 轿车起动电路图

SB30→J329 继电器 3#→J329 继电器开关→J329 继电器 5#→SC10→J710 继电器 1#→J710 继电器线圈→J710 继电器 2#→J623T94/7→J623 发动机电脑控制接地。

SB30→J329 继电器 3#→J329 继电器开关→J329 继电器 5#→J682 继电器 3#→J682 继电器开关→J682 继电器 5#→J710 继电器 3#→J710 继电器开关→J710 继电器 5#→起动机 50#控制起动机工作。

（四）科鲁兹起动电路图识读（如图 3-32 所示）

手动档档位传感器/自动挡 P/N 档传感器向发动机控制模块提供档位信息,确认手动挡空挡或自动挡处于 P/N 位置。

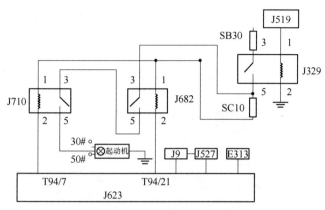

图 3-31 迈腾 B7L 起动电路图

点火开关处于起动档位置,点火继电器向发动机控制模块提供起动信号。

电流走向:

发动机控制模块 X1/29 开关闭合→起动继电器 86#→起动继电器线圈→起动继电器 85#→接地。

B+→FU12→起动继电器 30#→起动继电器开关→起动继电器 87#→X1/1 磁力开关控制起动机工作。

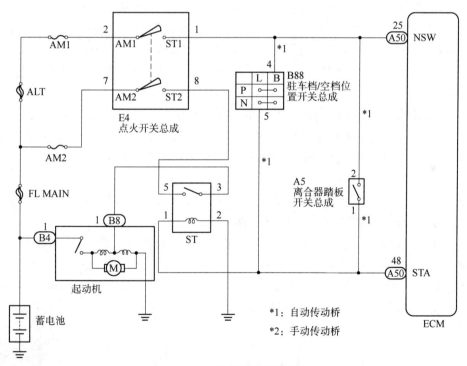

图 3-32 科鲁兹起动电路图

手动档车型:起动时将变速器挂入空挡,踩下离合器踏板使离合器踏板开关总成处于闭合状态。同时,发动机电脑 A50 接角收到起动信号。

电流走向：

1. 蓄电池正极→AM1 保险丝→点火开关 AM1→点火开关 ST1→离合器踏板开关总成→ST1→ST 线圈→ST2→接地。

1. 蓄电池正极→AM2 保险丝→点火开关 AM2→点火开关 ST2→ST5→ST3→起动机 B8 控制起动机工作。

自动档车型：起动时将变速器挂入 P 档或 N 档，同时，发动机电脑 A50 接角收到起动信号。

电流走向：

1. 蓄电池正极→AM1 保险丝→点火开关 AM1→点火开关 ST1→离合器踏板开关总成→ST1→ST 线圈→ST2→接地。

2. 蓄电池正极→AM2 保险丝→点火开关 AM2→点火开关 ST2→ST5→ST3→起动机 B8 控制起动机。

单元三　起动机的使用及维护

一、起动机的使用注意事项

起动发动机时，蓄电池要给起动机提供很大的电流，汽油机需 200～600 A，柴油机需 1 000 A 以上。起动机又是按短时间内输出大功率而设计制造的，为确保它能迅速、可靠、安全地起动发动机，并尽量延长使用寿命，在使用中必须注意以下事项。

（1）经常保持蓄电池处于充足电的状态，保持蓄电池、起动机、启动开关等连接牢固，接触良好。

（2）发动机起动时，每次接通起动机的时间不得超过 5 s，连续再次起动时应停歇 10～15 s，连续 3 次以上起动应在检查起动系统（如蓄电池的容量、极柱的连接、油电路等，否则蓄电池的容量将严重下降，起动发动机将变得更加困难）未有故障的情况下，停歇 5 min 以上再起动。

（3）起动时，应挂入空挡或踩下离合器，自动变速器的汽车应将变速杆置于 P 位或 N 位，起动同时踩下离合器踏板，严禁挂挡起动。

（4）发动机起动后，应立即松开点火开关，使驱动齿轮及时退出，以减少单向离合器的磨损。严禁在发动机旋转时使用起动机。

（5）冬季和低温地区在进行冷机起动时，应先将发动机进行预热后，再用起动机起动。

（6）发动机起动后，如果起动机不能停转，应立即关闭电源总开关或拆开蓄电池搭铁线。

二、起动机的维修注意事项

（1）在车上进行起动检测之前，一定要将变速器挂上空挡，并实施驻车制动。

3-7 检查与更换起动机

(2) 在拆卸起动机之前，应先拆下蓄电池的搭铁电缆线。
(3) 有些起动机在起动机与法兰盘之间使用了多块薄垫片，在装配时应按原样装回。

三、起动系维护要点

按汽车维护制度的规定，应定期对起动机进行维护，维护作业要点如下。
(1) 日常维护中应保持起动机各部的清洁、干燥、连接牢固、接线柱及导线绝缘良好。
(2) 二级维护。
①汽车每行驶 3 000 km 时，应检查与清洁换向器，擦去换向器表面的碳粉和脏污。
②汽车每行驶 5 000～6 000 km 时，应检查测试电刷的磨损程度以及电刷弹簧的压力，均应在规定范围之内。电刷高度不得小于 7～10 mm，否则应换新。用弹簧秤测量电刷架弹簧弹力，应符合标准值，弹力过弱应更换。
③润滑起动机的轴承。
④每年对起动机进行一次解体性保养。

(1) 检查与更换点火开关。
(2) 起动机不转故障检修案例。

3-8 检查与更换　　3-9 起动机不转
点火开关　　　　故障检修案例

学习情境四

点火系的拆装、检测与诊断

为了完成点火系的检测与维修任务，必须掌握点火系的组成、作用及工作原理；点火系各部件的拆装方法；三种信号发生器的结构、原理及测试方法；掌握点火正时的步骤及使用仪器检测点火正时是否准确；掌握点火系常见故障的诊断及排除方法等知识。

当发动机起动时有故障，多数情况为点火系或燃油供给系故障，可以通过转动曲轴，观察高压线是否跳火来判断点火系是否有故障。本学习情境的任务为完成传统点火系、磁感式点火系以及霍尔式电子点火系的检测与维修。

单元一 点火系的基本知识

一、概述

汽车发动机的工作循环是由吸气、压缩、做功与排气四个行程组成的。柴油机用压缩点火，汽油机均采用电火花点火。柴油机压缩行程末期，气缸内压缩空气的温度已经超过柴油的燃点，从喷油嘴喷出的雾状柴油遇到热空气即可立即燃烧，因此，无须设置点火装置。汽油的燃点较高，必须用明火点燃，气缸内的汽油混合气是用高压电火花点燃的。

电火花点火是通过一整套电气设备和机件，在相互配合下，将汽车的低压电变为高压电，利用装在气缸燃烧室内的火花塞间隙放电，产生电火花，将可燃混合气点燃做功，并能按发动机工作的要求而自动调节点火时间，使点火可靠、准确。

1. 点火系的作用

在汽油发动机中，气缸内的可燃混合气是靠高压电火花点燃的。而产生电火花的功能是由点火系来完成的。

点火系的作用是将汽车电源供给的低压电转变为高压电，并按照发动机的做功顺序与点火时刻的要求，适时准确地将高压电送至各缸的火花塞，使火花塞跳火，点燃气缸内的混合气。

2. 发动机对点火系的要求

点火系统应在发动机各种不同工况和使用条件下，均能保证可靠而准确地点燃混合气。为此，点火装置必须满足以下三个要求。

4-1 发动机对点火系统的基本要求

1）能产生足以击穿火花塞电极间隙的高电压

实践证明，汽车发动机在满负荷低速时需 8~10 kV 的高电压，起动时则常需 9~17 kV 的高电压，正常点火一般均在 15 kV 以上。为了保证点火可靠，考虑各种不利因素的影响，点火高电压必须有一定的储备量，所以传统点火装置产生的电压均在 15~20 kV，电子点火系统可达 20~30 kV，而且高电压的升值要快。火花塞电极之间产生火花的电压通常称为击穿电压。

2）电火花应具有足够的能量

电火花应有足够的点火能量，能在各种不同的使用条件下点燃混合气。发动机正常工作时，由于混合气压缩终了的温度已接近其自燃温度，因此所需的火花能量仅 1~5 mJ 即可。

在发动机起动、怠速以及节气门突然急剧打开时需较高的火花能量。为了保证可靠点火，一般应保证有 50~80 mJ 的点火能量，起动时应大于 100 mJ 的火花能量，而且电火花还应有一定的火花持续时间，通常不少于 500 μs。

3）点火时间应与发动机的工作情况相适应

点火时刻对发动机工作性能的影响较大。首先，点火系统应按发动机的工作顺序进行点火。一般四缸发动机的点火次序为 1—3—4—2，六缸发动机为 1—5—3—6—2—4，一般应以制造厂家提供的技术数据为准。其次，必须在最有利的时间进行点火。

因为混合气在发动机的气缸内从开始点火到完全燃烧需要一定的时间（千分之几秒），所以要使发动机产生最大的功率，就不能在压缩行程终了活塞行至止点才点火，而是需要适当提前一些。另外，发动机气缸的多少、负荷的大小、转速的变化、燃油品质的不同及同一发动机由于工况和使用条件的不同等，都直接影响气缸内混合气的点火时间，为了使发动机能发出最大的功率，点火装置必须适应上述情况的变化实现最佳点火。

3. 点火系的分类

目前应用在汽车上的点火装置较多，大致可分为以下几种。

1）按点火能量的储存方式分类

（1）电感储能式电子点火系（电感放电式电子点火系）。

（2）电容储能式电子点火系（电容放电式电子点火系）。

2）按信号发生器的原理分类

（1）电磁感应式电子点火系（如丰田车系）。

（2）霍尔效应式电子点火系（如大众车系）。

（3）光电式电子点火系（如日产车系）。

3）按照初级电路的控制方式分类

（1）传统点火系。触点式点火系统是在 1908 年由美国人凯特林（Cartline）研制开发，首先于 1910 年用在凯迪拉克（Cadillac）汽车上。长期以

4-2 传统点火系的工作原理

来，汽车上一直采用触点式点火系统，因此又称为传统点火系统或蓄电池点火系统，或称为蓄电池点火系。1990 年以前，我国生产的汽车上广泛应用的还是传统点火系统，目前传统点火系统已淘汰，在此不再介绍。

（2）电子点火系。应用于化油器式发动机的点火系，如国产的解放 CA1091、东风 EQ1091 及早期生产的普桑、捷达、奥迪、红旗等车型，在此处没有特别说明的均指电子点火系。

（3）计算机控制点火系。广泛应用于电控发动机的点火系。

4）按照高压电的配电方式分类

（1）机械配电点火系（有分电器点火系）。

（2）计算机配电点火系（无分电器点火系）。

在以上各种点火装置中，相对于电容储能式来说，电感储能式电子点火系较为广泛；在电感储能式电子点火系中，以电磁感应式和霍尔效应式应用较为广泛；对于配电方式来说，有分电器点火系在中低档车中应用较为广泛；无分电器点火系在中高档车中应用较为广泛。

所谓电感储能式，就是点火系电火花的能量以磁场的形式储存在点火线圈中，在此主要介绍电感储能式电子点火系。

所谓电容储能式，就是点火系电火花的能量以电场的形式储存在专门的储能电容器中。

二、点火系的工作原理

4-3 点火系的工作原理

1. 点火系的组成及功用

点火系的组成如图 4-1 所示，主要包括以下几部分。

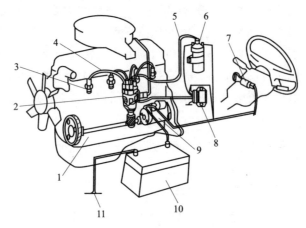

图 4-1　点火系的组成

1—中间轴；2—分电器；3—火花塞；4—分高压线；
5—中央高压线；6—点火线圈；7—点火开关；
8—点火控制器；9—起动机；10—蓄电池；11—搭铁端

1）电源

点火系的电源为蓄电池或发电机，其作用是给点火系提供低压直流电源，电压一般为 12 V。

2）点火线圈

点火线圈的作用是将 12 V 低压电转变成 30 kV 的高压电，其结构与自耦变压器相似，所以也称变压器。

3）分电器

分电器由配电器、信号发生器和机械式点火提前角调节机构等组成。配电器的作用是将点火线圈产生的高压电，按照发动机的工作顺序送至各缸火花塞；信号发生器的作用是产生脉冲信号，送给点火控制器，由点火控制器控制初级电路的通断；机械式点火提前角调节机构的作用是随发动机转速和负荷的变化而改变点火提前角。

4）点火控制器

点火控制器也称为点火模块，集成电路主要由整形电路、放大电路和开关电路组成，其主要作用起开关作用，用来控制点火系初级电路的导通与截止。

5）火花塞

火花塞的作用是将高压电引入气缸燃烧室，产生电火花点燃混合气。

6）高压线

高压线的作用是用来连接点火线圈、分电器及各个火花塞。

7）点火开关

点火开关的作用是用来控制点火系的初级电路，同时也控制充电系的励磁电路、起动电路及由点火开关控制的所有用电设备。

2. 点火系的基本工作原理

图 4 - 2 所示为点火系的结构图，图 4 - 3 所示为点火系的工作原理图。在点火系中，一般将点火线圈初级绕组 N_1 所在的闭合电路称为初级电路（低压电路）；将点火线圈的次级绕组 N_2 所在的闭合电路称为次级电路（高压电路）；一般将点火线圈到火花塞的电路称为高压电路。流经初级绕组 N_1 的电流为初级电流，一般初级电流为 7 ~ 8 A；初级电路的电压为电源电压 12 V，次级电路的电压为 30 kV 左右的高压电。

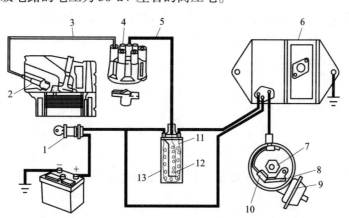

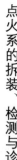

4 - 4 初级回路接通与断开

图 4 - 2　点火系的结构图

1—点火开关；2—火花塞；3—分高压线；4—分电器盖及分火头；
5—中央高压线；6—点火控制器；7—信号转子；8—永久磁铁；
9—真空调节器；10—信号线圈；11—初级绕组；12—次级绕组；13—点火线圈

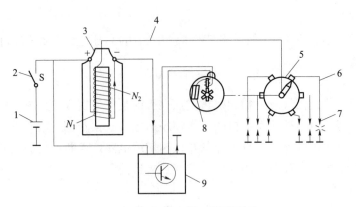

图 4-3 点火系的工作原理图

1—蓄电池；2—点火开关；3—点火线圈；4—中央高压线；5—配电器；
6—分高压线；7—火花塞；8—信号发生器；9—点火控制器

发动机工作时，分电器中信号发生器的转子也随之旋转。转子旋转时，在信号发生器的感应线圈中便产生正弦脉冲信号。当信号发生器传送给点火控制器的信号为正脉冲信号时，点火控制器中起开关作用的晶体管导通，初级电路导通，电路为：蓄电池正极→点火开关→点火线圈的"+"接线柱→初级绕组 N_1→点火线圈的"-"接线柱→点火控制器→搭铁，初级电路的电流方向如图 4-3 所示。点火系的初级电路导通时，初级绕组便产生磁场。

当信号发生器传送给点火控制器的信号为负脉冲信号时，点火控制器中起开关作用的晶体管截止，初级电路被切断，初级电流及磁场迅速消失。这时，在点火线圈两个绕组中都产生感应电动势。由于次级绕组的匝数多，因此，在点火线圈的次级绕组中产生高压电。此时，随分电器轴一同旋转的分火头正好对准分电器盖上某缸的旁电极，高压电由分高压线送给火花塞，使火花塞跳火，点燃混合气。

根据以上分析，点火系的工作过程可分成三个阶段，即初级电路导通，点火能量储存；初级电路截止，次级电路产生高压电；火花塞电极产生电火花，点燃混合气。

信号发生器向点火控制器每传送一个点火信号时，点火线圈便产生一次高压电，信号发生器转子转动一周，即分电器每转动一圈，由配电器按照点火顺序将高压电轮流引至各气缸，使各个气缸火花塞点火一次。

三、点火系的构造

1. 分电器

如图 4-4 所示，分电器由配电器、信号发生器和机械式点火提前角调节机构等组成，现分别对其介绍。

1）配电器

配电器由分电器盖和分火头组成，其作用是按发动机点火顺序，将高压电分配到各缸火花塞上。

2）信号发生器

常用的信号发生器有三种类型，分别是电磁感应式、霍尔式及光电式。当分电器轴转动

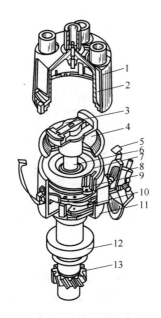

图 4-4　霍尔式无触点式分电器的结构
1—抗干扰屏蔽罩；2—分电器盖；3—分火头；4—防尘罩；5—分电器盖弹簧夹；
6—分电器轴；7—带缺口转子；8—真空点火提前调节装置；9—霍尔信号发生器
总成；10—离心点火提前调节装置；11—分电器外壳；12—密封圈；13—驱动齿轮

时，带动转子旋转，这样在信号发生器的感应线圈中便产生电磁脉冲信号，此信号传送给点火控制器。关于三种信号发生器结构、原理等内容将在后面的几节中详细介绍。

3）机械式点火提前角调节机构

从火花塞跳火开始到混合气燃烧完毕，是需要一定时间的。虽然这段时间很短，但若在活塞到达上点时开始点火，则混合气边燃烧，活塞边下移，这将导致气缸燃烧压力降低，发动机功率减小。因此，混合气应当在活塞达到上止点前进行点火，使气缸内的最高燃烧压力出现在上止点附近。实践证明，气缸内气体最高压力在活塞到达上止点后 10°~15°时出现，此时，发动机的功率最大，热能利用率最高。所以，最佳点火时刻是在活塞到达上止点前的某一时刻。

从开始点火到活塞到达上止点这段时间，用曲轴转角来表示，这个曲轴转角称为点火提前角。或者说，在活塞到达上止点前，提前点火的时间用曲轴转角来表示，这个曲轴转角称为点火提前角。提前点火的时间由混合气的燃烧速度决定，混合气的燃烧速度由气缸内的温度、压力及混合气的浓度来决定。当气缸内的温度、压力高时，混合气的燃烧速度就快，提前点火的时间就应该缩短，点火提前角就应该小。因此，最佳点火提前角与发动机转速、负荷等有关。

为了保证发动机在任何工况下都能实现在最佳点火时刻点燃混合气，在分电器内设置了机械式点火提前角调节机构，即离心式调节器和真空式调节器。

(1) 离心式调节器　离心式调节器的作用是在发动机转速升高时，自动增大点火提前角，其结构如图 4-5 所示。

(2) 真空式调节器　真空式调节器的作用是在发动机负荷增大时，自动减小点火提前角，其结构如图 4-6 所示。

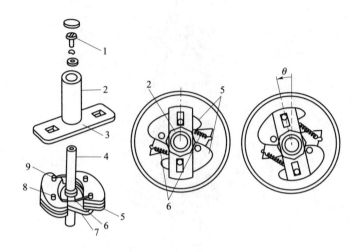

图 4-5 离心式调节器的结构

1—固定螺钉；2—信号发生器转子轴；3—拨板；4—分电器轴；
5—离心重块；6—弹簧；7—托板；8—销钉；9—柱销

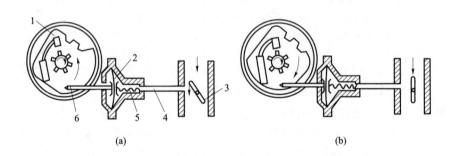

图 4-6 真空式调节器的结构

(a) 点火提前交增大情景结构图；(b) 点火提前角减小情景结构图
1—活动板（定子盘）；2—膜片；3—节气门；4—真空管；5—弹簧；6—驱动连接件

2. 点火控制器

点火控制器的作用是控制点火系初级电路的导通与截止，内部为集成电路，全密封结构，其外形如图 4-7 所示。

图 4-7 点火控制器的外形结构

3. 点火线圈

点火线圈由初级绕组、次级绕组和铁芯等组成。按磁路的结构形式不同，可分为开磁路点火线圈和闭磁路点火线圈。

1) 开磁路点火线圈

开磁路点火线圈的结构如图4-8所示，点火线圈中心是用硅钢片叠成的条形铁芯，由于铁芯没有构成闭合回路，所以称为开磁路点火线圈。

为改善点火性能，在应用开磁路点火线圈的点火系初级电路中，一般设有附加电阻（热敏电阻），温度升高，附加电阻阻值增大。这样，当点火线圈温度高时，可减小初级电流，防止点火线圈过热。同时，在起动机起动发动机时，利用起动电路将附加电阻短路，增大初级电流，提高次级电压，有利于发动机起动。附加电阻有两种结构形式，一种是设在点火线圈外部，这种形式的点火线圈有三个接线柱；还有一种附加电阻为导线形式，用来连接点火开关与点火线圈，这种形式的点火线圈有两个接柱。

2) 闭磁路点火线圈

闭磁路点火线圈也称为高能点火线圈，其结构如图4-9所示。在"口"字形或"日"字形铁芯内绕有次级绕组，在次级绕组外面绕有初级绕组，初级绕组产生的磁通量通过铁芯构成闭合磁路。

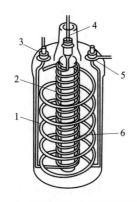

图4-8 开磁路点火线圈的结构

1—初级绕组；2—次级绕组；3—点火线圈"＋"接线柱；
4—中央高压线接线柱；5—点火线圈"－"极接线柱；6—铁芯

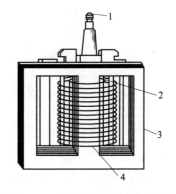

图4-9 闭磁路点火线圈的结构

1—中央高压线接线柱；2—次级绕组；
3—铁芯；4—初级绕组

4. 火花塞

1) 火花塞的构造

火花塞的构造如图4-10所示，中心电极用镍铬合金制成，具有良好的耐高温、耐腐蚀性能，中心电极做成两段，中间加有导电玻璃，由于导电玻璃和瓷绝缘体的膨胀系数相近，因此，导电玻璃主要是起密封作用。火花塞间隙多为 $1.0 \sim 1.2$ mm。

2) 火花塞的热特性

火花塞的热特性是指火花塞裙部（下部）的温度特性。实践证明，火花塞裙部温度保持在500 ℃~600 ℃时，落在绝缘体上的油滴能立即烧去，通常将这个温度称为火花塞的自净温度。低于这个温度时，火花塞易产生积炭，高于这个温度时，在火花塞表面易产生炽热点，形成早燃。因此，要使火花塞正常工作，就要保证火花塞的裙部温度为自净温度。火花塞的热特性主要决定于绝缘体裙部的长度。绝缘体裙部长的火花塞，其受热面积大，传热距离长，散热困难，裙部温度高，称为热型火花塞；反之，裙部短的火花塞，吸热面积小，传热距离短，散热容易，裙部温度低，称为冷型火花塞。热型火花塞用于低压缩比、低转速、小功率的发动机中；冷型火花塞用于高压缩比、高转速、大功率的发动机中。

3）火花塞的类型

常见的火花塞结构类型如图4-11所示。

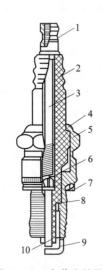

图4-10 火花塞的构造

1—接线螺母；2—瓷绝缘体；
3—金属杆；4, 8—内密封垫圈；
5—壳体；6—导电玻璃；7—密
封垫圈；9—侧电极；10—中心电极

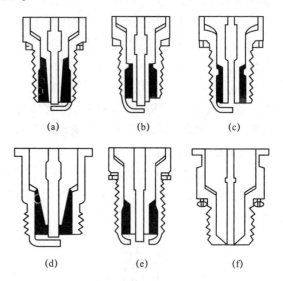

图4-11 常见的火花塞结构类型

(a)标准型；(b)绝缘体突出型；(c)细电极型；
(d)锥座型；(e)多电极型；(f)沿面跳水型

(1)标准型火花塞。

(2)绝缘体突出型火花塞其绝缘体裙部较长，突出于壳体端面以外。

(3)细电极型火花塞其电极很细，火花强烈，点火能力好，在严寒季节也能保证发动机迅速可靠地起动。

(4)锥座型火花塞其壳体和旋入螺纹制成锥形，因此不用垫圈也可保证良好密封。

(5)多电极型火花塞侧电极一般为两个或两个以上．

(6)沿面跳火型火花塞即沿面间隙型火花塞，是一种最冷型火花塞，其中心电极与壳体端面之间的间隙是同心的。

(7)电阻型火花塞电阻型火花塞是在火花塞内装有5~10 kΩ的电阻，可抑制点火系的电磁干扰。

(8)屏蔽型火花塞屏蔽型火花塞是利用金属壳体把整个火花塞屏蔽密封起来，不仅可抑制电磁干扰，还可用于防水、防爆的场合。

4）火花塞的型号

根据ZB/TJ 37003—1989标准规定，火花塞型号由三部分组成：

| 1 | 2 | 3 |

1——汉语拼音字母,表示火花塞结构类型及主要形式尺寸,字母的含义如表 4-1 所示。

2——阿拉伯数字,表示火花塞热值。

3——汉语拼音字母,表示火花塞派生产品结构、结构特征、材料特性及特殊技术要求,字母的含义如表 4-1 所示。

例如,F4T 型火花塞,其表示螺纹长度为 1.9 mm、壳体六角对边为 20.8 mm、热值为 4 的 M14×1.25 带电阻的镍铜复合电极的绝缘体突出型平座火花塞。

表 4-1 火花塞派生产品的特征、特性排列顺序

顺序	字母	特征与特性	顺序	字母	特征与特性
1	P	屏蔽型火花塞	7	H	环状电极火花塞
2	R	电阻型火花塞	8	U	电极缩入型火花塞
3	B	半导体型火花塞	9	V	V 型电极火花塞
4	T	绝缘体突出型火花塞	10	C	镍铜复合电极火花塞
5	Y	沿面跳火型火花塞	11	G	贵金属火花塞
6	J	多电极型火花塞	12	F	非标准火花塞

四、电磁感应式电子点火系

电磁感应式电子点火系又称为磁脉冲式电子点火系。日本丰田汽车公司的大部分汽车都使用这种点火装置,国产的北京切诺基、解放 CA1092、东风 EQ1090 等多数汽车也使用这种点火装置,属于电感储能式电子点火系。本节以丰田(TOYOTA)汽车 20R 型发动机的点火装置为例来讲解电磁感应式电子点火系的相关知识。

4-5 电子点火系的工作过程

1. 磁感应信号发生器

信号发生器的功用是产生信号电压,输出给点火控制器,通过点火控制器来控制点火系的工作,其结构如图 4-12 所示。

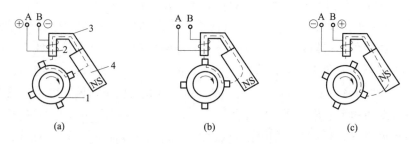

图 4-12 丰田(TOYOYA)汽车 20R 型发动机的信号发生器
(a)靠近时;(b)对正时;(c)离开时
1—转子;2—感应线圈;3—铁芯;4—永久磁铁

信号发生器在分电器内,主要由转子、感应线圈和永久磁铁等组成。

信号发生器的转子是由分电器轴带动的,转子上的凸齿数与发动机的气缸数相等,其工作原理如下所述。

永久磁铁的磁路为:永久磁铁 N 极→空气气隙→转子→空气气隙→铁芯→永久磁铁 S 极。当发动机工作时,分电器轴带动信号发生器的转子旋转,使转子与铁芯之间的空气气隙发生有规律的变化,因此穿过感应线圈的磁通量也发生变化,从而在感应线圈中产生感应电动势。

转子每转过一个凸齿,感应线圈中的感应电动势正好变化一个周期,即转子每转 90°产生一个交变信号,转子每转一周,便产生 4 个交变信号,该信号输出给点火控制器,通过点火控制器来控制点火系的工作。此信号发生器的缺点是发动机转速的高低将影响信号发生器输出信号的大小。

2. 点火系的工作过程

20R 型发动机点火系的工作原理如图 4-13 所示。

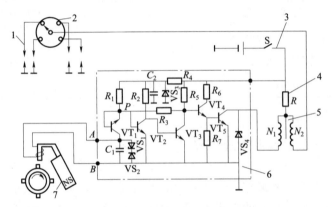

图 4-13 20R 型发动机点火系的工作原理
1—火花塞;2—配电器;3—点火开关;4—附加电阻
5—点火线圈;6—点火控制器;7—信号发生器

该点火控制器的基本电路是由整形电路(VT_2)、放大电路(VT_3、VT_4)和开关电路(VT_5)组成。其中 VT_1 主要起温度补偿作用,由于其发射极和基极相接,故相当于一个二极管,如图 4-14 所示。VT_5 为大功率晶体管,起开关作用,与点火线圈的初级绕组串联构成初级电路,并控制初级电路的导通与截止。其工作过程如下:

在接通点火开关,发动机未工作时,此时蓄电池正极→点火开关→R_4→R_1→P 点→VT_1→A 点→信号发生器的感应线圈→B 点→搭铁。于是电路中的 P 点电位高于 VT_2 的导通电压,VT_2 导通,VT_2 导通后其集电极电位降低,使 VT_3 截止。VT_3 截止时,蓄电池通过 R_5 向 VT_4 提供偏置电流使 VT_4 导通。VT_4 导通后,R_7 上的压降给 VT_5 提供正向偏置电压,使 VT_5 导通。

于是点火系的初级电路导通,电路为:

蓄电池正极→点火开关→附加电阻→点火线圈的初级线圈 N_1→VT_5→搭铁。

(1)当信号发生器的感应线圈输出"+"信号时(A 端为"+"、B 端为"-"),由于 VT_1 的集电极加反向电压而使 VT_1 截止,故 P 点电位仍是高电位,使 VT_2 导通,于是 VT_3 截止,VT_4 和 VT_5 导通,点火系的初级电路导通,产生初级电流。

(2) 当信号发生器的感应线圈输出"-"信号时（A端为"-"、B端为"+"），VT_1因加正向电压而导通，此时P点电位为低电位，于是VT_2截止。当VT_2截止时，蓄电池通过R_2向VT_3提供偏置电流，使VT_3导通，VT_4、VT_5截止，点火系的初级电路截止，次级线圈产生高压电。

(3) 高压电由分电器分配至各缸火花塞，使火花塞跳火，点燃混合气。

信号发生器转子转动一周，各个气缸便轮流点火一次。图4-15所示点火系工作时各部分的电压波形。

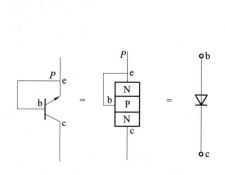

图4-14 VT_1的二极管作用

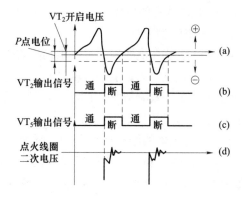

图4-15 点火系工作时各部分的电压波形
(a) 信号发生器输出信号；(b) VT_2的输出信号；
(c) VT_5的输出信号；(d) 次级电压

五、霍尔效应式电子点火系

霍尔效应式电子点火系其信号发生器是利用霍尔效应制成的。目前国产的桑塔纳、奥迪、捷达、红旗等轿车的点火系均采用这种点火装置。下面以桑塔纳轿车为例说明霍尔效应式电子点火系的工作原理，桑塔纳轿车点火系的组成如图4-16所示。

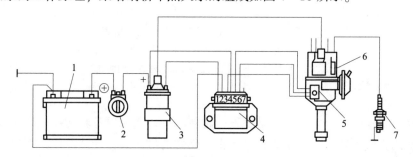

图4-16 桑塔纳轿车点火系的组成
1—蓄电池；2—点火开关；3—点火线圈；4—点火控制器；
5—霍尔信号发生器；6—分电器；7—火花塞

1. 霍尔信号发生器

1) 霍尔效应

霍尔效应是由美国物理学家霍尔于1897年发现的，当电流通过放在磁场中的半导体基片（即霍尔元件），且电流方向与磁场方向垂直时，在垂直于电流与磁场的方向上，半导休

基片内产生一个与电流大小和磁感应强度成正比的电压,这个电压就称为霍尔电压 U_H,用公式表示如下

$$U_H = \frac{R_H}{d}IB$$

式中　R_H——霍尔系数;
　　　d——基片厚度;
　　　I——通过基片的电流;
　　　B——磁感应强度。

由上式可知,霍尔电压与通过霍尔元件的电流及磁感应强度成正比。当电流为定值时,霍尔电压只与磁感应强度成正比,利用这一效应制成了霍尔信号发生器。

2)霍尔信号发生器的结构与原理

霍尔信号发生器的结构如图 4-17 所示,主要由触发叶轮、永久磁铁、霍尔元件等组成。触发叶轮与分火头制成一体,由分电器轴带动,且触发叶轮的叶片数与发动机的气缸数相等。

霍尔信号发生器的工作原理如图 4-18 所示。

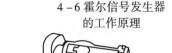

4-6 霍尔信号发生器的工作原理

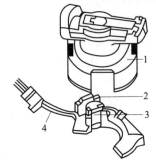

图 4-17　霍尔信号发生器的结构
1—分火头及触发叶轮;2—霍尔集成电路;
3—永久磁铁;4—专用插座

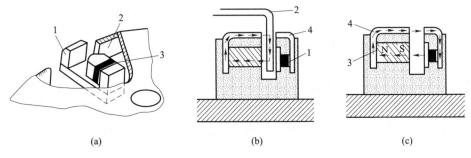

(a)　　　　　　　　(b)　　　　　　　　(c)

图 4-18　霍尔信号发生器的工作原理
(a)结构原理;(b)叶轮片在霍尔元件与永久磁铁之间;
(c)叶轮片离开,霍尔元件与永久磁铁之间的气隙
1—霍尔元件;2—触发叶轮片;3—永久磁铁;4—导磁板

当发动机工作时,分电器轴带动触发叶轮转动,每当触发叶轮的叶片进入永久磁铁和霍尔元件之间的空气气隙时,原来垂直进入霍尔元件的磁力线被叶片遮住,霍尔元件的磁路被触发叶轮的叶片旁路,因此霍尔元件不产生霍尔电压,霍尔集成电路输出极的晶体管处于截止状态,其集电极电位为高电位 11~12 V,即此时信号发生器的输出信号为 11~12 V(如图 4-19);当触发叶轮的叶片离开此气隙时,永久磁铁的磁力线则可垂直进入霍尔元件,于是在霍尔元件中便会产生霍尔电压,霍尔集成电路输出极的晶体管处于导通状态,其集电极电位为低电位 0.3~0.4 V,这时霍尔信号发生器输出信号为 0.3~0.4 V。故触发叶轮每转一周,霍尔信号发生器便可产生四个脉冲信号,将此信号输送给点火控制器便可实现对点火系的控制。霍尔电压受汽车发动机的转速影响小,可靠性高,所以霍尔感应式电子点火系在欧洲应用较为广泛。

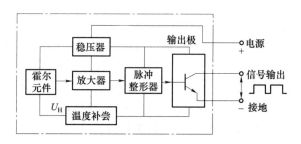

图 4-19 霍尔信号发生器的内部集成电路原理

2. 点火控制器

上海桑塔纳点火系的点火控制器如图 4-20 所示,安装在前挡风玻璃的右前方,有 7 个接线端,其中 1 号接线端通过绿色导线与点火线圈的负极相连;2 号接线端搭铁(棕色导线);3、5、6 号接线端接霍尔效应传感器,其中 5 号线(黑红色)为信号发生器电源线,6 号线(绿白色)为信号线,3 号线(棕白色)为电源、信号共用负极;4 号线(黑色)为点火器电源线。1 号接线端和 2 号接线端之间为点火器的大功率三极管,7 号接线端不使用。

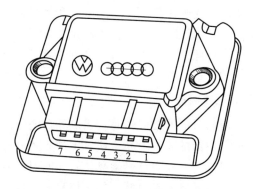

图 4-20 桑塔纳轿车的点火器

3. 霍尔效应式电子点火系的工作过程

桑塔纳轿车点火系的工作原理如图 4-21 所示。

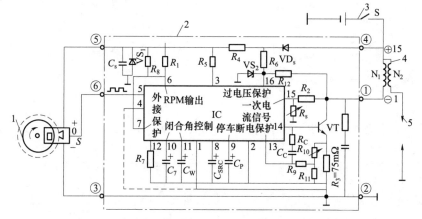

图 4-21 桑塔纳轿车点火系的工作原理

1—霍尔信号发生器;2—点火控制器;3—点火开关;4—点火线圈;5—火花塞

（1）发动机工作时，分电器轴带动霍尔信号发生器的触发叶轮旋转。当触发叶轮的叶片进入空气气隙时，霍尔信号发生器输出高电压信号为 11~12V，高电压信号使点火控制器集成电路中的末级大功率晶体管 VT 导通，点火系的初级电路导通：电源"＋"→点火线圈 N_1→点火控制器（VT）→搭铁。

（2）当触发叶轮的叶片离开霍尔元件的气隙时，霍尔信号发生器输出 0.3~0.4V 的低电压信号，低电压信号使点火控制器末级大功率晶体管 VT 截止，初级电路截止，初级电流消失，次级电路产生高压电。

（3）高压电由分电器分配到各缸火花塞，点燃混合气。

六、光电式电子点火系统

光电式点火系是由蓄电池、点火开关、点火线圈、点火控制器、光电式信号发生器和分电器等组成的。日本日产公司生产的大部分汽车都使用这种点火装置。

1. 光电式信号发生器的结构

光电式信号发生器主要由发光二极管、光敏晶体管和遮光盘三部分组成，如图 4-22 所示。发光二极管作为光源，可发出红外线光束，且发光二极管耐振、使用寿命长；光敏晶体管作为光接收器，当红外线光束照射到晶体管时，晶体管导通；遮光盘安装在分电器上，遮光盘外缘上的缺口与发动机的气缸数相等。

2. 光电式信号发生器的工作原理

如图 4-23 所示，遮光盘随分电器轴旋转时，当遮光盘的叶片转至发光二极管与光敏晶体管之间时，便把发光二极管发出的光束阻断，使其不能射入光敏晶体管，此时光敏晶体管截止；当遮光盘上的缺口通过发光二极管与光敏晶体管之间时，发光二极管所发出的光束直接照到光敏晶体管上，使其导通。遮光盘每转一周，信号发生器便产生四个交变信号，输送给点火控制器，以控制点火系正常工作。

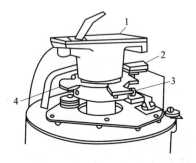

图 4-22 光电式信号发生器的结构
1—分火头；2—发光二极管；
3—光敏晶体管；4—遮光盘

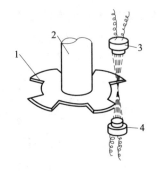

图 4-23 光电式信号发生器的工作原理
1—遮光盘；2—分电器轴；
3—发光二极管；4—光敏晶体管

光电式信号发生器输出的信号不受发动机转速的影响，且没有时间上的滞后。

3. 光电式电子点火系的工作原理

光电式电子点火系的工作原理如图 4-24 所示。VL 为发光二极管，VT 为光敏晶体管。

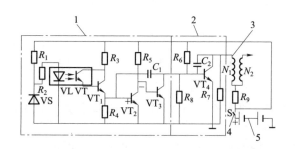

图 4-24 光电式电子点火系的工作原理
1—光电式信号发生器；2—点火控制器；3—点火线圈；
4—点火开关；5—蓄电池

（1）当发动机工作时，遮光盘随分电器转动，当遮光盘的缺口通过 VL 与 VT 时，则红外线通过缺口照射到 VT，使其导通，即 VT_1 导通、VT_2 导通、VT_3 截止，由于 R_6、R_8 的分压为 VT_4 提供偏置电压，VT_4 导通，于是点火系的初级电路导通。

（2）当遮光盘的叶片部分遮住发光二极管发出的红外线光束时，VT 截止，则 VT_1、VT_2 截止，VT_3 经 R_5 获得偏流而导通，VT_4 截止，使点火系的初级电路截止，点火线圈的次级绕组产生高压电。

（3）高压电通过分电器分配给各缸火花塞，点燃混合气。

七、电容储能式电子点火系统

1. 电容储能式电子点火系统的组成

电容放电式电子点火系统一般由直流升压器、储能电容、可控硅（开关元件）、触发器以及点火线圈、分电器等组成。其结构原理如图 4-25 所示。

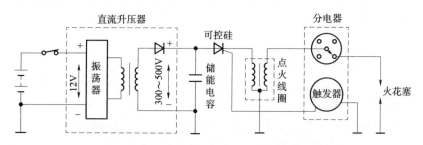

图 4-25 电容放电式点火系统

直流升压器：一般由振荡器、变压器和整流器三部分组成。其作用是将蓄电池 12 V 低压电变为交流电并升压，再经整流器整流为 300～500 V 的直流，向储能电容充电。

储能电容：其容量为 0.5～2 μF，用来储存产生火花的能量，即通过充电，把点火能量以电场能的形成储存起来。

可控硅：起开关作用，在触发器的输出信号的作用下，导通储能电容和初级绕组的放电回路。电容储能电子点火系统又称为可控硅点火系统。

触发器：其作用是规律性地产生触发信号，导通可控硅。触发器按获得触发信号的不同，可分为触点式和无触点式两类。

2. 工作原理

（1）接通点火开关，直流升压器投入工作，将12 V的直流电压提高到300～500 V的直流高压，并不断向储能电容器充电。

（2）发动机曲轴旋转，带动分电器轴转动，使触点反复开闭，触发器输出电压信号，导通可控硅。

（3）可控硅导通后，储能电容器经可控硅向初级线圈放电，与此同时在次级线圈中感应出20～30 kV的高压电势，使火花塞跳火，点燃混合气。

3. 电容储能式电子点火系统的特点

相比于电感储能式点火系统，它具有以下优点。

（1）储能过程不受点火线圈电感的影响，储能电容充电的时间极短，可控硅的导通速率极高，因此，次级电压几乎不受发动机转速的影响。

（2）次级电压上升速率高（次级电压上升时间短），因此对火花塞积炭不敏感。

（3）由于储能过程点火线圈不通过电流，点火线圈的平均电流小，故其工作温度低，寿命长。

（4）电能的消耗随发动机转速的增加而增加，怠速时电能消耗最低，这对蓄电池极为有利。

（5）储能过程能量损失少，故点火能量转换效率高。

相比于电感储能式点火系统，它的不足之处如下。

①结构复杂，成本高。

②工作时火花持续时间太短，太短的火花持续时间会造成起动及发动机低速时点火不良。可采用多个火花塞来延长火花持续时间，但相应的结构更复杂、成本更高。

电容储能式电子点火系统的这些不足，限制了它在一般的汽油机上的应用，仅适用于高速发动机，使用并不广泛。

八、微机控制的点火系统（ESA）

微机控制的点火系统是使用无触点电子点火系统之后，点火系的又一大进步，其特点是将点火提前角的机械调节方式改变为电子控制方式，增加了爆震控制内容，能使发动机获得最佳的燃烧，提高了发动机的动力性、经济性，减少了排放污染。在发动机控制系统中，点火控制包括点火提前角控制、通电时间（闭合角）控制和防爆震控制三个方面。

普通电子点火系统对点火时刻的控制与传统点火系一样，是靠装在分电器上的离心式和真空式点火提前装置来控制的。这两种装置由于受其机械结构及性能的限制，调节能力是有限的，很难实现点火提前角随发动机的转速、负荷、起动怠速、水温、汽油的辛烷值、压缩比等的不同而精确调节，有时为了避免大负荷时的爆燃，不得不减小点火提前角。因而它只能使发动机在某些工况下接近于最佳点火提前角，而在其他许多工况下的点火提前角，实际上是处于过小的状态，使发动机不在最佳的燃烧状态下工作，从而影响了发动机功率的充分发挥。

由于点火时刻对发动机的动力、油耗、排放污染、压缩比、大气压力、冷却水温度、空燃比、爆燃、行驶的稳定性等都会产生直接影响。因而为了满足各种工况的要求，使发动机工作时其动力性和经济性达到最佳、排放污染最小，则必须测试大量的工况信息，并及时处理后输出相应的控制信号，以控制最佳点火时刻。显然普通电子点火系统是无法胜任的，只有采用微机及自动控制技术才能使点火时刻控制在最佳状态。

微机控制点火系统或叫电子点火提前（Electronic Spark Advance）控制系统，即 ESA，引入微机控制技术，并由单独控制系统发展成为现代的集中控制系统，使点火时刻的控制、通电时间的控制及防爆燃的控制等能达到比较理想的控制精度。现今，国产奥迪、桑塔纳轿车和北京切诺基吉普车等车型的发动机均采用了这种微机控制点火系统。

1. 微机控制点火系统的组成和工作原理

1) 微机控制点火系统的组成

微机控制点火系统主要由各类传感器、电子控制单元（ECU）和点火执行器三部分组成。图 4-26 所示为有分电器的微机控制点火系统的组成示意图，图 4-27 所示为无分电器的直接点火系统的组成示意图。

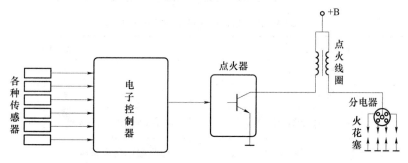

图 4-26　分电器点火系统的组成示意图

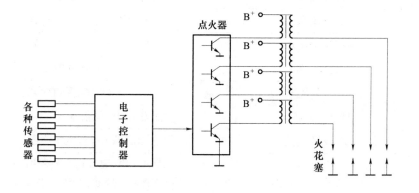

图 4-27　直接点火系统的组成示意图

图 4-28 所示为微机控制点火系统的组成框图。传感器是用来检测与发动机点火有关的各种工况信息的装置。点火执行器由电子点火器、点火线圈、分电器及火花塞组成。有些发动机无点火器，点火控制电路就在发动机 ECU 内。随着汽车生产厂家、生产年代的不同，其结构虽有所不同，但都大同小异。其各部分的功能见表 4-2。

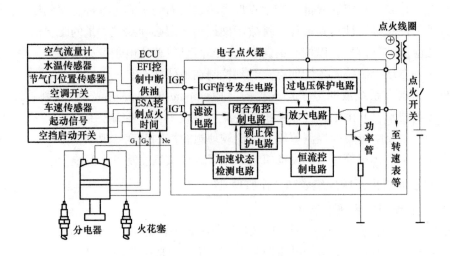

图 4-28　ESA 系统的组成框图

表 4-2　ESA 系统各组成部分的功能

组成部分		功　能
传感器	空气流量计	检测进气量
	进气（歧）管绝对压力传感器	
	分电器　Ne 信号检测线图	检测曲轴角度（发动机转速）
	分电器　G1、G2 信号检测线图	检测曲轴角度基准位置
	节气门位置传感器	向主 ECU 输入点火提前角修正信号
	水温传感器	检测发动机的冷却水温
	起动开关	检测发动机是否正处于起动状态
	空挡起动开关	检测自动变速器的选挡杆是否置于 N 位或 P 位
	车速传感器	检测车速，向主 ECU 输入车速信号
	空调开关 A/C	检测空调的工作状态（ON 或 OFF）
	爆燃传感器	检测发动机爆燃信号
	电源电压传感器	向主 ECU 输入电源电压信号
执行机构	电子点火器与点火线圈	根据主 ECU 输出的点火控制信号，控制点火线圈一次侧路的通断，产生二次侧高压使火花塞点火，同时把点火确认信号 IGF 反馈给 ECU
	发动机控制器（主 ECU）	根据各传感器输入的信号，计算出最佳的点火提前角，向电子点火器输送点火控制信号

微机控制点火系统（ESA）主要电路：

（1）点火确认信号（IGF 信号）发生电路。当点火线圈初级电流切断时，产生反电动势触发 IGF 信号发生电路，使其输出一个点火确认信号（IGF）给 ECU，IGF 信号也称为点火安全信号。

在电喷发动机中，喷油器的驱动信号来自转速与曲轴位置传感器，如果点火系统出现故障使火花塞不能点火，而该传感器工作正常时，喷油器会继续喷油。为避免这种现象的发生，当 IGF 信号连续 3~6 次没有反馈给 ECU 时，ECU 就判断此时发动机已熄火，并向 EFI 系统的喷油控制电路发出中断供油的指令，以防浪费燃油、再起动困难以及行驶时三元催化转换器过热等现象的发生。

（2）过电压保护电路。当汽车电源供电电压过高时，该电路使点火器放大电路中的功率晶体管截止，以保护点火线圈与功率管。

（3）闭合角控制电路。闭合角也称接通角，是指点火线圈初级电路的通电期间曲轴转过的角度。

闭合角控制电路可控制点火器中功率管的导通时间，即控制点火线圈初级电路的通电时间，以保证次级电路产生合适的点火高压。

（4）锁止保护电路，也称发动机停转断电保护电路。如发动机熄火而点火开关仍接通，一般在点火线圈和功率管的导通时间超过预定值时，该电路控制功率管截止，切断初级电路的电流，以保护点火线圈和功率管不被烧坏，并避免不必要的电能消耗。

（5）恒流控制电路。保证在任何转速下，在极短的时间内，使点火线圈初级电流都能达到规定值（一般为 6~7 A），以减少转速对次级电压的影响，改善点火性能。同时，还可防止因初级电流过大而烧坏点火线圈，这是因为 ESA 系统采用了高能点火线圈，其初级电路取消了附加电阻，且初级线圈电阻很小，初级电流从通电开始到断路时可达到很大值。

（6）加速状态检测电路。当发动机转速急剧上升时，该电路对这种加速状态进行检测，将检测到的状态信号输送给闭合角控制电路，使其中的功率管提前导通，以增大闭合角。

2）微机控制点火系统的工作原理

发动机运行时，ECU 不断地采集发动机的转速、负荷、冷却水温度、进气温度等信号，并与微机内存储器中预先储存的最佳控制参数进行比较，确定出该工况下最佳点火提前角和初级电路的最佳导通时间，并以此向点火控制模块发出指令。

点火控制模块根据 ECU 的点火指令，控制点火线圈初级回路的导通和截止。当电路导通时，有电流从点火线中的初级线圈流过，点火线圈此时将点火能量以磁场的形式储存起来。当初级线圈中的电流被切断时，在其次级线圈中将产生很高的感应电动势（15~30 kV），经分电器送到工作气缸的火花塞，点火能量被瞬间释放，并迅速点燃气缸内的混合气，发动机完成做功过程。

此外，在带有爆震传感器的点火提前角闭环控制系统中，ECU 还可根据爆震传感器的输入信号来判断发动机的爆震程度，并将点火提前角控制在爆震界限的范围内，使发动机能获得最佳燃烧。

2. 点火提前角控制

在微机控制点火系统中，点火提前角按发动机启动期间与正常运行期间两种基本工况实现控制。

1）发动机起动期间点火提前角的控制

发动机刚起动时，其转速较低（一般认为在 500 r/min 以下），且进气（歧）管压力信号或进气量信号不稳定。此时可由 ECU 根据所控制的发动机工作特性预置一个固定的点火提前角,称为初始点火提前角。也就是说,ECU 检测到发动机处于起动状态,就按预置的初始点火提前角控制各缸点火,此时,ECU 检测的控制信号主要是发动机转速信号(Ne)和起动开关信号(STA)。初始点火提前角的设定因发动机而异,但一般为压缩行程中活塞到达上止点前 10°左右。

2)发动机正常运行期间点火提前角的控制

发动机正常运行期间,ECU 要根据实测的有关发动机各种工况信息确定最佳点火提前角。

(1)基本点火提前角。基本点火提前角又分为怠速和正常运行两种情况。

①怠速时的基本点火提前角,指节气门位置传感器的怠速触点闭合时所对应的基本点火提前角。其值还根据空调是否工作及发动机的怠速转速略有不同,如图 4-29 所示。

如空调工作时,随着发动机怠速转速的提高,应适当地增大点火提前角,以利于发动机运转速度的稳定,此时怠速基本点火提前角约为 8°;空调不工作时,怠速基本点火提前角约为 4°。由此可见,两种情况所对应的实际点火提前角应分别为 18°和 14°。

②正常运行时的基本点火提前角,指节气门位置传感器怠速触点打开时所对应的基本点火提前角。该值主要是依据发动机的转速和负荷(用进气量表示)而定。发动机正常运行时,ECU 根据实测的发动机转速信号和进气流量信号(或进气歧管压力信号),在内存数据表中查找出相应的角度,该角度称为这一工况下的基本点火提前角,如图 4-30 所示。基本点火提前角随发动机转速升高而增大,随进气流量(或进气歧管压力)增加而减少。

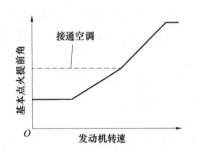

图 4-29 怠速时的基本点火提前角

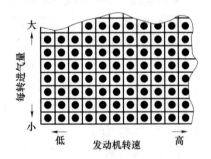

图 4-30 平常运行时的点火提前角

(2)修正点火提前角。发动机正常运行时,最佳点火提前角还与发动机冷却水温度、进气温度、混合气空燃比、爆震等诸多因素有关,因而 ECU 还要根据实测的这些信号对点火提前角进行修正。

综上所述,得到初始点火提前角与基本点火提前角后,再通过修正方可得到最终的用来进行实际控制的最佳点火提前角,即发动机正常运行期间的实际点火提前角 = 初始点火提前角 + 基本点火提前角 + 修正点火提前角。当初始点火提前角设定之后,受 ECU 控制的点火提前角只有基本点火提前角和修正点火提前角,此两项之和最大为 35°~45°,最小为 -10°~0°。ECU 设置有点火提前角限值调整功能,若点火提前角超过限值范围时,ECU 将把实际点火提前角调整到最大或最小允许提前角。

3. 通电时间控制

对通电时间进行控制,就是对点火闭合角进行控制,闭合角的大小取决于发动机转速和电源供电电压的大小，在不同的转速、不同的供电电压下，都应保证有一定的初级断电电流。随着发动机转速的升高，应适当增大闭合角，以防止初级断电电流减小、点火线圈储能下降，造成次级电压下降而点火困难。当电源电压发生变化时，会影响初级断电电流的大小。当电压下降时，在相同的通电时间内初级电流所能达到的值会减小，此时应较早地将初级电路接通，即增大通电时间（闭合角）。

ESA 系统对闭合角进行控制时，主 ECU 的内存中储存了根据电源电压和发动机转速确定的点火闭合角三维数据表格。在发动机的实际工况中，ECU 通过查找这个表格内的数据，即可计算确定最佳的点火闭合角。

4. 爆震控制

爆震是汽油发动机运行中最有害的一种故障现象，轻则使发动机运行不稳定，重则将导致发动机损坏。爆震与所使用的汽油辛烷值密切相关，辛烷值越低越容易引起爆震燃烧，为了避免爆震发生，应适当减小点火提前角。但是，这种点火提前角的调整难以控制。若调整值偏大，则不利于获得理想的点火时刻；若调整值偏大，则不利于获得理想的点火时刻；若调整值偏小，如遇劣质燃油或其他偶然因素，又难免发动机进入爆震区。为此，在 ESA 控制系统设置爆震控制器，其由爆震传感器、检测电路、控制电路及校正电路组成。

爆震控制系统如图 4-31 所示，它的输入处理回路如图 4-32 所示。爆震控制系统由爆震传感器检测爆震强度，在产生爆震前，微机自动减小点火提前角，使点火时刻保持在爆震边界曲线的附近，以提高发动机的功率、降低燃油消耗，如图 4-33 所示。

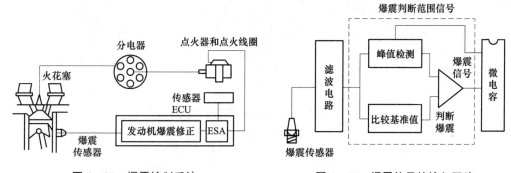

图 4-31　爆震控制系统　　　　图 4-32　爆震信号的输入回路

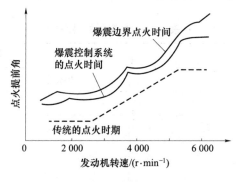

图 4-33　爆震控制的点火提前角

爆震传感器的功用是把爆震时传到缸体上的机械振动转换成电压信号,输入给 ECU 作为爆震控制信号。爆震传感器大多安装在气缸体上。常用的爆震传感器有两种:一种是磁致伸缩式爆震传感器,如图 4-34 所示;另一种是压电式爆震传感器,如图 4-35 所示。压电式爆震传感器又分共振型、非共振型和火花塞座金属垫型三种结构。

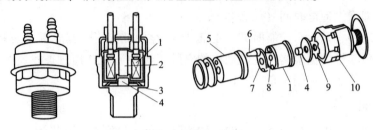

图 4-34 磁致伸缩式爆震传感器

1—线圈;2—磁芯;3—壳体;4—永久磁铁;5—软磁体壳体;
6—接线端子;7—绝缘体;8—磁致伸缩导杆;9—弹簧;10—支架

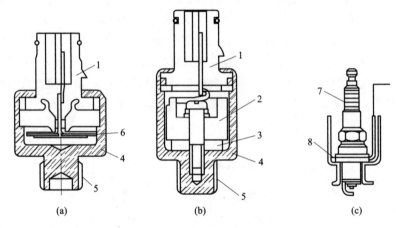

图 4-35 压电式爆震传感器

(a) 共振型;(b) 非共振型;(c) 火花塞座金属垫型
1—电器连接装置;2—平衡块;3—压电元件;4—外壳;5—安装螺纹部分;
6—压电元件圆盘;7—火花塞;8—爆燃传感器(每缸一个)

磁致伸缩式爆震传感器和压电式爆震传感器的优缺点比较见表 4-3。

表 4-3 爆震传感器比较

项　目	磁致伸缩式	压电式	
		共振型	非共振型
外形	稍大	小	小
结构	复杂	较复杂	简单
机电变换效率	小	大	大
阻抗	小	大	大
爆燃信号判别	传感器输入信号可识别	传感器输入信号可识别	回路中需要滤波器

续表

项 目	磁致伸缩式	压电式	
		共振型	非共振型
调整	需调整共振点	需调整共振点	不需要调整共振点
适应性	随发动机而变	随发动机而变	可适用于各种发动机
采用的汽车厂家	通用、日产等公司	克莱斯勒、丰田等公司	三菱、雷诺等公司

ECU检测传感器送来的信号，据此分析判断有无爆震及爆震强度，然后输出相应的指令控制校正电路，对发动机的点火提前角作较准确的调整。爆震强，推迟点火的角度大；爆震弱，推迟的角度小。每次调整都以一个固定的角度递减，直到爆震消失为止。然后又以一个固定的角度递增，当发动机再次出现爆震时，ECU又使点火提前角减小，如此不断调整。

这是一种"临界控制"方式，它可使发动机接近爆震区而又不进入爆震区，如图4-33所示，此时缸内燃烧的热效率最高。

点火系统采用爆震控制后，可使得不同转速下点火时刻的控制达到较理想的程度。在没有爆震控制的点火系统中，为了避免爆震现象的发生，设定的点火时刻必须留有离开爆震区的足够余量，从而导致燃烧的热效率降低。

5. 有分电器的微机控制点火系统

以丰田凌志LS400型轿车配装的IUZ-FE型V8发动机为例，其微机控制点火系统电路如图4-36所示。

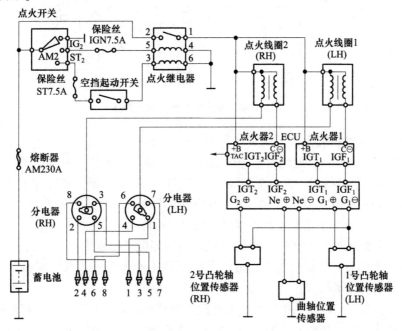

图4-36 丰田凌志LS400型轿车微电脑点火系统

该轿车发动机为电控燃油喷射方式,其微电脑控制系统除对点火进行控制外,还同时实现对汽油喷射点火时刻、怠速转速以及废气再循环等多项参数的集中控制。发动机右列气缸的编号从前端开始依次为 2-4-6-8,左列气缸的编号从前端开始依次为 1-3-5-7,点火顺序为 1-8-4-3-6-5-7-2。

点火系统由两套点火装置组成,在 ECU 的控制下,控制左、右两上点火线圈的工作,控制原理左右相同。

两个点火基准传感器分别安装在左、右凸轮轴上,称为凸轮轴位置传感器。左(1号)凸轮轴传感器的信号 G_1、右(2号)凸轮轴传感器的信号 G_2,输入微电脑 ECU 内作为点火的基准信号。

曲轴位置传感器用来检测发动机转速信号,安装在曲轴端,转速信号(NE)也送入 ECU。为便于分析,现将图 4-36 电路化简,并给出部分器件的内电路控制关系,其简图如图 4-37 所示。

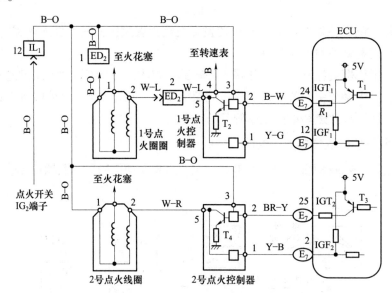

图 4-37 点火控制器简化电路图

以 1 号点火控制系统为例,正常工作时,ECU 根据 Ne、G_1、G_2 信号,空气流量计信号,进气温度和水温信号,起动信号等确定点火提前角。在理想点火提前角前某一预定角接通三极管 T_1,(其基极得到一低电平而导通)。这样,+5V 电源就将通过 T_1 导通的 e—c 结、限流电阻 R_1、ECU 的 E_7 插件 24 脚、B—W 颜色的导线、1 号点火控制器②脚加至 T_2 的基极,使三极管 T_2 导通,于是 1 号点火线圈初级电路接通。

当达到点火提前角时,ECU 关断 T_1(其基极为高电平而截止),并向点火控制器 1 输出一个 IGT 低电平信号。该信号使 T_2 截止,从而切断了点火线圈初级电流通路,并在次级线圈中产生高压使火花塞跳次。

与此同时,利用初级线圈电流切断时产生的自感电动势,1 号点火控制器还从其①脚输出一个点火确认信号(IGF_1),该信号经 Y—G 颜色导线加至 ECU 插件 E_7 的 12 脚进入 ECU 内。当 ECU 接收不到 IGF 反馈信号时,ECU 立即发出停止喷油的指令,使喷油器停止喷油。

第 2 路点火控制系统的工作过程与上述第 1 路的相同。

6. 无分电器的微机控制点火系统

1）无分电器的微机控制点火系统的特点

在无分电器的微机控制点火系统中，由控制单元直接控制点火线圈的工作和高压电的分配，可以取消分电器，成为无分电器的点火系统。无分电器点火系统由控制单元直接控制高压电的分配，故也称为直接点火系统。它具有以下优点：

（1）由于取消了传统的分电器，使点火系统的结构大大简化。

（2）由于没有中间传动机件，无磨损和传动误差对点火系统工作的影响，从而提高了点火系统工作的可靠性。

（3）消除了由分电器盖和分火头之间的火花造成的无线电干扰和能量损失。

（4）避免了 O_3、NO_x、酸等类物质以及潮湿对点火系统工作的影响。

由于其优点突出，故应用前途广泛，其必将逐步取代有分电器的微机控制点火系统。

无分电器的微机控制点火系统按其高压配电方式不同，可分为二极管分配式和点火线圈分配式两大类，后者应用较广泛。

2）二极管分配式微机控制点火系统

二极管分配式无分电器点火系统采用同时点火方式，其组成方框图如图4-38所示。

图4-38所示为一个用于四缸发动机的微机控制点火系统，其点火顺序为1—3—4—2。

当微机控制点火系统接收到曲轴位置传感器送来的相应信号，经处理后向点火控制器发信号触发点火信号，控制器的控制回路输出一低电平，加至三极管 T_1 基极使其截止，致使点火线圈初级绕组A中的电流被切断，在次级绕组中感应出下正、上负的高压电，其电流回路为：点火线圈次级绕组下正端→二极管 D_4→第4缸火花塞→搭铁→第1缸火花塞→二极管 D_1→点火线圈次级绕组上负端，如图4-38中实线箭头所示。

上述这一电流回路，使第1、第4缸火花塞均跳火。此时1缸接近压缩终了，混合气被点燃，而4缸正在排气，火花塞点空火。

当曲轴转过180°后，ECU接到传感器信号后再次向点火控制器发出触发信号，控制器的控制回路输出一低电平，加至三极管 T_2 基极使其截止，致使点火线圈初级绕组B中的电流被切断，在次级绕组中感应出上正、下负的高压电，其回路为：点火线圈次级绕组上端正电压端→二极管 D_2→第2缸火花塞→搭铁→第3缸火花塞→二极管 D_3→点火线圈次线绕组下端负电压端，如图4-38中虚线箭头所示。

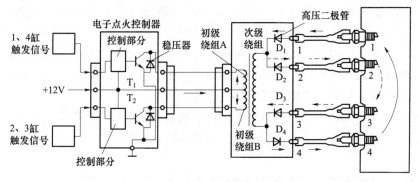

图4-38 二极管分配式微机控制点火系统组成方框图

上述这一电流回路，使第2、第3缸火花塞均跳火，此时第3缸点火做功，第2缸火花塞点空火。依次类推，当发动机曲轴转两圈时，发动机各缸做功一次。

7. 点火线圈分配式微机控制点火系统

该系统是将来自点火线圈的高压电直接分配给火花塞，这种点火系统具有同时点火和单独点火两种形式。

（1）同时点火式。同时点火无分电器式微机控制点火系统又称 DLI 系统，其典型的组成方框图如图 4-39 所示。

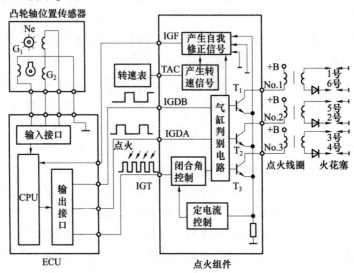

图 4-39　DLI 系统组成方框图

所谓同时点火，也就是用一个点火线圈对到达压缩和排气上止点的两个气缸同时进行点火，处于压缩的气缸混合气被点燃而做功，正在排气的气缸火花塞则点空火。

ECU 根据凸轮轴位置传感器信号，选择应点火的气缸，并将点火信号送给点火组件，使相应的开关三极管 $T_1 \sim T_3$ 中的某一只截止或导通，于是相应的点火线圈直接向火花塞输出高压电。

（2）单独点火式。单独点火无分电器式微机控制点火系统的方框图如图 4-40 所示。图 4-41 所示为日产汽车六缸发动机上使用的单独点火无分电器式微机控制点火系统。图 4-42 所示为奥迪汽车 5 缸发动机上使用的单独点火无分电器式微机控制点火系统。

单独点火式的实质，就是为每一个气缸的火花塞配备一个点火线圈，单独直接地对每个气缸点火。工作时，微机控制系统 ECU 根据各种传感器送来的信号，确定点火时间，并将点火正时信号送至分电电路。由分电电路按预先设定的顺序输出控制信号，加至点火线圈初级电流驱动电路，由该电路切断相应点火线圈的初级电流。次级线圈中感应出的高压电加至相应气缸火花塞使其放电产生电火花点燃混合气。

单独点火式无分电器微机控制点火系统由于取消了高压线，故其能量损失小、效率高和电磁干扰少，在各种进口汽车上应用较多。虽然不同车型所使用的元器件有所不同，但工作原理基本相同。

8. 奥迪 V6 发动机无分电器式微机控制点火系统

（1）组成。图 4-43 所示为奥迪 V6 发动机无分电器式微机控制点火系统组成示意图。

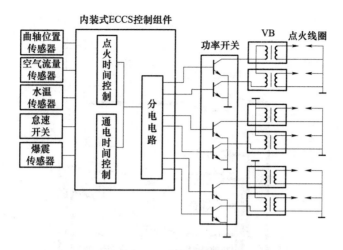

图4-40　单独点火无分电器式微机控制点火系统图

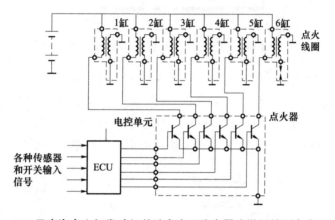

图4-41　日产汽车六缸发动机单独点火无分电器式微机控制点火系统图

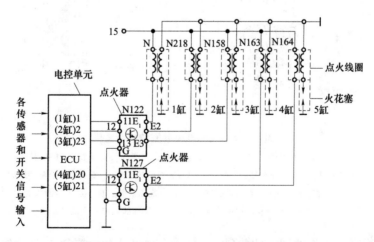

图4-42　奥迪汽车五缸发动机单独点火无分电器式微机控制点火系统图

它主要由微机控制的各种传感器（如转速传感器、曲轴位置传感器、负荷传感器以及爆震传感器等）、控制单元、专用点火线圈、点火控制模块以及火花塞等组成。

①点火线圈。在无分电器的点火系统中，点火线圈一般为双点火线圈。点火线圈次级绕

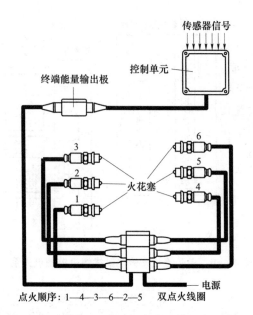

图4-43 奥迪V6发动机点火系统组成示意图

组两端分别接两个气缸的火花塞,即每两个气缸使用一个点火线圈。

奥迪V6发动机使用了3个双点火线圈,它们安装在一起成为点火线圈组件,如图4-44(a)所示。图4-44(b)所示为日本丰田皇冠轿车上使用的点火线圈结构示意图。图4-44(c)所示为美国福特汽车公司3.8LSC型发动机上使用的点火线圈结构示意图。

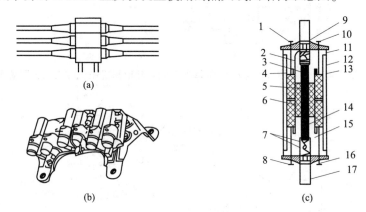

图4-44 几种点火线圈结构示意图

(a)奥迪V6发动机点火线圈;(b)丰田皇冠轿车点火线圈;(c)福特3.8LSC发动机点火线圈

1,16—接蓄电池;2—高压导线;3—铁芯;4—初级绕组;5—次级绕组Ⅰ;6—次级绕组Ⅱ;
7—弹簧;8,10—接点火控制器;9,17—高压插孔;11—点火线圈外壳;
12—导磁钢套;13—绝缘纸;14—高压导线;15—变压器油

还有一种分体式点火线圈,即单独点火式无分电器式微机控制点火系统中使用的点火线圈,它是给每缸火花塞均配一个小型点火线圈,其不使用高压导线,直接将点火线圈安装在火花塞上,故进一步简化了点火系统的结构,提高了点火系统的工作可靠性。

②点火控制模块。点火控制模块是一个终端能量输出级,它将控制单元发出的点火控制信号进行功率放大,并控制点火线圈和点火系统的工作。

(2) 原理。图 4-45 所示为奥迪 V6 发动机无分电器式微机控制点火系统原理示意图。三个双点火线圈分别接 1、6、2、4、3、5 缸的火花塞（依点火顺序而定）。与同一个点火线圈相连的两个火花塞串联工作。发动机工作，当 1 缸处于压缩行程上止点时，6 缸处于排气行程上止点，在 1 缸火花塞跳火瞬间，6 缸火花塞也跳火，即两缸火花塞同时跳火。但是，6 缸活塞处于排气行程接近终了位置，气缸内压力接近大气压力，在高压电的作用下火花塞电极间隙容易被击穿产生电火花，但不点燃混合气，因此在处于排气行程的气缸中，其火花塞间隙中的电火花此时不起作用，称为废火或空火。

处于排气行程的火花塞跳火时，只需要 1 kV 左右的高电压，且在火花塞间隙击穿后阻力大大减小，绝大部分高压电作用在处于压缩行程气缸的火花塞上。因此，废火的存在对点火和发动机的工作并无影响。

发动机工作时，控制单元按存储在存储器中的点火控制程序，根据发动机转速、负荷、温度以及曲轴位置传感器的信号，计算出该工况下的最佳点火提前角和初级电路导通时间，并将计算结果转变为控制信号。通过点火控制模块控制点火线圈的通、断，则处于压缩行程气缸的火花塞点火做功，处于排气行程气缸的火花塞虽有火花，但不点燃混合气，而且两缸火花电流的方向相反。

为了防止在初级电路接通瞬间的感应电动势产生误点火，有些车型在火花塞电路中还串接有高反压二极管，如图 4-46 所示，利用二极管的单向导电性来防止误点火。

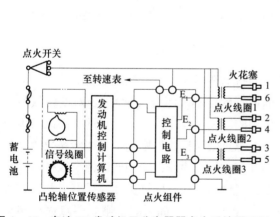

图 4-45 奥迪 V6 发动机无分电器器点火系统原理图

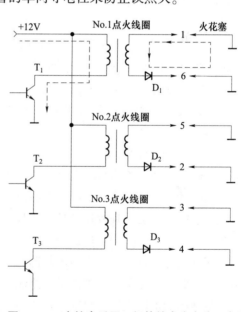

图 4-46 串接高反压二极管的点火电路示意图

单元二　点火系的故障诊断与维修

一、点火系的常规故障诊断

点火系统产生故障后，应根据故障现象，正确地判断故障的部位并予以排除。点火系的故障主要表现为无火、缺火、火花弱和点火不准时等。

1. 发动机不能起动或突然熄火

发动机不能起动或突然熄火的故障诊断可按照以下步骤进行检查。

1) 检查蓄电池电压

首先可采用按喇叭、开前照灯的方法检查蓄电池的电压是否正常。喇叭声响亮、灯光强，表明蓄电池正常；否则可能是蓄电池放电过多、电压过低，也可能是蓄电池到电流表之间的导线连接不良。

2) 判断点火系的故障在高压电路还是在低压电路

由于点火系初级电流是流经电流表的，故当断电器触点开、闭时，在电流表上会反映出初级电流的变化情况，以此可作为初步判断故障在高压电路还是在低压电路的依据。

接通点火开关，然后起动发动机，观察电流表。如果电流表指示放电 3~5 A，并且指针做间歇摆动，表示低压电路工作正常，故障可能在高压电路，或是电容器漏电。如果没有初级电流，或初级电流不变化，指针不摇动且指示为零，则表明低压电路存在故障，应首先予以排除。

如果车上没有电流表（进口汽车上很少装有电流表），那就根据点火线圈高压线在距缸体 4~6 mm 处的跳火情况来判断。具体做法是：首先拔出分电器中央高压线头，然后将此高压导线头靠近发动机气缸体 4~6 mm 处，同时打开点火开关摇转曲轴，观察火花情况。

(1) 火花强，表示低压电路和点火线圈良好，故障在分电器和火花塞高压电路中。再从火花塞上端拆下高压线头，摇转曲轴对机体试火，如无火，则应检查分火头、分电器盖及高压导线是否漏电；若有火花，则需检查点火正时和火花塞的工作情况。

(2) 无火花或火花弱表明低压电路有短路、断路，或点火线圈、中央高压线有故障，或电容器损坏。

3) 低压电路的故障判断

接通点火开关，摇转发动机，观察电流表的指示情况。如果电流表不指示放电，指针不做间歇摆动，表示初级电路中有断路故障或断电器触点不能闭合（常开）。对断路故障可采取逐点搭铁试火法检查故障部位。将检查故障用的导线一端接铁，另一端逐步搭试初级电路中各元件的连接点，如被搭试处无火花，表明电源至被搭试点的电路中存在断路故障，应逆着电流方向继续搭试，直到找出故障部位。如被搭试处有火花，则表明电源至被搭试处均电路正常，此时应顺着电流方向继续搭试。例如，当试出点火线圈开关接线柱有火花，则表明与电流逆向的电路完好，再对点火线圈的"-"接柱测试，如无火，则表明点火线圈初级绕组断路。

在接通点火开关时，电流表马上指示大电流放电（大于 5 A），则表明在电流表至点火线圈部分初级电路中有短路故障，此时可采用依次拆断法检查短路（搭铁）部位。拆下该部分电路中某一连接点的导线，如仍然放电，则故障在被拆连接点至电流表之间；如不再放电，则故障在被拆连接点至点火线圈之间。

接通点火开关并摇转发动机时，如电流表指示放电 3~5 A，但指针不做间歇摆动，则表明点火线圈到断电器活动触点之间的低压电路有搭铁故障，或是电容器被击穿而短路，或是触点不能分离（常闭）。

4）高压电路的故障判断

如果初级电路良好，则可拔下分电器盖上的总高压线，然后摇转发动机并对缸体做跳火试验。火花强，则表示点火线圈及电容器良好；火花弱，则表示点火线圈有匝间短路故障，或总高压导线插接不良，或电容器失效（断路或容量太小）；如无火花，则为点火线圈次级绕组断路，或总高压导线断路。

在总高压导线对缸体跳火良好的前提下，再分别拔下火花塞上各高压分火线并对缸体跳火。如均无火花或火花较弱，表明分火头或分电器盖绝缘损坏，或是分电器中央电极碳柱污损；如某一缸无火花或火花较弱，则表明该缸分火线不良，或分火线所对应的分电器盖旁电极污损。

如果经检查的点火线圈、分火头、分电器盖、高压导线均无故障，则发动机不能起动或突然熄灭的原因为火花塞间隙不合要求或火花塞积炭。

2. 发动机工作不正常

有一缸或几缸缺火就会造成发动机运转不匀，排气管排黑烟并放炮，产生的原因多为高压分线漏电或脱落、分电器盖漏电、凸轮磨损不均、火花塞工作不良或不工作、高压分线插错等。

检查这类故障的方法如下。

（1）使发动机怠速运转，用起子将各缸火花塞的接线处分别接铁（这种方法称为"搭缸"），如果某一缸的火花塞接铁后，发动机运转状态不变，则表明该缸不工作或工作不良。

（2）拆下不工作气缸上火花塞的高压分火线，对缸体跳火，如火花较弱或无火花，则为该分火线不良；或分火线所对应的分电器盖旁电极污损，绝缘不良。如火花正常，则表明火花塞有故障，应拆下检查。

如有几个缸不工作时，应检查点火顺序是否正确。

如有几个气缸同时不工作，应拔下分电器中央高压线做跳火试验。如有火，表示高压电供应正常，故障在分电器盖、高压分线或火花塞；如跳火断续，表明断电器凸轮、电容器或点火线圈有故障。

3. 霍尔效应式点火系故障诊断流程

霍尔效应式点火系故障诊断流程如下所示。

二、点火系主要部件的检测

1. 点火线圈的检测

1）初级绕组电阻值的检查

初级绕组的短路、断路、搭铁和过热都会引起点火系不能正常工作。初级绕组电阻用万用表 $R \times 1\ \Omega$ 挡测量，如图 4-47 所示。

若万用表指示阻值无穷大，则说明初级绕组断路；若阻值小于标准值，则说明匝间有短路；若阻值在 $1.2 \sim 1.7\ \Omega$ 内，则为正常。

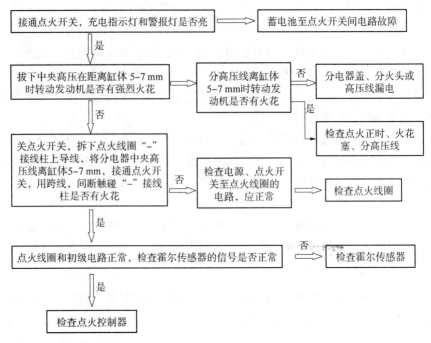

2) 次级绕组电阻值检查

用万用表 $R \times 1\ k\Omega$ 挡测量，若万用表指示阻值无穷大，则说明初级绕组断路；若阻值小于标准值或为0，则说明匝间有短路。其正常阻值为 $8 \sim 16\ k\Omega$（有触点式点火线圈）或 $2.4 \sim 3.5\ k\Omega$，如图 4-48 所示。

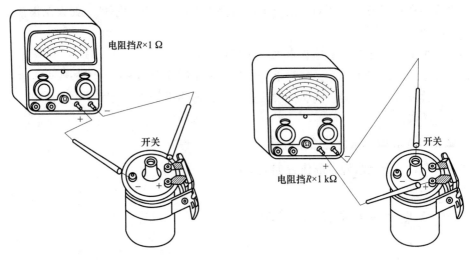

图 4-47 初级线圈的测量　　　图 4-48 次级线圈的测量

3) 点火线圈绝缘电阻的检查

用数字万用表 $20\ M\Omega$ 挡测量，点火线圈任一端与外壳间的电阻均应为无穷大，否则存在漏电故障，应更换。

2. 断电器检查

1）触点外观检查

断电器触点表面的正常接触面应为白色，且表面平整、光洁，接触面积不小于80%，如触点烧蚀，则接触表面有密集的微孔且呈暗灰色，此时可使用白金砂条或双面砂纸在两触点之间进行修磨，以消除蚀坑。

2）触点间隙的检查

断电器触点间隙一般为 0.35~0.45 mm，检查方法如图 4-49 所示。

检查国产车断电器触点间隙时，应先将断电臂顶块位于凸轮的最高位置，用塞尺测量出两触点间的间隙大小。

3）断电器触点间隙的调整

断电器触点间隙的调整一般有两种方法。

第一种方法：旋松静触点支架的固定螺钉，转动偏心螺钉，检查触点间隙，使之符合要求，然后把固定螺钉锁紧。

第二种方法：旋松静触点支架固定螺钉，用螺钉旋具拨动静触点支架，改变触点间隙直至符合要求。触点间隙调整好后，应将分电器转一圈，检查各缸触点间隙的均匀性，调整部位参见图 4-49。

4）断电器弹簧张力的检查

如图 4-50 所示。用弹簧拉力计测量，一般触点臂弹簧的弹力为 4.90~6.86 N，低于下限值为不合格，此时可根据其固定螺钉的连接方式或缩短连接长度或预弯弹簧片，以增加弹力。

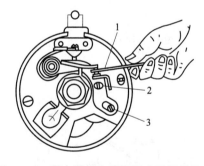

图 4-49 断电器触点间隙检查及调整位置

1—塞尺；2—固定螺钉；3—偏心螺钉

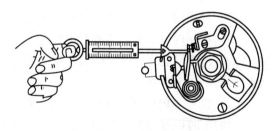

图 4-50 断电器弹簧弹力检查

3. 高压电路电阻的检查

（1）分火头电阻的检查。分火头电阻的检查如图 4-51 所示，桑塔纳、奥迪为 (1±0.4) kΩ。

（2）火花塞插头电阻的检查。火花塞插头电阻的检查如图 4-52 所示，桑塔纳、奥迪为 (1±0.4) kΩ（无屏蔽）和 (5±1.0) kΩ（有屏蔽）。

（3）防干扰接头电阻的检查。防干扰接头电阻的检查如图 4-53 所示，桑塔纳、奥迪为 (1±0.4) kΩ。

（4）高压线电阻的检查。高压线电阻的检查如图 4-54 所示，中央高压线，桑塔纳不大于 2.8 kΩ，奥迪不大于 2 kΩ；分高压线，桑塔纳不大于 7.4 kΩ，奥迪不大于 6 kΩ。

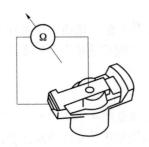

图 4-51　分火头电阻的检查

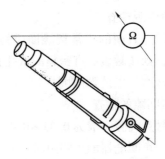

图 4-52　火花塞插头电阻的检查

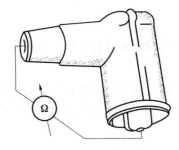

图 4-53　防干扰接头电阻的检查

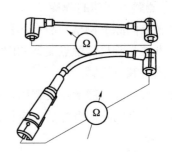

图 4-54　高压线电阻的检查

4. 点火正时的检测

点火正时可以通过路试，也可以用正时灯或点火测试仪进行检测。现介绍使用正时灯检查点火正时的步骤：

（1）起动发动机，预热至正常工作温度。

（2）预热后，检查怠速是否在规定的范围内。

（3）将正时灯的红色线和黑色线分别连接在蓄电池正极和负极上，信号线连接在第 1 缸分高压线上，如图 4-55 所示。

（4）使发动机在规定的转速运转，将正时灯对准规定的正时记号（如桑塔纳、奥迪等轿车对准飞轮）。若指针出现在正时记号的前方，则表明点火过早；若出现在正时记号之后，则表明点火过迟。

（5）点火正时不正确时，应松开分电器壳体固定螺栓，将分电器轴按顺时针或逆时针方向转动少许，直至调整好点火正时。

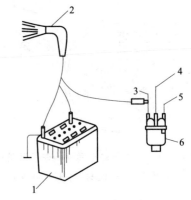

图 4-55　正时灯的连接方法

1—蓄电池；2—点火正时灯；3—第一缸高压线；
4—中央高压线；5—分缸高压线；6—分电器

三、利用仪器进行故障诊断

无论是传统触点式点火系统还是无触点电子点火或计算机控制的点火系统，都是由点火线圈通过互感作用把低压电转变为高压电，通过火花塞跳火点燃混合气做功的。点火系统低压部分、高压部分的变化过程是有规律的。因此，把实际测得的点火系统的点火电压波形与正常情况下的点火电压波形进行分析比较，仍可判断点火系技术状况好坏及故障所在。

目前，对点火系统进行检测，主要是利用仪器分析点火线圈初次级电压波形（主要是次级电压波形），进而判断点火系统的工作情况，以及测试点火提前角等。所用仪器一般是汽车专用示波器或发动机综合性能分析仪。

1. 次级电压标准波形分析

点火线圈相当于一个变压器。在初级线圈周期性通电和断电的过程中，初、次级线圈都因电流变化而感应电动势，而初、次级电压随时间变化的规律也是相似的。因为次级电压对发动机正常工作至关重要，所以重点分析次级电压的波形。

次级电压的标准波形如图4-56所示。

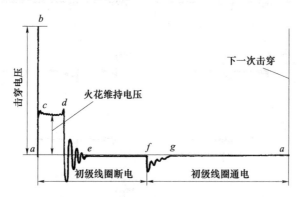

图4-56 次级点火电压的标准波形

图4-56所示为单缸直列波标准波形图，它反映了一个气缸点火工作的情况，波形上各点的意义如下。

(1) a点：断电器触点断开或电子点火器输出断开，点火线圈初级突然断电，导致次级电压急剧上升。

(2) ab段：为火花塞击穿电压。传统点系击穿电压为15~20 kV，电子点火系击穿电压可达18~30 kV。

(3) cd段：为火花塞电极间混合气被击穿之后，维持火花放电所需电压，一般为几千伏。这段波形称为"火花线"。火花线应具有一定的高度和宽度，它反映了点火能量的大小，也是保证可靠点火的重要条件。

(4) de段：火花消失，点火线圈中剩余磁场能量在线路中维持一段衰减振荡。此段称为第一次振荡波。振荡结束后，电压降到零。

(5) f点：断电器触点闭合，或电子点火器输出导通，使点火线圈初级电路有电流通过，初级电流开始增加，引起次级电压突然增大。需要注意的是：在a点初级电流急剧减小，而在f点初级电流逐渐增加，所以这两点次级电压的方向相反，且大小也不相同。此时产生一个反向电压。

(6) fg段：因初级电流接通而引起回路电压出现衰减振荡。这段称为第二次振荡。振荡消失后，电压恢复到零。

(7) 在整个波形中，从a到f段对应于初级电流不导通，次级线圈放电阶段，即断电器触点打开的全部时间；从 f 到 a 段对应于初级电流导通，线圈储能阶段，即断电器触点闭合的全部时间。

2. 次级电压的故障波形分析

1）单缸次级电压的故障波形分析

如果所测波形曲线与标准波形有差异，说明点火系出现故障，所以我们可以通过分析次级电压的波形来判断点火系统可能的故障。

图 4-57 给出了较常见的一些故障波形，下面对这些故障波形进行分析（请注意图中箭头所指处）。

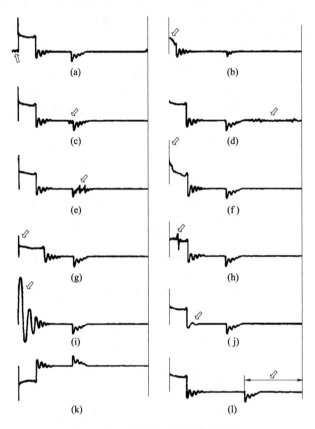

图 4-57 几种次级电压故障波形

（1）如图 4-57（a）所示，断电高压产生之前出现小的多余波形，说明断电器触点接触面不平，在完全断开之前有瞬间分离现象，引起电压抖动。

（2）如图 4—57（b）所示，火花线变短，很快熄灭，说明点火系统储能不足，可能是供电电压偏低，或初级电路导线接触不良造成的。

（3）如图 4-57（c）所示，第二次振荡波形之前出现小的杂波，可能是由断电器触点接触面不平，在完全闭合之前有不良接触所致。

（4）如图 4-57（d）所示，在触点闭合阶段，存在多余的小的杂波，可能是初级电路断电器触点搭铁不良，或各连接点接触不良，引起小的电压波动。

（5）如图 4-57（e）所示，第二次振荡波形存在严重的杂波，这一般是由于断电器触点臂弹簧弹力太弱，使触点闭合瞬间引起弹跳所致。

（6）如图4-57（f）所示，击穿电压过高，且火花线较为陡峭，这可能是火花塞间隙太大，或次级电路开路等所引起的。火花塞间隙越大，所需击穿电压越高，而且往往没有良好的放电过程。

（7）如图4-57（g）所示，击穿电压和火花线都太低，且火花线变长，这可能是火花塞间隙太小或积炭严重所致。在这种情况下，击穿电压就会很低，而火花放电时间则较长。

（8）如图4-57（h）所示，火花线中出现干扰"毛刺"，可能是分电器盖或分火头松动。这样，在发动机高速运转时，因分电器的振动会使火花塞上的电压不稳定而出现抖动。

（9）如图4-57（i）所示，完全没有击穿电压和火花线波形，说明火花塞未被击穿，也就没有火花放电过程。这可能是次级高压线接触不良或断路，或者火花塞间隙过大。

（10）如图4-57（j）所示，第一次振荡次数明显减少，可能的原因是断电器触点并联的电容器漏电、电容器容量不够或初级线路接触不良，导致线路上电阻增大，耗能增加，火花熄灭后剩余能量小，振荡衰减加快。

（11）如图4-57（k）所示，整个次级电压波形上下颠倒，说明点火线圈初级两端接反或将电源极性接反了，从而导致初级电流、次级电压都改变了方向。

（12）如图4-57（l）所示，与正常情况相比，触点闭合阶段变短，说明断电器触点间隙过大；反之，若触点闭合阶段变长，就说明断电器触点间隙过小。

2）不同气缸次级点火电压波形的对比分析

若将不同气缸次级点火电压波形排列在一起，通过对比观察分析，常常可以发现某些气缸点火方面的故障现象。常用的方法是将波形重叠起来（重叠波），或上下排列（并列波），或左右排列（平列波）。

（1）重叠波。将多缸发动机各缸点火过程的曲线重叠到同一图形上的波形，如图4-58所示。

在正常情况下，各气缸次级点火电压波形是非常相似的。利用重叠波，主要是检查传统点火系统中断电器触点闭合角的大小，以及各气缸对应触点闭合时刻的分离程度，从而间接判断分电器凸轮磨损情况。

图4-58中用两种不同的线条表示了触点闭合时刻最早和最晚的两个波形，其他各缸波形介于这二者之间。

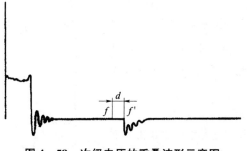

图4-58　次级电压的重叠波形示意图

在标准重叠波中，触点闭合段应占全部波形周期的比例如下。

四缸发动机：45%～50%；

六缸发动机：63%～70%；

八缸发动机：64%～71%。

若闭合段太短，即闭合角太小，一般是触点间隙过大造成的，这将导致点火储能不足。反之，若闭合段过长，闭合角过大，则在发动机低速时，点火线圈可能会发热。

此外，要求闭合段波形的变化范围（图4-58中的d部分）不应超过波段长度的5%。否则说明分电器凸轮角不规则，或分电器轴松旷。

（2）并列波。将各缸的次级电压波形按点火顺序从下到上排列的波形，即为并列波，如图4-59所示。

将发动机稳定在急速，若某一缸高压很高或轻抖一下加速踏板，高压峰值上升很高，则说明火花塞加速性能不好，应更换。此种波形所反映的故障及测量的项目与相应的初级波形一致，因此无特殊需要可不予检测。

（3）平列波。将各缸的次级电压波形按点火顺序依次排列的波形，即为平列波，如图4-60所示。

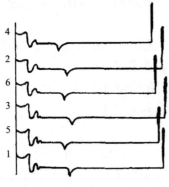

图4-59 标准点火高压并列波

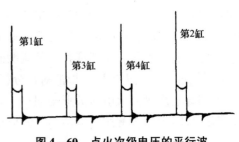

图4-60 点火次级电压的平行波

通过各缸的波形对比，很容易观察到某气缸点火状况是否正常。例如图4-60中第3缸击穿电压太低，说明该气缸火花塞电极间隙太小，或绝缘体有裂纹；反之，若图中第2缸击穿电压过高，说明该缸火花塞电极间隙太大或已经烧坏。当取下某缸的高压分线后，该缸击穿电压应立即升至20 kV以上才正常。否则说明点火线圈性能不好，或分电器、高压线有漏电。

3. 初级电压的标准波形及故障波形分析

通过对初级点火电压的波形分析，也可大致判断点火系的工作状况是否正常，或存在某些可能的故障。

1）初级电压的标准波形

点火系统初级与次级电压随时间变化的规律是类似的。不过初级电压的标准波形与点火系统的结构有一定的关系，如图4-61所示。

对于传统点火系统，在断电器触点刚断开后，由于触点并联电容的存在，会在初级回路中形成高频衰减振荡〔图4-61（a）的a—c

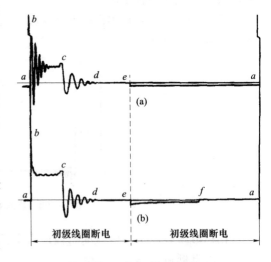

图4-61 初级电压波形

（a）传统点火系统；（b）电子点火系统

段]。而对于电子点火系统来说,由于没有触点并联的电容,所以不存在这一振荡过程,其波形与次级电压波形更相似。a—b 段电压并不高,一般只有 150~200 V。

图 4-61 中 c—d 段与次级电压标准波形中 d—e 段是对应的。在这段时间内,火花消失后的残余能量在点火线圈初、次级内同时产生衰减振荡。

在 e 点,由于触点闭合初级线圈导通,初级电流开始增加,所以在线圈中感应电压与断电阶段的方向相反。

对于某些电子点火系统,反向电压到 f 点就消失了,这是因为电子点火器多具有限制初级电流的作用,如图 4-62（b）所示。目的是既要保证储存足够的点火能量,又可避免低速时电流过大而线圈发热。这样,当初级电流达到 I_p 时便不再增加,初级线圈不再感应电动势。

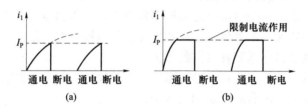

图 4-62 点火系统初级电流波形
(a) 传统点火系统；(b) 电子点火系统

2) 初级电压故障波形

通过观察初级电压波形也可分析点火系统可能的故障,图 4-63 所示为初级电压的故障波形（注意图中箭头所指处）。

(1) 如图 4-63（a）所示,在断电器触点开启时出现大量杂波,是因为触点严重烧蚀而造成的。

(2) 如图 4-63（b）所示,初级电压波形在火花后期的衰减振荡次数明显减少,幅值变低,这一般是因为与触点并联的电容漏电所造成的。

(3) 如图 4-63（c）所示,在触点闭合阶段出现少量多余的杂波,这往往是因为触点臂弹簧弹力不足引起触点闭合时产生意外跳动而造成的。

(4) 如图 4-63（d）所示,在触点闭合阶段出现大量杂波,一般是由于触点接地不良而引起的。

(5) 如图 4-63（e）所示,电子点火系统在通电储能阶段电压没有上升,说明电子点火器电路的限流作用失效。

在实践中可能会遇到很多不同形状的故障波形,只要掌握了点火系统的基本工作原理,就不难根据故障波形作出相应的分析判断。

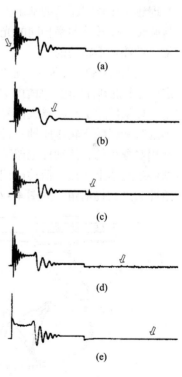

图 4-63 初级电压的故障波形

4. 点火提前角的测试

发动机内可燃混合气的燃烧是需要一定时间的。从火花塞开始点火，到燃气烧完，需要 2~3 ms。为了使活塞到达上止点时，混合气已经充分燃烧，以便发出最大功率，显然应使活塞到达上止点之前点火。

点火正时指正确的点火时间，一般用点火提前角表示。从点火开始到活塞到达上止点为止，在这段时间内，曲轴转过的角度称为点火提前角。点火提前角对发动机的动力性、经济性和排放性能有很大影响，因此应重视对发动机点火提前角的检测。

最佳点火提前角并非定值，而是应随转速负荷和汽油辛烷值的改变而变化。在传统点火系统中，点火提前角随转速的变化是通过分电器中的离心提前机构控制，随负荷的变化由真空提前机构调节；而随汽油辛烷值的变化则是在静态条件下，通过调整分电器壳与分电器轴的相对位置而实现的。在现代电子点火系统中，尤其是无分电器点火系统（DIS）中，转速和负荷相对应的点火提前量是由微处理器根据发动机转速传感器、节气门位置传感器，以及进气真空度、凸轮位置和水温等信号，从预先存储的数据中选定最佳点火提前角，再由微处理器向电子点火器发出指令送到各气缸的点火线圈。

凭经验可以对发动机的点火正时进行粗略检查并校正，但点火提前角的精确检测必须借助于仪器。常用的检测方法有频闪法和缸压法。

1）频闪法

用频闪法检测点火提前角使用的点火正时仪又称为正时灯，如图 4-64 所示。

点火正时仪由闪光灯、传感器、整形装置、延时触发装置和显示装置构成，其基本工作原理建立在频闪原理的基础上，即如果在精确的确定时刻，用一束短暂（约 1/5 000 s）且与旋转零件转动频率相同的光脉冲，照射相对转动的零件，由于人们视力的生理惯性，似乎觉得零件是不转动的。

点火正时仪工作原理：在发动机飞轮或曲轴带轮上，一般都刻有正时标记，在与之相邻的固定机壳上也刻有标记。曲轴旋转至活动标记与固定侧已对齐时，第 1 缸活塞刚好到达上止点。

如果用第 1 缸的点火信号触发闪光灯，并使之发出短暂光脉冲，当用闪光灯照射刻有活动定时标记的飞轮或曲轴及带轮时，若发动机转速稳定，则活动标记与闪光灯闪光在光学上是相对静止的，活动标记似乎不动。当闪光灯在第 1 缸点火信号发生的同时闪光，第 1 缸活塞尚未到达上止点，活动标记与固定标记尚未对齐，此时两标记之间所对应的发动机曲轴转角即为点火提前角，如图 4-65 所示。

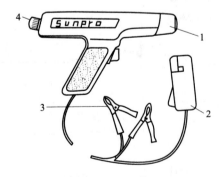

图 4-64 正时灯

1—闪光灯；2—点火脉冲传感器；
3—电源夹；4—电位计旋钮

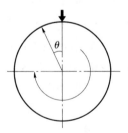

图 4-65 飞轮及壳上的标记和点火提前角

检测方法：检测时，先接上正时灯，再把点火脉冲传感器串接在第1缸火花塞与高压线间或卡在第1缸高压线上（感应式传感器），擦拭飞轮或曲轴带轮使之清晰显露出正时标记。使发动机在怠速工况下运转，打开正时灯并使之对准正时标记，调整电位计旋钮，使活动标记与固定标记对齐，此时所显示的读数即为怠速工况下的点火提前角。用同样的方法可测出不同工况下的点火提前角。

发动机怠速运转时，离心式和真空式点火提前装置未起作用或起作用很小，此时测得的点火提前角为初始提前角。测出的各工况下的点火提前角若符合规定，说明初始点火提前角调整正确，即离心式和真空式点火提前装置工作正常。也可对各种工况下的离心提前角和真空提前角进行测试。拆下分电器真空提前装置的真空软管，用在真空提前装置不起作用时各种转速下的点火提前角减去初始提前角，即可得到在各种转速下的离心提前角；在连接真空提前装置真空软管的情况下，用在同样转速下测得的点火提前角减去离心提前角和初始提前角，则又可得到真空提前角。

对于计算机控制的电子点火系统，其点火提前角的检测应按制造厂规定的标准点火正时的步骤进行。检测时，一般应先把发动机罩下的点火正时检验接线柱搭铁，使计算机控制点火提前装置不起作用。首先检测基本提前角（即发动机自动控制点火提前装置不起作用时的点火提前角），检测完后再把搭铁导线拆除。具体检测方法和步骤应查阅说明书。表4-4为常见车型发动机的基本点火提前角。

表4-4 常见车型点火提前角及标记位置

车型或发动机型号	基本点火提前角	上止点标记位置
EQ6100	9°	飞轮壳右侧
CA6102	(14°±2°)/(1 200 r/min)	
桑塔纳（JV）	(6°±1°)/(850 r/min)	左侧飞轮壳窗口
北京切诺基	12°/(1 600 r/min)	曲轴带轮左侧
广州标致	10°/(900~950 r/min)	
一汽捷达	20°/(850 r/min)	
富康	8°/(750 r/min)	
TJ7100	(5°±2°)/(800 r/min)	左侧飞轮壳窗口

2）缸压法

当某缸活塞到达压缩行程上止点时，气缸内压缩压力最高。用缸压传感器检测出这一时刻，同时用点火传感器检测出同一缸的点火时刻，二者间所对应的曲轴转角即为点火提前角。用缸压法制成的点火正时仪，由缸压传感器、点火传感器、处理装置和指示装置等构成。如果正时仪带有油压传感器，还可以用来检测柴油机的供油提前角。许多类型的发动机综合检测仪（如国产QFC-4型和WFJ-1型等）都具有用缸压法检测发动机点火提前角的功能。图4-66所示为缸压法检测发动机点火或供油提前角的原理图。

用缸压法点火正时仪或发动机综合检测仪检测发动机的点火提前角时的检测步骤如下。

(1) 运转发动机使其达到正常工作温度后停机。

(2) 拆下某一缸的火花塞,把缸压传感器(见图 4-67)装在火花塞孔内。

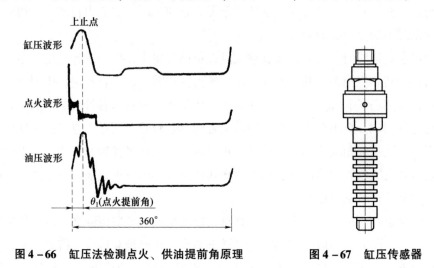

图 4-66 缸压法检测点火、供油提前角原理   图 4-67 缸压传感器

(3) 把拆下的火花塞固定在机体上使之搭铁(注意:中心电极不能与机体相碰),并把点火传感器插接在火花塞上,连接好该缸的高压线。此时,该缸火花塞可缸外点火。

(4) 起动发动机运转,由于被测缸不工作,因而缸压传感器输出的缸压信号反映气缸压缩压力大小,其最大值产生于活塞压缩终了上止点,连接在该缸火花塞上的点火传感器输出点火脉冲信号或点火电压波形信号。

(5) 按仪器使用说明书的要求操作(如使用 WFJ-1 型发动机检测仪测点火提前角时,需键入操作码 08,按屏幕上的提示进行操作),可在指示装置上测得怠速、规定转速或任一转速下的点火提前角。对具有打印功能的检测仪,在按下打印键后,还可打印出检测结果。

缸压法和闪光法一样,可测初始点火提前角和不同工况下的总提前角、离心提前角、真空提前角以及计算机控制电子点火系统的基本点火提前角。检测点火正时时,一般只测一个缸(如 1 缸),其他缸的点火提前角决定于点火间隔,而点火间隔可从示波器屏幕上显示的并列波上得到。当各缸点火波形的重叠角很小时,可认为各缸的点火间隔相等,因而其他缸的点火提前角与被测缸相同,此时被测缸的点火提前角即是整台发动机的点火提前角。

四、点火系的使用与维护注意事项

(1) 由于初级电流较大,故必须使用高能点火线圈,不能用普通的点火线圈代替。

(2) 清洗发动机时必须在发动机熄火后进行。

(3) 若进行点火系的故障检测，则应在发动机熄火后断开点火系的线路，连接检测仪表。

(4) 当点火系统有故障，由其他车辆拖行时，须将点火控制器的插头拔下。

(5) 分火头及高压线接头都具有高压阻尼电阻，以防无线电干扰，不能用普通件来代替。

通过前面学习，我们知道汽车故障产生的原因是多种多样，有时是"一果多因"，这就给故障诊断增加了难度，但是，我们要清楚万事万物是相互联系、相互依存的。只有用普遍联系的、全面系统的、发展变化的观点观察事物，才能把握事物发展规律。为此故障的诊断思路和排除方法也应有所创新，有时需要发散思维，创造性思考才能诊断和排除一个综合故障。实践没有止境，理论创新也没有止境。

汽车的故障诊断方法概述

点火系统故障检修案例

4-7 点火系统故障检修案例

学习情境五

照明与信号系统的检修与维护

掌握照明与信号系统的组成及各主要部件的作用及工作原理。了解照明与信号系统在车上的安装位置。掌握其组成及各主要部件在车上的拆装方法。能够正确分析照明与信号系统的系统电路图，了解其操作方法。掌握前照灯的调整方法。能正确分析照明与信号系统的故障原因并排除故障。

售后服务经理安排给学员一个检测、维修照明与信号系统的任务，要求检查各零部件的破损程度，确定是否可再用。若可再用，则进行组装、试验并排除可能出现的故障。

单元一　照明与信号系统的基本知识

为了方便汽车行驶，保证行车安全，在汽车上都装有多种照明及信号设备。现在人们对汽车照明及信号系统的要求日趋完备、可靠、实用、美观，同时还要结构合理、经济耐用、保修方便。

汽车照明及信号装置构成了汽车电系中一个独立电路系统。一般轿车有15～25个外部照明灯和约40个内部照明灯。这就说明该系统在现代汽车上具有重要作用。

前部照明灯的安装位置如图5-1所示，后部照明灯的安装位置如图5-2所示。外部照明灯主要有前照灯、防雾灯、牌照灯、倒车灯等；内部照明灯主要有仪表照明灯、阅读灯、顶灯等。在所有照明装置中，前照灯最为重要。

常见的照明灯及信号灯用途及工作特点见表5-1、表5-2。

5-1 汽车灯光系统的组成及安装位置

表5-1　常见照明灯工作时特点及用途

种类	外照明灯			内照明灯		
	前照灯	雾灯	牌照灯	顶灯	仪表灯	行李厢灯
工作时的特点	白色常亮远近光变化	黄色或白色单丝常亮	白色常亮	白色常亮	白色常亮	白色常亮

续表

种类	外照明灯			内照明灯		
	前照灯	雾灯	牌照灯	顶灯	仪表灯	行李厢灯
用途	为驾驶员安全行车提供保障	雨雪雾天保证有效照明及提供信号	用于照亮汽车尾部牌照	用于夜间车内照明	用于夜间观察仪表时的照明	用于夜间拿取行李物品时的照明

表 5-2　常见信号灯工作时特点及用途

种类	外信号灯					内信号灯	
	转向灯	示宽灯	停车灯	制动灯	倒车灯	转向指示灯	其他指示灯
工作时的特点	琥珀色交替闪	白或黄色常亮	白或红色常亮	红色常亮	白色常亮	白色闪亮	白色常亮
用途	告知路人或其他车辆将转弯	标志汽车宽度轮廓	表明汽车已经停驶	表示已减速或将停车	告知路人或其他车辆将倒车	提示驾驶员车辆的行驶方向	提示驾驶员车辆的状况

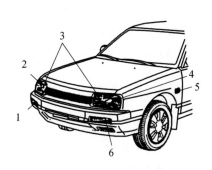 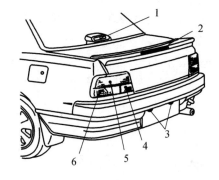

图 5-1　前部照明灯的安装位置

1—右前转向信号灯；2—右前示宽灯；3—前照灯；4—左前示宽灯；5—侧转向信号灯；6—左前转向信号灯

图 5-2　后部照明灯的安装位置

1—高位制动灯；2—高位停车灯（LED 停车灯）；3—牌照灯；4—倒车灯；5—尾灯与停车灯；6—转向信号灯

一、照明与信号系统的组成和用途

照明与信号设备除了美观、实用外，还必须满足两个要求，一个是保证运行安全，另一个是符合交通法规。汽车照明与信号系统的基本组成如下：

（1）前照灯，又称大灯、头灯，其任务是夜间运行时照明道路，功率为 40~60 W。

（2）小灯，又称驻车灯、示廓灯，其任务是汽车夜间行车或停车时，标示其轮廓或存在，前小灯为白色，后小灯为红色，功率为 5~10 W。

（3）牌照灯，安装在汽车尾部的牌照上方，灯光为白色，其作用是夜间照亮汽车牌照，功率为 5~15 W。

(4) 仪表灯，安装在汽车仪表上，用于夜间照亮仪表，灯光为白色，功率为 2~5 W。

(5) 顶灯，安装在驾驶室的顶部，其作用是驾驶室内部照明，灯光为白色，功率为 5~8 W。

(6) 雾灯，其作用是在雨、雾天气用来照明，灯光为黄色，因为黄色有良好的透雾性，功率为 35~55 W。

(7) 转向信号灯，转向信号灯又称方向指示灯，简称转向灯。安装在汽车的前后左右四角，有独立式、一灯两用式和组合式。

转向信号灯的作用是在汽车转弯时，发出明暗交替的闪光信号，使前后车辆、行人等知其行驶方向，转向灯的灯光为橙色，后转向灯也可以为红色，灯泡的功率一般不小于 20 W。

对转向灯光的射角范围，国家标准有明确要求，即偏离灯具轴线左、右 5°时，可指示 35 m 远的距离；当偏角为 30°时，则应指示 10 m 远的距离。

⑧制动灯，又称刹车灯，安装于汽车后面，其作用是在汽车制动停车或制动减速行驶时，向后车发出灯光信号，以警告尾随的车辆，防止追尾，灯光为红色，功率为 20 W 以上。

⑨倒车灯，其作用有两个，一个是向其他的车辆和行人发出倒车信号，另一个是夜间倒车照明，灯光为白色，功率为 20 W。

⑩指示灯，指示某一系统是否处于工作状态，灯光为红色，功率为 2 W。如远近光指示灯、转向指示灯、雾灯工作指示灯、空调工作指示灯、驻车制动指示灯、收放机工作指示灯、自动变速器挡位指示灯等。

⑪报警灯，安装在仪表板上，其作用是来监测汽车各系统的技术状况，当某一系统出现异常情况时，对应的报警灯亮，提醒驾驶员该系统出现故障，灯光为红色、绿色或黄色，功率为 2W，如发动机故障报警灯、机油压力报警灯、冷却液温度报警灯等。

此外还有工作灯、门灯、踏步灯、行李厢灯、阅读灯、电喇叭、蜂鸣器等。

国产主要车型各种照明及灯光信号的灯泡功率配用情况见表 5-3。

表 5-3 部分汽车照明灯功率的选配表

汽车型号	电压/V	功率/W 前照灯		示宽	转向	牌照	制动	仪表	顶灯	其他灯具
		远光	近光							
切诺基	12	55	43	3.8	6.1	4.9	26.9	2.7	—	尾灯、警告灯
GA1091	12	外侧60 内侧50	55	5	21	5	21	2	5	后照灯兼倒车灯、临时停车示宽灯
EQ1090	12	50	35	20	20	8	20	2	5	前侧灯、后照灯、工作灯、发动机舱照明灯
BJ2020	12	50	40	8	20	8	20	2	8	防空与防雾灯、工作灯、阅读灯
NJ130	12	50	40	8	20	8	20	2	8	工作灯
NJ150	24	50	40	8	20	8	20	2	8	防雾灯、侧示宽灯

二、前照灯

1. 对前照灯的要求

由于前照灯的照明效果直接影响夜间的行车安全,故世界各国都以法律的形式规定了前照灯的照明标准,以确保夜间行车时的交通安全。其基本要求如下:

(1) 汽车前照灯的夜间照明必须保证车前100 m以内的路面上有明亮而均匀的光照,使驾驶员能够看清车前100 m以内的路面情况。随着汽车行驶速度的提高,对汽车前照灯照明距离的要求也将相应增加,现代高速汽车的照明距离应达到200~250 m以上。

(2) 前照灯应具有防眩目装置,以免夜间两车相会时,使对面汽车驾驶员眩目而肇事。

2. 前照灯的结构

前照灯的光学组件由灯泡、反射镜和配光镜三部分组成。

1) 灯泡

目前汽车前照灯的灯泡有两种,即充气灯泡和卤钨灯泡,其构造如图5-3所示。

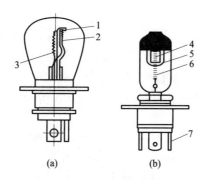

图5-3 前照灯的灯泡构造

(a) 充气灯泡;(b) 卤钨灯泡

1,5—遮光罩;2,4—近光灯丝;3,6—远光灯丝;7—插片

(1) 充气灯泡采用钨丝作灯丝,灯泡内充满氩和氮的混合惰性气体。在灯泡工作时,由于惰性气体受热后膨胀会产生较大的压力,这样可减少钨的蒸发,从而延长灯泡的使用寿命,而且还使灯丝温度升高,提高了发光效率。

(2) 卤钨灯泡,就是在充入灯泡的气体中掺入某一卤族元素,如氟、氯、溴、碘等。在灯泡工作时,其内部可形成卤钨再生循环反应:从钨丝上蒸发出来的气态钨与卤族元素反应生成了一种挥发性的卤化钨,它扩散到灯丝附近的高温区后又受热分解,使钨又重新回到灯丝上。被释放出来的卤素继续参与下一次循环反应,如此周而复始地循环下去,从而防止了钨丝的蒸发和灯泡的黑化现象。卤钨灯泡的玻璃是由耐高温、高强度的玻璃制成,且灯泡内的充气压力较大,工作温度高,可更有效地抑制钨的蒸发量,延长使用寿命,提高发光效率。在相同功率的情况下,卤钨灯泡的亮度是充气灯泡的1.5倍,使用寿命是充气气泡的2~3倍。

2）反射镜

反射镜是用薄钢板冲压而成的，如图5-4所示。其表面镀银、铬、铝等，然后抛光。反射镜的作用是尽可能多的收集灯泡发出的光线，并将这些光线聚合成很强的光束射向远方。

反射镜的表面形状大多是旋转抛物面，位于反射镜焦点上的灯泡所发出的光线，经反射镜后的情况如图5-5所示。无反射镜的灯泡，其光度只能照清周围6 m左右的距离，而经反射镜反射后的平行光束可照清前方150 m以上的距离，经反射镜后，尚有少量的散射光线，其中向上方的光线完全无用，向侧方和下方的光线则有助于照明5~10 m范围内的路面和路缘。

图5-4 反射镜

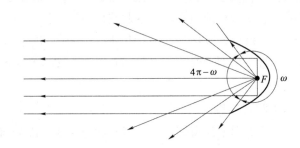

图5-5 反射镜反射光线的情况

3）配光镜

配光镜也称散光玻璃，是由透明玻璃压制而成的棱镜和透镜的组合体。配光镜的作用是将反射镜反射出的光束进行折射，以扩大光线的照射范围，使车前100 m以内的路面有良好而均匀的照明。为了弥补具有反射镜的大灯因为光束太窄，照明范围不大的缺点，都采用了配光镜。经配光镜作用后反射光束的分布，如图5-6所示。

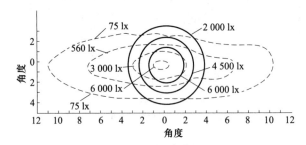

图5-6 配光镜的光形分布
——反射光束；----配光分布

有些国外汽车的配光镜上还设有调整凸块，以便更好地达到均匀配光的效果。

3. 前照灯的防眩目措施

夜间会车时，大灯强光会造成迎面驾驶员眩目而发生交通事故，所以前照灯必须采取有效的防眩目措施。我国交通法规中明确规定：夜间会车，须在距离对面来车150 m以外关闭前照灯，改用小灯，不准使用防雾灯。一般情况下，多是先将前照灯的远光变换为近光，再使用小灯。

1）采用双丝灯泡

前照灯采用双丝灯泡，远光灯丝位于反射镜的焦点上，功率为45~60 W；近光灯丝位于反射镜焦点的上方或前方，功率为20~50 W。这样夜间行车，当对面无来车时，使用远光灯，可照亮车前方 150 m 以外的路面；当对面来车时，使用近光灯，由于光线较弱，经反射后的光线大部分射向车前的下方，所以可避免使对面驾驶员眩目，如图 5-7 所示。

2）采用带配光屏的双丝灯泡

上述双丝灯泡中，近光灯丝射向反射镜下部的光线经反射后，将射向斜上方，仍会使对面的驾驶员轻微眩目。为了克服上述缺陷，在近光灯丝的下方装有金属配光屏。当近光接通时，配光屏能让上部分光线经反射后照亮车前 30 m 的路段，而下部分光线则完全被配光屏遮住，无法反射，根本就不会产生眩光，如图 5-8（a）所示。使用远光时，配光屏不起作用，反射光仍直射前方，如图 5-8（b）所示。由于带配光屏的灯泡防眩目效果好，非常可靠，现代汽车几乎全部采用这种。

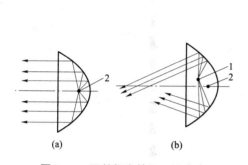

图 5-7 双丝灯泡的远、近光束

(a) 远光灯；(b) 近光灯
1—近光灯丝；2—远光灯丝

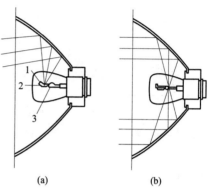

图 5-8 带配光屏的灯泡

1—近光灯丝；2—配光屏；3—远光灯丝

3）非对称配光屏双丝灯泡

现在国内又生产了一种新型的防眩目前照灯 WD170F-2 型。其配光屏安装时偏转一定的角度，使其近光的光形分布不对称，符合图 5-9 所示非对称型配光要求，即联合国欧洲经济委员会制定的 ECE 配光标准。其光形有一条明显的明暗截止线，即上方区Ⅲ是一个明显的暗区。该区点 B50L 表示相距 50 m 处，迎面驾驶员的眼睛的位置。下方区域Ⅰ、Ⅱ、Ⅳ及右上方 15°内是一个亮区，可将车前面和右方人行道照亮。

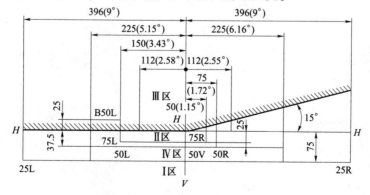

图 5-9 非对称近光配光图

（尺寸单位：cm；测定距离：25 m）

4）Z 形配光

近来，国外又发展了一种更优良的光形，其近光光形如图 5-10 所示。由于明暗截止线呈 Z 形，故称 Z 形配光。它不仅可以防止驾驶员眩目，还可以防止迎面而来的行人和非机动车使用者眩目，更加保证了汽车行驶的安全。

前照灯各种配光光形投影如图 5-11 所示。

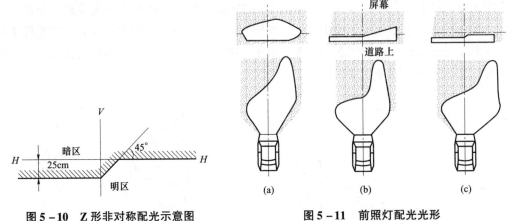

图 5-10　Z 形非对称配光示意图

图 5-11　前照灯配光光形

(a) 标准型；(b) 非对称型；(c) Z 形

4. 前照灯的分类

1）可拆式前照灯

可拆式前照灯由于密封性不好，反射镜易受灰尘和湿气的污染而变黑，严重影响照明效果，目前已很少采用。

2）全封闭式前照灯

全封闭式前照灯又称为真空灯，它的反射镜和配光镜制成一体，里面装有灯丝，并充以惰性气体。其结构如图 5-12 所示。

3）半封闭式前照灯

半封闭式前照灯结构如图 5-13 所示。其配光镜是由反射镜边缘上的齿簧固定在反射镜上。更换灯泡时，不能用手触摸灯泡玻璃壳部分，更换半封闭式前照灯灯泡时的正确操作如图 5-14 所示。

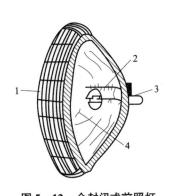

图 5-12　全封闭式前照灯

1—配光镜；2—灯丝；3—插片；4—反光镜

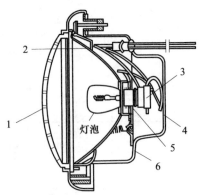

图 5-13　半封闭式前照灯

1—配光镜；2—反射镜；3—接线盒；4—灯光；5—插座；6—灯壳

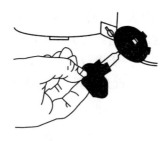

图 5-14 更换半封闭式前照灯灯泡时的正确操作

4）投射式前照灯

如图 5-15 所示，在第二焦点附近设有遮光板，可遮挡上半部分光，形成明暗分明的配光。由于具有这种配光特性，因此投射式前照灯也可用于雾灯。

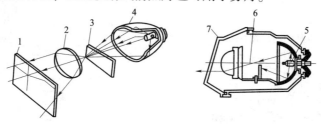

图 5-15 投射式前照灯的构造

1—屏幕；2—凸型配光镜；3—遮光镜；4—椭圆反射镜；5—第一焦点；6—第二焦点；7—总成

5）弧光式前照灯

弧光式前照灯的结构如图 5-16 所示。这种灯的灯泡里没有灯丝，取而代之的是装在石英管内的两个电极，管内充有氙气微量金属（或金属卤化物）。弧光式前照灯由弧光灯组件、电子控制器和升压器三大部分组成。其灯泡的光色和荧光灯相似，亮度是目前卤钨灯泡的 2.5 倍，使用寿命是卤钨灯泡的 5 倍，灯泡的功率为 35 W，可节能 40%。

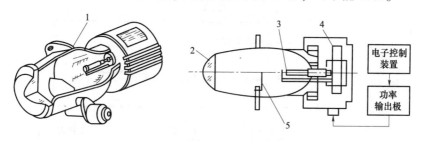

图 5-16 弧光式前照灯的结构

1—总成；2—透镜；3—弧光灯；4—引燃及稳弧部件；5—遮光灯

5. 灯光开关与前照灯电路

前照灯电路通常由灯光开关、变光开关、近光灯、远光灯、远光指示灯、熔断丝、电路配线及插接器组成。

前照灯电路主要由灯光开关、变光开关、前照灯继电器及前照灯组成。

1）灯光开关

灯光开关的形式有拉钮式、旋转式和组合式等多种，现代汽车上使用较多的是将前照灯、尾灯、转向灯及变光开关等制成一体的组合式开关,如图 5-17 所示。

该组合式开关是丰田汽车使用的组合开关,转动开关端部,便可依次接通、尾灯(包括位灯)和前照灯,将开关向下压,便由近光变为远光,将开关向上扳,亦可变为远光,其不同的是:松手后,开关自动弹回近光位置,此位置用来作为夜间行车时的超车信号。前后扳动开关,可使左右转向灯工作。

2)变光开关

变光开关可以根据需要切换远光和近光。它有脚踏变光开关和组合式开关两种。普通脚踏变光开关结构如图 5-18 所示,当用脚踏动按钮时,推杆推动转轮向一个方向转动 60°,从而交替接通远、近光。

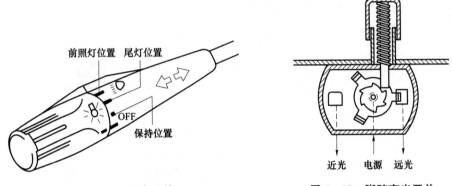

图 5-17 组合开关　　　　　图 5-18 脚踏变光开关

目前车辆上多采用组合式变光开关,安装在转向盘下方,便于驾驶员操作。脚踏式变光开关已不多用。组合式变光开关的功能前已述及,此处不再重复。灯光开关的结构原理如图 5-19 所示。

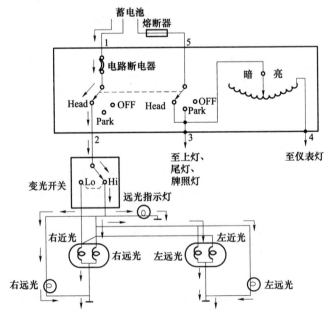

图 5-19 灯光开关的结构原理

3) 前照灯继电器

前照灯的工作电流较大，特别是四灯制的汽车，如用车灯开关直接控制前照灯，则车灯开关易烧坏，因此在灯光电路中设有灯光继电器。

图 5-20 所示为触点常开式前照灯继电器的结构和引线端子，端子 SW 与前照灯开关相连，端子 E 搭铁，端子 B 与电源相连，端子 L 与变光开关相连。当接通前照灯开关后，继电器铁芯通电，触电闭合，通过变光开关向前照灯供电。

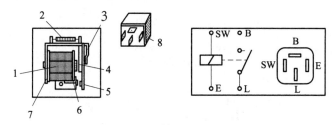

图 5-20　前照灯继电器

1—线圈；2—弹簧；3—限位卡；4—衔铁；5—动触点；6—静触点；7—支架；8—外形

4) 前照灯电路

照明系统的大部分电路是由灯光开关来控制的，最常用的灯光开关一般有 OFF（关闭）挡、Park（小灯）挡和 Head（前照灯）挡三个挡位。对大部分车来说，灯光开关上的两个相线接线柱与蓄电池正极直接相连，灯光电路不受点火开关控制，即点火开关在 OFF 挡时，灯光开关也能开、闭照明电路。

前照灯电路由灯光开关、变光开关、远光指示灯和前照灯等组成。前照灯电路如图 5-21（a）所示和图 5-21（b）所示。由前照灯电路可知，灯光开关和变光开关都不搭铁，而是采用灯丝搭铁，且前照灯都是并联的，这样可防止一个灯丝烧断导致全车前照灯不亮。

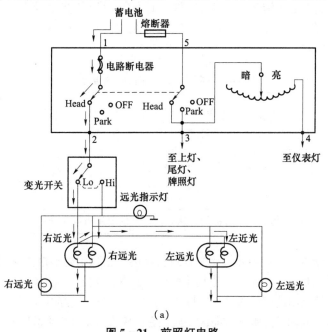

图 5-21　前照灯电路

(a) 变光开关在 Lo（近光）挡

5-2 前照灯控制电路工作原理

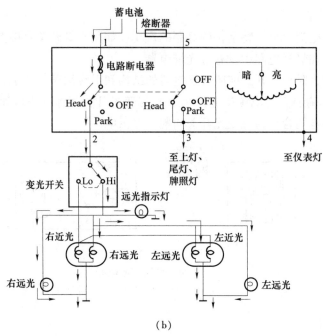

(b)

图 5-21 前照灯电路（续）

(b) 变光开关在 Hi（远光）挡

6. 前照灯的检测与调整

1) 前照灯的检查

前照灯在使用过程中，会因灯泡老化、反射镜变暗、照射位置不正而使前照灯的发光强度不足或照射位置不正确，影响汽车行驶速度和行车安全，因此必须对前照灯进行检测和调整。

前照灯的发光强度是指光源在给定方向上所能发出的光线强度（单位：坎；单位符号：cd）。国家标准对汽车前照灯远光光束的发光强度有明确的要求，具体标准如表 5-4 所示。

表 5-4 前照灯远光光束发光强度要求

车辆类型	新注册机动车		在用机动车	
	两灯制	四灯制	两灯制	四灯制
三轮汽车	6 000	—	5 000	—
最高设计车速 <70 Km/h 的汽车	10 000	8 000	8 000	6 000
其他汽车	18 000	15 000	15 000	10 000
注：采用四灯制的机动车其中两只对称的灯达到两灯制的要求时视为合格。				

前照灯的发光强度一般用前照灯检测仪进行检测。它利用光电池受光线照射后产生电动势，再由光度计（实质上是一个电流表）来指示前照灯的发光强度。前照灯的发光强度高，光电池产生的电流大，光度计指示的值就高。前照灯的光束照射位置是光轴中心相对于前照灯配光镜几何中心在垂直方向偏上或偏下、水平方向偏左或偏右的距离。对于对称配光特性的前照灯，一般把光束最亮区域的中心作为光轴中心，以此检测光束的照射位置。对于非对称配光特性的前照灯，

一般以光束明暗截止线交点或中心作为光轴中心，以此检测光束照射位置。前照灯的远光一般都采用对称式配光，光形分布具有水平方向宽、垂直方向窄等特点。我国规定：前照灯的近光采用非对称式配光，光形分布是近光光束最亮部分向右下方向偏移，在配光屏幕上具有明显的明暗截止线。用屏幕可以检测前照灯的光束照射位置。国家标准对汽车前照灯光束照射位置的规定是：机动车在检验前照灯近光光束的照射位置时，被测车辆空载（允许乘坐一名驾驶员），轮胎气压正常，汽车正对屏幕 10 m 处，光束明暗截止线转角或中心的高度应为 $0.6 \sim 0.8 H$（H 为前照灯中心高度），其水平方向位置向左偏或向右偏均不得超过 100 mm。四灯制前照灯远光单束灯的调整，要求在屏幕上光束中心离地面高度为 $0.85 \sim 0.90 H$，水平位置要求左灯向左或向右偏均不得大于 170 mm。前照灯光束照射位置不符合规定要求时，应利用上下、左右调整螺钉进行调整，装用远、近双丝灯的前照灯以调整近光光束为主。

用屏幕只能检测前照灯的光束照射位置，不能检测发光强度。目前汽车维修企业和汽车检测站广泛采用前照灯检测仪来检测前照灯的发光强度和光束照射位置，据此来检验和调整汽车前照灯的发光强度和光轴偏斜量。前照灯检测仪检测前照灯的光束位置一般是将 4 块光电池组合在一起，位于上、下的光电池接有上下偏斜指示计，位于左、右的光电池接有左右偏斜指示计，当前照灯照射在光电池上后，上下偏斜指示计和左右偏斜指示计将发生摆动，据此可测出前照灯的光束照射位置。

前照灯检测仪按测量方法不同分为聚光式、屏幕式、投影式、自动追踪光轴式、全自动式等多种，使用方法虽各不相同，但检测原理大同小异，具体的使用方法可以参考其说明书操作。目前应用较多的是全自动式检测仪。

2）前照灯的使用与调整

（1）前照灯的使用注意事项。

①前照灯在使用时要注意密封，防止水分及灰尘进入。

②光学组件要配套使用，不要随意更换不同功率的灯泡及其他光学组件。

③前照灯在车上要安装牢固。

（2）前照灯的故障现象及排除。

前照灯常见故障现象及可能的原因如表 5 - 5 所示。导致前照灯故障的部位可能是：灯泡损坏、保险丝烧断、继电器故障、连接线路短路或断路、组合开关故障等。在故障检测过程中，一般先检查喇叭是否有声音，近光灯是否亮起，来判断汽车电源系统是否正常，如正常，分析远近光灯电路，进一步查找故障位置。

表 5 – 5 前照灯常见故障现象及原因分析

故障现象	故障原因分析
前照灯都不亮	1. 电源熔断器熔断 2. 蓄电池搭铁不良 3. 变光开关损坏 4. 继电器损坏 5. 灯泡损坏

续表

故障现象	故障原因分析
远光灯不亮或近光灯不亮	1. 变光开关损坏 2. 闪光继电器不良 3. 导线搭铁不良 4. 导线断路、熔断器熔断 5. 灯丝烧坏
前照灯灯光暗淡	1. 熔断器松动 2. 线路松动或接触不良 3. 搭铁不良 4. 发电机输出电压过低 5. 用电设备漏电负荷增大
一侧前照灯正常，一侧前照灯暗淡	1. 暗的一侧搭铁不良 2. 导线插接器接触不良
灯泡经常烧坏	发电机输出电压过高

（3）前照灯的调整。

前照灯在使用过程中，光轴方向偏斜（或更换新前照灯总成）时，应进行调整。调整部位一般分外侧调整式和内侧调整式两种，如图 5-22 所示。

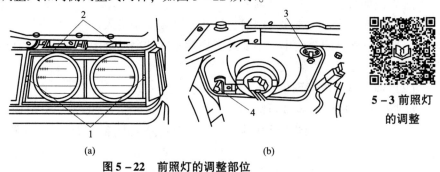

5-3 前照灯的调整

图 5-22 前照灯的调整部位
(a) 外侧调整式；(b) 内侧调整式
1、3—左右调整螺钉；2、4—上下调整螺钉

7. 前照灯电子控制装置

为了提高汽车夜间行驶的速度，确保行车安全，不少新型车辆都采用电子控制装置，对前照灯进行自动控制。根据所要实现的控制功能，其电子装置有：前照灯会车自动变光器、前照灯昏暗自动发光器、前照灯关闭自动延时器等。

无论哪一种汽车灯光电子控制系统，其基本结构大致相同，通常由光敏器件、电子控制电器、电磁继电器（执行机构）和前照灯等组成。

光敏器件一般采用光敏电阻、光敏二极管、光敏三极管或光敏可控硅，其功用是进行光电转换。根据汽车前方的灯光或自然光的强弱，将光信号转换成电信号，并送至电子电路的输入端，作为电子控制器的输入信号。

1) 前照灯会车自动变光器

汽车前照灯会车自动变光器是一种在夜间行车在会车过程中，能自动将前照灯的远光变为近光，或由近光变为远光的电子控制装置。采用该装置的主要优点是不需要驾驶员操纵那种机械式变光控制器；其次是体积小，性能稳定可靠，灵敏度高等。

汽车夜间行驶，一般相会两车距离为150～200 mm时，迎面驶来车辆的灯光一旦照射到本车自动变光器上，即对方来车的灯光信号一旦被自动变光器上的光敏元件所接收，这种电子式变光器立刻自动变光，即把前照灯由原来的远光变为近光，从而有效地避免了前照灯的远光给对方驾驶员所带来的眩目、看不清路面等危害安全的现象，待两车交会后，该变光器又自动恢复前照灯的远光，汽车即可恢复原来的速度在夜间进行正常行驶。

图5-23所示为具有光敏电阻的自动变光器电路，其电子电路由晶体三极管$T_1 \sim T_6$、二极管 D 以及电阻 R 和 $R_1 \sim R_{15}$ 等组成。该装置仍保留有脚踏式机械变光开关。这种脚踏、自动两用的前照灯变光器装于美国凯迪拉克（Cadillac）汽车上。其工作原理如下。

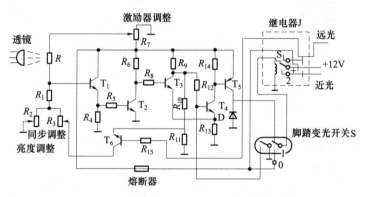

图5-23 具有光敏电阻的自动变光器电路
1—接远光灯丝；2—接近光灯丝

(1) 假定继电器J如图5-23所示为前照灯远光灯工作，则继电器J的作用是将电源"+"极与远光灯丝接线柱接通。

(2) 若对方驶来车辆在150～200 m处，其灯光照射到光敏电阻 R 上，使其电阻值突然减小，于是T_1获得正向偏压而导通，T_2也导通，故使由T_3和T_4所组成的多谐振荡器（旋密特触发器）开始翻转，即T_3截止、T_4导通，并把低电平信号送至T_5的基极，T_5导通。使继电器J线圈通过较大电流，于是J产生较大电磁力，将与远光灯接柱1接通的触点S打开，使其立即与近光灯接柱2保持接触。此时，汽车前照灯由远光转换成近光照明。

(3) 当两车交会之后，该光敏电阻 R 上的光信号消失，其电阻值增大，使T_1截止，于是T_2也截止，多谐振荡器又翻转一次，T_3导通，T_4截止，T_5也截止。故切断了继电器J中的电流，J的电磁力减退，其触点S又恢复与远光灯接柱1保持闭合，即恢复前照灯远光灯丝工作。

如果前照灯处于远光灯工作情况下，当用脚踏下机械式变光开关S时，S就由"1"位置转至"0"位置，此时继电器J的线圈可由电源"+"极通过"0"到S的"1"而获得电流。于是继电器产生电磁力而动作，将电源"+"与"2"接柱接通，使前照灯由远光变为近光。与此同时，T_4的基极直接接地，使多谐振荡器停振。

2）前照灯昏暗自动发光器

这种昏暗自动发光器的作用是在汽车并非夜间行驶过程中，当汽车前方自然光的强度减弱到一定程度时，如汽车通过高架桥、林荫道、森林或突然乌云密布天气昏暗等，发光器便自动将前照灯电路接通，开灯行驶，以确保行车安全。

该装置早已作为美国通用（GM）公司和克莱斯勒（Chrysler）汽车公司的轿车选装件，一般都在汽车仪表盘上。图 5 – 24 所示即为该装置的电路图。

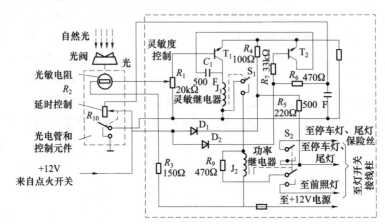

图 5 – 24　前照灯昏暗自动发光器电路

该装置主要由光电传感器和晶体管放大器两大部分组成。

光电传感器由光敏元件、延时电路、控制开关等组成。在往汽车上安装光电传感器时，应注意将其感光面朝上，用以接收从汽车挡风玻璃射进来的自然光。其光通量的大小可由传感器前面的光阀进行调整，以适应各种情况（包括季节）的变化。

晶体管放大器主要由三极管 T_1 和 T_2、二极管 D_1 和 D_1、电阻 R_1 和 $R_3 \sim R_9$、电容 C_1 和 C_2 以及灵敏继电器 J_1 和功率继电器 J_2 等组成。

这种自动发光器的工作原理如下。

（1）汽车行驶，当自然光的强度降低至某一程度而被光电传感器接收时，传感器中光敏电阻 R_2 的阻值减小到一定数值，它便以需要发光的电压信号输出至晶体管放大器。

（2）当晶体管传感器接收到光电传感器的输出信号后，晶体管 T_1 的基极电位迅速下降而使 T_1 导通，于是灵敏继电器 J_1 线圈电路被接通。

（3）当灵敏继电器 J_1 被接通后，它便产生电磁吸力使其触点 S_1 闭合；当 S_1 闭合后，功率继电器 J_2 的电路也被接通，故开关 S_2 也被吸合将接至前丝灯的电路接通，前照灯即被点亮。

电路中，T_2 的作用是延时，即当点火开关切断时，T_2 使 T_1 保持导通，直到电容器 C_2 上的电压减小到不足使其导通为止。T_2 截止后，T_1 也截止，由于继电器 J_2 和 J_1 的作用，故使触点 S_1、S_2 均打开，以使前照灯自动熄灭。其延时时间的长短可由电位器 R_{10} 进行调节。

3）前照灯自动关闭延时器

前照灯自动关闭延时器实为一种自动关闭前照灯的控制装置。其主要功用是当汽车停驶后，为驾驶人员下车离去时提供一段照明时间，以免摸黑离开车辆。

图 5 – 25 所示即为美国得克萨斯（Texas）仪表公司制作的前照灯关闭自动延时控制器电路。

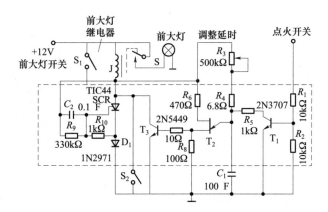

图 5-25 前照灯关闭自动延时器电路（S_2-手动开关）

该电路主要由可控硅 SCR 和单结晶体管 T_2 等组成。其中 SCR 主要用来控制前照灯继电器 J，而 T_2 则与 R_3 和 C_1 等组成延时电路，其延时时间为 1 s~15 min，可由电位器 R_3 进行调整。

其工作原理如下：

当汽车停下，切断点火开关时，T_1 处于截止状态。此时，电容器 C_1 立即经电位器 R_3 和电阻 R_4 开始充电，当 C_1 上的电压充至单结晶体管 T_2 的导通电压时，C_1 则通过 T_2 的发射极、基极和电阻 R_8 放电。于是在 R_8 上产生一个电压脉冲，故使其瞬时导通，消除加于可控硅 SCR 上的正向阳极电压，使 SCR 关断。以后 T_3 很快恢复截止，SCR 还来不及导通，前照灯继电器 J 线圈失电而使其触点 S 打开，前照灯电路切断，实现自动延时关闭的功能。

图 5-26 所示为美国通用公司研制的一种前照灯关闭延时固态元件控制装置。只要驾驶员在关闭点火开关后，接通仪表盘上按钮开关，就能使前照灯延长一段时间后自动关闭。

由图 5-26 可知，它采用机油压力开关，当发动机不运转时，它的触点是闭合的，此时才与搭铁接通。而当发动机工作时，离机油压力使触点断开。T 为高增益的复合晶体管，即达林顿管，用来接通继电器线圈。T 的发射极通过机油压力开关搭铁，所以只有当发动机停转或机油压力不足时才接通。R、C 组成延时电路。当切断点火开关和前照灯电路，按下按钮 S 时，电容器 C 开始充电；当 C 的充电电压达到 T 的导通电压时，T 导通，电流流经继电器线圈，触点闭合，接通前照灯的远光或近光。松开按钮 S，则电容器 C 通过 R 向 T 放电，维持其导通状态，前照灯一直亮着。在 C 放电电压下降到不能维持 T 的导通所必需的基极电流时，T 截止，前照灯熄灭。延迟时间取决于 C 及 R 的参数，一般可延迟约 1 min。

8. 光纤照明装置

光纤照明装置是一种远距离传输光线的装置，它以普通车用灯泡为光源，让光线通过光导纤维传到末端，发生微光，照亮一定范围。

在只需要微弱光线且不便安装灯泡的地方如仪表表面、烟灰盒、门锁孔等处，往往采用光纤照明。光纤照明装置由光导纤维和照明灯组成，如图 5-27 所示。

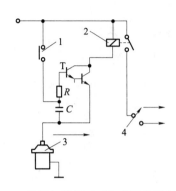

图 5-26 前照灯关闭延时固态元件控制装置电路
1—按钮开关；2—继电器；
3—发动机机油压力开关；4—变光开关

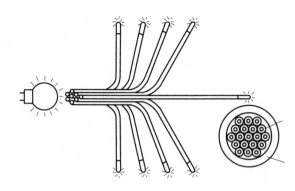

图 5-27 光纤照明装置

光导纤维由有机玻璃丝制成，其外部包有具有隔光作用的透明聚合物质。当灯泡产生的光线通过光导纤维时，在其内部经过多次反射，曲折前进而传到末端即可达到照明目的。

将多根光导纤维组合在一起就组成了光缆。光缆外部包有不透明的软管，可以任意弯曲或扭转而不会影响光线的传输。增加光导纤维的数量就可增加光缆输出端的亮度，故在不便安装甚至无法安装灯泡的地方已得到广泛的应用。

三、转向信号电路与闪光器

转向信号灯电路主要由转向信号灯、闪光器、转向灯开关等组成。转向信号灯是由闪光器控制的，常见的闪光器有热丝式、电容式、翼片式和电子式等。热丝式闪光器结构简单、成本低，但闪光频率不够稳定、使用寿命短、信号明暗不明显，现已被淘汰；电容式和翼片式闪光器闪光频率较为稳定，翼片式闪光器还具有结构简单、体积小、工作时伴有响声（可起到监控的作用）等特点；电子式闪光器具有性能稳定和工作可靠的特点，目前已广泛应用。

5-4 检查与更换转向灯开关

1. 电容式闪光器

电容式闪光器的结构与工作原理如图 5-28 所示。电容式闪光器主要由一个继电器和一个电容器组成，是利用电容器充、放电延时特性，使继电器的两个线圈产生的电磁力时而相加，时而相减，使触点周期性地打开或关闭，形成转向信号灯闪烁。其工作原理如下所述。

当转向灯开关 7 打到左侧后，串联线圈 3 有电流通过，电流从蓄电池正极→串联线圈 3→触点 2→转向灯开关 7→左转向信号灯 11 及左转向指示灯 10→搭铁→蓄电池负极，形成回路。此时并联线圈 4 和电容器 5 被触点 2 短路，而串联线圈 3 产生的电磁力大于弹簧片 1 的弹力使触点 2 张开，因此左转向信号灯 11 处于暗的状态。

触点 2 打开后，蓄电池经串联线圈 3、并联线圈 4 及左转向信号灯 11 向电容器 5 充电，其充电电流由蓄电池正极→串联线圈 3→并联线圈 4→电容器 5→转向灯开关 7→左转向信号灯 11 及左转向指示灯 10→搭铁→蓄电池负极，形成回路。由于并联线圈 4 的电阻值较大，电路电流很小，故右转向灯信号仍处于暗的状态。同时由于充电电流通过串联线圈 3，故并联线圈 4 所产生的电磁力的方向相同，触点 2 仍保持打开。随着电容器 5 的充电，电容器 5

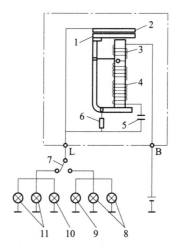

图 5-28 电容式闪光器的结构原理
1—弹簧片；2—触点；3—串联线圈；4—并联线圈；5—电容器；6—灭弧电阻；7—转向灯开关；8—右转向信号灯；9—右转向指示灯；10—左转向指示灯；11—左转向信号灯

两端电压升高，其充电电流逐渐减小，两线圈的电磁力也减小，于是触点2又重新闭合。

触点2闭合后，通过左转向信号灯 N 的电流增大，左转向信号灯及左转向指示灯变亮，左转向信号灯电路为：蓄电池的正极→串联线圈3→触点2→转向灯开关7→左转向信号灯11及左转向指示灯10→搭铁→蓄电池负极，形成回路。与此同时，电容器5通过并联线圈4和触点2放电，其放电电流通过并联线圈4所产生的磁场方向与串联线圈3的磁场方向相反，电磁力相互抵消，触点2继续闭合，左转向信号灯仍发亮。随着放电电流的逐渐减小，并联线圈4产生的磁场逐渐减弱。当两线圈的电磁力总和大于弹簧片的弹力时，触点张开，灯光又变暗。周而复始，触点不断地开闭，使左转向信号灯和左转向指示灯发出闪光。灭弧电阻6与触点2并联，用来减小触点火花。

2. 翼片式闪光器

翼片式闪光器是利用电流的热效应，使热胀条通电时热胀、断电时冷缩，通过翼片产生变形动作来控制触点的开闭。根据热胀条受热情况不同，可分为直热式和旁热式两种。

1）直热翼片式闪光器

直热翼片式闪光器的结构原理如图5-29所示。接通转向灯开关7时，转向信号灯9通电，其通路为：蓄电池正极→闪光器接线柱 B→翼片2→热胀条3→动触点4、静触点5→闪光器接线柱 L→转向灯开关7→转向信号灯9和转向指示灯8→搭铁→蓄电池负极，转向信号灯9变亮。这时，热胀条3因通电受热而伸长，当热胀条3伸长至一定长度时，翼片2突然绷直，使触点断开，转向信号灯电流被切断，于是转向信号灯9熄灭；触点断开时，热胀条3由于断电而逐渐冷却收缩，最终又使翼片2弯曲成弓形，触点又闭合，又接通了转向信号灯电路，转向信号灯9变亮。如此交替变化，使转向信号灯9闪烁。

直热翼片式闪光器工作时的突然伸直和弯曲所发出的弹跳声，可从声音上提示驾驶员"闪光器在工作"。

2）旁热翼片式闪光器

旁热翼片式闪光器的结构原理如图5-30所示。与直热翼片式闪光器不同的是热胀条1

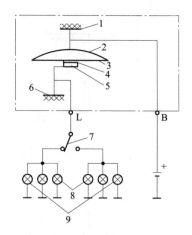

图 5-29 直热翼片式闪光器的结构原理

1,6—支架；2—翼片；3—热胀条；4—动触点；5—静触点；
7—转向灯开关；8—转向指示灯；9—转向信号灯

由绕在其上的电热丝 2 通电后产生的热量加热，故称旁热翼片式。电热丝 2 的一端焊在热胀条 1 上，另一端则与静触点 5 相连。

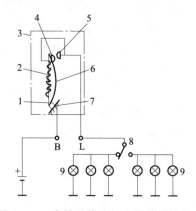

图 5-30 旁热翼片式闪光器的结构原理

1—热胀条；2—电热丝；3—闪光器；4—动触点；5—静触点；
6—翼片；7—支架；8—转向灯开关；9—转向信号灯及转向指示灯

接通转向灯开关 8 时，转向信号灯的电路为：蓄电池正极→闪光器接线柱 B→电热丝 2→闪光器接线柱 L→转向灯开关 8→转向信号灯及转向指示灯 9→搭铁→蓄电池负极。由于电热丝 2 的电阻较大，电路中的电流较小，故转向信号灯 9 及转向指示灯是暗的。电热丝 2 通电产生的热量使热胀条 1 受热伸长，翼片 6 便在自身弹力的作用下伸直而使常开触点闭合。这时转向信号灯电路的电流为：蓄电池正极→闪光器接线柱 B→翼片 6→触点 4、5→闪光器接线柱 L→转向灯开关 8→转向信号灯及转向指示灯 9→搭铁→蓄电池负极。电热丝 2 被触点短路，电流增大，转向信号灯变亮。同时，由于电热丝 2 被短路，热胀条 1 逐渐冷却收缩，拉紧翼片 6，使触点再次打开，转向信号灯变暗。周而复始，使转向信号灯及转向指示灯 9 闪烁。

3. 转向信号灯灯控制电路

转向信号灯控制电路如图 5-31 所示。

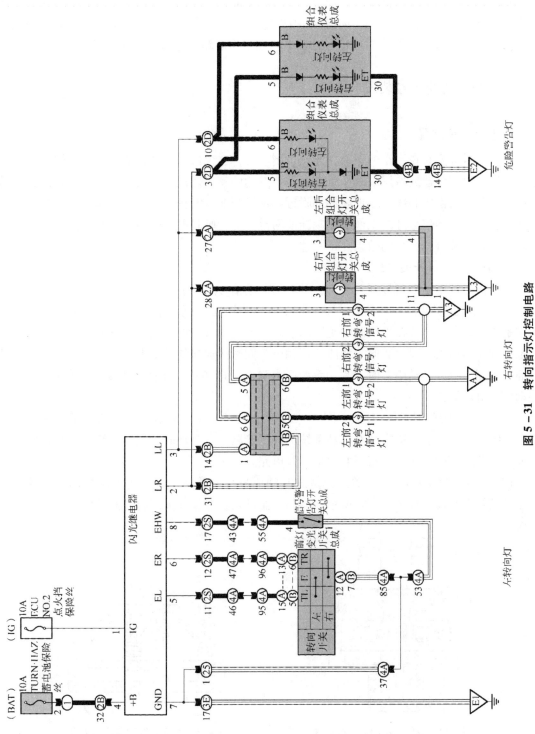

图 5-31 转向指示灯控制电路

（1）左转向时，其信号控制电路为：蓄电池正极→"转向－危险信号灯"保险丝→车身 ECU→闪光继电器→车身 ECU→转向组合开关→搭铁。

其转向工作电路为：蓄电池正极→"转向－危险信号灯"保险丝→车身 ECU→闪光继电器→车身 ECU→左前、左侧转向灯→搭铁/左后转向灯→搭铁/仪表板转向指示灯→搭铁

（2）右转向及危险警告时的信号控制电路和工作电路与左转向时的情况一样。

四、其他信号装置

1. 制动信号装置

制动信号灯安装在汽车的尾部，当汽车制动时，红色信号灯亮，向尾随其后的车辆发出制动信号，以避免造成追尾事故。目前在一些发达国家，还规定了轿车必须安装高位制动信号灯，它装在后窗中心线、靠近窗底部附近，这样当前后两辆车靠得太近时，后面汽车驾驶员就能从高位制动信号灯的工作情况判断前面汽车的行驶状况。安装高位制动信号灯对于防止发生追尾事故有相当好的效果。

1）制动信号灯开关

制动信号灯由制动信号开关控制，常见的制动信号灯开关有以下几种情况。

（1）液压式制动信号灯开关。图 5－32 所示为液压式制动信号灯开关，用于采用液压制动系统的汽车上，装在液压制动主缸的前端，或制动管路中。当踩下制动踏板时，由于制动系统的压力增大，膜片 2 向上弯曲，接触桥 3 同时接通接线柱 6 和接线柱 7，使制动信号灯通电发亮。松开制动踏板时，制动系统压力降低，接触桥 3 在回位弹簧 4 的作用下复位，制动信号灯电路被切断。

（2）气压式制动信号灯开关。图 5－33 所示为气压式制动信号灯开关，用于采用气压制动系统的汽车，通常被安装在制动系统的气压管路上。制动时，制动压缩空气推动橡胶膜片向上弯曲，使触点闭合，接通制动信号灯电路。

（3）弹簧式制动信号灯开关。弹簧式制动信号灯开关是一种较为常用的制动开关，装在制动踏板的后面，如图 5－34 所示。当踏下制动踏板时，开关闭合，制动信号灯亮。

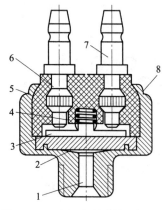

图 5－32　液压式制动信号灯开关

1—通制动液；2—膜片；3—接触桥；4—回位弹簧；
5—胶木底座；6，7—接线柱；8—壳体

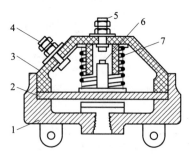

图 5－33　气压式制动信号灯开关

1—壳体；2—膜片；3—胶木盖；
4，5—接线柱；6—触点；7—弹簧

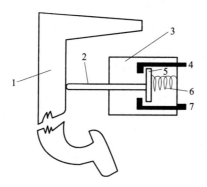

图 5-34　弹簧式制动信号灯开关
1—制动踏板；2—推杆；3—制动信号灯开关；4,7—接线柱；5—接触桥；6—回位弹簧

2）制动信号灯电路

制动信号灯电路一般不受点火开关控制，直接由电源、熔丝到制动信号灯开关。制动信号灯电路根据尾灯的组合形式有三灯的组合式尾灯和双灯的尾灯。

在三灯的组合式尾灯中采用单丝灯泡，每个灯泡只有一个功能，随着功能的增加，尾灯灯泡的数量还要增加，如图 5-35 所示。在双丝灯泡中，大功率的灯丝既用于制动信号灯，也用于转向信号灯。

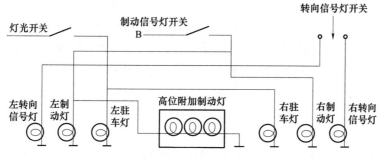

图 5-35　三灯组合式尾灯

2. 倒车信号装置

汽车倒车时，为了警告车后的行人和后面车辆驾驶员注意，在汽车尾部装有倒车灯，有些汽车上还装有倒车蜂鸣器，它们均由倒车灯开关控制。

1）倒车灯开关

倒车灯开关的结构如图 5-36 所示。倒车灯开关一般安装在变速器上，钢球 8 平时被倒车挡叉轴顶起，而当变速杆拨至倒车挡时，倒车挡叉轴上的凹槽对准钢球 8，钢球 8 被松开，在弹簧 4 的作用下，触点 5 闭合，将倒车信号电路接通。

2）倒车灯与倒车蜂鸣器电路

倒车信号灯电路如图 5-37 所示。其工作原理如下：

倒车时，安装在变速器上的倒车灯开关 2 闭合，倒车灯 3 亮；同时，电流经继电器 7 中的触点 4 到蜂鸣器 5，使蜂鸣器 5 发出响声。此时，线圈 L_1 和 L_2 中均有电流通过，流经 L_2 的电流同时向电容器 6 充电，由于流入 L_1 和 L_2 的电流大小相等、方向相反，产生的磁通量互相抵消，故触点 4 继续闭合。随着电容器 6 两端电压逐渐升高，L_2 中的电流逐渐减小，当 L_1 中磁通量大

于 L_2 的磁通量一定值时，磁吸力大于弹簧弹力，触点 4 打开，蜂鸣器 5 停止发响。

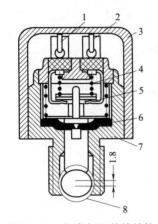

图 5-36 倒车灯开关的结构

1，2—接线柱；3—外壳；4—弹簧；
5—触点；6—膜片；7—底座；8—钢球

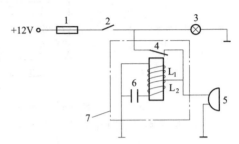

图 5-37 倒车信号灯电路

1—熔断器；2—倒车开关；3—倒车灯；4—触点；
5—蜂鸣器；6—电容器；7—继电器

触点 4 打开后，电容器 6 经 L_1 和 L_2 放电，使 L_1 和 L_2 中的电流方向相同，电磁力方向相同，触点 4 继续打开；当电容器两端的电压下降到一定值时，磁吸力小于弹簧弹力，触点 4 又重新闭合，蜂鸣器 5 又发响。电容器 6 又开始充电，重复上述过程。如此可知，蜂鸣器 5 是利用电容器 6 的充电和放电，使 L_1 和 L_2 的磁场时而相加、时而相减，使触点 4 时开时闭，从而控制电磁振动式蜂鸣器间歇发声，以警告行人和其他车辆的驾驶员注意。

在倒车时，倒车灯不受继电器控制，一直发亮，在夜间时，倒车灯还兼有照明作用。

五、电喇叭

汽车电喇叭按外形分有螺旋形、筒形和盆形等三种，按声音分有高音和低音两种，按接线方式分有单线和双线两种。

1. 电喇叭的结构与原理

电喇叭的原理基本相同，图 5-38 所示为盆形电喇叭的结构图。其原理如下所述。

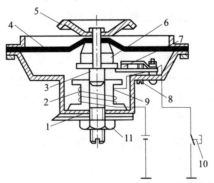

5-5 电喇叭电路原理

图 5-38 盆型电喇叭的结构图

1—下铁芯；2—线圈；3—上铁芯；4—膜片；5—共鸣板；6—衔铁；
7—触点；8—调整螺钉；9—电磁铁芯；10—按钮；11—锁紧螺母

按下电喇叭按钮10，电喇叭内部电路接通，电路为：蓄电池正极→线圈2→触点7→电喇叭按钮10→搭铁→蓄电池负极。线圈2通电后产生电磁力，吸动上铁芯3及衔铁6下移，使膜片向下弯曲。衔铁6下移将触点7顶开，线圈2电路被切断，其电磁力消失，上铁芯3、衔铁6及膜片4又在触点臂和膜片4自身弹力的作用下复位，触点7又闭合。触点7闭合后，线圈2又通电产生电磁力吸引上铁芯3和衔铁6下移，再次将触点7顶开。如此循环，使上铁芯3与下铁芯1不断碰撞，产生一个较低的基本频率，并激励膜片4与共鸣板5产生共鸣，从而发出比基本频率强且分布比较集中的谐音。

为了得到较为和谐悦耳的声音，在汽车上一般装有高、低音两个电喇叭。由于电喇叭工作电流较大，为保护电喇叭按钮，一般在电喇叭电路中设有电喇叭继电器，电喇叭的应用电路如图5-39所示。

当按下电喇叭按钮3时，线圈2通电，产生的电磁力使触点5闭合，接通电喇叭电路而使电喇叭发声。电喇叭电路为：蓄电池正极→熔丝→接线柱B→触点臂1→触点5→接线柱H→电喇叭→搭铁→蓄电池负极。电喇叭工作电流不经电喇叭按钮，从而保护了电喇叭按钮。

2. 电喇叭的调整

电喇叭的调整包括音调调整和音量调整两部分，以盆形电喇叭为例，如图5-40所示。

1）音调调整

音调的高低取决于膜片的振动频率。盆形电喇叭通过改变上、下铁芯之间的间隙即可改变膜片的振动频率。将上、下铁芯之间间隙调小，可提高电喇叭的音调。调整方法：松开锁紧螺母，旋转铁芯，调至合适的音调时，旋紧锁紧螺母即可。

2）音量调整

电喇叭的音量与通过电喇叭线圈的电流的大小有关，电喇叭的工作电流大，电喇叭发出的音量也就大。电喇叭线圈电流可以通过改变电喇叭触点的接触压力来调整。压力增大，流过电喇叭线圈的电流增大，电喇叭音量增大，反之音量减小。调整时不要过急，每次调整1/10圈。

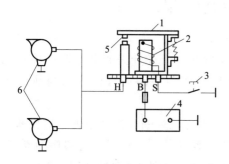

图5-39 电喇叭的应用电路

1—触点臂；2—线圈；3—电喇叭按钮；
4—蓄电池；5—触点；6—电喇叭

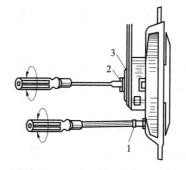

图5-40 盆形电喇叭的调整

1—音量调整螺钉；2—音调调整螺钉；3—锁紧螺母

3. 电喇叭的故障与排除

1）电喇叭音量小

故障原因是电喇叭触点烧蚀，电喇叭搭铁不良。排除方法：电喇叭触点烧蚀，更换电喇叭；搭铁不良，视情处理。对于螺旋（蜗牛）形电喇叭，使用中不要进水，安装时注意方向，开口朝下。

2）电喇叭不响

故障原因是熔丝断、继电器或电喇叭按钮有故障。先检查熔丝、电喇叭搭铁情况及线路连接，以上情况都正常时进行下列检查（参见图5-39）：

（1）将继电器"S"接线柱直接搭铁，若电喇叭响，说明电喇叭按钮有故障，可能是电喇叭按钮搭铁不良，需处理；若电喇叭仍不响，则进行下一步。

（2）将继电器上的"B"与"H"接线柱短接，若电喇叭响，说明继电器有故障，更换继电器；若仍不响，可能是继电器到电喇叭之间的线路有故障。

单元二　汽车灯系的故障检修

汽车灯系种类繁多，作用各不相同，但从形式上，它们之间又有一定的联系。由于供电线路交织在一起，电气设备配线都采用电线束，所以发生故障时，较难一下子做出分析与判断。因此，检修故障时对电路图的分析尤为重要。

汽车灯系的故障不外乎两类：一类是器件本身的故障；另一类是线路存在的故障。应先对器件本身进行检查，如没有故障，应按各系统的线路逐级检查，认真查明出现故障的原因及可存在的隐患，正确地加以排除。在处理故障时，一般应重点检查以下两项内容：一是检查接线柱接触不良处是否有短路，二是熔断丝是否熔断；在车上均可采用试灯法和万用表行检查。

一、各部位灯光的常见故障

汽车灯光的常见故障一般有灯光不亮、灯光亮度低及灯泡频繁烧坏等。

1. 灯光不亮

引起灯光不亮的原因主要有灯泡损坏、熔断丝熔断、灯光开关或继电器损坏及线路短路或断路故障等。在进行故障诊断时，应根据电路图对电路进行检查，判断出故障的部位。

（1）灯泡或熔断器损坏。如果1只灯不亮，一般为灯丝烧断，将灯泡拆下后检查。若灯泡坏，则更换新灯泡。如果几只灯都不亮，按喇叭，喇叭不响，则可能是总熔断器熔断；若同属一个熔断丝的灯泡都不亮，则可能是熔断丝被熔断。处理这两类故障时，在将总熔断器复位或换新的熔断丝之前，应查找超负荷的原因，其方法是：将熔断丝所接各灯的接线从灯座拔掉，用万用表电阻挡测量灯端与搭铁之间的电阻，若电阻较小或为0，则可断定线路中有搭铁故障。排除故障后，再把熔断器复位或更换新的熔断丝。

（2）灯光开关、继电器及线路的检查：

①继电器的检查。将继电器线圈直接供电，检查继电器是否能正常工作，如不能正常工作，应更换继电器。

②灯光开关的检查。可用万用表检查开关各挡位的通断情况，若与要求不符，应更换灯开关。

③线路的检查。在检查时，可用万用表或试灯逐段检查线路，找出短路或断路故障的部位。

2. 亮度下降

若灯光亮度不够，多为蓄电池电量不足或发电机及调节器故障所引起。另外，导线接头松动或接触不良、导线过细或搭铁不良、散光镜坏或反射镜有尘垢、灯泡玻璃表面发黑或功率过低及灯丝没有位于反射镜焦点上，均可导致灯光暗淡。

检查时，首先检查蓄电池和发电机的工作状态。若不符合要求，则应先恢复电源系统的正常工作电压。在电源正常的状态下，检查线路的连接情况及灯具是否良好。

3. 灯泡频繁烧坏

灯泡频繁烧坏一般是电压调节器不当或失调，使发电机输出电压过高造成的，应重新将工作电压调整到正常工作范围。此外，灯具的接触不良也有可能造成灯泡的频繁损坏。检查时，也应注意这方面的情况。

二、信号灯光常见故障及排除

汽车上的灯光信号大体上有两种：一是闪烁信号；二是持续信号。常见故障是信号灯不亮和信号灯不能正常工作。信号灯不亮可按前面所述故障排除办法检修。闪光信号其他故障与排除方法见表5-6。

5-6 信号灯光常见故障及排除

表5-6 信号灯工作不正常原因及排除方法

故障现象	原因	排除方法
两侧转向灯同时亮	转向开关失效	检查转向开关
两侧转向灯闪烁频率不同	（1）两侧的功率不等； （2）有灯泡坏	检查灯泡型号
转向灯常亮不闪	（1）闪光器损坏； （2）接线错误	检查闪光器及电路接线
闪频过高或过低	（1）灯泡功率不当； （2）闪光器工作不良，触点间隙过大或过小； （3）电源电压过高或过低	（1）检查灯泡； （2）更换闪光器、调整触点； （3）调整电压调节器

(1) 检查和更换汽车电喇叭。
(2) 危险报警灯控制电路原理。

5-7 检查与更换　　　5-8 危险报警灯
汽车电喇叭　　　　电路原理

学习情境六

仪表、报警灯与电子显示装置维护

掌握仪表、报警系统的组成及主要部件的作用及工作原理；了解仪表、报警系统各主要部件在车上的安装位置；掌握仪表、报警系统各主要部件在车上的拆装方法；能够正确分析仪表系统的系统电路图；了解仪表、报警系统通用符号的含义；能正确分析仪表、报警系统的故障原因并排除故障。

售后服务经理递交给学员一个检测、维修仪表、报警灯与电子显示装置的任务，要求检查仪表、报警灯与电子显示装置各零部件的工作情况，确定是否可再用，进行组装，进行试验并排除可能出现的故障。制订学习和维修计划，完成此任务。把相关信息情况告知经理，得到经理的确认后，提交一份分析报告并归档。

单元一　仪表、报警灯与电子显示装置的基本知识

为了使驾驶员随时掌握车辆的各种状况，并能及时发现和排除潜在的故障，在驾驶员座位前方的仪表板上装有各种测量仪表。一般计量、测量仪表及报警指示灯在仪表板上的布置如图6-1所示。

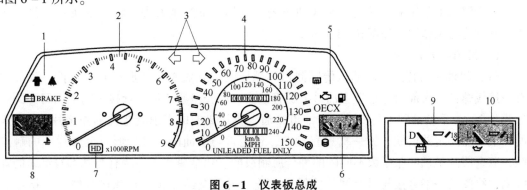

图6-1　仪表板总成

1—警告灯和指示灯；2—转速表；3—转向信号指示灯；4—车速里程表；
5—警告灯和指示灯；6—燃油表；7—远光指示灯；8—水温表；9—电压表；10—机油压力表

传统仪表一般是机电式模拟仪表,只能为驾驶员提供汽车运行中必要而又少量的数据信息,已远远不能满足现代汽车新技术、高速度的要求。所以电子显示组合仪表逐渐成为汽车仪表发展的主流。它相对于传统仪表具有易于辨认、精确度高、可靠性好及显示模式的自由化等特点,能够利用各种传感器传来的信号并根据这些信号进行计算,以确定车辆的行驶速度、发动机转速、发动机冷却液温度、燃油量及车辆其他情况的测量数据,并将这些数据以数字或条形图形式显示出来,如图 6-2 所示。

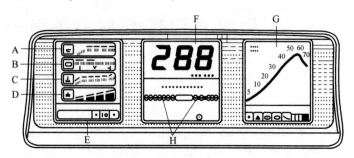

图 6-2　电子显示组合仪表板

A—机油压力表;B—电压表;C—水温表;D—燃油表;
E—警告灯;F—车速表;G—(发动机)转速表;H—里程表

一、汽车常规仪表

汽车上较常用的一般有五种仪表和三种相应的传感器,即电流表(大多数车上已不用,这里不做介绍)、机油压力表、水温表、燃油表及车速里程表等指示仪表和机油压力传感器、水温传感器、油量传感器等。

1. 机油压力表

机油压力表用来指示发动机润滑系统机油压力的大小。机油压力表的电路由机油压力表和机油压力传感器两部分组成。机油压力表安装在组合仪表内,机油压力传感器安装在润滑主油道上。

6-1 机油压力表工作原理

目前进口汽车基本上都已取消了机油压力表而用机油压力报警灯代替,国产大多数汽车还同时装有机油压力表和机油压力报警灯。

国产汽车上装用最多的是电热式油压表。电热式机油压力表又称双金属片式机油压力表,其结构与工作原理如图 6-3 所示。

1) 机油压力表的构造

(1) 机油压力传感器。油压传感器俗称感压盒,总成为一圆形钢壳密封件,顶部中心有一接线螺钉,底部为拧装于主油道上的管接头,底壳呈漏斗形,管接头的上面置一圆形弹性膜片 2,片下的油腔 1 与发动机主油道相通,膜片 2 的中心顶着弯曲的弹簧片 3。弹簧片的一端与盒固定并搭铁,另一端焊有触点,且经常与上面的"Π"形双金属片 4 的触点接触,双金属片是用膨胀系数不同的两种金属制成的。双金属片 4 上绕有与其本身绝缘的加热线圈,线圈的一端直接与双金属片的触点相连,另一端经接触片 6 和接线柱 7 与指示表相连。校正电阻 8 与加热线圈并联。

（2）油压指示表。在由薄钢板冲压而成的圆形外壳内，装有特殊形状的双金属片11，它的直臂末端固定在扇形调节齿10上；双金属的另一钩形悬臂上绕有电热线圈，线圈的两头构成指示表的两个接线柱9、15，钩内装着指针12，指针的下端与弹簧片14钩连，弹簧片的另一端与扇形调节齿13铆接。

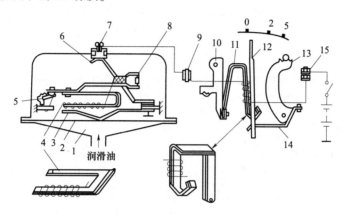

图6-3 双金属片式油压表

1—油腔；2—膜片；3—弹簧片；4—双金属片；
5—调节齿轮；6—接触片；7,9,15—接线柱；8—校正电阻；
10,13—扇形调节齿；11—双金属片；12—指针；14—弹簧片

指针的下面有黑色标度盘，用白色标度从左至右注有0、2、5的油压指示值。表面为透明玻璃，由外壳与之密闭封装。

2）机油压力表的工作原理

发动机不工作时，仪表电路不通，指示表靠双金属片保持在"0"位置。

发动机运转，如果润滑油压力增大时，传感器油腔内的油压也增大，压迫膜片向上拱曲，使触点的闭合压力增大。

此时电热线圈必须经过较长时间通电后，才能使双金属片得到较大的弯曲，才能将触点分开；触点分开后，只需较短的时间冷却，触点又重新闭合。于是，在触点闭合时间长、断开时间短的不断开闭动作下，由于频率增高，使通过指示表中的脉冲电流平均值增大，电热线圈使双金属片变形大，钩动指针向右偏转，指示出较高的油压值。因此，油压越大，传感器触点开闭频率越高，脉冲电流值平均值越大，双金属片变形也越大，指针偏移角也大，指示出的油压值越高；反之，油压降低，传感器触点开闭频率变低，脉冲电流平均值减小，双金属片变形小，指针偏移角小，指示的油压值低。

这种油压表主要靠脉冲电流大小的变化，达到相应指示油压值的目的，所以又可称为电热脉冲式油压表。

油压表中脉冲电流的波形如图6-4所示。一般油压在0.491 MPa时，传感器触点的振动频率可达100~130次/min；油压为0.196 MPa时，振频只有40~70次/min。发动机低速运转时，油压最低不应小于0.147 MPa，正常压力应为0.196%~0.392 MPa，最高压力不应超过0.491 MPa。

图 6-4 油压表中脉冲电流的波形

(a) 高油压时；(b) 低油压时

2. 水温表

水温表是用来指示发动机冷却水工作温度的，由装在发动机气缸体水套上的温度传感器及仪表板上的温度指示表两部分组成。

3. 冷却液温度表

冷却液温度表（俗称水温表）用来指示发动机冷却液工作温度。冷却液温度表的工作电路由冷却液温度表和冷却液温度传感器两部分组成，冷却液温度表安装在组合仪表内，冷却液温度传感器安装在发动机气缸盖的冷却水套上。

目前在多数汽车上，冷却液温度表与冷却液温度报警灯同时使用，其结构型式有两种：电热式和电磁式。

1）电热式水温表

电热式水温表又称双金属片式水温表，它的传感器和指示表均为双金属电热式，如图 6-5 所示。

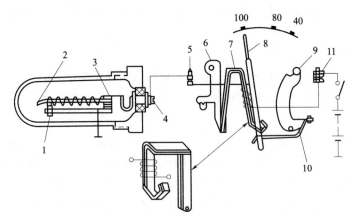

图 6-5 电热式水温表

1—可调触点；2—传感器双金属片；3—导电片；4—接线螺钉；
5，11—指示表接柱；6，9—扇形调节齿；7—指示表双金属片；8—指针；10—弹簧片

电热式温度传感器俗称感温塞，其外形及内部构造如图 6-6 所示。密封的套筒内装有条形双金属片 1，其上绕有加热线圈 2。线圈的一端接双金属片的动触点 3，另一端接导电片 9，可调静触点 4 直接搭铁。

电热式温度指示表的结构与电热式机油压力表相同，仅其标度盘上的温度值是从右至左逐渐增大，分别标有 40、80、100，单位为 ℃。

水温表的工作原理与油压表的工作原理相似。当电路接通、水温不高时，双金属片经加热线圈加热变形，使触点分离。触点打开后，由于四周温度低散热快，双金属片迅速冷却又

使触点闭合。于是触点在闭合时间长而断开时间短的高频开闭下，使流过指示表电热线圈中的脉冲电流平均值增大，双金属片变形大，带动指针向右偏转，指示水温低。

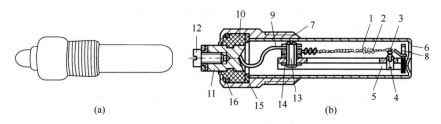

图 6-6 电热式温度传感器

（a）外形；（b）内部结构

1—双金属片；2—加热线圈；3—动触点；4—可调静触点；5—静触点支架；
6—铜壳；7—六角螺母；8—绝缘限位片；9—导电片；10—胶木绝缘套；
11—铜嵌件；12—接线螺钉；13—铆钉；14—绝缘管；15—密封胶圈；16—密封垫圈

当水温升高时，传感器铜壳与双金属片周围温度高，触点闭合时间短而断开时间长，开闭频率变低，流过指示表电热线圈的脉冲电流平均值小，双金属片变形少，指针向右偏角小而指出高温标度。

发动机正常工作时，水温一般应为 75 ℃~90 ℃。

2）电磁式水温表

电磁式水温表的结构原理如图 6-7 所示。

电磁式水温指示表壳内固装有互成一定角度的两个铁芯，铁芯上分别绕有电磁线圈，其中一个与传感器串联，另一个与传感器并联。两个铁芯的下端设置带指针的偏转衔铁。

电磁式水温指示表一般配用热敏电阻水温传感器。热敏电阻式水温传感器也可与电热式水温表配用，同时要增加一电源稳压器，如东风牌汽车。

热敏电阻水温传感器的构造如图 6-8 所示，其总成是一个铜壳与六角外壳的密封体，对外只有一个接线螺钉。

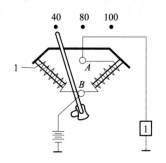

图 6-7 电磁式水温表的结构原理

1—水温传感器；A，B—指示表接线柱

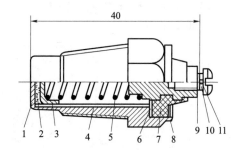

图 6-8 热敏电阻水温传感器的构造

1—铜壳；2—热敏电阻；3—压簧座；
4—绝缘套；5—压簧；6—密封胶垫；7—绝缘端盖；
8—铜垫圈；9—垫圈；10—弹簧垫圈；11—接线螺钉

热敏电阻是一种半导体材料，对热和温度有高度的灵敏性，体积可以做得很小，不需要冷却，构造简单、寿命长。具有负温度系数的热敏电阻的工作原理是：当温度升高时，电阻值降低。通常用来制造热敏电阻的材料有：二氧化钛和氧化镁的混合物；氧化镍和氧化锰的混合物；氧化锰、氧化镍和氧化钴的混合物等。

图 6-9 所示为电阻与温度的关系曲线，是负温热敏电阻的基本特性曲线。从图中可见，在温度低的部分，曲线的斜率比较陡；在温度高的部分，曲线的斜率逐渐平直。这说明每增高单位温度，在低温部分电阻显著下降，而在高温部分电阻下降较慢。因此在低温时，热敏电阻对周围介质温度的变化显得尤其灵敏，测量精度也比较高。

电磁式水温指示表的等效电路如图 6-10 所示。串联电阻 R，用以限制流经线圈 L_2 的电流。当水温低时，热敏电阻传感器阻值增大，流经 L_1 和 L_2 两个线圈的电流相差不多，但 L_1 匝数多，产生的磁场强，吸引衔铁使指针向低温指示方向偏；当水温增高时，热敏电阻阻值减小，分流作用增强，流经 L_1 的电流减小，磁力减弱，衔铁被 L_2 吸引，指针向右偏转指向较高温度。

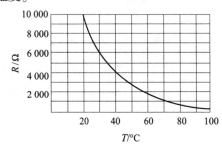

图 6-9 负温热敏电阻的基本特性曲线

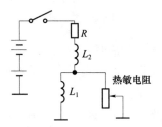

图 6-10 电磁式水温指示表的等效电路

4. 燃油表

燃油表的作用是指示汽车油箱中的存油量。由装在油箱中的油量传感器和仪表盘上的燃油指示表两部分组成。燃油指示表有电磁式和电热式两种。传感器均使用可变电阻式。

1）电磁式燃油表

图 6-11 所示为电磁式燃油表。其指示表同电磁式水温指示表，其传感器由可变电阻滑片 6 和浮子 7 等组成。当油箱内油位高低变化时，浮子带动滑片移动，从而改变电阻大小，相当于热敏电阻感受温度变化的作用。L_2 与可变电阻并联，L_1 与可变电阻串联，故其工作原理同电磁式水温表。

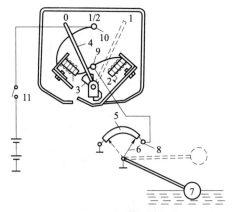

图 6-11 电磁式燃油表

1—左线圈；2—右线圈；3—转子；4—指针；
5—可变电阻；6—滑片；7—浮子；8，9，10—接线柱；11—点火开关

电磁式燃油表从左至右标明 0、1/2、1，分别表示无油、半箱油、满油。

2）电热式燃油表

电热式燃油表又称双金属式燃油表，它的传感器与电磁式燃油表相同。另外，为了稳定电源电压，在电路中串接了一个稳压器，其结构如图 6-12 所示。当油箱中无油时，传感器浮子 10 在最低位置，而将传感器可变电阻 8 全部接入电路，加热线圈 5 中电流最小，所以双金属片 6 几乎不变形，指针指在"0"处，表示无油。

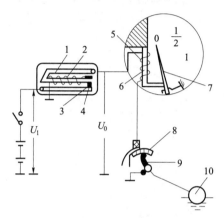

图 6-12 双金属式燃油表
1——双金属片；2—加热线圈；3—动触点；4—静触点；
5—指示加热线圈；6—双金属片；7—指针；8—传感器电阻；9—滑片；10—浮子

当油箱的油量增加时，传感器的浮子 10 上浮，滑片 9 移动，使部分电阻被接入电路，于是流入加热线圈 5 的电流增大，双金属片 6 受热弯曲变形带动指针向"1"移动，指示出油量的多少。

由于流经加热线圈的电流，除与可变电阻值有关外，还与供电电压有关。汽车的电源是蓄电池与发电机关联，两者的电位差一般为 2 V 左右，且发电机的端电压，虽然经调节器调整，但受负载电流的影响较大。因此，电源电压变化必然影响双金属片电热式仪表的测量精度，即凡是用双金属片作指示表的，都必须加稳压器。

图 6-12 左边长方形框内所示即为双金属片式稳压器。当电源电压提高时，稳压器中加热线圈 2 的电流增大、双金属片 1 温度升高，使触点 3、4 间接触压力减小，闭合时间缩短，打开时间增长，从而使加热线圈中的电流减小，端电压下降；反之，当电源电压下降时，稳压器中加热线圈的电流减小，双金属片温度较低，触点闭合时间增长，打开时间缩短，线圈中平均电流增大，端电压提高。这样，就使仪表始终在一个比较稳定的电压下工作，减少了电源电压波动的影响。由于传感器和指示仪表都是双金属片式的，其本身就具有稳定电压的功能，所以不需要用电源稳压器（如图 6-5 所示电热式水温表）。

5. 车速里程表

车速里程表是用来指示汽车行驶速度和累计行驶里程数的仪表，由车速表和里程表两部分组成，所以指针指示的速度也必与汽车的行驶速度成正比。一般为磁感应式仪表，无电路连接。

1）构造

磁感应式车速里程表也称永磁式车速里程表，其结构如图 6-13 所示。

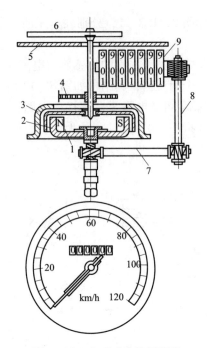

图 6-13 永磁式车速里程表
1—U 形永久磁铁；2—感应罩；3—护罩；4—盘形弹簧；
5—标度盘；6—车速表指针；7, 8—蜗轮蜗杆；9—数字轮

（1）车速表。主要构件为一 U 形永久磁铁 1，它固装在主动轴顶端。永久磁铁的上面装有感应罩 2，一般由铝质或铁质材料制成，可以转动；感应罩的上面又罩着一个护罩 3，与底板固定。

在可以转动的感应罩中心垂直固装着指针轴，指针轴的中部有一盘形弹簧 4，顶端装着车速表指针 6。指针 6 的下面有黑色标度盘 5，并用白色标度线和数字注明"0""20""40""60""80""100""120"等车速值，单位为 km/h。

（2）里程表。里程表主要由 7 个按十进位内传动的数字轮 9，以及三对蜗轮蜗杆 7、8 组成。由转轴驱动旋转，转轴用传动软轴 4 与汽车变速器（或分动器，差速器）输出轴上的蜗轮蜗杆 5 相连，如图 6-14 所示。

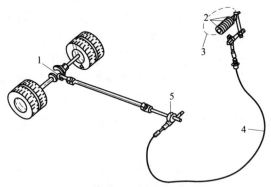

图 6-14 车速里程表传动示意图
1—差速器主传动齿轮；2—里程表数字轮组；
3—标度盘；4—传动软轴；5—变速器第二轴传动蜗轮蜗杆

2) 工作原理

汽车行驶时，由变速器输出的转速经蜗轮蜗杆 5 及软轴 4 传至车速里程表的转轴，一方面带动 U 形永久磁铁旋转，在感应罩上产生涡流磁场和转矩，克服游丝的弹力使感应罩朝永久磁铁转动方向转过一个角度。于是，带动指针指在标度盘上的相应车速值。车速越高，永久磁铁旋转越快，感应罩上的涡流转矩越大，指针偏转角越大，指示的车速值也越大。反之则指出低速值。停车后，由于永久磁铁停止转动，感应罩上涡流转矩消失，在盘形弹簧的作用下使指针回到"0"的位置。

另一方面由于轴的旋转，同时也驱动了三对蜗轮蜗杆按一定的传动比转动，带动第一个数字轮滚动，第一个数字轮上所刻数字为 1/10 km。行驶满 1 km 时，由内传动齿拨动第二个数字轮转动，计量单位为 1 km；行程达 10 km 时，第三个数字轮转动，计量值为 10 km，以后按十进位逐步依次拨动下去，就能累计汽车自投入使用后的总行驶里程数，从标度盘上的小窗口显示出来。

汽车停驶时，由于蜗轮蜗杆也停止传动，且不会倒转，所以能间歇地不断累计总里程数。当计满 999 999.9 km 后，又重新由 0 开始。

6. 发动机转速表

为了检查调整发动机，监视发动机工作情况，使驾驶员正确地选择换挡时机，不少汽车的仪表板上装有发动机转速表。发动机转速表用于指示发动机的运转速度。普通机械式转速表又可分为机械传动磁感应式转速表和电动磁感应式转速表。机械传动磁感应式转速表的结构和工作原理与上述磁感应式车速表基本相同，电动磁感应式转速表的基本结构如图 6-15 所示，它是由传感器和指示器两部分组成的。传感器实际是一个小型的交流发电机，安装在发电机皮带轮附近，由 4 个螺钉固定。

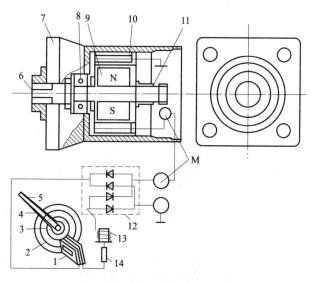

图 6-15 电动磁感应式转速表

1—动圈；2—永久磁铁；3—游丝；4—配重；5—指针；6—传感器扁形轴；
7—外壳；8—线圈固定罩；9—旋转永久磁铁；10—输出线圈；
11—轴承座；12—整流器；13—电阻 R_1 (200 Ω)；14—电阻 R_2 (300 Ω)

当发动机工作时，发动机的传动机构带动传感器扁形轴转动，与轴相连的永久磁铁随之转动，使磁力线切割线圈而产生交流电。电压高低随转速快慢而变化，通过整流器转化为直流电，再经绕线电阻和碳电阻输入动圈，此时动圈所产生的磁场与永久磁场相互作用，其结果使动圈偏转。发动机转速越快，传感器输出的电压也就越大，使动圈的输入电压变大；动圈偏转的幅度越大，指针的偏转角度也越大。

二、汽车报警灯

现代汽车为了保证行车安全、提高车辆的可靠性，在汽车仪表板上安装了许多报警装置。如机油压力报警灯、冷却液温度报警灯、燃油不足报警灯、制动液不足报警灯等。

报警灯由报警开关控制，当被监测的系统或总成工作不正常时，对应的报警开关闭合，使该系统的报警灯亮，以提醒驾驶员注意，采取相应的措施，确保行车安全。

报警灯通常安装在仪表上，灯泡功率一般为 1~4 W，在灯泡前设有滤光片，使报警灯发出红光或黄光，滤光片上通常有标准图形符号，常见的报警灯图形符号及作用如表 6-1 所示。

表 6-1 常见的报警灯图形符号及作用

序号	名称	图形	颜色	作用
1	蓄电池液面过低报警灯		红	蓄电池的液面比规定量低时灯亮
2	机油压力报警灯		红	发动机油压力在 0.03 MPa 以下时灯亮
3	充电指示灯		红	硅整流发电机不发电时，灯亮
4	预热指示灯		黄	点火开关闭合时灯亮，预热结束时灯灭
5	燃油滤清器积水报警灯		红	燃油滤清塞内积水时灯亮
6	远光指示灯		蓝	使用前照灯远光时灯亮
7	散热器液量不足报警灯		黄	散热器的液量比规定的少时灯亮
8	转向指示灯		绿	开转向灯时灯亮
9	驻车制动器报警灯		红	驻车制动器起作用时灯亮
10	车轮制动器失效报警灯		红	制动器失效时灯亮
11	燃油不足报警灯		黄	燃料余量约在 10 L 以下时灯亮

续表

序号	名称	图形	颜色	作用
12	安全带报警灯		红	不管是否装上安全装扣,发动机起动后约 7 s 灯灭
13	车门未关报警灯		红	车门打开或半开时灯亮
14	制动灯或后位灯失效报警灯		黄	制动或后位灯断路时灯亮
15	洗涤器液面过低报警灯		黄	洗涤器液面过低时灯亮
16	安全气囊报警灯	AIR BAC	黄	安全气囊失效时灯亮
17	制动防抱死失效报警灯	ABS	红	ABS 电控部分有故障时灯亮
18	发动机故障报警灯	CHECK	红	发动机电控系统有故障时灯亮

现代汽车多数采用发光二极管作为报警灯光源,其优点是结构简单、使用寿命长、耗电少、易于识别等。

1. 机油压力报警灯

在汽车上,除了装有机油压力表外,还装有机油压力报警灯。每当润滑系统机油压力低于标准值时,机油压力报警灯亮,以引起驾驶员注意。机油压力警报装置的报警开关一般装在主油道上,弹簧管式机油压力报警开关如图 6-16 所示。

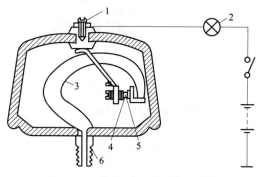

图 6-16 弹簧管式机油压力报警开关
1—接线柱;2—警告灯;3—管形弹簧;
4—静触点;5—动触点;6—管接头

其传感器为盒式,内有一管形弹簧,一端与接头相连,另一端与动触点相连,静触点与接线柱经接触片与接线柱相连,当机油压力低于 0.05 MPa 时,管形弹簧变形很小,动触点和静触点闭合,电路接通,警告灯点亮;当机油压力高于 0.05 MPa 时,管形弹簧变形较大,动触点和静触点分开,电路断开,警告灯熄灭。

2. 冷却液温度报警灯

在汽车上除了装有冷却液温度表外，还装有冷却液温度报警灯（也称为水温警告灯），每当冷却液温度过高超过标准值时，红色报警灯亮，以示警告。水温警告灯的通断由温度开关控制，其工作原理如图6-17所示。当冷却液温度低于95 ℃~98 ℃时，双金属上的触点与固定触点保持分离状态，警告灯不亮；当冷却液温度高至95 ℃~98 ℃时，双金属片受热变形向下弯曲程度变大，使触点和触点接触，将警告灯电路接通，警告灯点亮，提醒驾驶员注意。

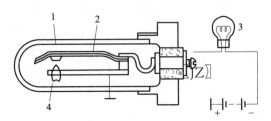

图6-17 温度开关
1—外壳；2—双金属片；3—警告灯；4—可调固定触点

3. 燃油不足报警灯

在汽车上除了装有燃油表外，还装有燃油不足报警灯，每当燃油少于规定值时，红色报警灯亮，以提醒驾驶员注意加油，尤其是油箱中有电子汽油泵的车辆，燃油过少，汽油泵得不到冷却，易损坏。其结构原理如图6-18所示。

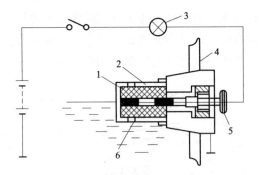

图6-18 燃油油量警告灯电路
1—金属网；2—外壳；3—警告灯；
4—油箱外壳；5—接线柱；6—热敏电阻元件

该装置是由负温度系数的热敏电阻式燃油油量报警传感器和警告灯组成。当油箱内油量较多时，热敏电阻元件浸没在燃油中，散热快，温度较低，电阻值较大，因此电路中电流很小，警告灯不亮；当燃油减少到规定值以下时，热敏电阻元件露出油面，散热慢，温度较高，电阻值较小，因此电路中电流增大，警告灯亮。

4. 制动液不足报警灯

制动液不足报警灯的作用是当制动液液面过低时，发出报警信号，以提醒驾驶员注意。结构如图6-19所示。

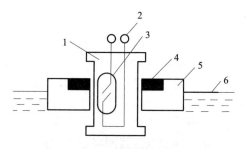

图 6-19 制动液面报警开关
1—外壳；2—接线柱；3—舌簧开关；
4—永久磁铁；5—浮子；6—液面

制动液不足报警装置是由制动液不足报警开关和制动液不足报警灯组成的。制动液不足报警开关安装在制动总泵液罐内，此类报警开关适用于冷却液、风窗玻璃清洗液等液面过低报警灯的控制电路，区别仅在于制动液不足报警开关安装位置不同。

制动液面报警灯开关装在制动主缸的储液罐内，外壳的外面套装着浮子，浮子上固定有永久磁铁，外壳内部装有舌形开关，舌形开关的两个接线柱与警告灯和电源相连，当制动液面在规定值以上时，浮子浮在靠上的位置，永久磁铁的吸力不足，舌形开关在自身的弹力作用下保持断开的状态；当制动液面下降到一定值时，浮子位置下降，舌形开关在永久磁铁吸力作用下闭合，警告灯亮。

5. 制动器摩擦片使用极限报警灯

制动器摩擦片使用极限报警灯的作用是当制动器摩擦片磨损到使用极限厚度时，发出报警信号，表示制动器摩擦片需要更换。图 6-20 所示为制动器摩擦片使用极限报警灯控制电路。将一段导线埋在制动器摩擦片内部，该导线与组合仪表中的电子控制器相连，当制动器摩擦片没有到使用极限时，电子控制器中的晶体管基极电位为低电位，晶体管截止，制动器摩擦片使用极限报警灯不亮；当制动器摩擦片到使用极限时，制动器摩擦片中埋设的导线被磨断，电子控制器中的晶体管基极电位为高电位，晶体管导通，制动器摩擦片使用极限报警灯亮。一般情况下，制动器摩擦片使用极限报警与制动液不足报警共用一个报警灯。

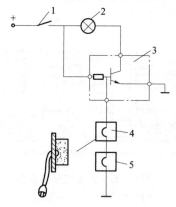

图 6-20 制动器摩擦片使用极限报警灯控制电路
1—点火开关；2—制动器摩擦片使用极限报警灯；
3—电子控制；4, 5—前制动器摩擦片

6. 制动灯线路故障报警灯

由于制动灯对于行车安全极为重要,而驾驶员在开车过程中又很难发现制动灯有故障,这样在一些车辆中,设置了制动灯电路故障报警灯。图6-21所示为美国GM公司采用的制动灯线路故障报警灯控制电路。在正常情况下,踩下制动踏板,制动灯开关接通,电流经左、右两电磁线圈到制动信号灯。此时两线圈所产生的磁场相互抵消,舌簧开关的触点继续处于常开状态,制动灯线路故障报警灯不亮;当左、右两个制动信号灯有一个灯泡坏了,或者线路有断路的情况,则有故障一侧的电磁线圈将不产生磁场,而另一侧的电磁线圈产生磁场,舌簧开关中的触点将闭合,制动灯线路故障报警灯亮,提醒驾驶员制动灯线路有故障。

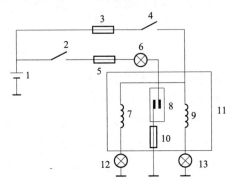

图6-21 美国GM公司采用的制动灯线路故障报警灯控制电路
1—蓄电池;2—点火开关;3、5—熔断器;4—制动开关;
6—制动报警灯;7、9—线圈;8—舌簧开关;10—电阻;
11—制动检测器;12—制动灯(左);13—制动灯(右)

三、汽车电子显示装置

随着微电子计算机和电子传感器等汽车电子技术的蓬勃发展,汽车仪表以及显示装置已进入电子化时代。近年来,在世界范围内已有多种汽车装置了具有电子显示器件的电子仪表盘,其必将普及并有很大发展的趋势。

图6-22所示即为国外某汽车电子仪表盘。

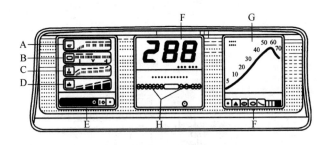

图6-22 汽车电子仪表盘
A—机油压力表;B—电压表;C—水温表;D—燃油表;
E—警告灯;F—车速表;G—(发动机)转速表;H—里程表

汽车仪表电子化的优点:

(1) 电子化仪表能提供大量、复杂的信息。电子化仪表能迅速、准确地以数字、文字或图形的形式提供大量复杂的信息，醒目、直观。目前，汽车故障诊断、地形图显示、导向及各种信息服务装置都已开始用于汽车。仪表盘作为信息终端显示已经是大趋势。

(2) 能满足小型、轻薄化的要求。小型、轻薄化，既能加大汽车仪表盘附近的宝贵空间，还能处理日益增多的信息容量。

(3) 显示图形设计的自由度高。汽车仪表盘造型美观、款式新对现代汽车来说非常重要。选用构型设计自由度特别高的电子显示器件是实现汽车现代化的需要。

(4) 具有高精度和高可靠性。

(5) 具有一表多用的功能。采用数字显示易于用一组数字进行分时显示，并可同时显示几个参数，不必对每个参数都设置一个指示表，故使仪表盘得以简化。

1. 电子显示器件的种类及要求

电子显示器件大致分为发光型和非发光型两大类。

发光型的显示器件有发光二极管（LED）、真空荧光管（VFD）、阴极射线管（CRT）、等离子显示器件（PDP）和电致发光显示器件（ELD）等。

非发光型的有液晶显示器（LCD）、电致变色显示器（ECD）等。

目前，用作汽车电子显示器件最多的是真空荧光管（VFD）和液晶显示器（LCD），其次是发光二极管（LED）。阴极射线管（CRT）虽然容量大，但体积也大。

对汽车电子显示器件要求要具有很高的可靠性，即各种信息的显示必须准确、可靠、及时、清晰，便于驾驶员观看和辨认。

2. 电子显示器件

1) 发光二极管（LED）

广泛使用的发光二极管是最简单的显示装置。在很多情况下，它代替了仪表板中使用的传统的白炽灯。

发光二极管是采用半导体发光材料制成的把电能转换成光能的固体发光器件。它是由二极管引线 4 和 5、干芯片 2、散射透镜 1 等组成的，如图 6-23 所示。

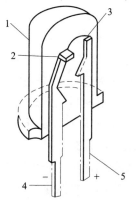

图 6-23 光二极管的结构
1—塑料外壳（透镜）；2—二极管芯片；
3—导线；4，5—引线

发光二极管一般都是用半导体发光材料砷化镓（GaAs）、磷化镓（GaP）、磷砷化镓（GaAsP）、砷铝化镓（GaAlAs）等制成的。

当发光二极管两引线 4、5 所连的电极加上适当的电压后，二极管就导通，电流流经芯片 2 发光，通过透明的塑料外壳 1 显示出来。其发光强度与通入的电流成正比。

发光二极管的颜色有红、绿、黄、橙，可单独使用，也可做成点阵形式，用来显示数字或文字。发光二极管目前已应用到不同尺寸和选址方式的显示系统。对于字母数字显示，不管是笔画式还是光点矩阵式，都需用许多个二极管组合。图 6-24 所示即为用 7 个发光二极管组成的显示装置。

图 6-25 所示则是用发光二极管组成的光点矩阵型显示器。

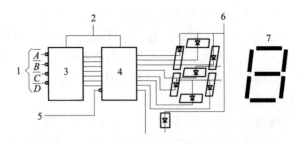

图 6-24　7 个发光二极管组成的显示装置

1—输入（二一十进制编码）；2—逻辑电源；3—译码器；
4—恒流源；5—小数点；6—发光二极管电源；7—"8"字形

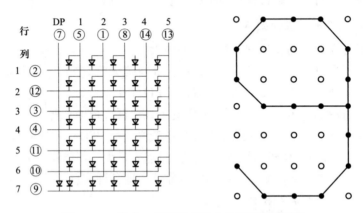

图 6-25　发光二极管组成的光点矩阵型显示器

发光二极管的工作电压低（2 V 左右）、响应速度快（毫微秒数量级）、寿命长（10^3 h）、亮点亮度通常为 102.78 ~ 1 027.8 cd/m^2、工作稳定、可靠性高、耐振动、体积小、质量轻，可做成各种各样的形状，有广泛的光学灵活性，可将多个光源组成一个单独的组件；可用于多种显示；易与集成电路相匹配。

LED（发光二极管显示）只适用于作汽车指示灯、数字符号段或点数不太多的小型显示，不宜作大型显示。

2）真空荧光管（VFD）

这种主动的显示系统比发光二极管有更宽的色域，它有蓝色显示，而发光二极管很难达到这一点。它的耐用性以及驱动电路连接的简易性，使得该系统更适合显示数字、单词和条形图。

真空荧光管实际上是一种低压真空管，由玻璃面板、金属等无机材料构成。

图 6-26 所示为汽车用的数字式车速表的真空荧光显示器。这种显示器的阳极有 20 个小的数字模块，每个模块上面都涂有荧光材料，并各与一个接线柱相连接。

当电子射到荧光表面时，模块被激活。此时，荧光表面发光照亮模块，一个细丝充当阴极发射电子，由栅格控制着电子流。这些部件被密封在一个真空室内，真空室的前端是含有一块滤色片的玻璃，显示时按规定的颜色显示。

当电流通过细钨丝时，钨丝被加热到 800 ℃并发出电子。通常电子被吸引到带正电荷的栅格。当模块阳极由于加 5 V 左右电压也带有正电荷时，一些电子便穿过栅格打在阳极上，使阳极发光显示信息。用和发光二极管显示器类似的方法安排适当的模块以形成不同的数字。

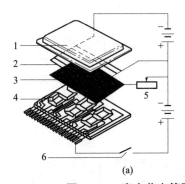
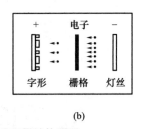

图 6-26 真空荧光管及其显示屏结构原理

(a) 真空荧光管结构原理；(b) 显示屏结构原理

1—玻璃罩；2—灯丝（阴极）；3—栅格；4—笔画小段（阳极）；
5—电位器（亮度调节）；6—电子开关（微机控制，能使某些笔画段发光）

3）液晶显示器件（LCD）

液晶是一种有机化合物，由长形杆状分子构成。在一定的温度范围内，它具有液体的流动性质，也具有晶体的某些特征。人们认识液晶材料已有 80 多年的历史了，但是一直到最近 10 多年内，才考虑用它来作为显示材料。液晶显示（LCD）器件是一种新型的非发光型平板显示器件，其结构如图 6-27 所示。

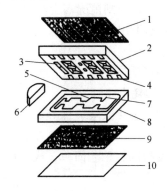

图 6-27 液晶显示器件的结构

1—前偏振片；2—前玻璃板；3—笔画电极；4—接线端；5—后（背）板；
6—端部密封件；7—密封面；8—后（背）玻璃板；9—后偏振片；10—反射镜

它有两块厚约 1 mm 的玻璃基板 2、8，基板上涂有透明的导电材料，以形成电极图形，两基板间注入一层 5~20 nm 的液晶，再在玻璃基板的外表面分别贴上前偏振片 1 和后偏振片 9，并将整个显示板安全密封，以防湿气和氧侵入，这便构成透射式 LCD。在玻璃基板后面再加上反射镜（即反射透射片）10，便组成反射—透射式 LCD。

液晶相是介于结晶固相和各向同性液相之间的一种中间相。在液晶上加一个电场时，其杆状分子的长轴方向发生变化，而液晶的光学性质是随分子排列方向的变化而变化的。因此，它的光学性质也发生变化。

图 6-28 所示为液晶加电压与不加电压的情况。

显示板的两个电极上密纹的方向彼此垂直，这样，液晶分子在一个电极上有一定的排列方向，而在相反的电极上分子排列方向转过 90°，从而使液晶材料具有这样一种光学性质：

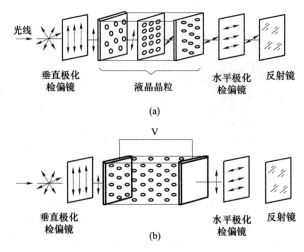

图 6-28 液晶的极化
(a) 不加电压时；(b) 加电压时

在液晶不加电压时，光线穿过液晶到达反射镜后反射回来，观察者可看到反射回来的光线。当加上电压时，液晶分子方向改变，通过垂直偏振镜后受到水平检偏镜的阻断不能到达反射镜，因此光线进入已通电的笔画的晶粒不能返回前面，这时笔画不亮（黑色）。

如果偏振镜和检偏镜的方向一致，则情况与上相反，即不加电压时，液晶不透射光；加上电压时，液晶方向改变，使光透射出来。

液晶显示的优点：

（1）即使自然光很强，也不影响它的对比度。
（2）工作电压低，约 3 V，功耗小。
（3）它是一种单独的组装件，易于安装、保养。
（4）可用于多种形式的显示。
（5）电板图形设计的自由度极高，工艺简单，成本低。

主要缺点：

（1）在黑暗时，需外部光源，这与 LED 显示刚好相反。
（2）低温响应特性较差，即在低温时不能很好工作，一般工作温度为 0 ℃ ~60 ℃，这就限制了它在汽车上的某些应用。

液晶显示器在国外的汽车上已得到推广应用。如美国研制的液晶显示汽车驾驶员信息中心就是一个例子。该中心实际是自动显示故障的装置，系统用以监视的内容有：

（1）监视 20 个前后各种车灯。
（2）显示汽车的各种功能或状态。如油压、冷却液温度、冷却液面、充电电压、燃油液面、风窗玻璃喷洗液面以及发动机罩、行车厢盖、四个车门的开闭状态等。
（3）维修提示系统的监视。当需要进行维修时，控制器报警，如更换机油、更换滤芯、更换和调整轮胎等。同时还能显示出在维修前尚允许行驶的公里数。

信息中心实际上是由显示器及信息处理机两部分组成。液晶显示器装置在汽车仪表板总成内，它由多色液晶构成的上述三个信息区和一个图像区组成。

液晶显示（LCD）器件是一种潜在的、将会得到广泛应用的车辆显示器件。

4）阴极射线显示（CRT）

阴极射线管（CRT）亦称显像管或电子束管，它是一种特殊的真空管。

CRT 是显示信息和图像最灵敏的显示系统。因 CRT 具有全色彩显示、图像显示的灵活性大、分辨率和对比度高的特点，且具有 -50 ℃ ~ 100 ℃ 的工作温度范围，有微秒级以下的响应速度，所以它是目前显示图像质量最高的一种显示器件。它已广泛用于示波器、电视显像管和微机显示系统。

但是，CRT 作为汽车仪表盘显示用器件，则体积太大，即便已经实用化的扁平型 CRT，仍太长、太重；还要采用 10 kV 以上的高压，安全性差；对其他电子电器有很大的无线电干扰等。

单元二　汽车仪表常见故障与排除

一、汽车仪表使用注意事项

拆装组合仪表时的注意事项，现分别介绍如下：

（1）拆装组合仪表时，应先拆下蓄电池负极电缆线，以免手触摸仪表板后面线束时造成线路短路。

（2）拆组合仪表装饰面板时，由于固定螺钉是隐蔽的，因此，要仔细查找固定螺钉，否则强行拆卸将会损坏装饰面板。

（3）拆装组合仪表时，应注意仪表板后面的线束插接器及车速里程表软轴接头，一般都带有锁止机构，切忌强拆。

（4）从电路板上拆下仪表表芯、电源稳压器、照明灯及指示灯时，不要损坏印制电路。

单独更换表芯或仪表传感器时，注意仪表与传感器必须配套使用。

拆装仪表及传感器时，注意动作要轻，不要敲打。

电热式机油压力传感器安装时有方向要求。

仪表与传感器的接线必须可靠。

电磁式仪表的接线柱有极性之分，不得接错。

二、燃油表、冷却液温度表、机油压力表的常见故障的诊断与排除

在所有汽车仪表电路中，大部分都配有电源稳压器，而且不论是电磁式仪表还是电热式仪表，又都配有传感器。这样，在仪表故障中，若两个或两个以上仪表同时不工作，则应先检查仪表熔丝和电源稳压器是否有故障；若单个仪表不工作时，则应先确定故障是在传感器还是在仪表。

1. 单个仪表不工作

首先检查传感器的接线是否完好，如正常，可将传感器的接线断开，用万用表检测传感器的接线是否有电。如没有电，则应检查传感器到仪表及蓄电池的电路；如有电，则以燃油表为例，检查方法如图 6-29 所示。

（1）用 10 Ω 的电阻代替传感器，一端接到传感器的线束上，另一端直接搭铁，点火开

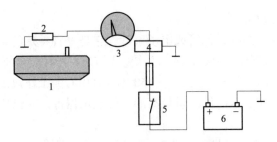

图 6-29　燃油表的故障诊断方法

1—燃油箱；2—10 Ω 电阻；3—燃油表；
4—电源稳压系统；5—点火开关；6—蓄电池

关打到 ON 挡，观察仪表。如果指针摆动，说明传感器有故障（不要将传感器的接线直接搭铁，否则易烧坏仪表），需要更换传感器。

(2) 仪表工作是否准确的情况，可参照维修手册。如以奥迪轿车燃油表为例，则用变阻器代替传感器对其进行检查。当阻值为 40 Ω 时，指针指示为 1；当阻值为 78 Ω 时，指针指示为 1/2；当阻值为 283 Ω 时，指针指示为 0。如果检查结果与上述相符，则为传感器有故障，应更换；否则为仪表有故障，应更换。

2. 两个或两个以上仪表同时不工作

首先检查熔丝，若熔丝正常，则检查电源稳压器。电源稳压器的电路如图 6-30 所示。测量电源稳压器的输出端 B 及输入端 A 的电压是否符合技术标准。以奥迪轿车为例，如图 6-31 所示，测量输出端 3 与搭铁端 2 之间的电压，电压表读数应为 9.75～10.25 V，否则更换电源稳压器；测量输入端 1 与搭铁端 2 之间的电压，电压表的读数应为电源电压，否则检修电路。

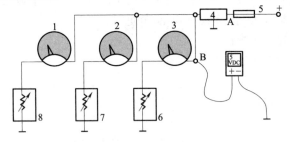

图 6-30　电源稳压器的电路

1, 2, 3—仪表；4—电源稳压器；
5—蓄电池"＋"级；6, 7, 8—传感器

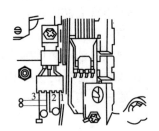

图 6-31　电源稳压器

三、车速里程表

车速里程表一般有机械式和电子式两种。检测时可将车举起，起动发动机，将变速器挂上挡，使驱动轮运转，观察车速里程表的工作情况。检测时注意发动机的转速不要过高，以免损坏差速器。

1. 机械式车速里程表

机械式车速里程表常见故障有：噪声，车速里程表不工作、读数不准或指针抖动。

（1）噪声一般是软轴（里程表线）缺油所致，需将软轴拆下，进行清洗，加润滑油，但最好是更换软轴。特殊情况，若仪表内的软轴磨损，使铝碗与磁铁相碰，发出噪声，则需更换仪表。

（2）车速里程表不工作、读数不准或指针抖动首先检查软轴与其他线束是否有交错挤压的现象，如果有上述情况，应先将软轴正确归位；检查变速器输出轴驱动小齿轮的磨损情况，软轴与驱动小齿轮的啮合间隙，如果不符，应更换；检查表头内蜗轮与蜗杆的间隙，过大可调整。

2. 电子式车速里程表

电子式车速里程表的常见故障是不工作，原因是传感器已损坏或线束、仪表等有故障。

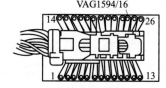

图 6-32 车速传感器的检查

（1）断开组合仪表线束插接器，插接器有 26 个端子，如图 6-32 所示。

（2）将汽车举起，断开传感器的线束连接器，变速器置于 N 位，用手转动左前轮。

（3）用万用表测量端子 4 和 10 之间的电阻，电阻值应为 0~∞。否则检修线路或更换车速传感器。

四、发动机转速表

以桑塔纳轿车为例。发动机转速表的常见故障是不工作，原因是线路或仪表本身有故障。检查方法如下：

（1）检查点火线圈"-"接线柱是否接触良好。

（2）检查发动机转速表后面的黑色三孔插座是否接触良好。

（3）用万用表检查二孔插座的工作状况，如图 6-33 所示。若 a 插孔搭铁不良，应检查仪表线束插接器白色 14 孔插座中的棕色导线是否接地；若 b 插孔在点火开关打到 ON 挡时无电压，应检查仪表线束插接器黑色 14 孔插座中的黑色导线是否有电压；若 C 插孔在点火开关打到 ON 挡时无电压，应检查仪表线束插接器白色 14 孔插座中的红/黑导线是否与点火线圈"-"接线柱接触良好。

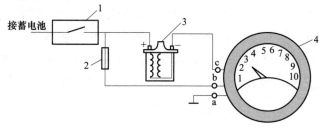

图 6-33 发动机转速表的检查
1—点火开关；2—熔丝；3—点火线圈；4—发动机转速表

如果发动机转速表后面的黑色三孔插座线束经检查全部正常，则故障在发动机转速表本身，应更换发动机转速表。

学习情境七
安全与舒适系统维护

掌握安全与舒适系统的组成及主要部件的作用及工作原理。了解安全与舒适系统各主要部件在车上的安装位置。了解安全与舒适系统的控制电路及工作过程。了解安全与舒适系统的操作方法。了解安全与舒适系统通用符号的含义。能正确分析安全与舒适系统的故障原因并排除故障。

售后服务经理递交给学员一个全面维护车上安全与舒适系统的任务,要求检查安全气囊及所配置的舒适系统的维护任务,确定是否可再用,进行试验并排除可能出现的故障。并且,该车被雨淋过后,起动发动机后想刮去风挡玻璃上面的水珠,刮水器只能间歇性刮水,不能连续进行刮水。制订学习和维修计划,完成此任务。搜集相关信息,并将有关情况告知经理,得到经理的确认后,提交一份分析报告并归档。

单元一 安全与舒适系统的基本知识

汽车在行驶过程中,由于一些意外交通情况的出现,往往会导致交通事故,造成人身伤亡,而且交通事故一般发生时间极短,使驾乘人员没有足够的反应时间来主动保护自己,这样只能采用被动安全保护装置来减少事故对人体的伤害。现在汽车普遍装有安全气囊,实验和实践证明,汽车装用安全气囊后,发生碰撞事故时对驾乘人员的伤害程度大大减少。

一、安全气囊的基本知识

安全气囊(Supplemental Restraint System,简称SRS),也称辅助乘员保护系统,当汽车遭到碰撞而急剧减速时能很快膨胀,可保护车内乘员不致碰撞到车厢内部,起到缓冲垫的作用,是一种被动安全装置,只有在发生交通碰撞事故到一定程度的时候才起作用，具有不受约束、使用方便和美观等优点。近几年来，随着世界汽车市场的竞争愈演愈烈，人们安全意识的增强以及安全气囊制造成本的降低，使得安全气囊在汽车上的应用逐渐普及。

根据碰撞类型的不同，安全气囊可分为正面碰撞防护安全气囊、侧面碰撞防护安全气囊和顶部碰撞防护安全气囊。交通事故统计表明，安全气囊与安全带配合使用，对正面碰撞事故中的乘员具有更好的保护效果。

7-1 安全气囊系统工作原理

（一）常规安全气囊的组成与工作原理

1. 常规安全气囊的组成

常规安全气囊主要由传感器、安全气囊组件、SRS 指示灯和 ECU 等组成，如图 7-1 所示，其工作过程如图 7-2 所示。

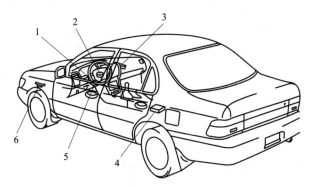

图 7-1 系统组成

1—SRS 指示灯；2—螺旋电缆；3—右前碰撞传感器；
4—SRS 电脑；5—SRS 气囊；6—左前碰撞传感器

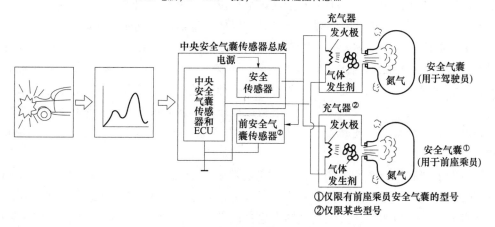

图 7-2 安全气囊工作过程

（1）传感器用于将检测车辆发生事故后的撞击信号输送给 ECU，以便及时起动常规安全气囊。传感器按其功能可分为前碰撞传感器、中央碰撞传感器和保险传感器，前碰撞传感器负责检测碰撞的激烈程度；保险传感器也称触发传感器，其闭合所需的减速度要稍小一些，起保险作用，防止因前碰撞传感器短路而造成常规安全气囊误膨开。

①前碰撞传感器。安装在前翼子板内,主要由偏心转子、偏心重块、固定触点和旋转触点等组成,如图7-3所示。不发生碰撞时,偏心转子在螺旋弹簧弹力作用下处于图7-3(a)所示位置,固定触点和旋转触点不接触;当发生正面碰撞,已作用在偏心重块上的减速度超过预定值时,偏心重块、偏心转子和旋转触点作为整体向左运动,使固定触点和旋转触点接触,前碰撞传感器输出电信号。

②中央碰撞传感器。有电阻应变片的半导体型和机械型两种。半导体型传感器由电阻应变片和集成电路组成。半导体型传感器测量减速度,并将其转换为电信号送至点火控制电路,用于判断常规安全气囊是否需要起动。机械型传感器在正面碰撞中受到超出预定值的减速力时,其触点接触并起动常规安全气囊。

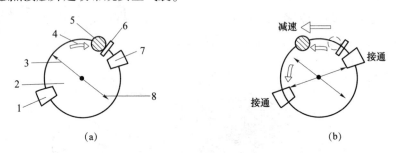

图7-3 前碰撞传感器
(a) 不工作状态;(b) 工作状态
1—固定触点;2—偏心转子;3—旋转触点;4—螺旋弹簧负荷;
5—偏心重块;6—挡块;7—固定触点;8—旋转触点

③保险传感器。有机械型和汞开关型等。

(2) 安全气囊组件主要由气体发生器、点火器、气囊、饰盖和底板组成。驾驶员安全气囊组件位于转向盘中心处,乘员安全气囊组件位于仪表板右侧手套盒的上方。

①气体发生器。在点火器引爆点火剂时,气体发生器产生气体向常规安全气囊充气,使常规安全气囊膨胀开。气体发生器用专用螺栓和专用螺母固定在安全气囊支架上,装配时只能用专用工具进行装配。气体发生器由上盖、下盖、充气剂(片状叠氮化钠)和金属滤网组成。上盖制有若干个充气孔,充气孔有长方孔和圆孔两种。下盖制有安装孔,以便将气体发生器安装到安全气囊支架上。上盖与下盖用冷压工艺压装成一体,壳体内装充气剂、金属滤网和点火器。金属滤网安装在气体发生器的内表面,用以过滤充气剂和点火剂燃烧后的渣粒。

气体发生器利用热效反应产生氮气而充入常规安全气囊。在点火器引爆点火剂的瞬间,点火剂会产生大量热量,叠氮化钠受热立即分解释放氮气,并从充气孔充入常规安全气囊。

②点火器。外包铝箔,安装在气体发生器内部中央位置。点火剂包括引爆炸药和引药,引出导线与安全气囊连接器连接,连接器中设有短路片(铜质弹簧片)。当连接器拔下或连接器未完全接合时,短路片将两根引线短接,以防止静电或导电将电热丝电路接通而造成常规安全气囊误膨开。

当SRS ECU发出点火指令时,电热丝电路接通,电热丝迅速红热引爆点火剂,引爆炸药瞬间爆炸产生热量,药筒内温度和压力急剧升高并冲破药筒,使充气剂受热分解释放氮气充入常规安全气囊。

③气囊。按布置位置可分为驾驶员侧气囊、乘员侧气囊、后排气囊、侧面气囊、顶部气囊等;按大小可分为保护整个上身的大型气囊和主要保护面部的小型护面气囊。护面气囊成本较低,但一定要和座椅安全带配合使用才有保护作用。欧洲汽车多采用小型气囊。目前汽车上配置的常规安全气囊数量有增多的趋势。

驾驶员侧气囊多采用尼龙布涂氯丁橡胶或有机硅制成。橡胶涂层起密封和引燃作用,气囊背面有2个泄气孔。乘员侧气囊没有涂层,靠尼龙布本身的孔隙泄气。

④饰盖,是安全气囊组件的盖板,饰盖上面模制有断缝,以便气囊能冲破饰盖膨开。

⑤底板。气囊和气体发生器装在底板上,底板装在转向盘或车身上,气囊膨开时,底板承受气囊的反作用力。

(3) SRS指示灯位于仪表板上,接通点火开关时,诊断单元对系统进行自检,SRS指示灯点亮6 s后熄灭表示系统正常。否则表示常规安全气囊出现故障,应进行检修。

若ECU出现异常,不能控制SRS指示灯,SRS指示灯便在其他电路的直接控制下做出异常显示,如ECU无点火电压,指示灯正常发亮;ECU无内部工作电压,指示灯正常发亮;ECU不工作,指示灯在看门狗电路的控制下以3次/s的频率闪烁;ECU未接通,指示灯经线束连接器的短接条接通。

(4) ECU主要由SRS逻辑模块、信号处理电路、备用电源电路、保护电路和稳压电路等组成,保险传感器一般与SRS ECU一起制作在SRS控制组件中。SRS控制组件的内部结构如图7-4所示。

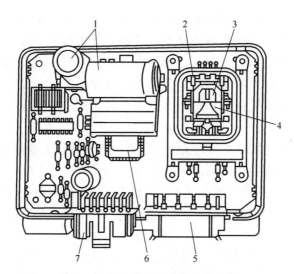

图7-4 SRS控制组件的内部结构
1—能量储存装置(电容器);2—保险传感器总成;3—传感器触点;
4—传感器平衡块;5—四端子连接器;6—逻辑模块;7—SRS ECU连接器

①SRS逻辑模块。主要用于监测汽车纵向减速度或惯性力是否达到设定值,控制安全气囊组件中的点火器引爆点火剂。在汽车行驶过程中,SRS ECU不断接收前碰撞传感器和保险传感器传来的车速变化信号,经过数学计算和逻辑判断后,确定是否发生碰撞。当判断结果为发生碰撞时,立即运行控制点火的软件程序,并向点火电路发出点火指令引爆点火剂,点火剂引爆时会产生大量热量,使充气剂受热分解释放气体对SRS充气。

此外，SRS ECU 还要对控制组件中关键部件的电路不断进行诊断测试，并通过 SRS 指示灯和存储在存储器中的故障码来显示测试结果。仪表板上的 SRS 指示灯可直接向驾驶员提供常规安全气囊的状态信息。逻辑存储器中的状态信息和故障码可用专用仪器或通过特定方式从串行通信接口调出，以供装配检查与设计参考。

②信号处理电路。主要由放大器和滤波器组成，用于对传感器检测的信号进行整形、放大和滤波，以便 SRS ECU 能够接收、识别和处理。

③备用电源电路。常规安全气囊有两个电源：一个是汽车电源；另一个是备用电源。备用电源电路由电源控制电路和两个电容器组成。在单安全气囊的控制组件中，设有一个逻辑备用电源和一个点火备用电源。在双安全气囊的控制组件中，设有一个逻辑备用电源和两个点火备用电源，即两条点火电路各设一个点火备用电源。点火开关接通 10 s 后，如果汽车电源电压高于 SRS ECU 的最低工作电压，则逻辑备用电源和点火备用电源即可完成储能任务。

备用电源用于当汽车电源与 SRS 逻辑之间的电路切断后，在一定时间内维持常规安全气囊供电，保持常规安全气囊的正常功能。当汽车遭受碰撞而导致蓄电池和交流发电机与 SRS ECU 之间的电路切断时，逻辑备用电源能在 6 s 内向 ECU 供给电能，保持 ECU 测出碰撞、发出点火指令等正常功能；点火备用电源能在 6 s 内向点火器供给足够的点火能量引爆点火剂，使充气剂受热分解对常规安全气囊充气。时间超过 6 s 后，备用电源供电能力降低，不能保证 ECU 测出碰撞和发出点火指令；若点火备用电源不能提供最小点火能量，则 SRS 不能充气膨开。

④保护电路和稳压电路。在汽车电气系统中，许多电器部件有电感线圈，电器开关多，电器负载变化频繁。当线圈电流接通或切断、开关接通或断开、负载电流突然变化时，都会产生瞬时脉冲电压即过电压，若过电压加到常规安全气囊电路上，系统中的电子元件就可能因电压过高而导致损坏。为了防止安全气囊元件受损，SRS ECU 中必须设置保护电路。同时，为了保证汽车电源电压变化时常规安全气囊能够正常工作，还必须设置稳压电路。

（5）安全气囊线束与保险机构 为了便于区别电气系统线束连接器，常规安全气囊的连接器与汽车其他电气系统的连接器有所不同。常规安全气囊的连接器采用导电性能和耐久性能良好的镀金端子，并设有防止安全气囊误爆机构、端子双重锁定机构。连接器双重锁定机构和电路连接诊断机构等，用以保证常规安全气囊可靠工作。常规安全气囊采用的各种特殊连接器如图 7-5 所示。

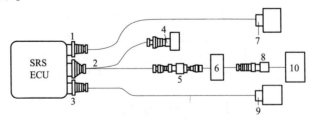

图 7-5　常规安全气囊采用的各种特殊连接器

1，2，3—ECU 连接器；4—SRS 电源连接器；
5—中间线束连接器；6—螺旋线束；7—右碰撞传感器连接器；
8—安全气囊组件连接器；9—左碰撞传感器连接器；10—点火器

①防止 SRS 误爆机构。SRS ECU 至 SRS 点火器之间的连接器 2、5、8 均采用了防止常规安全气囊误爆的短路片机构,拔下连接器时,短路片自动靠近 SRS,点火器一侧连接器或连接器两个引线端子短接,如图 7-6 所示,防止静电或误通电将电热丝电路接通而造成常规安全气囊误膨开。

当连接器正常连接时,连接器的绝缘壳体将短路片向上顶起,如图 7-6(a)所示,短路片与连接器端子脱开。当连接器脱开时,短路片自动将安全气囊点火器一侧连接器的引线端子短接,使点火器的电热丝与短路片构成回路,如图 7-6(b)所示,此时即使将电源加到安全气囊点火器一侧连接器上,由于电源被短路片短路,点火器也不会引爆,从而防止 SRS 误爆。

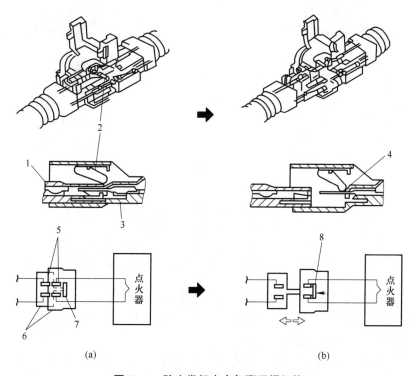

图 7-6 防止常规安全气囊误爆机构
(a)连接器正常连接,短路片与端子脱开;(b)连接器拔下时,短路片与端子短接
1—插头;2,4,7,8—短路片;3—插座;5—端子;6—连接器

②电路连接诊断机构。用于监测连接器是否连接可靠。前碰撞传感器连接器及其与 SRS ECU 连接的连接器采用了电路连接诊断机构,其结构如图 7-7 所示。连接器上有一个诊断销和两个诊断端子,前碰撞传感器触点为常开触点。

当传感器连接器处于半连接(未可靠连接)状态时,诊断端子与诊断销尚未接触,如图 7-7(a)所示,此时电阻尚未与传感器触点构成并联电路,连接器引线"+"与"-"之间的电阻值为无穷大。当 ECU 监测到前碰撞传感器的电阻值为无穷大时,自诊断电路便控制 SRS 指示灯闪亮报警,同时将故障编成代码储存在存储器中。当传感器连接器可靠连接时,诊断端子与诊断销可靠接触,如图 7-7(b)所示,此时电阻与前碰撞传感器触点并联。当 SRS ECU 检测到的阻值为该并联电阻的阻值时,即诊断为连接器连接可靠。

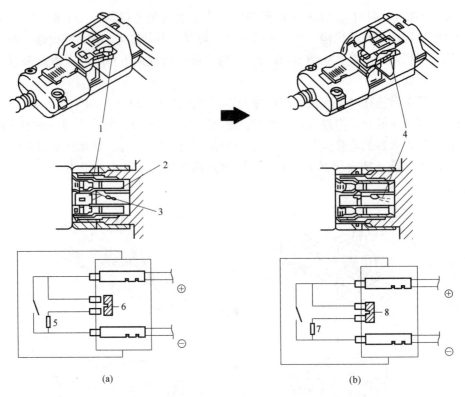

图 7-7 电路连接诊断机构
（a）半连接；（b）可靠连接
1—诊断端子；2—诊断销；3—弹簧片；
4—诊断销接触诊断端子；5，7—电阻；6，8—诊断销

③连接器双重锁定机构。常规安全气囊在线束的重要连接部位，其连接器采用了双重锁定机构，用于锁定连接器，防止连接器脱开，其结构如图7-8所示。连接器上有主锁和两个凸台，还有锁柄能够转动的副锁。

当主锁未锁定时，连接器上的两个凸台阻止副锁锁定，如图7-8（a）所示；当主锁完全锁定时，副锁锁柄方能转动并锁定，如图7-8（b）所示；当主锁与副锁双重锁定后，连接器连接状态如图7-8（c）所示，可防止连接器脱开。

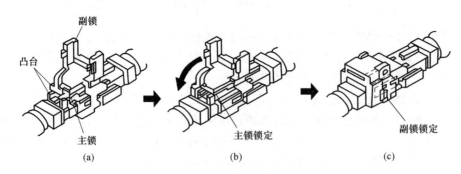

图 7-8 连接器双重锁定机构
（a）主锁打开，副锁被挡住；（b）主锁锁定，副锁可以锁定；（c）双重锁定

④端子双重锁定机构。常规安全气囊的每个连接器都设有端子双重锁定机构，用于防止引线端子滑动，主要由连接器壳体上的锁柄与分隔片组成，如图7-9所示。锁柄为一次锁定机构，可防止端子沿引线轴线方向滑动；分隔片为二次锁定机构，可防止端子沿引线径向移动。

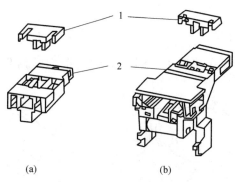

图7-9 端子双重锁定机构

（a）插头；（b）插座
1—分隔片；2—锁柄

⑤安全气囊线束。目前，常规安全气囊的所有线束都套装在黄色波纹管内，并与车颈线束总成连成一体，以示区别。为保证转向盘具有足够的转动角度而又不致损伤驾驶员SRS组件的连接线束，在转向盘与转向柱管之间采用了螺旋线束。先将线束安装在螺旋弹簧内，再将螺旋弹簧安放到弹簧壳体内，如图7-10所示。通常电喇叭线束也安装在螺旋弹簧内。螺旋弹簧安装在转向盘与转向柱管之间。安装螺旋弹簧时，应注意其安装位置和方向，否则将会导致转向盘转动角度不足或转向沉重。

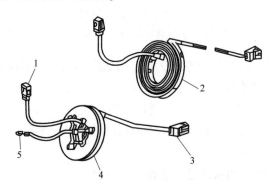

图7-10 螺旋弹簧与螺旋线束

1，3—线束连接器；2—螺旋弹簧；4—弹簧壳体；5—搭铁连接器

2. 安全气囊系统的工作原理

当汽车受到前方一定角度范围内的高速碰撞时，车体会受到强烈的振动，同时车速急剧下降。安装在汽车前端的碰撞传感器和与SRS ECU安装在一起的防护碰撞传感器（安全传感器）就会检测到汽车突然减速和撞击强度的信号，当达到规定的强度时，传感器即向SRS ECU发出信号。SRS ECU接收到信号后，与其原存储信号进行比较，若达到气囊的展开条件，则由驱动电路向安全气囊组件中的气体发生器送去起动信号。气体发生

器接到起动信号后，引爆电雷管引燃气体发生剂，产生大量气体，经过滤并冷却后进入安全气囊，使气囊在极短的时间内突破衬垫迅速展开，在驾驶员或乘客的前部形成弹性气垫，并及时泄漏、收缩，将人体与车内构件之间的碰撞变为弹性碰撞，通过气囊产生的变形吸收人体碰撞产生的动能，从而有效地保护人体头部和胸部，使之免于伤害或减轻伤害程度。

3. 安全气囊的工作过程

图 7-11 所示为某汽车在速度为 50 km/h 时与前面障碍物相撞时，安全气囊的引爆过程。

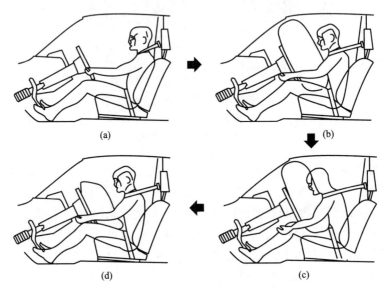

图 7-11 工作过程

(a) 尚未引爆；(b) 气囊充满；(c) 能量吸收；(d) 气体逸出

（1）碰撞 10 ms 后，安全气囊系统达到引爆极限，电雷管引爆点燃点火剂，产生大量的无毒炽热气体。此时，驾驶员由于惯性尚未动作，如图 7-11（a）所示。

（2）20 ms 后驾驶员开始移动，但还没有到达气囊。

（3）40 ms 后，气囊完全充满涨起，体积达到最大，安全带被拉长，人的部分冲击能量已被吸收，如图 7-11（b）所示。

（4）60 ms 后，驾驶员的头部已经开始沉向气囊。

（5）80 ms 后，驾驶员的头部及身体上部都沉向气囊。气囊背后的排气口打开，在气囊内部的气体压力和人体压力作用下排气，利用排气口的节流作用吸收能量，如图 7-11（c）所示。

（6）100 ms 后，车速已接近为 0，这时对车内乘员来说，危险期已接近结束。

（7）110 ms 后，驾驶员已经前移到最大距离，随后身体开始后移回到座椅靠背上。这时候，大部分气体已经从气囊中逸出，汽车前方视野恢复，如图 7-11（d）所示。

（8）120 ms 后，碰撞危害全部解除，车速降至 0。

4. 安全气囊的有效范围

安全气囊系统并非在所有碰撞情况下都能起作用。正面防撞安全气囊系统在汽车正前方或斜前方±30°角（见图7-12）范围内发生碰撞，且其纵向减速度达到某一值时系统才能工作。在下列条件之一的情况下，安全气囊系统不会动作。

（1）汽车遭受侧面碰撞超过斜前方±30°角时；
（2）汽车遭受横向碰撞时；
（3）汽车遭受后方碰撞时；
（4）汽车发生绕纵向轴线侧翻时；
（5）纵向减速值未达到设定阈值；
（6）汽车正常行驶、正常制动和在路面不平的道路上行驶时。

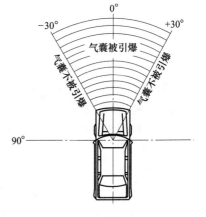

图7-12 碰撞角度

5. 装备安全带收紧器的安全气囊

目前采用安全气囊的轿车越来越多，当车辆发生碰撞时，安全气囊对防止驾驶员和乘员遭受伤害十分有效。汽车安全气囊属于一次性使用装备，而且造价较高。为了保护驾驶员和乘员安全，降低耗费，部分中高档轿车装备了带安全带收紧器的安全气囊。

1) 系统结构

装备了带安全带收紧器的安全气囊，在常规安全气囊的基础上增加了前排左、右两个座椅安全带收紧器，安装在前排座椅左、右两侧或前左、右车门立柱旁边。安全带收紧器由气体发生器、带轮、离合器、自动安全带卷筒、活塞（或转子）和软轴等组成。气体发生器和点火器的结构原理与安全气囊组件基本相同。

2) 系统工作原理

（1）安全带收紧器工作原理。如图7-13所示，前左、右碰撞传感器9、10与安装在SRS ECU中的中央碰撞传感器相互并联，驾驶员安全气囊点火器7与乘员安全气囊点火器8并联，左、右安全带收紧器的点火器5、6并联。

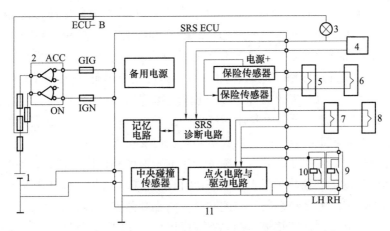

图7-13 装备安全带收紧器的安全气囊控制电路

在 SRS ECU 中，设有两只相互并联的保险传感器，其中一只与收紧器 5、6 和 SRS ECU 中的驱动电路构成回路，收紧器的点火器受控于 SRS ECU。另一只保险传感器与安全气囊点火器 7、8 和碰撞传感器 9、10 构成回路，安全气囊点火器 7、8 也受控于 SRS ECU。

如图 7-14 和图 7-15 所示，当安全带收紧器的点火器电路接通电源时，点火器引爆点火剂，充气剂受热分解，活塞（或转子）在膨胀气体的作用下迅速移动，并推动收紧器的弹簧装置将安全带迅速收紧。驾驶员和乘员向前移动距离缩短，从而防止其面部、胸部与转向盘、风窗玻璃或仪表板发生碰撞。

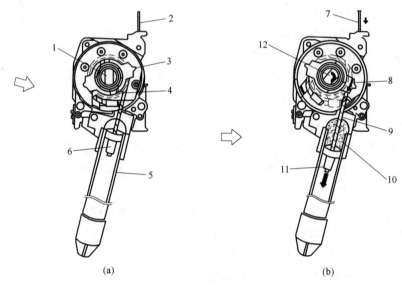

图 7-14　安全带收紧器（一）
(a) 结构；(b) 工作原理
1、12—轴；2、7—座椅安全带；3、8—鼓；
4、9—软轴；5、10—气缸；6、11—活塞

(2) 系统工作原理。在汽车行驶过程中，保险传感器、中央碰撞传感器和前碰撞传感器随时检测车速变化信号，并将检测到的信号送到 SRS ECU。在 SRS ECU 中，预先编制的程序经过数学计算和逻辑判断后，再向收紧器的点火器或 SRS 点火器发出点火指令，使安全带收紧器动作或收紧器与 SRS 同时作用。当汽车行驶速度低于 30 km/h 时，碰撞产生的减速度和惯性力较小，保险传感器和中央碰撞传感器将此信号送到 SRS ECU，ECU 判断结果为不引爆 SRS，仅引爆安全带收紧器的点火器；与此同时，向左、右安全带收紧器的点火器发出点火指令使安全带收紧，防止驾驶员和乘员遭受伤害。

当汽车行驶速度高于 30 km/h 时，碰撞产生的减速度和惯性力较大，保险传感器、中央碰撞传感器和前碰撞传感器将此信号送到 SRS ECU，ECU 判断结果为需要 SRS 和安全带收紧器共同作用来保护驾驶员和乘员。与此同时，向收紧器点火器和安全气囊点火器发出点火指令，引爆所有点火器，在座椅安全带收紧的同时，驾驶员安全气囊与乘员安全气囊同时膨开。

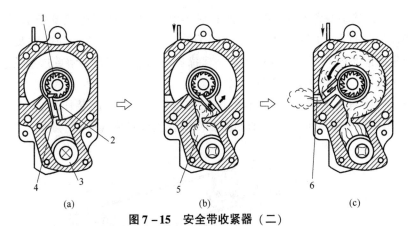

图 7-15 安全带收紧器（二）

(a) 结构；(b) 工作原理；(c) 工作原理

1—锁爪离合器；2—转子；3—气体发生器；4—键离合器；5—气体；6—放气孔

6. 智能型安全气囊

进入 21 世纪，汽车技术界根据安全气囊多年使用中出现的诸多问题，开始研制新一代具有多种自适应能力的智能型安全气囊。

1) 常规安全气囊存在的问题

(1) 前碰撞传感器只监测碰撞时的惯性变化，即减速度，但碰撞损坏不仅与减速度有关，还与碰撞时的初速度密不可分，即人体的动量是撞伤的能量源，不可忽视。

(2) 在紧急制动或车轮碰触异物时引起误爆。

(3) 乘员座位如果无人，碰撞时将发生空爆，形成无谓损失。

(4) 常规安全气囊不能充分保护儿童、妇女及身体矮小人员的安全。

(5) 常规安全气囊迅速充满高温气体，在保护人员的同时，不可避免地会造成一定程度的冲击损伤（如击碎眼镜）和轻度烧伤。

(6) 叠氮化钠燃烧反应后产生有害物质氮化钠和氢氧化钠，对驾驶员、乘员和事后的维修人员造成呼吸器官损坏。

(7) 安全带不能及时有效地防止驾驶员、乘员在高速碰撞时扑向常规安全气囊而造成损坏。

2) 智能型安全气囊的组成原理

鉴于常规安全气囊存在的缺点，智能型安全气囊将设置以下装置并具有相应功能以解决上述问题。

(1) 增设多普勒车速传感器（Doppler Speed Sensor），以监测汽车与障碍物的相对速度。

(2) 增设红外乘员传感器（Infrared Sensor），以监测乘员的有无与其身材的大小。

(3) 安全带增设收紧装置，在智能型安全气囊引爆前先收缩安全带以缓解冲撞损失，碰撞后自动解除收紧力。在相对车速低于 16 km/h 时，只收紧安全带而不引爆智能型安全气囊。

(4) 扩展 ECU 的控制范围，增加逻辑运算功能，计算不同车速和加速度下的最佳控制模式，根据乘员红外信号决定适当的充气压力和膨胀方向。

ECU 根据各传感器的信号进行运算，以确定是否引爆智能型安全气囊，但碰撞只是一瞬间，在无碰撞信号的绝大部分时间内，ECU 则连续通过传感器触点并联的电阻器上的压降监测系统工作,一旦该状态偏离可维持正常工作的临界值,ECU便使安全气囊指示灯点亮。

当车辆发生碰撞后,ECU存储和记忆相关信息,如相对速度、加速度及安全带工作状态,并记录碰撞前系统和部件的性能参数。碰撞后可通过专用设备解读这些信息,以确定碰撞前系统是否正常,并提供事故查询资料。

对于充气气体有害有毒问题,可采用储压式惰性气筒,内装压缩氩气,如图7-16所示,当雷管引爆击穿隔膜时,氮气即刻膨胀冲入智能型安全气囊。

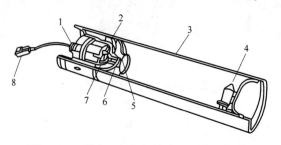

图7-16 带有压缩氩气筒的混合型充气器
1—雷管;2—滤网;3—压缩氩气筒;4—压力传感器;
5—隔膜;6—销钉;7—炸药;8—乘员侧雷管连接器

(二)安全气囊的故障诊断

1. 安全气囊故障检查注意事项

(1)安全气囊的故障很难确认,根据自诊断系统提取故障码是诊断与排除故障的重要途径和信息来源。因此在检查与排除安全气囊故障时,必须在拆下蓄电池负极电缆之前读出故障码。

(2)检查工作务必在关闭点火开关,并将蓄电池负极电缆拆下20 s或更长一段时间以后进行。因为安全气囊装备备用电源,若检查工作在拆下蓄电池负极电缆后20 s内就开始,安全气囊由备用电源供电,检查中很可能使安全气囊误膨胀开;另外,汽车音响系统、防盗系统、时钟、电控座椅、电控座椅安全带收紧系统、微机控制驾驶位置设定的电控倾斜和伸缩转向系统、电控车外后视镜系统等均具有存储功能,当蓄电池负极电缆拆下后,存储的内容将会丢失。因此在检查工作开始之前,应通知车主将音响、防盗系统的密码和其他控制系统的有关内容记录下来。当检查工作结束后再重新设置密码及有关内容并调整时钟。绝不允许使用车外电源来避免各系统存储内容丢失,以免导致SRS误膨开。

(3)检查安全气囊时,即使只发生了轻微碰撞而SRS并未膨开,也应对前碰撞传感器、驾驶员SRS组件、乘员SRS组件、座椅安全带收紧器等进行检查。

安全气囊对零部件的工作可靠性要求极高。所有零部件均为一次性使用部件,如需要更换零部件,则应使用新品,并且不允许使用不同型号车辆上的零部件。

在检修汽车其他零部件时,如有可能对安全气囊的传感器产生冲击,则应在检修工作开始之前,先拆下前碰撞传感器,以防SRS误膨开。

安全气囊的保险传感器采用了水银开关式传感器。由于水银蒸气有剧毒,因此保险传感器更换之后,换下的旧的保险传感器不能随意毁掉,应作为有害废物处理。

当前碰撞传感器、SRS ECU或SRS组件摔碰之后或其壳体、支架、连接器有裂纹、凹陷时，应更换。

前碰撞传感器、SRS ECU 或 SRS 组件不得暴晒或接近火源。

绝对不能检测点火器的电阻，否则有可能引爆安全气囊。检测其他部件电阻和检测安全气囊故障时，必须使用高阻抗万用表，即最好使用数字式万用表。如果使用指针式万用表，由于其阻抗小，表内电源的电压加到安全气囊上可能引爆安全气囊。

在安全气囊各总成或零部件表面上，均标有说明标牌或注意事项，使用与检查时必须按规定进行。

（4）完成安全气囊的检查之后，必须对 SRS 指示灯进行检查。当点火开关转到接通或辅助位置时，SRS 指示灯亮 6 s 左右后自动熄灭，说明安全气囊正常。

（5）拆卸或搬运 SRS 组件时，安全气囊饰盖一面应朝上，不得将 SRS 组件重叠堆放，以防安全气囊误膨开造成严重事故。

（6）在报废整车或报废 SRS 组件时，应在报废之前使用专用维修工具 SST 将安全气囊引爆。引爆工作应在远离电场干扰的地方进行，以免电场过强而导致安全气囊误爆。

（7）汽车已发生过碰撞，安全气囊一旦引爆膨胀开后，SRS ECU 就不能继续使用。

（8）当连接或拆下 SRS ECU 上的连接器时，因为保险传感器与 ECU 组件在一起，所以应在 ECU 组件安装固定之后再进行连接或拆卸，否则保险传感器就起不到保护作用。

（9）安装转向盘时，其安装位置必须正确，即必须安装在转向柱管上，并使螺旋弹簧位于中间位置，否则会造成螺旋线束脱落或发生故障。安全气囊线束套装在黄色波纹管内，并与车颈线束和地板线束连成一体，所有线束连接器均为黄色，以便于区别。当发生交通事故而使安全气囊线束脱开或连接器破碎时，应修理或更换安全气囊。

2. 安全气囊故障诊断方法

安全气囊系统的故障诊断是比较难的，一般有 3 种方法来确定故障的部位，即安全气囊警告灯法、参数测量法和扫描仪法。诊断中充分利用电脑提供的故障码，可以减小故障诊断的难度。

1）从安全气囊警告灯读取（维护提示灯法）

①故障显示。当接通点火开关或起动发动机后，仪表板上的安全气囊（或 AIR - BAG）警告灯长亮不熄时，表明系统已检测到故障，应对安全气囊系统进行故障码检查（见图 7 - 17）。

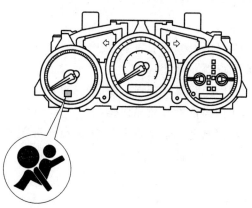

图 7 - 17　故障灯显示

②用户故障分析。向用户进行尽可能详细的故障查询。

③警告灯的检查。检查安全气囊警告灯的运作,如果灯一直亮,则表明在安全气囊控制装置中存有一个或多个故障代码。如果安全气囊警告灯不亮,则说明气囊警告灯电路有故障;当该警告灯有故障时,系统会显示代码,应进行相应代码的检查。

如果安全气囊警告灯电路出现断路,气囊警告灯就不会亮,故障码也不会输出。在进行下一步检查之前,首先要排除警告灯电路故障。

④故障码的检查及记录。检查故障代码:记录输出的任何故障代码,如果输出正常代码,则电源电路曾经有不正常现象或电源电压过低,因此要进行电源电压检查。

⑤在上一步检查中输出故障代码只能说明与该代码有关的电路曾经发生过故障,但不表明现在故障是否仍然存在或已消失。据此,有必要清除故障代码后,再重新进行故障代码检查,以确定现在的情况。如果忽略这一步骤,而仅用上一步输出的故障代码进行故障诊断,会使寻找故障部件的工作更加困难且容易误诊。

⑥再一次进行故障代码的检查及记录。如输出正常代码,则表明系统曾发生过故障但现已排除;如输出故障代码,则进行相应的电路检测。

⑦故障排除。将点火开关重复"开—关"(开等待 20 s,关等待 20 s)5 次后,检查故障代码。

如果有代码输出,则表明故障仍然存在,应对故障代码表进行检查,对出现故障代码的有关电路进行故障排除分析。在检修工作结束后,应用模拟法进行证实试验。

注意:在检查故障代码和清除故障代码的工作中,拆下和连接蓄电池搭铁线时,必须在点火开关处于 LOCK 位置进行。在接好蓄电池搭铁线后,必须在 2 s 后才能将点火开关转至 ACC 或 ON 的位置。如果蓄电池搭铁线在点火开关位于 ACC 或 ON 位置时被连接,或在连接蓄电池电缆 2 s 内转至 ACC 或 ON 的位置,就会造成自诊断系统工作不正常。

⑧根据诊断系统输出的故障代码,按连接顺序进行电路检查。

2)扫描仪法

现代汽车基本上都用扫描仪诊断故障,当安全气囊系统故障警告灯提示系统存储有故障时,用扫描仪调取故障代码,再根据手册的指导进行具体的检查。接通点火开关时,故障警告灯如果亮约 6 s 后不熄灭,则说明系统有故障存在;如果警告灯根本不亮,则说明故障警告灯线路中有故障。

扫描仪检查程序为:

①将点火开关置于 OFF(断开)挡;

②将扫描仪电源线插到点烟器座上;

③将扫描仪接到诊断通信链路或检查连接器诊断插口上;

④接通点火开关,起动扫描仪检查故障代码;

⑤断开点火开关进行故障排除分析,之后再接通点火开关,在扫描仪消去所存的故障代码;

⑥摘下扫描仪。

3. 安全气囊故障自诊断

安全气囊具有故障自诊断功能,安全气囊一旦发生故障,自诊断电路就能诊断出来,且控制仪表板上的 SRS 指示灯闪烁提示驾驶员安全气囊出现故障,同时将故障编成代码存入 SRS ECU 存储器,以便检查安全气囊时通过调用故障码尽快查到故障部位。

(1) 读取故障码 丰田汽车安全气囊的故障码,可用一根跨接线跨接诊断连接器上的 T_c、E_1 两个端子,通过仪表板上的 SRS 指示灯闪烁规律读取。

①检查 SRS 指示灯。将点火开关转到 ON 挡或 ACC 挡位置,如 SRS 指示灯亮 6 s 后熄灭,说明 SRS 指示灯及其线路正常,可以读取故障码。若 SRS 指示灯不亮,说明指示灯或其线路有故障,应检修后才能读取故障码。

②将点火开关转到 ON 挡或 ACC 挡位置,并等待 20 s 以上。

③用跨接线将 TDCL 诊断连接器的 T_c、E_1 两个端子短接。

④根据仪表板上的 SRS 指示灯闪烁情况读取故障码,故障码的闪烁规律如图 7-18 所示。

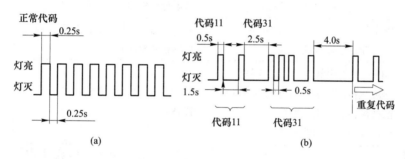

图 7-18 故障码闪烁规律
(a) 正常代码;(b) 故障码

若安全气囊功能正常,则仪表板上的 SRS 指示灯每秒闪烁两次,每次灯亮与灯灭时间均为 0.25 s,高电平时灯亮,低电平时灯灭;若安全气囊有故障,SRS 指示灯闪烁显示故障码,故障码为两位数字,SRS 指示灯先显示十位数字,后显示个位数字。同一数字灯亮与灯灭时间均为 0.5 s,十位数字与个位数字之间间隔 1.5 s。若有多个故障码,则故障码与故障码之间间隔为 2.5 s,并按由小到大的顺序显示故障码。故障码全部输出后,间隔 4 s 再重复显示。

当点火开关置 ON 挡或 ACC 挡位置后,SRS 指示灯一直亮,读取故障码时显示代码又正常,说明蓄电池电压过低或 SRS ECU 的备用电源电压过低,SRS ECU 设计时未将此故障编成代码存入存储器。当电源电压恢复正常后约 10 s,SRS 指示灯自动熄灭。

当 SRS 指示灯线路断路时不能显示故障码,所以在断路故障排除之前,SRS 指示灯无法显示故障码。

当安全气囊发生故障时,SRS ECU 将故障编成代码 11 至 31 存入存储器中。如果 SRS 指示灯显示出表 7-1 以外的代码,说明 SRS ECU 有故障。

当排除故障码 11 至 31 所指示的故障并清除故障码后,SRS ECL 将代码 41 存入存储器,SRS 指示灯将一直发亮,直到故障码 41 被清除为止。

(2) 故障码表 安全气囊故障码如表 7-1 所示。

(3) 清除故障码 SRS 指示灯只有在存储器中的故障码全部清除后,才能恢复正常显示。读取故障码时,如 SRS 指示灯显示有故障码,说明安全气囊发生过故障,但是无法显示故障是发生在现在还是过去。因此,每当排除故障后,必须清除故障码,并在清除故障码之后再次读取故障码，确认故障码已全部清除。

　　安全气囊故障码的清除方法与其他电控系统故障码的清除方法有所不同。当故障码 11 至 31 代表的故障被排除并清除故障码之后，SRS ECU 将代码 41 存入存储器中，使 SRS 指示灯一直发亮，直到代码 41 清除后，SRS 指示灯才恢复正常显示。因此，清除安全气囊故障码需要分两步进行，第一步清除代码 41 以外的故障码，第二步清除代码 41。

表 7-1　安全气囊故障码

故障码	故障原因	故障部位	指示灯状态
正常	安全气囊正常	—	OFF
	安全气囊电源电压过低	蓄电池；SRS ECU	ON
11	安全气囊点火器线路搭铁 前碰撞传感器线路搭铁	安全气囊组件；螺旋线束；前碰撞传感器；SRS ECU	ON
12	SRS 点火器引线与电源线搭铁 前碰撞传感器引线与电源线搭铁 前碰撞传感器引线断路 螺旋线束与电源线搭铁	安全气囊组件；螺旋线束；传感器线路；SRS ECU	ON
13	SRS 点火器线路短路	安全气囊点火器；螺旋线束；SRS ECU	ON
14	SRS 点火器线路短路	安全气囊点火器；螺旋线束；SRS ECU	ON
15	前碰撞传感器线路断路	安全气囊线束；前碰撞传感器；SRS ECU	ON
22	SRS 指示灯线路断路	安全气囊线束；SRS 指示灯；SRS ECU	ON
31	SRS 备用电源失效 SRS ECU 故障	SRS ECU	ON
41	SRS ECU 曾记忆过故障码	SRS ECU	ON

　　①清除代码 41 以外的故障码。关闭点火开关，拔下熔断器盒内的 ECU-B 熔断器或拆下蓄电池负极电缆 10 s 或更长时间后，代码 41 以外的故障码即可被清除。

　　②清除代码 41 以外的故障码注意事项。在清除故障码后接上蓄电池负极电缆时，必须关闭点火开关。若点火开关处于接通状态，会导致诊断系统工作失常。拆卸蓄电池负极电缆清除故障码之前，应先将音响和防盗等系统的密码记录下来。否则，蓄电池负极电缆拆下后，音响和防盗等系统以及时钟存储的内容将会丢失。

　　③清除代码 41。安全气囊系统的代码 41 必须采用特定程序才能清除：取两根跨接线，将其分别与 TDCL 诊断连接器的 Tc、AB 端子连接，如图 7-19 所示；接通点火开关并等待 6 s 以上。

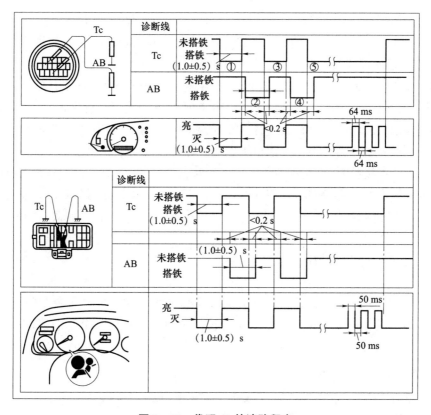

图 7-19 代码 41 的清除程序

先将连接 Tc 端子的跨接线端子搭铁，维持搭铁约（1.0±0.5）s，然后离开搭铁部位，并在端子离开搭铁部位后 0.2 s 内，将连接 AB 端子的跨接线端子搭铁（1.0±0.5）s；再在 AB 端子离开搭铁部位之前 0.2 s 内，将 Tc 端子第二次搭铁（1.0±0.5）s；再在 Tc 端子第二次离开搭铁部位之后 0.2 s 内，将 AB 端子第二次搭铁（1.0±0.5）s；再在 AB 端子第二次离开搭铁部位之前 0.2 s 内，将端子 Tc 第三次搭铁；再在 Tc 端于第三次搭铁 0.2 s 内，将 AB 端子离开搭铁部位，并将 Tc 端子保持搭铁。AB 端子保持离开搭铁部位，直到数秒钟之后，SRS 指示灯以亮 64 ms、灭 64 ms 的闪烁周期闪烁时，代码 41 即被清除，此时再将 Tc 端子离开搭铁部位。

④清除代码 41 的注意事项。清除代码 41 时，必须按照上述规定的时间间隔进行操作，否则当时间间隔超出规定，则不能清除代码 41。

上述方法在清除代码 41 的同时，其他故障码也将立即被清除。因此，只有在调取故障码、排除故障、清除代码 41 以外的故障码，并再次读取故障码，确认安全气囊故障已经全部清除之后才能进行清除代码 41 的操作。

检查 SRS 点火器线路和螺旋线束。拔下 SRS 组件与螺旋线束之间的连接器，用万用表检测螺旋线束一侧连接器的端子"D+""D-"之间的电阻，其值应为无穷大。否则，将 SRS ECU 与螺旋线束之间的连接器拔开，再次检测螺旋线束一侧连接器的端子"D+""D-"之间的电阻，其值应为零。否则，修理或更换螺旋线束。

⑤通过读取故障码检查 SRS ECU。先将 SRS ECU 线束连接器插上，然后用导线将靠近

SRS 组件一端的螺旋线束连接器端子"D+""D-"连接起来,再将蓄电池负极电缆接上。20 s 以后,接通点火开关,过 2 s 后,用跨接线将诊断连接器 TDCL 上的端子 Tc、E_1 跨接,同时利用 SRS 指示灯读取故障码。若无故障码输出或不输出 11 号故障码,说明 SRS ECU 正常;若输出 11 号故障码,说明与 SRS ECU 安装在一起的前碰撞传感器有故障,应更换 SRS ECU。当输出代码 11 以外的故障码时,可按故障码表示的故障进行检查。

⑥通过读取故障码检查 SRS 点火器。关闭点火开关,拆下蓄电池负极电缆,至少 20 s 后插上 SRS 组件连接器,再接上蓄电池负极电缆。等待 20 s 后,接通点火开关。再等 20 s 后,用跨接线将诊断连接器 TDCL 上的端子 Tc、E_1 跨接,同时利用 SRS 指示灯读取故障码。如无故障码输出或不输出 11 号故障码,说明 SRS 点火器正常;如输出 11 号故障码,说明 SRS 点火器故障,需要更换 SRS 组件。当输出代码 11 以外的故障码时,可按故障码表示的故障进行检查。

二、中央门锁系统

采用中央门锁系统的车辆,当驾驶员锁住驾驶员车门时,其他几个车门(包括后车门及行李箱门等)能同时自动锁住;当打开驾驶员车门时,其他几个车门能同时打开;仍可用各车门的机械或弹簧锁开关车门。

1. 中央门锁系统的组成

中央门锁系统主要由控制开关、门锁控制器和门锁执行机构等组成。

1)控制开关

(1)门锁控制开关安装在前左门和右门的扶手上,为杠杆型开关,将开关推向前门方向是锁门,而推向后门方向是开门。

(2)钥匙开锁报警开关用于探测点火钥匙是否插进钥匙门内,当钥匙在钥匙门内,钥匙开锁报警开关接通电路报警;当钥匙离开钥匙门时取消报警。

(3)钥匙控制开关安装在每个前门的钥匙门上。当从外面用钥匙开门和关门时,钥匙控制开关便发出开门或锁门的信号给门锁 ECU。

(4)行李厢门开启器开关位于仪表板下面,拉动此开关便能打开行李厢门。钥匙门靠近行李厢门开启器,推压钥匙门,断开行李厢内主开关,此时再拉开启器开关也不能打开行李厢门。将钥匙插进钥匙门内顺时针旋转打开钥匙门,当主开关再次接通,便可用行李厢门开启器打开行李厢。

(5)门控开关用于探测车门的开闭情况。车门打开时,门控开关接通;车门关闭时,门控开关断开。

(6)门锁开关用于检测车门的开闭情况。当车门关闭时,门锁开关断开;车门开启,门锁开关接通。

2)门锁控制器

门锁控制器为门锁执行机构提供锁、开脉冲电流,有晶体管式门锁控制器、电容式门锁控制器和车速感应式门锁控制器。

(1)晶体管式中央门锁控制器如图 7-20 所示,门锁控制器内部设有闭锁和开锁两个继电器,由晶体管开关电路控制,利用电容器的充、放电过程,控制一定的脉冲电流持续时间,使门锁执行机构完成闭锁和开锁动作。

(2) 电容式中央门锁控制器如图7-21所示,该系统利用充足电的电容器,在工作时继电器(5或6)串联接入电容器的放电回路,使其触点短时间闭合。当(正向或反向)转动车门钥匙时,相应的电路开关(闭锁或开锁)接通,电容器放电电流通过继电器线圈(5或6)搭铁,线圈产生电磁吸力,触点闭合,接通执行机构电磁线圈(9或10)的电路,完成闭锁或开锁的动作。当电容器放电完毕后,继电器触点打开,中央门锁系统停止工作。此时另一只电容器被充电,为下一次操纵做准备。

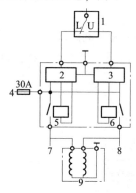

图7-20 晶体管式中央门锁控制器

1—门锁开关;2—锁门控制电路;
3—开门控制电路;4—接电源;5—闭锁继电器;
6—开锁继电器;7,8—接其他门锁;
9—门锁执行机构(电磁式);L—闭锁;U—开锁

图7-21 电容式中央门锁控制器

1—电容器;2—门锁开关;3—接电源;
4—热敏断路器;5—闭锁继电器;6—开锁继电器;
7,8—接其他门锁;9,10—电磁式门锁执行机构

(3) 车速感应式门锁控制器在中央门锁系统中加装一车速(10 km/h)感应开关,当汽车行驶速度达10 km/h以上时,若车门未闭锁,不需要驾驶员操纵,门锁控制器将自动闭锁。每个车门可单独进行闭锁和开锁。车速感应式门锁控制器在中央门锁系统中加装一车速(10 km/h)感应开关,车速感应式中央门锁系统电路如图7-22所示。

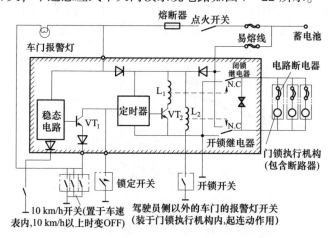

图7-22 车速感应式中央门锁系统电路

接通点火开关,电流流经三个车门报警灯开关搭铁(此时若门锁未锁,则开关打开),报警灯点亮。若按下闭锁开关,则定时器使晶体管VT_2导通。在VT_2导通期间,锁定继电器

线圈 L_1 通电，锁定继电器常开触点闭合，门锁执行机构通过正向电流，车门闭锁。当按下开锁开关时，开锁继电器线圈 L_2 通电，开锁继电器常开触点闭合，门锁执行机构通过反向电流，车门开锁。若车门未闭锁，且行车速度低于 10 km/h，则置于车速表内的 10 km 开关闭合，此时稳态电路不向 VT_1 提供基极电流；当车速高于 10 km/h 时，10 km/h 开关断开，此时稳态电路给 VT_1 提供基极电流，VT_1 导通，定时器触发端经 VT_1 和车门报警灯开关搭铁，就像按下闭锁开关一样，使车门闭锁，从而保证行车安全。

3) 门锁执行机构

门锁执行机构主要采用电磁铁或电动机。

(1) 电磁铁式门锁执行机构如图 7-23 所示，其内部有两个电磁线圈，分别用于开启和关闭门锁。当给锁门线圈通电时，衔铁带动连杆左移，即锁门；当给开锁线圈通电时，衔铁带动连杆右移，即开锁。

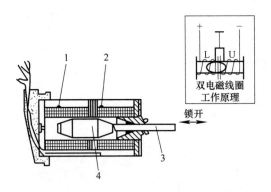

图 7-23　电磁铁式门锁执行机构
1—锁门线圈；2—开锁线圈；3—锁扣连杆；4—衔铁

(2) 电动机式门锁执行机构采用可逆式电动机，如图 7-24 所示。当电动机转动时，蜗杆带动齿轮转动，齿轮推动锁杆，车门被锁上或打开，然后齿轮在回位弹簧的作用下返回原位置，防止操纵锁钮时电动机工作。当锁杆推向锁门位置时位置开关断开，推向开门位置时接通。其优点是体积小、耗电少及动作较迅速；缺点是开启和关闭之后，由于疏忽通电，易烧坏电动机。

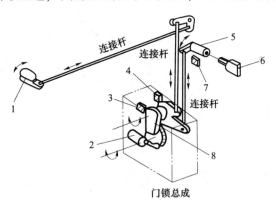

图 7-24　电动机式门锁执行机构
1—门锁按钮（车厢内）；2—门锁电动机；3—位置开关；
4—门锁开关；5—门键筒体；6—键（钥匙）；7—门锁开关；8—锁杆

2. 门锁无线遥控系统

为了便于操作，现在很多汽车的中控门锁系统均配备了遥控发射器来实现锁门和开门等功能。不用钥匙插入门锁，可实现远距离开锁和闭锁。门锁无线遥控系统主要由发射机、分配器、接收机及保险装置等组成。图 7-25 所示为其工作原理图。

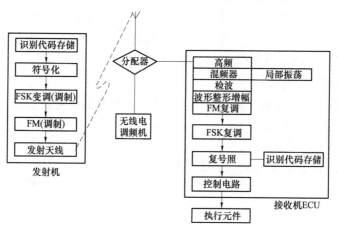

图 7-25　门锁无线遥控系统工作原理

发射机将次载体的频率按照数字识别代码信号进行频率偏移调制（FSK），再进行 FM 调制和发射，而不受外来杂音的干扰。FM 波由汽车无线电调频机的 FM 天线进行接收，通过分配器进入接收机 ECU 的高频增幅处理器进行处理，与存储的识别代码进行比较。如果正确，则输入控制电路，控制执行元件工作。

发射机在键板上与通信电路组成一体，如图 7-26 所示。从识别代码存储回路到 FSK 调制回路，由于采用单芯片集成电路而使体积小型化，集成电路的背面为锂电池。发射开关每按一次，接收器便接收一次上锁或解锁命令。

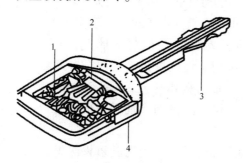

图 7-26　发射器
1—集成电路；2—水晶振子；3—键板（天线）；4—发射开关

该系统具有保险功能。对于误动作或防盗，可采取以下几项对策：
（1）采用次载波方式的 FM 调制，识别代码被模拟的概率极低。
（2）识别代码数由数十位的串行代码构成，可组合成数千万种，出现同一代码的概率极低。
（3）对本车专用的代码以外的代码接收数次后，就不能接收所有的代码，必须手动解锁后才能解除这种情况。
（4）操作发射开关进行解锁后，在一定时间内如不能打开车门，则又恢复到上锁状态。

3. 中空门锁常见故障

1) 全部门锁都不能工作

可能的原因：熔丝熔断，继电器故障，门控开关触点烧蚀，搭铁点锈蚀或松动和连接线路断路等。

故障排除过程：首先检查熔断器是否良好，将门控开关接通，检查电动机接线极柱上的电压是否正常。若电压为零，应检查继电器和电源线路；如电压正常，则应检查打铁线是否良好。若搭铁良好，应对开关和电动机进行检查。

2) 某个门锁不能工作

检查该门锁电动机是否损坏或对应开关、连接电缆线的线路是否正常，再检查开关和电动机是否正常。

三、电动门窗与电动天窗控制系统

7-2 电动车窗
工作原理

1. 电动门窗

1) 电动门窗的组成

电动门窗控制系统主要由门窗、电动玻璃升降器、电动机、开关（主控开关、分控开关）等组成。

2) 电动门窗的工作原理

电动门窗一般使用双向永磁或绕线（双绕组串联）式电动机，每个门窗安装有一个电动机，通过开关控制其电流方向，实现门窗的升降。当门窗下降时，连接在扇形齿轮上的螺旋弹簧卷起，储存一定的能量；当门窗升高时，弹簧将其储存的能量释放，协助电动机升高门窗。螺旋弹簧使门窗玻璃上升或下降时驱动电动机承受相等的负荷。

电动门窗的玻璃升降通过齿条与小齿轮的传动实现，齿条是带齿的柔性带，其一端固定在门窗玻璃上，如图7-27所示。电动机通过钢丝绳或直接带动门窗升降机构，电动机的小齿轮与扇形齿板相啮合。当驱动电动机旋转时，便可通过电动门窗升降机构实现门窗玻璃的升高或降低。

电动门窗控制系统的主控开关，用于驾驶员操纵电动门窗控制系统，一般安装在左前车门把手上或变速杆附近。分控开关安装在每个车门的中部或车门把手上，用于乘员操纵门窗。每个门窗的电动机均要通过主控开关搭铁，所以电流不仅通过每个门窗上的分控开关，还要通过主控开关。有的汽车在主控开关上安装断路开关（锁定开关），如将断路开关断开，各分控开关则不起作用。

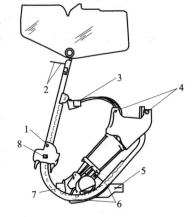

图7-27 电动门窗齿条传动
1, 2, 4, 5, 7—铆接处；3—插头；
6—螺钉；8—贴条

3) 电动车窗的工作电路

电动车窗的工作电路如图7-28所示。

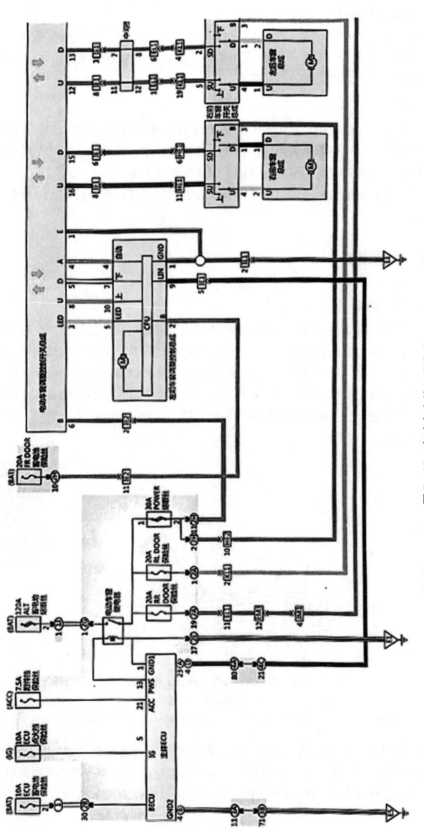

图 7-28 电动车窗的工作电路

4）电动车窗常见故障

车窗不升降是电气中常见问题，在检测过程中，应遵循故障诊断原则与排除思路，进行所有可能原因的分析。当发现电动车窗不升降时，主要故障原因可能是：电动车窗电路故障、电动车窗开关故障或者是电动机故障。

2. 电动天窗

汽车电动天窗换气是利用负压原理，依靠汽车在行驶过程中气流在门窗顶部的快速流动，而形成车顶的负压，进行通风换气，整个气流极其柔和，可使车内空气新鲜，尤其乘员舱上层的清新空气可使驾驶员头脑保持清醒，以提高驾驶安全。

按操作方式可分为手动旋转式、手动上推式和电子按键式；按开启状态可分为上掀外滑式和上掀内滑式。

四、电动座椅

1. 电动座椅的组成

电动座椅由双向电动机、传动装置及座椅调节器等部分组成。进行前、后移动控制的电动座椅装有一个双向电动机，在前、后移动基础上还可进行升、降的四向移动座椅装有两个双向电动机，除具有前、后移动和上、下升降功能外，座椅前端或后端还可分别进行升、降的六向移动座椅装有三个双向电动机。遥控电动座椅甚至装有四个以上的双向电动机，除能保证六向移动的功能外，还能调整头枕高度、倾斜度、座椅长度及扶手位置等。电动座椅结构及工作情况如图7-29所示。

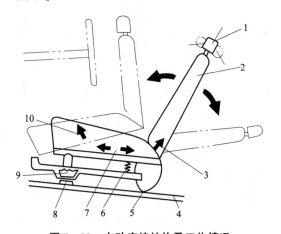

7-3 电动座椅结构与工作过程

图7-29 电动座椅结构及工作情况

1—头枕；2—靠背；3—靠背调整；4—地板；5—倾斜锁挡；
6—弹簧；7—坐垫调整；8—枢轴；9—棘轮调整装置；10—座椅向前扳动

电动座椅的机械部分由变速器、万向节、螺旋千斤顶及齿轮传动机构组成。开关接通后，电动机动力经齿轮、万向节、变速器、软轴等传至座椅调节器。当调节器到达行程终点时软轴停止运动，此时若电动机仍在运转，其动力将被橡胶万向节所吸收以防电动机过载损坏。

2. 电动座椅的记忆控制

具有记忆功能的电动座椅，当按下记忆按钮后，能自动地将座椅位置恢复到原来调整状态。该系统有两套控制装置，一套根据个人需要手动调整，一套采用按钮方式按原先储存的座椅位置数据自动恢复原状态。

3. 电动座椅的工作原理和电路控制过程

丰田卡罗拉电动座椅的电路如图 7-30 所示。

按下座椅向前滑动键时，座椅调节开关 C3 的 1-9 端接通、6-4 端接通，蓄电池正极→30A 乘客座椅保险丝→驾驶员座椅调节开关端子 1→驾驶员座椅调节开关端子 9→左前座椅滑动电机→驾驶员座椅调节开关端子 6→驾驶员座椅调节开关端子 4→连接器端子 4→L2 搭铁→蓄电池负极，形成回路，此时电动机顺向转动，使座椅向前滑动。

按下座椅向后滑动键时，座椅调节开关 C3 的 1-6 端接通、9-4 端接通，蓄电池正极→30A 乘客座椅保险丝→驾驶员座椅调节开关端子 1→驾驶员座椅调节开关端子 6→左前座椅滑动电机→驾驶员座椅调节开关端子 9→驾驶员座椅调节开关端子 4→连接器端子（4、2）→L2 搭铁→蓄电池负极，形成回路，此时电动机顺向转动，使座椅向后滑动。

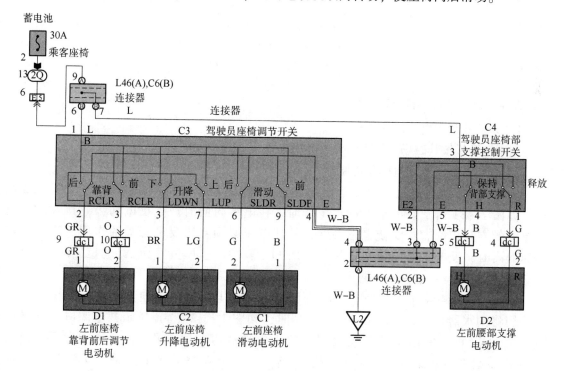

图 7-30 电动座椅的电路

五、电动刮水器

1. 电动刮水器的组成

为了保证雨雪天气行车时驾驶员有良好的视线，在汽车风窗玻璃上装有刮水器。一般汽车的前风窗玻璃上都装有两个刮水片，部分汽车在后风窗玻璃上还装有一个刮水片，一些豪华轿车还装有与风窗刮水器一起开动的前照灯刮水器。

电动刮水器主要由微型直流电动机、蜗轮、蜗杆、拉杆、摆杆、刷架和刮水片等组成，如图7-31所示。微型直流电动机是电动刮水器的动力源。通过传动机构，刮水片在风窗玻璃外表面上往复摆动，以扫除风窗玻璃上的雨水、积雪或灰尘。刮水器在使用中应能根据雨雪的大小来调整刮水片的刮水速度，在雨雪小时低速刮水，雨雪大时高速刮水，因此需要电动机能够改变速度，以调整刮水片的刮水速度。

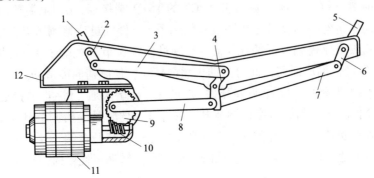

7-4 雨刮电动机的检查与更换

图7-31　电动刮水器

1，5—刷架；2，4，6—摆杆；3，7，8—拉杆；
9—蜗轮；10—蜗杆；11—电动机；12—底板

2. 电动刮水器的结构与原理

1）永磁式刮水电动机的结构

刮水电动机按其磁场结构不同分为有绕线式和永磁式两种。

2）永磁式刮水电动机的变速原理

永磁式刮水电动机是利用三个电刷来改变正、负电刷之间串联线圈的个数实现变速的，如图7-31所示。刮水电动机工作时，在电枢内同时产生反电动势，其方向与电枢电流的方向相反。若要使电枢旋转，外加电压必须克服反电动势的作用。当电动机转速升高时，反电动势增高，只有当外加电压等于反电动势时（忽略电枢压降），电枢的转速才能稳定。

永磁式刮水电动机工作时，电枢绕组产生的反电动势的方向如图7-32中箭头所示。当将刮水器开关S拨向L（低速）挡时，如图7-32（a）所示，电源电压加在电刷B_1和B_3之间。在电刷B_1和B_3之间有两条电枢绕组并联支路，一条是由绕组1、2、3、4串联起来的支路；另一条是由绕组5、6、7、8串联起来的支路。即在电刷B_1和B_3之间的两条并联支路中，每条支路中各有四个串联绕组，反电动势的大小与支路中反电动势的大小相等。由于外加电压需要平衡四个绕组所产生的反电动势，故永磁式刮水电动机转速较低。

当将刮水器开关S拨向H（高速）挡时，如图7-32（b）所示，电源电压加在电刷B_2和B_3之间。其间同样有两条电枢绕组并联支路，一条由绕组1、2、3、4、8串联，另一条由绕组5、6、7串联。由于电动机内部的磁场方向和电枢的旋转方向没有变化，所以各绕组内反电动势的方向与低速时相同。绕组1、2、3、4、8同在一条支路中，其中绕组8与绕组

1、2、3、4 的反电动势方向相反，相互抵消后，使每条支路变为三个绕组，外加电压只需平衡三个绕组所产生的反电动势，所以实际加在电枢绕组两端的有效电压值增高，电动机的转速增高。电动机转速增高产生的反电动势增大，当外加电压与反电动势达到新的平衡后，永磁式刮水电动机便以某一高转速稳定运转。

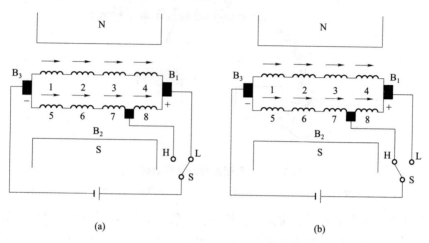

图 7-32　永磁式刮水电动机的变速原理
（a）低速旋转；（b）高速旋转

3）刮水电动机的自动复位装置

刮水电动机的刮水速度应能根据雨雪的大小由驾驶员进行控制。自动复位装置可在任何时刻切断刮水电动机电路时，都能使刮水片自动停止在风窗玻璃的下部，以免影响驾驶员的视线。

3. 间歇式刮水器

汽车在小雨或雾大行驶时，若仍按上述刮水速度刮水，风窗上的微量水分和灰尘会形成一层发黏的表面，不能将风窗玻璃刮拭干净，却使玻璃模糊不清。为此现代汽车刮水器都装有电子间歇控制系统，使刮水器能按照一定的周期停止和刮水，即每动作一次停止 2~12 s，以使驾驶员获得更好的视线。按照间歇时间是否可调分为可调节型和不可调节型。

4. 新型柔性齿条传动刮水器

新型柔性齿条传动刮水器如图 7-33 所示，其体积小、噪声低，但可将刮水电动机总成安装在空间较大的地方，维修方便。电动机驱动的蜗轮轴上有一个曲柄销，它驱动连杆机构，而连杆和一个装在硬管里的柔性齿条连接，因此在连杆运转时，齿条做往复运动，带动齿轮箱中的小齿轮做往复运动，从而驱动刮水片往复摆动。

六、风窗洗涤器

风窗洗涤器用于及时清洗风窗玻璃上的尘土和脏物，与刮水器配合使用。喷嘴安装方式有两种：一种是在前围板总成的左右两面各安装一个喷嘴，各自冲洗规定区域；另一种是将喷嘴安装在刮水器臂内，当刮水器臂作弧形刮水运动时，喷嘴即刻向风窗玻璃喷洒清洗液。

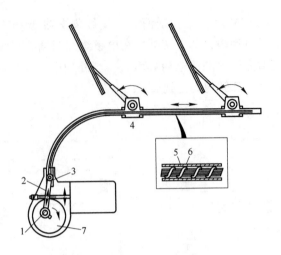

图 7-33 新型柔性齿条传动刮水器
1—曲柄销；2—连杆；3—滑块；4—齿轮箱；5—硬管；6—柔性齿条；7—蜗轮

风窗洗涤器主要由储液罐、洗涤泵、输液管、喷嘴等组成，如图 7-34 所示。洗涤泵由永磁直流电动机和离心叶片泵组装成为一体，喷射压力可达 70~88 kPa。

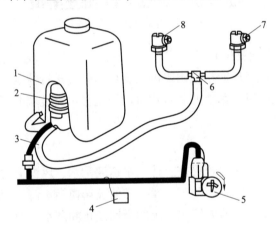

图 7-34 洗涤器的组成
1—储液罐；2—洗涤泵；3—软管；4—熔断器；
5—刮水器开关；6—三通接头；7、8—喷嘴

洗涤泵直接安装在储液罐上，有的也安装在管路内，在离心叶片泵的进口处设置有滤清器。洗涤泵喷嘴安装在风窗玻璃下面，其喷嘴方向可根据使用情况调整，如图 7-35 所示。喷水直径一般为 0.8~1.0 mm，能够使洗涤液喷射在风窗玻璃的适当位置。洗涤泵的连续工作时间不应超过 1 min，对于刮水和洗涤分别控制的汽车，应先打开洗涤泵，再接通刮水器。喷水停止后，刮水器应继续刮动 3~5 次，以达到良好的清洁效果。

常用的洗涤液是硬度不超过 205×10^{-6} 的清水。为了能刮掉风窗玻璃上的油、蜡等物，可在水中添加少量的去垢剂和缓蚀剂。强效洗涤液的去垢效果好，但会使风窗密封条和刮水片胶条变质，还会引起车身喷漆变色以及储液罐、喷嘴等塑料件的开裂。冬季使用洗涤器时，为了防止洗涤液冻结，应添加甲醇、异丙醇、甘醇等防冻剂，再加少量的去垢剂和缓蚀

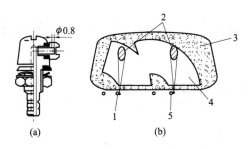

图 7-35 喷嘴的构造与调整位置

1—右喷嘴；2—喷水嘴；3—风窗玻璃；4—刮水片刮过的面积；5—左喷嘴

剂，即成为低温洗涤液，可使凝固温度下降到 -20 ℃ 以下。如冬季不用风窗洗涤器时，则应将风窗洗涤器中的水倒掉。

七、电控除霜系统

1. 作用

在雨雪天气，由于气温较低，风窗玻璃上易结霜，同时由于车厢内外温差较大，车厢内的水蒸气也易凝结于风窗玻璃上而结霜。霜层会严重影响驾驶员的视线，因此须及时对其进行清除。前、侧风窗玻璃上的霜层通常是在汽车空调系统的风道中加设除霜器风门，利用空调系统中产生的暖气（或流动的空气），达到清除结霜的目的。同时，由于汽车在行驶中，前风窗玻璃上的风速较大，其玻璃上的霜层消除较容易；后风窗玻璃因为不易擦拭到，风也不易吹到，而多使用除霜热线。

2. 原理

除霜热线是把数条电热线（镍铬丝）均匀地粘在后风窗玻璃内部，以两端相接成并联电路。当两端加上电压后，即可产生热量加热玻璃，从而达到防止或清除结霜的目的。除霜热线的电路控制方式分手动和自动两种。一般自动式除霜器由开关、自动除霜传感器、自动除霜控制器、除霜热线和连接线路等组成，如图 7-36 所示。自动除霜传感器安装在后风窗玻璃上，用于检测后风窗玻璃上是否结霜及将结霜层的厚度传送到控制电路，结霜层厚度越厚，传感器的电阻越小。

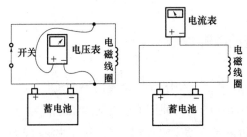

图 7-36 后窗并联自动除霜系统

单元二 各种常见系统的检修

一、安全气囊的适用与报废处理

1. 安全气囊应用注意事项

（1）SRS 安全气囊系统只是一种对于座椅安全带起辅助作用的安全系统，如果没有正确系好安全带，则气囊在充气过程中可能导致驾驶员和前方乘客严重受伤甚至死亡。

（2）气囊充气时太靠近转向盘或仪表板驾驶员或前方乘客可能会严重受伤甚至死亡，因此在驾驶员能够对车辆保持控制的情况下，尽可能坐得离转向盘远一点，前方乘客应离仪表板远一点。

（3）不要擅自改装、拆卸、敲击或打开前座椅安全带预紧装置和气囊控制系统的接线，否则可能导致系统突然工作而发生伤亡事故或导致系统失灵。

2. 安全气囊报废处理

在报废整车或报废 SRS 组件时应在报废之前先用专用维修工具 SST 将安全气囊引爆。引爆工作应在远离电场干扰的地方进行，以免电场过强而导致安全气囊误爆。引爆 SRS 时，应按制造厂家规定的方法进行。有的规定在汽车上引爆，有的规定先从汽车上将 SRS 组件拆下，然后再引爆。具体操作方法如下：

（1）拆下蓄电池负极电缆；

（2）拔下 SRS 组件与螺旋线束之间的连接器；

（3）剪断 SRS 组件线束，使连接器与线束分离；

（4）连接引爆器接线夹与 SRS 组件引线；

（5）先将引爆器放置距 SRS 组件 10 m 以外的地方，然后再将电源夹与蓄电池连接；

（6）查看引爆器上的红色指示灯是否发亮，当红色指示灯发亮后才能引爆；

（7）按下引爆开关引爆 SRS。待绿色指示灯发亮之后，将引爆后的 SRS 装入塑料袋内再做废物处理。

二、电动座椅的故障检修

电动座椅常见故障有：完全不动作或某个方向不能动作。

（1）电动座椅完全不动作的主要原因有：熔断器断路、线路断路、座椅开关有故障等。可以首先检查熔断器是否断路，若熔断器良好，则应检查线路连接是否正常，最后检查开关。

（2）电动座椅某个方向不能工作的主要原因：该方向对应的电动机损坏、开关损坏或连接导线断路。可以先检查线路是否正常，再检查开关和电动机。

三、电动刮水器的检修

（1）电动机常见故障为换向器及电刷烧蚀，可根据具体情况修理或更换。

（2）刮水片停位不准一般是自动停位调整不当所致。若刮水片可停在任意位置，应检查停位刮水片是否接触不良、停位凸轮是否窜位、停位触点臂和凸块是否磨损以及触点是否烧蚀等。

（3）刮水片停位失灵，大多是由于刮水片接触不好或烧蚀而引起的。关掉开关后，若刮水片到达下限后又摆起几次，则应检查短路触点的接触情况及各搭铁线是否松脱。

（4）若刮水片不能工作，应先检查电动机是否正常，熔丝是否熔断；再检查各接线处是否松脱或接触不良、有无短路；最后检查各拉杆、摆杆是否松脱、破损以及变形引起卡滞等。

四、风窗洗涤器的检修

风窗洗涤器的故障大都是因输液系统而引起的，因此应首先拆下泵体上的水管，然后使洗涤泵工作。如果洗涤泵能够喷出清洗液，则故障在输液系统。否则，按照下列步骤查找故障。

（1）目测储液罐内的液体存储量，检查熔断器和线路连接是否良好。

（2）打开洗涤器开关，同时观察电动机。如果洗涤泵工作但不喷液，检查泵内有无堵塞，若有堵塞，则去除泵体内的任何异物；如果没有堵塞，需更换洗涤泵。

（3）如果洗涤泵不运转，用电压表或试灯检查开关闭合时洗涤泵电动机上有无电压。若有电压，用欧姆表检查搭铁回路，若搭铁回路良好，需更换洗涤泵。

（4）在上一步中，若电动机无电压，需沿线路向开关查找，检测开关工作是否正常。如果开关有电压输入但无信号输出，需更换开关。

五、电控除霜系统故障检修

除霜器的常见故障是电阻丝断路、电阻丝搭铁不良以及开关损坏等。电阻丝断裂较短时，可用环氧树脂为基料的导电材料补接，然后用胶带纸贴盖。若断裂较长不易补接，则应更换后风窗玻璃。除霜器不工作或断续工作，一般是由搭铁不良、开关损坏、继电器故障、电阻丝断路等引起的。

六、电动后视镜的故障检修

电动后视镜操作失灵时，先查看熔断器及断路器，再用万用表测开关各接点通断情况，最后检查电动机各连线是否牢固、线圈是否断路或短路、搭铁是否良好以及永久磁铁是否退磁等，根据具体情况重接、修理或更换新件。

强化训练

1. 安全气囊报废处理

注意事项	操作方法

2. 电动刮水器的检修

检修项目	处理方法
换向器及电刷烧蚀	
刮水片停位不准	
刮水片停位失灵	
刮水片不能工作	

3. 风窗洗涤器的检修

检修项目	处理方法
输液系统	
储液罐内的液体存储量	
洗涤泵	
电动机无电压	
开关	

4. 除霜器故障检修

检修项目	处理方法
电阻丝断裂较短	
电阻丝断裂较长不易补接	
搭铁不良	
继电器故障	
开关损坏	

学习情境八

空调系统的检修与维护

为了完成空调的检修与维护任务，必须掌握空调系统的基本知识、基本组成、基本工作原理；暖风系统的类型、组成和基本工作原理；空调制冷系统的组成、基本工作原理，主要组成件的结构及工作原理；通风系统和空气净化系统的结构和工作原理；空调控制系统的功能、电路和基本工作原理。能够对暖风系统的故障进行诊断；对空调制冷系统进行维护作业并会排除故障；掌握通风系统和空气净化系统的维护作业及利用电路图判断空调控制电路故障等知识。

售后服务经理接到客户反映汽车在行驶一段里程后，在行驶过程中空调制冷效果不好。作为修理工，接到空调系统检修的任务，要求检查空调系统各零部件的工作情况，确定故障位置，进行维修更换，进行试验并排除可能出现的故障。制订学习和维修计划，完成此任务。零部件检修的相关信息要告知经理，得到经理的确认后，提交一份分析报告并归档。

单元一　空调系统的基本知识

一、概述

汽车空调是用来改善汽车舒适性的设备，可以对车内空气的温度、湿度进行调节，并保持车内的空气清洁。汽车空调通常具备以下功能：

调节温度：将车内的温度调节到人体感觉适宜的温度。
调节湿度：将车内的湿度调节到人体感觉适宜的湿度。
调节气流：调节车内出风口的位置、出风的方向及风量的大小。
净化空气：滤去空气中的尘土和杂质，或对空气进行杀菌消毒。
为完成空调的上述功能，汽车空调系统通常应包括：

暖风装置：用以提高车内的温度。
制冷装置：用以降低车内的温度，并降低车内的湿度。
通风装置：用以调节车内的气流和换气。
空气净化装置：用以过滤空气及对空气进行消毒处理。

目前汽车的空调系统依车辆的配置不同所具备的装置也有所不同，一般低档汽车只有暖风和通风装置，中高档汽车一般都具备制冷和空气净化装置。

空调系统控制有手动控制和自动控制之分。手动空调需要驾驶员通过旋钮或拨杆对控制对象进行调节，如改变温度等。自动空调只需驾驶员输入目标温度，空调系统便可按照驾驶员的设定自动进行调节。

二、制冷基本原理

1. 制冷的基本思路

人们在游完泳时，会有冷的感觉；在手臂上涂抹酒精也有凉爽的感觉，这都是因为液体的蒸发带走了热量。

这也就给了我们一个启发，利用液体的蒸发可以吸收周围环境的热量。为此，我们制作一个如图 8-1 的装置，将一个带有开关的容器装在一个绝热良好的盒子内，容器中装有常温下容易挥发的液体，将开关打开时，容器内的易挥发液体便开始蒸发，同时吸收绝热盒子内的热量，吸收了热量的液体转化为气体，从开关排出。盒内的温度便会低于盒外的温度。如果容器内的易挥发液体能得到不断的补充，冷却的效果便会持续下去。

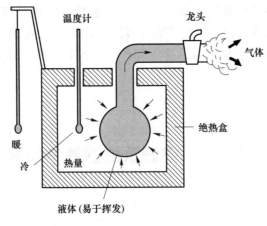

图 8-1 制冷装置

从制冷装置的运作情况看，制冷过程中热量的转移是靠液体的状态变化实现的，我们将这种液体称为制冷剂。

2. 制冷循环

为了使前述制冷装置的制冷过程持续下去，就必须不断地向容器中补充制冷剂，从开关放出的制冷剂也应回收加以反复利用。为此，有必要制作一套装置使制冷剂能够在装置中循环，不断地将热量带走。

根据前述物质的沸点与压强的关系，降低压强可以使物质的沸点降低，使其更加容易蒸发而吸收热量；提高压强可以使物质的沸点升高，使其更加容易转化为液体而放出热量。为此，将前述装置从开关放出的气体制冷剂回收回来，使其进入一台压缩机，提高压强，再通过一个称为冷凝器的装置，经强制冷却放出热量变为液体，并将这种液体制冷剂暂时存放在一个储液罐中以备再次使用，如图8-2所示。

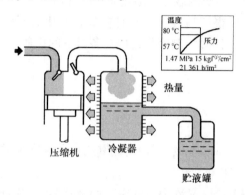

图8-2 通过压缩使制冷剂转化为液体并放出热量

高压的液体通过一个小孔，可以使其迅速膨胀而压强降低，在这种情况下，液体由于压强的降低而非常容易汽化而吸热。因此，将储液罐中的制冷剂通过一个小孔（膨胀阀）放出，让其进入一个称为蒸发器的容器。由于制冷剂的压强下降，所以很快便会蒸发，吸收蒸发器周围的热量，使蒸发器周围得到冷却，如图8-3所示。

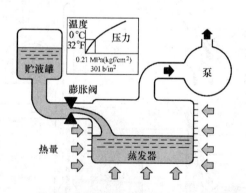

图8-3 通过膨胀阀液体制冷剂转化为气体吸收热量

将上述两个过程组合起来，就可以形成一个制冷循环，储液罐中的高压的液态制冷剂从膨胀阀喷出，压强下降，体积迅速膨胀，转化为气体，吸收周围的热量，使周围的温度下降，气态的制冷剂再经压缩机加压形成高压气态的制冷剂，高压气态制冷剂进入冷凝器冷却，从气态转变为液态，同时放出热量，液态制冷剂再进入储液罐，以备再次使用，这就是一个完整的制冷循环。从制冷循环可以看出，所谓制冷就是通过制冷剂的状态变化将一个地方（蒸发器周围）的热量带到另一个地方（冷凝器周围）。制冷循环中的各种装置都是围绕这种热量的转移而设置的。

三、制冷剂和压缩机油

1. 制冷剂

制冷剂是制冷循环当中传热的载体,通过状态变化吸收和放出热量,因此要求制冷剂在常温下很容易汽化,加压后很容易液化,同时在状态变化时要尽可能地多吸收或放出热量(较大的汽化或液化潜热)。同时,制冷剂还应具备以下的性质:

(1) 不易燃易爆;
(2) 无毒;
(3) 无腐蚀性;
(4) 对环境无害。

制冷剂的英文名称为 Refrigerant,所以常用其头一个字母 R 来代表制冷剂,后面表示制冷剂名称,如 R12、R22、R134a 等。

目前汽车上广泛采用 R12(又称为氟立昂)的替代品是 R134a。R134a 在大气压力下的沸腾点为 -26.9℃,在 98kPa 的压力下沸腾点为 -10.6℃(如图 8-4 所示)。在常温常压的情况下,如果将其释放,R134a 便会立即吸收热量开始沸腾并转化为气体,对 R134a 加压后,它也很容易转化为液体。R134a 的特性见图 8-5。该曲线上方为气态,下方为液态,如果要使 R134a 从气态转变为液态,可以降低温度,也可以提高压力,反之亦然。

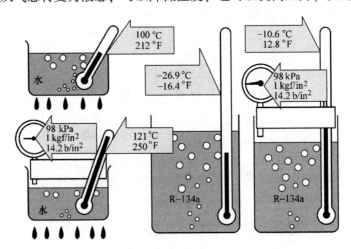

图 8-4 R134a 在不同压力下的沸点图

注意:R12 和 R134a 两种制冷剂不可以互换使用。

2. 冷冻润滑油

在空调制冷系统中,相对运动的部件需要润滑。由于制冷系统中的工作条件比较特殊,所以需要专门的润滑油——冷冻润滑油。冷冻润滑油除了起到润滑作用以外,还可以起到冷却、密封和降低机械噪声的作用。在制冷系统中的润滑油还有一个特殊的要求,就是要与制冷剂相容,并且随着制冷剂一起循环。因此,在冷冻润滑油的选用上,一定要注意正确选用冷冻润滑油的型号,切不可乱用,否则将造成严重后果。

通常所说的压缩机油仅是指用于往复式和回转式压缩机汽缸润滑的润滑油,合理选择压缩机油对延长设备的使用寿命、提高设备运转的经济性和可靠性、防止事故的发生都有直接影响,必须给与足够重视。

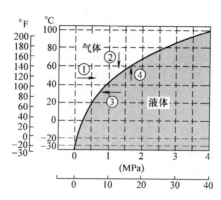

图 8-5　R134a 蒸气—压力曲线

四、暖风系统

汽车的暖风系统可以将车内的空气或从车外吸入车内的空气加热,提高车内的温度。汽车的暖风系统有许多类型,按热源的不同可分为热水取暖系统、燃气取暖系统、废气取暖系统等。目前小车上主要采用热水取暖系统,大型车辆上主要采用燃气取暖系统。

1. 热水取暖系统

1) 热水取暖系统的工作原理

热水取暖系统的热源通常采用发动机的冷却水,使冷却水流过一个加热器芯,再使用鼓风机将冷空气吹过加热器芯加热空气,使车内的温度升高,如图 8-6 所示。

8-1 热水采暖系统组成

图 8-6　热水取暖系统的工作原理
1—鼓风机；2—进风；3—发动机冷却水；4—出风；5—加热器芯

2) 热水取暖系统的组成和部件的安装位置

热水取暖系统主要由加热器芯、水阀、鼓风机、控制面板等组成,其在车上的安装位置如图 8-7 所示。

(1) 加热器芯的结构如图 8-8 所示。它由水管和散热器片组成,发动机的冷却水进入加热器芯的水管，通过散热器片散热后，再返回发动机的冷却系统。

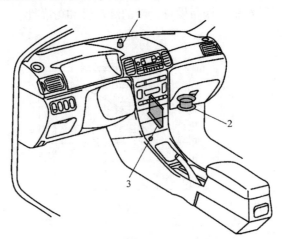

图8-7 热水取暖系统部件的安装位置

1—水阀；2—鼓风机；3—加热器芯

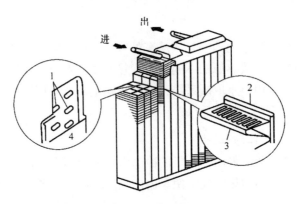

图8-8 加热器芯

1—凹坑；2，4—管子；3—散热片

（2）水阀用来控制进入加热器芯的水量，进而调节暖风系统的加热量。调节时，可通过控制面板上的调节杆或旋钮进行控制，其结构如图8-9所示。

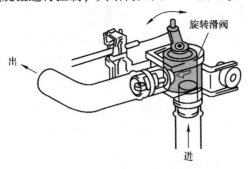

图8-9 水阀

（3）鼓风机由可调节速度的直流电动机和鼠笼式风扇组成，其作用是将空气吹过加热器芯加热后送入车内。调节电动机的速度,可以调节对车厢内的送风量。鼓风机的结构如图8-10所示。

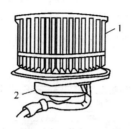

图8-10 鼓风机
1—鼠笼式风扇;2—铁氧体电动机

3)热水取暖系统调节温度的方式

就暖风系统而言,其温度的调节方式有两种,一种是空气混合型,另一种是水流调节型。

(1)空气混合型。这种类型的暖风系统在暖风的气道中安装空气混合调节风门,这个风门可以控制通过加热器芯的空气和不通过加热器芯的空气的比例,实现温度的调节,目前绝大多数汽车均采用这种方式,其示意图如图8-11所示。

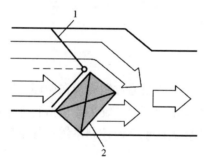

图8-11 空气混合型暖风系统
1—空气混合调节风门;2—加热器芯

(2)水流调节型。这类暖风系统采用前述的水阀调节水流经加热器芯的热水量,改变加热器芯本身的温度,进而调节温度。其调节的示意图如图8-12所示。

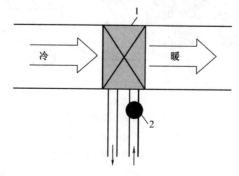

图8-12 水流调节型暖风系统
1—加热器芯;2—水阀

2. 燃气取暖系统

在大、中型客车上，仅靠发动机冷却水的余热取暖是远远满足不了要求的，为此在大客车中常采用燃气取暖系统。燃气取暖系统的示意图如图 8-13 所示，燃油和空气在燃烧室中混合燃烧，加热发动机的冷却水，加热后的水进入加热器芯向外散热，降温后返回发动机再进行循环。

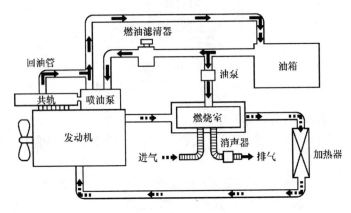

图 8-13 燃气取暖系统

⬅—燃油；⬅╌—冷却水

五、制冷系统

制冷系统的作用是：将车内的热量通过制冷剂在循环系统中循环转移到车外，实现车内降温，其工作情况如图 8-14 所示。制冷系统主要包括制冷循环系统和控制系统等部分。目前各种车辆的制冷循环系统无多大区别，而控制系统在各车型中差别较大。此处主要介绍制冷循环部分。

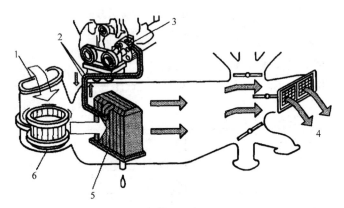

8-2 空调制冷系统工作原理

图 8-14 制冷系统

1—进气；2—制冷剂；3—压缩机；
4—出风；5—蒸发器；6—鼓风机

1. 制冷循环

从前述的制冷原理我们已经知道，通过制冷循环可以将车内的热量转移到车外，根据目前车辆上采用的循环系统，大致可以分为膨胀阀和膨胀管两种循环方式。

1）膨胀阀式制冷循环

图 8-15 所示为膨胀阀式的制冷循环系统。循环系统主要包括压缩机、冷凝器、储液干燥罐、膨胀阀、蒸发器和管路等主要部件。

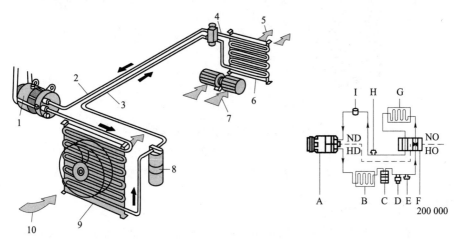

图 8-15　膨胀阀式的制冷循环系统

1—压缩机；2—底压侧；3—高压侧；4—膨胀阀 F；5—进入车内冷空气；
6—蒸发器 G；7—暖空气；8—储液干燥罐 C；9—冷凝器 B；10—车外冷空气

这种制冷循环的工作原理是通过压缩机提高气体制冷剂的压力（同时温度也提高），目的是使制冷剂比较容易液化放热。高压的气体制冷剂进入冷凝器，冷凝器风扇使空气通过冷凝器的缝隙带走制冷剂放出的热量并使其液化。液化后的制冷剂进入储液干燥罐，滤掉其中的杂质、水分，同时存储适量的液态的制冷剂以备制冷负荷发生变化时制冷剂不会断流，从储液干燥罐出来的制冷剂流至膨胀阀，从膨胀阀中的节流孔喷出形成雾状制冷剂，雾状的制冷剂进入蒸发器。由于制冷剂的压力急剧下降，故很快蒸发汽化，吸收热量，蒸发器外部的风扇使空气不断通过蒸发器的缝隙，使其温度下降，车内温度降低，蒸发器出来的气态制冷剂再进入压缩机，重复上述过程。这种循环系统中的膨胀阀可以根据制冷负荷的大小调节制冷剂的流量。

2）膨胀管式制冷循环（CCOT 方式）

膨胀管式的制冷循环系统从制冷的工作原理来看，与膨胀阀式的制冷循环系统无本质的差别，只不过将可调节流量的膨胀阀换成不可调节流量的膨胀管，使其结构更加简单，其制冷循环如图 8-16 所示。为了防止液态的制冷剂进入压缩机而造成压缩机的损坏，故这种循环系统将储液干燥罐安装在蒸发器的出口，并按照它所起的作用更名为集液器，同时进行气液分离，液体留在罐内，气体进入压缩机，其他部分的工作过程与膨胀阀式的制冷循环相同。

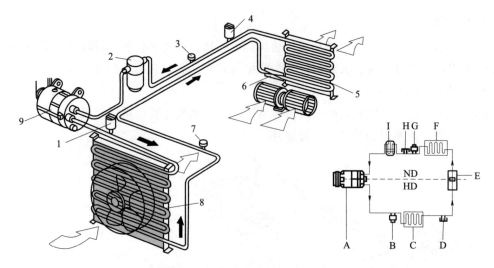

图 8-16 膨胀管式制冷循环系统

1—压力开关 B；2—集液器 I；3—低压维修阀 H；4—压力开关 G；
5—蒸发器 F；6—膨胀管 E；7—高压维修阀 D；8—冷凝器 C；9—压缩机 A

2. 制冷循环系统的组成部件

制冷循环系统中各部件的安装位置如图 8-17 所示，下面对各主要组成部件予以介绍。

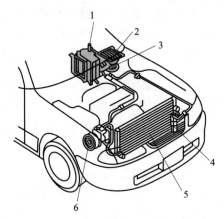

图 8-17 制冷循环系统中各部件的安装位置

1—制冷单元（膨胀阀、蒸发器）；2—空气滤清器；
3—鼓风机；4—储液干燥器（视液镜）；5—冷凝器；6—压缩机

1）压缩机

压缩机的作用是将从蒸发器出来的低温、低压的气态制冷剂通过压缩转变为高温、高压的气态制冷剂，并将其送入冷凝器。目前在汽车空调系统中所采用的压缩机有多种类型，比较常见的有斜盘式压缩机、叶片式压缩机、涡旋式压缩机、曲轴连杆式压缩机等。此外，压缩机还可分为定排量和变排量两种形式，变排量压缩机可根据空调系统的制冷负荷自动改变排量，使空调系统运行更加经济。这里主要介绍叶片式压缩机和斜盘式压缩机。

(1) 叶片式压缩机。

①结构。叶片式压缩机的结构如图 8-18 所示。在叶轮上安装有若干叶片，与机体形成几个密封的空间，在机体上安装有吸气孔、排气孔和排气阀。在叶轮旋转时，密封空间的体积会发生变化，从而完成进气、压缩和排气的过程。

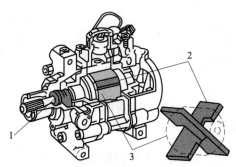

图 8-18　叶片式压缩机的结构

1—曲轴轴封；2—贯穿叶片；3—转子

②工作过程。叶片式压缩机的工作过程如图 8-19 所示。

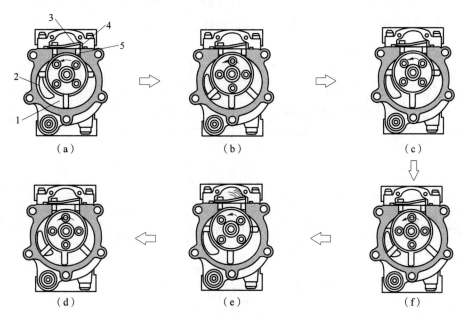

图 8-19　叶片式压缩机的工作过程

(a) 吸气开始；(b) 吸气结束；(c) 压缩开始；
(d) 排气结束；(e) 排气开始；(f) 压缩结束

1—制冷剂；2—吸气孔；3—气门止动片；4—排气阀；5—排气孔

(2) 旋转斜盘式压缩机。

①结构。旋转斜盘式压缩机的结构如图 8-20 所示。这种压缩机通常在机体圆周方向上布置 6 或 10 个气缸，每个气缸中安装一个双向活塞形成 6 缸机或 10 缸机，每个气缸两头都有进气阀和排气阀。活塞由斜盘驱动，在气缸中往复运动，活塞的一侧压缩时，另一侧则为进气。

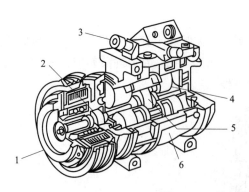 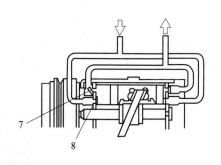

图 8-20 旋转斜盘式压缩机的结构

1—电磁离合器；2—轴封；3—安全阀；4—活塞；5—斜盘；6—气缸体；7—排气阀；8—进气阀

②工作过程。旋转斜盘式压缩机的工作过程如图 8-21 所示。压缩机轴旋转时，轴上的斜盘同时驱动所有的活塞运动，部分活塞向左运动，部分活塞向右运动。图 8-21 中的活塞在向左运动的过程中，活塞左侧的空间缩小，制冷剂被压缩，压力升高，打开排气阀，向外排出，与此同时，活塞右侧空间增大，压力减小，进气阀开启，制冷剂进入气缸。由于进、排气阀均为单向阀结构，所以可保证制冷剂不会倒流。

8-3 斜盘式压缩机工作原理

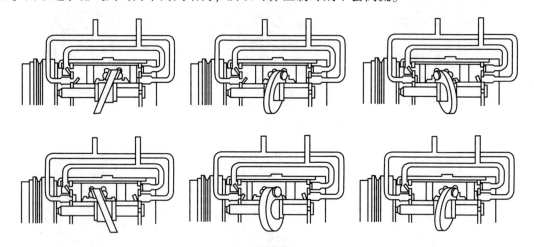

图 8-21 旋转斜盘式压缩机的工作过程

2）冷凝器

冷凝器的作用是将压缩机送来的高温、高压的气态制冷剂转变为液态制冷剂，制冷剂在冷凝器中散热而发生状态的改变。因此冷凝器是一个热交换器。它将制冷剂在车内吸收的热量通过冷凝器散发到大气当中。

小型汽车的冷凝器通常安装在汽车的前面（一般安装在散热器前），通过风扇进行冷却（冷凝器风扇一般与散热器风扇共用，也有车型采用专用的冷凝器风扇）。

冷凝器的结构如图 8-22 所示。其主要由管路和散热片组成，有制冷剂的一个进口和一个出口。

8-4 冷凝器工作原理

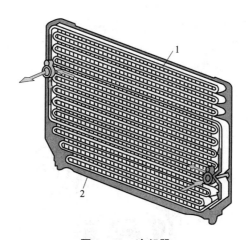

图 8-22　冷凝器

1—管子；2—散热片

3）储液干燥器和集液器

（1）储液干燥器

储液干燥器用于膨胀阀式的制冷循环，其作用是：

①暂时存储制冷剂，使制冷剂的流量与制冷负荷相适应；

②去除制冷剂中的水分和杂质，确保系统正常运行（如果系统中有水分，有可能造成水分在系统中结冰，堵塞制冷剂的循环通道，造成故障；如果制冷剂中有杂质，也可能造成系统堵塞，使系统不能制冷）；

8-5 储液干燥器工作原理

③部分储液干燥罐上装有观察玻璃，可观察制冷剂的流动情况，确定制冷剂的数量；

④有些储液干燥罐上装有易熔塞，在系统压力、温度过高时，易熔塞熔化，放出制冷剂，保护系统重要部件不被破坏；

⑤有些储液干燥罐上装有维修阀，供维修制冷系统安装压力表和加注制冷剂之用；

⑥有些车型的储液干燥罐上装有压力开关，可在系统压力不正常时中止压缩机的工作。

储液干燥器的结构如图 8-23 所示，干燥器内有滤网和干燥器，罐的上方设有观察玻璃及进口和出口。

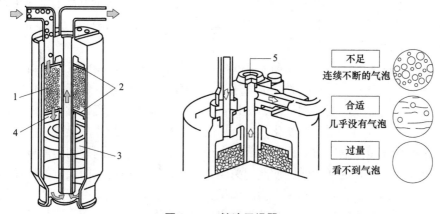

图 8-23　储液干燥器

1—干燥剂；2—过滤器；3—液态制冷剂；4—气态制冷剂；5—视液镜

（2）集液器

集液器用于膨胀管式的制冷系统，其安装在蒸发器出口处的管路中。由于膨胀管无法调节制冷剂的流量，因此蒸发器出来的制冷剂不一定全部是气体，可能有部分液体。为防止压缩机损坏，在蒸发器出口处安装一个集液器，一方面将制冷剂进行气液分离，另一方面起到与储液干燥器相同的作用，其结构如图8-24所示。

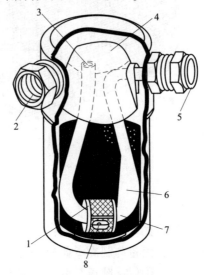

图8-24 集液器

1—过滤器；2—自蒸发器；3—气态制冷剂进气口；
4—塑料盖；5—到压缩机；6—干燥剂；7—U形管；8—制冷剂孔

制冷剂进入集液器后，液体部分沉在集液器底部，气体部分从上面的管路出去进入压缩机。

4）膨胀阀和膨胀管

（1）膨胀阀

膨胀阀安装在蒸发器的入口处，其作用是将储液干燥器高温、高压的液态制冷剂从膨胀阀的小孔喷出，使其降压，体积膨胀，转化为雾状制冷剂，在蒸发器中吸热变为气态制冷剂，同时还可根据制冷负荷的大小调节制冷剂的流量，确保蒸发器出口处的制冷剂全部转化为气体。

膨胀阀的结构形式有3种，分别为外平衡式膨胀阀、内平衡式膨胀阀和H形膨胀阀，下面分别予以介绍。

①外平衡式膨胀阀，其结构如图8-25所示。膨胀阀的入口接储液干燥器，出口接蒸发器。膨胀阀的上部有一个膜片，膜片上方通过一条细管接一个感温包。感温包安装在蒸发器出口的管路上，内部充满制冷剂气体，蒸发器出口处的温度发生变化时，感温包内的气体体积也会发生变化，进而产生压力变化，这个压力变化就作用在膜片的上方。膜片下方的腔室还有一根平衡管通蒸发器出口。阀的中部有1个阀门，阀门控制制冷剂的流量，阀门的下方有1个调整弹簧，弹簧的弹力试图使阀门关闭，弹簧的弹力通过阀门上方的杆而作用在膜片的下方。可以看出，膜片共受到3个力的作用，一个是感温包中制冷剂气体向下的压力，另一个是弹簧向上的推力，还有一个是蒸发器出口制冷剂的压力，作用在膜片的下方，阀的开度取决于这3个力综合作用的结果。

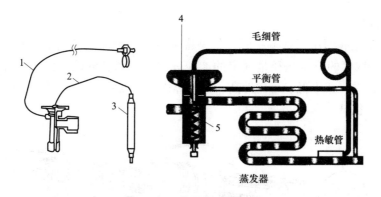

图 8-25 外平衡式膨胀阀

1—平衡管；2—毛细管；3—热敏管；4—膜片；5—针阀

当制冷负荷发生变化时，膨胀阀可根据制冷负荷的变化自动调节制冷剂的流量，确保蒸发器出口处的制冷剂全部转化为气体并有一定的过热度。当制冷负荷减小时，蒸发器出口处的温度就会降低，感温包的温度也会降低，其中的制冷剂气体便会收缩，使膨胀阀膜片上方的压力减小，阀门就会在弹簧和膜片下方气体压力的作用下向上移动，减小阀门的开度，从而减小制冷剂的流量。反之，制冷负荷增大时，阀门的开度会增大，制冷剂的流量增加。当制冷负荷与制冷剂的流量相适应时，阀门的开度保持不变，维持一定的制冷强度。

②内平衡式膨胀阀其结构与外平衡式膨胀阀的结构大同小异，不同之处在于内平衡式膨胀阀没有平衡管，膜片下方的气体压力直接来自蒸发器的入口。内平衡式膨胀阀的工作过程与外平衡式膨胀阀的工作过程完全相同。

③H 形膨胀阀采用内、外平衡式膨胀阀的制冷系统，其蒸发器的出口和入口不在一起，因此需要在出口处安装感温包和管路，结构比较复杂。如果将蒸发器的出口和入口做在一起，就可以将感温包的管路去掉，这就形成了所谓的 H 形膨胀阀，如图 8-26 所示。

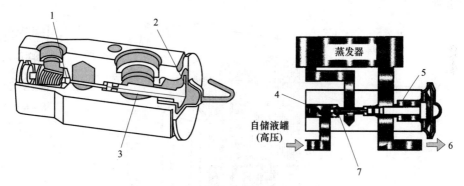

图 8-26 H 形膨胀阀

1—针阀；2—膜片；3—热敏杆；4—压力弹簧；5—热敏杆；6—膜片；7—针阀

H 形膨胀阀中也有一个膜片，膜片的左方有一个热敏杆，热敏杆的周围是蒸发器出口处的制冷剂，制冷剂温度的变化（制冷负荷变化）可通过热敏杆使膜片右方气体的压力发生变化，从而使阀门的开度变化，调节制冷剂的流量以适应制冷负荷的变化。H 形膨胀阀具有结构简单、工作可靠的特点，现在汽车应用越来越广。

(2) 膨胀管

膨胀管与膨胀阀的作用基本相同,只是将调节制冷剂流量的功能取消了,其结构如图 8-27 所示。膨胀管的节流孔径是固定的,入口和出口都有滤网。由于节流管没有运动部件,具有结构简单、成本低、可靠性高、节能等优点,因此美、日等国有许多高级轿车均采用膨胀管式制冷循环。

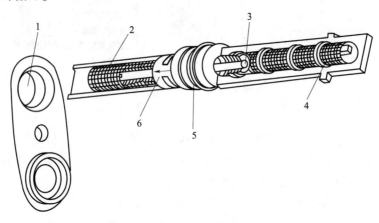

图 8-27 膨胀管

1—蒸发器通道;2—制冷剂原子滤网;3—定直径孔管;
4—灰尘滤网;5—O 形密封圈(将高压与低压侧隔开);6—制冷剂流向

5) 蒸发器

蒸发器也是一个热交换器,膨胀阀喷出的雾状制冷剂在蒸发器中蒸发,吸收蒸发器空气中的热量,使其降温,达到制冷的目的。在降温的同时,溶解在空气中的水分也会由于温度降低凝结出来,蒸发器还要将凝结的水分排出车外。蒸发器安装在驾驶室仪表台的后面,其结构如图 8-28 所示,其主要由管路和散热片组成。在蒸发器的下方还有接水盘和排水管。

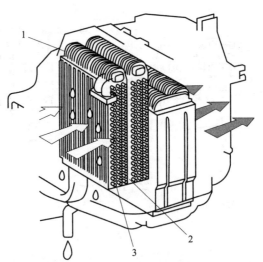

8-6 蒸发器
工作原理

图 8-28 蒸发器

1—水槽;2—吸热片;3—管子

空调制冷系统工作时，鼓风机的风扇将空气吹过蒸发器，空气和蒸发器内的制冷剂进行热交换，制冷剂汽化，空气降温，同时空气中的水分凝结在蒸发器的散热片上，并通过接水盘和排水管排出车外。

六、空调的调节系统

空调的调节系统有手动调节和自动调节之分，为说明调节系统的工作情况，现以手动调节为例来说明空调调节系统的工作情况。手动空调的调节包括温度调节、出风口位置调节、鼓风机风速调节和空气的内外循环调节等。调节是通过空调控制面板上的拨杆或旋钮进行的，空调的控制面板如图8-29所示。

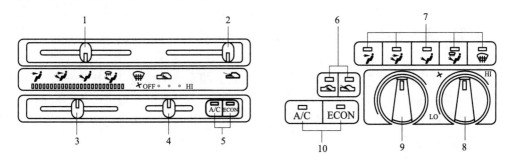

图8-29 空调的控制面板

1—出风气流选择钮；2—进气方式选择钮；3—温度选择钮；
4—风机速度选择钮；5, 10—A/C开关；6—进气方式选择键；
7—出风气流选择键；8—风机速度选择旋钮；9—温度选择旋钮

空调控制面板上有温度调节、气流选择、鼓风机速度、空气进气选择（内外循环选择）、空调开关（A/C）和运行模式选择开关。其中，温度调节、气流选择、空气进气选择是通过气道中的调节风门实现的（如图8-30所示）；空调开关和运行模式选择开关、鼓风机速度选择是通过电路控制来实现的。空调控制面板到调节风门的控制方式有拉线式和电动式，如图8-31所示。

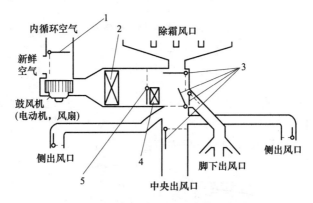

图8-30 空调调节系统的调节风门

1—进气风门；2—蒸发器；3—气流选择风门；
4—加热器芯；5—空气混合风门

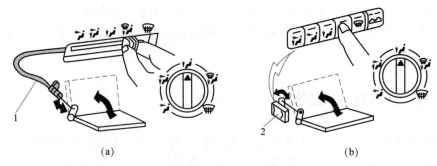

图 8-31 空调调节风门的控制方式
(a) 拉线式；(b) 电机式
1—拉线；2—风门电机

七、通风系统

通风系统的作用是将车外的新鲜空气引入车内，将车内的污浊空气排出车外，同时通风系统还具有风窗除霜的作用。通风系统可使车内的空气保持新鲜，提高车辆的舒适性。目前汽车上的通风有两种基本方式，一种是利用汽车行驶中产生的动压进行通风；另一种利用车上的鼓风机进行强制通风。

1) 动压通风

动压通风是利用汽车在行驶时各个部位所产生的不同压力进行通风。汽车在行驶时的压力分布如图 8-32 所示，在考虑通风时，只要将进风口设在正压区，排风口设在负压区即可。这种通风方式不需要另加动力，因此比较经济；但汽车在行驶速度较低时，通风的效果较差。

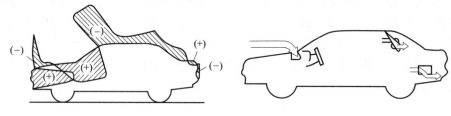

图 8-32 动压通风
(+)—正压；(-)—负压

2) 强制通风

强制通风是利用鼓风机进行通风，在进风口安装一台鼓风机将车外的空气吸入车内，车内的空气从排风口排出，见图 8-33 所示。这种通风方式不受车速的限制，通风效果较好。目前汽车通常都是利用空调系统的鼓风机进行强制通风的。

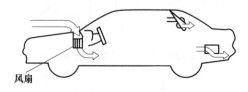

风扇

图 8-33 强制通风

如果将上述两种通风方式结合起来，就形成了所谓的综合通风方式。汽车在低速行驶时采用强制通风，高速行驶时采用动压通风，这样就保证了汽车在各种工况下都能保持良好的通风效果，同时也降低了能耗。目前，小型汽车基本上都采用了综合通风的方式。

八、空气净化系统

空气净化系统可以除去车内空气中的灰尘，保持车内空气清洁，部分车辆的空气净化系统还具备去除异味、杀灭细菌的作用，一些高级轿车上的空气净化系统还装备了负氧离子发生器，使车内的空气更加清新。目前大多数车辆的空气净化系统采用的方法是在空调系统的进气系统中安装空气滤清器（见图 8-34），通过滤清器滤除空气中的尘埃，使车内的空气保持清洁。

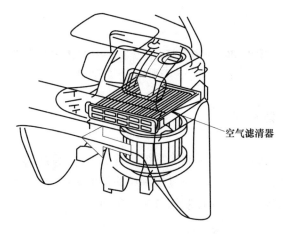

图 8-34　空调进气系统中的空气滤清器

有些车辆的空气净化系统在滤清器中加入活性炭，可吸收空气中的异味；有些车辆在净化系统中设有烟雾传感器，当传感器检测到车内存在烟雾时，便通过放大器自动使鼓风机以高速挡运转，排出车内的烟雾。空气净化系统如图 8-35 所示。

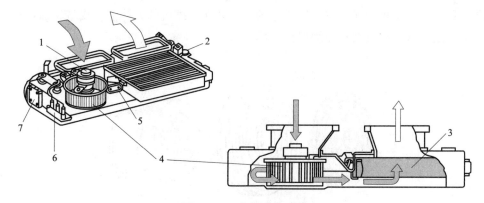

图 8-35　空气净化系统
1—风机电动机；2，3—滤清器；4—鼓风机风扇；
5—烟雾传感器；6—调速电阻；7—放大器

高档车辆的空气净化系统除上述功能外，在系统中还有杀菌灯和离子发生器，如图 8-36 所示。

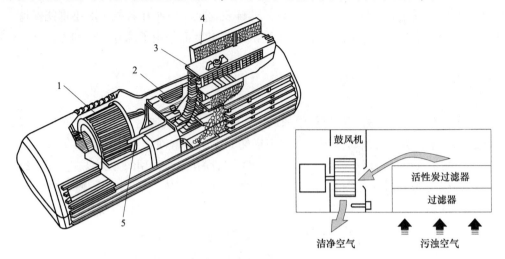

图 8-36　有杀菌灯和离子发生器的空气净化系统
1—鼓风扇；2—杀菌灯；3—过滤器；4—活性炭过滤器；5—离子发生器

九、空调控制系统

空调控制系统的功能是保证空调制冷系统正常运转，同时也要保证空调系统工作时发动机的正常运转。空调控制系统主要是通过控制压缩机电磁离合器的结合与分离实现温度控制与系统保护，通过对鼓风机的转速控制调节制冷负荷。

1. 电磁离合器

电磁离合器安装在压缩机上，其作用是控制发动机与压缩机的动力传递。空调制冷系统工作时，使发动机能驱动压缩机运转，制冷系统停止运行时，切断发动机到压缩机的动力传递。

电磁离合器的结构如图 8-37 所示，它主要包括压力板、皮带轮和定子线圈等主要部件，压力板与压缩机轴相连，皮带轮通过轴承安装在压缩机的壳体上，皮带轮通过皮带由发动机驱动，定子线圈也安装在压缩机的壳体上。

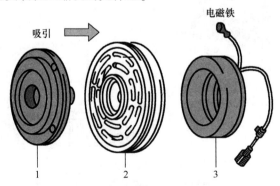

图 8-37　电磁离合器的结构
1—压力板；2—皮带轮；3—定子

当接通空调开关使空调制冷系统进入工作状态时，电磁离合器的定子线圈通电，线圈通电后产生磁力，将压力板吸向皮带轮，使两者结合在一起，发动机的动力便通过皮带轮传递到压力板，带动压缩机运转，如图8-38所示。

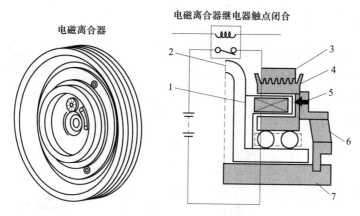

图8-38　电磁离合器的结合状态
1—定子；2—前端壳体；3—驱动皮带；
4—皮带盘；5—吸引力；6—中央盘；7—压缩机轴

当空调制冷系统停止工作时，电磁离合器的定子线圈断电，磁力消失，压力板与皮带轮分离，此时皮带轮通过轴承在压缩机的壳体上空转，压缩机停止运转，如图8-39所示。

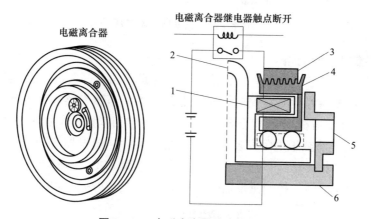

图8-39　电磁离合器的分离状态
1—定子；2—前端壳体；3—驱动皮带；4—皮带盘；5—中央盘；6—压缩机轴

2. 蒸发器的温度控制

蒸发器温度控制的目的是防止蒸发器结霜。如果蒸发器的温度低于0℃，凝结在蒸发器表面的水分就会结霜或结冰，严重时将会堵塞蒸发器的空气通路，导致系统制冷效果大大降低。为了避免这种情况的发生，就必须控制蒸发器的温度在0℃以上。控制蒸发器温度的方法通常有两种：一种是用蒸发压力调节器控制蒸发器的压力，以控制蒸发器的温度；另一种是利用温度传感器或温度开关控制压缩机的运转控制蒸发器的温度。

1）蒸发压力调节器（EPR）

根据制冷剂的特性，只要制冷剂的压力高于某一数值，其温度就不会低于0℃（对于

R134a，此压力大约为 0.18 MPa），因此只要将蒸发器出口的压力控制在一定的数值，就可以防止蒸发器表面结霜或结冰。蒸发压力调节器可以根据制冷负荷的大小调节蒸发器出口处的压力，确保蒸发器出口的压力使制冷剂不低于 0 ℃。

蒸发压力调节器安装在蒸发器出口至压缩机入口的管路中，如图 8-40 所示。它主要由金属波纹管、活塞、弹簧等组成，在管路中形成了一个可调节制冷剂流量的阀门。当制冷负荷减小时，蒸发器出口处制冷剂的压力就会降低，作用在活塞上向左的力 P_e 减小，当此力小于金属波纹管内弹簧向右的力 P_s，使活塞向左移动，阀门开度减小，制冷剂的流量也随之减小，并使蒸发器出口处的压力升高；反之，当制冷负荷增大时，活塞可向右移动，阀门开度增大，增加制冷剂的流量，以适应制冷负荷增大的需要。

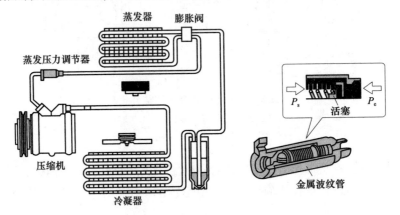

图 8-40 蒸发压力调节器

2）蒸发器温度控制电路

目前蒸发器的温度控制电路有两种形式：一种是用温度开关（恒温器）直接控制压缩机电磁离合器。蒸发器温度开关安装在蒸发器的中央，当蒸发器表面温度低于某一设定值时，温度开关切断压缩机电磁离合器电路，使压缩机停止工作防止蒸发器结冰，如图 8-41 所示。另一种是将热敏电阻安装在蒸发器的表面，当蒸发器表面的温度低于某一设定值时，热敏电阻的阻值变化给空调 ECU 低温信号，空调 ECU 控制继电器切断压缩机电磁离合器电路，使压缩机停转，控制蒸发器温度不低于 0 ℃，如图 8-42 所示。

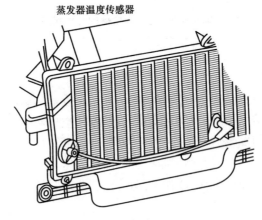

图 8-41 蒸发器温度开关

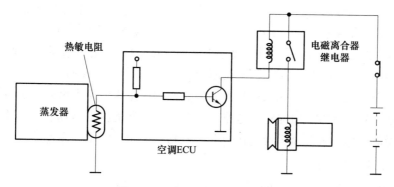

图 8-42 蒸发器温度控制电路

3. 冷凝器风扇控制

现在有很多车辆的冷却系统采用电风扇冷却，同时空调制冷系统的冷凝器也采用同一风扇进行冷却。当冷却液温度较低时，风扇不工作；当冷却液温度升高到某一规定值时，风扇以低速运转；当温度进一步升高到另一个设定值时，风扇则以高速运转；当空调制冷系统开始工作时，不管冷却液温度高低，风扇都运转；当制冷系统压力高过一定值时，风扇则以高速运转。

风扇转速的控制有两种，一种是用一个电风扇串联电阻的方式调节风扇的转速，另一种是用两个电风扇以串联和并联的方式调节风扇的转速。

图 8-43 所示为冷凝器和散热器风扇控制电路，用压力开关、冷却液温度开关和 3 个继电器控制冷凝器风扇和散热器风扇的转速。此电路可以实现风扇不转、低速运转、高速运转三级控制。3 号继电器只在空调制冷系统工作时起作用，使冷凝器风扇以低速或高速运转。2 号继电器为双触点继电器，用来控制冷凝器风扇的转速。1 号继电器用于控制散热器风扇。压力开关在空调制冷系统压力高时断开，压力低时接通。冷却液温度开关在冷却液温度低时接通，温度高时断开。

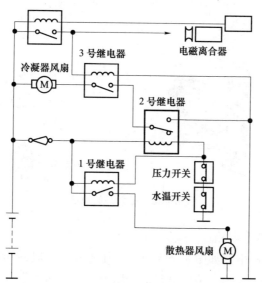

图 8-43 冷凝器和散热器风扇控制电路

不开空调时，3 号继电器不工作，冷凝器风扇也不工作。如果冷却液温度过高，冷却液温度开关断开，1 号继电器线圈断电，触点闭合，散热器风扇运转，加强散热。

打开空调，3 号继电器线圈通电，触点闭合。如果冷却液温度较低，空调系统内压力也较低，2 号继电器线圈通电，使其下触点闭合，形成了冷凝器风扇和散热器风扇的串联电路，两个风扇都以低速运转。如果冷却水温升高或制冷系统内压力增大，压力开关或冷却液温度开关切断 2 号和 1 号继电器线圈电路，使 2 号继电器的上触点闭合，1 号继电器的触点接通，将冷凝器风扇和散热器风扇连接成并联电路，两个风扇都以高速运转。

4. 制冷循环的压力控制

1) 压力控制的功能

如果空调制冷循环系统中压力出现异常，将会造成系统的损坏。如果系统压力过低，说明制冷剂量过少，这种情况将造成润滑油不能随制冷剂一起循环，使压缩机缺油而损坏。如果由于制冷剂量大或冷凝器冷却不良造成系统压力过高，有可能造成系统部件损坏。因此，在空调制冷系统工作时，必须对系统压力进行监测，防止出现上述两种情况。常采用的方法是：在系统的高压管路中安装压力开关，即低压开关和高压开关。低压开关安装在制冷循环系统中的高压管路中，用于监测制冷循环系统高压管路压力是否过低。如果压力低于规定值，低压开关将切断压缩机的电路使压缩机停止工作。高压开关也安装在高压管路中，用来监测高压管路中压力是否过高。如果压力过高，有两种处理方法：一种是加强对冷凝器的冷却强度，使压力降低；另一种是切断电磁离合器的电路，使压缩机停止运转，如图 8-44 所示。通常加强冷却强度控制的压力要低于切断离合器控制电路的压力。目前空调系统中的压力开关通常都是将低压开关和高压开关制成一体，称为组合压力开关或多功能压力开关。多数组合压力开关可实现低压切断离合器控制电路、高压接通冷凝器风扇高速挡或切断离合器控制电路的双重功能，还有部分压力开关将上述三种功能集于一身，形成三功能压力开关。通常低压切断离合器电路的压力应小于 0.2 MPa，高压接通冷凝器风扇高速挡的压力应大于 1.6 MPa，高压切断电磁离合器的压力应大于 3.2 MPa。

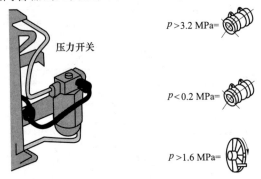

图 8-44 压力开关的功能

2) 压力开关控制基本电路

压力开关控制的基本电路如图 8-45 所示。压力开关一般的安装位置是储液干燥罐或高压管路。图示的开关均为常闭开关，也有部分压力开关高压为常开开关，具体是何种形式要视车型而定。

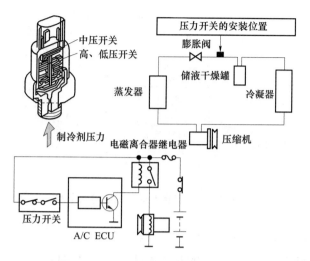

图 8-45　压力开关控制的基本电路

5. 发动机的怠速提升控制

在车流量较大的道路上行驶，汽车发动机经常处于怠速运转状态，发动机的输出功率低，如果此时开启空调的制冷系统，可能会造成发动机的过热或停机。为防止这种情况的发生，在空调的控制系统中采用了怠速提升装置，如图 8-46 所示。

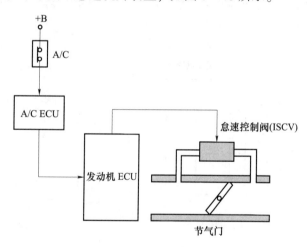

图 8-46　怠速提升控制

当接通空调制冷开关（A/C）后，发动机的控制单元（ECU）便可接收到空调开启的信号，控制单元便控制怠速控制阀将怠速旁通气道的通路增大，使进气量增加，提高怠速。如果是节气门直动式怠速控制机构，控制单元便控制电动机将节气门开大，提高怠速。

6. 发动机失速控制

发动机带空调怠速运转时，一旦有其他影响因素使发动机转速下降，将造成发动机失速而熄火。为防止这种情况发生，空调控制电路中设有防止发动机失速的控制电路，空调的控制单元通过检测点火线圈的脉冲来计算发动机的转速。当发动机的转速低于一定值时，将压缩机电磁离合器切断，如图 8-47 所示。

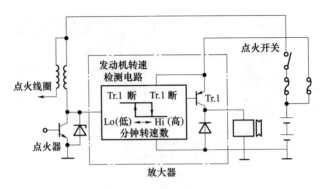

图 8-47 防止发动机失速控制电路

7. 皮带保护控制

当动力转向的油泵、发电机等附件与空调压缩机采用同一皮带驱动时，如果压缩机出现故障而锁死，传动皮带将被损坏。为了防止这种情况的产生，有些空调的控制电路中采用了皮带保护控制装置。皮带保护控制装置的原理如图 8-48 所示。空调放大器（或 ECU）同时接收发动机的转速信号和压缩机的转速信号，并对这两个转速进行比较，当这两个转速的信号出现的差异超过某一限值时，空调放大器便认定压缩机出现故障，随后就切断压缩机电磁离合器的电源，使压缩机停止工作，以保证其他附件的正常运转。

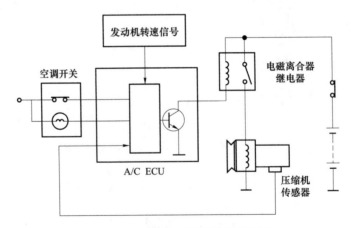

图 8-48 皮带保护控制装置的原理

8. 压缩机双级控制

有些车辆为了提高车辆的燃油经济性采用了压缩机双级控制，如图 8-49 所示。在空调上有两个开关：即一个是 A/C 开关，另一个是 ECHO 开关。在接通 A/C 开关时，空调 ECU 根据蒸发器温度传感器的信号在较低的温度下控制压缩机电磁离合器的通断，在接通 ECHO 开关时，空调 ECU 便在较高的温度下控制压缩机电磁离合器的通断，这样就可以减少压缩机工作的时间及汽车的燃料消耗，同时在压缩机停机时，发动机的负载减少，汽车的动力输出可以提高。

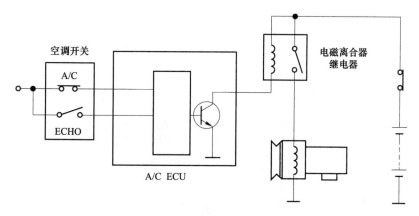

图 8-49 压缩机的双级控制电路

9. 双蒸发器控制

现在有些车辆在前排和后排都有蒸发器,且两个蒸发器都采用一个压缩机,这样就面临着前后蒸发器分别控制的问题。为此,在两个蒸发器的入口处安装两个电磁阀,分别用来控制前排座位和后排座位的温度,其示意图如图 8-50 所示。

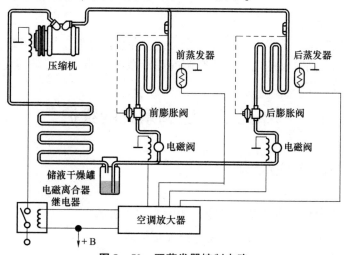

图 8-50 双蒸发器控制电路

10. 其他控制

1) 冷却液温度控制

为防止冷却液温度过高,有些空调控制电路中设有冷却液温度开关或传感器。当冷却液的温度高过一定值(一般为 105 ℃)时,切断压缩机电磁离合器电路,使压缩机停止运转。在温度下降到某设定值(大约为 95 ℃)时,再接通电磁离合器电路,使空调重新工作。

2) 制冷剂温度控制

在部分叶片式压缩机和斜盘式压缩机上装有制冷剂温度开关,防止压缩机温度过高而损坏。当制冷剂的温度超过 180 ℃ 时,压缩机电磁离合器切断开关,如图 8-51 所示。

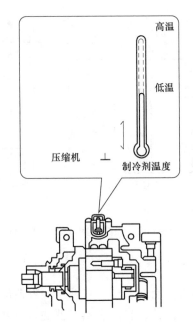

图 8-51 制冷剂温度开关控制原理

3）环境温度控制

部分车辆在控制电路中设有环境温度开关，在环境温度低于规定值时，环境温度开关断开，切断压缩机电磁离合器的电路，使空调的制冷系统不能工作。环境温度高于规定值时，制冷系统才能进入工作状态。

单元二　空调系统的维护

一、空调维修注意事项

1. 处理制冷剂时应注意的安全问题（如图 8-52 所示）

（1）不要在密闭的空间或靠近明火处处理制冷剂；

（2）必须戴防护眼镜；

（3）避免液体的制冷剂进入眼睛或溅到皮肤上；

（4）不要将制冷剂的罐底对着人，有些制冷剂罐底有紧急放气装置；

（5）不要将制冷剂罐直接放在温度高于 40 ℃ 的热水中；

（6）如果液体制冷剂进入眼睛或碰到皮肤，不要揉，要立即用大量的冷水冲洗，并立即到医院找医生进行专业处理，不要试图自己进行处理。

2. 在更换零件或管路时要注意的问题（如图 8-52 所示）

（1）用制冷剂回收装置回收制冷剂，以便再次使用；

（2）未连接的管路或零件的要插上塞子，以免潮气、灰尘进入系统；

（3）对于新的冷凝器、储液干燥器等零件不要拔了塞子放置；

（4）在拔出新压缩机塞子之前要从排放阀放出氮气，否则在拔塞子时，压缩机油将随氮气一起喷出；

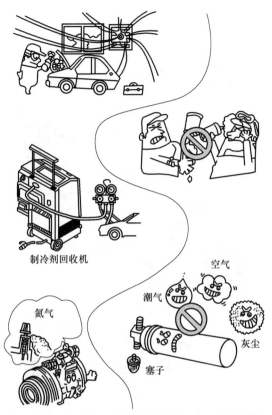

图 8–52　处理制冷剂和更换零件时应注意的问题

（5）不要用火焰加热进行弯管和管路拉伸。

3. 在拧紧连接零件时应注意的问题（如图 8–53 所示）

（1）滴几滴压缩机油到"O"形密封圈上可使紧固容易及防止漏气；

（2）使用两个开口扳手紧固螺母，防止管路扭曲；

（3）按规定的力矩拧紧螺母或螺栓。

4. 处理装有制冷剂的容器时应注意的问题（如图 8–53 所示）

（1）不要加热制冷剂容器；

（2）容器要保持在 40 ℃ 以下；

（3）当用温水加热制冷剂容器时，不允许将容器顶部的阀门浸入水中，以防止水渗入制冷管路；

（4）使用过的一次性制冷剂容器禁止再次使用。

5. 在空调制冷系统开启补充制冷剂时应注意的问题（如图 8–53 所示）

（1）如果制冷剂不足，有可能引起压缩机润滑不足，造成压缩机损坏，应注意避免这种情况发生；

（2）空调系统在运转时，如果开启高压阀，将引起制冷剂倒流入制冷剂容器，使制冷剂容器破裂，因此只允许开启低压阀；

（3）如果将制冷剂容器倒置，制冷剂将以液态进入空调管路，造成压缩机液击，损坏压缩机，所以制冷剂必须以气态充入；

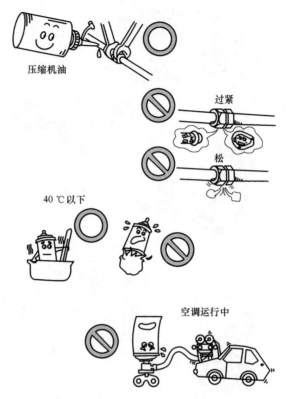

图 8-53　拧紧连接零件、处理制冷容器及在空调系统开启补充制冷剂应注意的问题

（4）制冷剂不要充入过量，否则将造成制冷不良、发动机经济性变差、发动机过热等故障。

二、空调系统的检查

1. 直观检查（如图 8-54 所示）

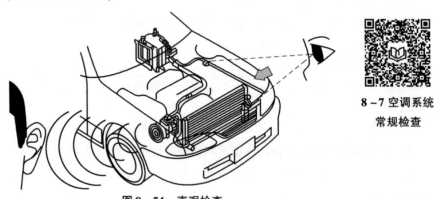

8-7 空调系统常规检查

图 8-54　直观检查

（1）检查压缩机驱动皮带是否过松，如果皮带过松，则按标准调整；
（2）检查空调出风口的出风量，如果出风量不足，检查进风滤清器，如有杂物应清除；
（3）听压缩机附近是否有非正常的响声，如果有，则检查压缩机的安装情况；

（4）听压缩机内部是否有杂音，这种杂音通常都是由压缩机内部零件损坏所引起的；

（5）检查冷凝器散热片上是否有脏物覆盖，如果有，则将脏物清除；

（6）检查制冷循环系统的各连接处是否有油渍，如果有油渍，说明该处有泄漏，应紧固该连接处或更换该处的零件；

（7）将鼓风机开至低、中、高挡，听鼓风机处是否有杂音，检查鼓风机是否运转正常，如果有杂音或运转不正常，应更换鼓风机（鼓风机进入异物或安装有问题也会引起杂音或运转不正常，所以在更换之前要仔细检查）。

2. 检查制冷剂的数量

检查制冷剂的数量有两种方法：一种是通过系统中安装的视液镜检查；另一种是通过检测系统压力检查。

（1）通过视液镜检查制冷剂的数量。

检查条件：发动机转速为1 500 r/min；鼓风机速度控制开关处于高位；空调开关为开位；温度选择器为最凉；完全打开所有车门（见图8-55）

检查制冷剂的数量（见图8-56）：几乎没有气泡，说明制冷剂量正常；有连续的气泡，说明制冷剂量不足；看不到气泡，说明制冷剂储藏罐是空的或制冷剂过量。

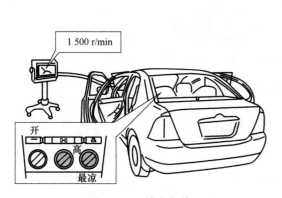

图8-55 检查条件

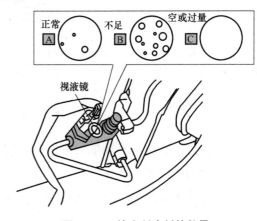

图8-56 检查制冷剂的数量

（2）通过检查系统的压力检查制冷剂的数量。

连接歧管压力表：将歧管压力表的高低压开关全部关闭（如图8-57所示）；把加注软管的一端和歧管气压计相连，另一端和车辆侧的维修阀门相连（如图8-58所示）；蓝色软管，低压侧；红色软管，高压侧。

注意：连接时，用手而不要用任何工具紧固加注软管；如果加注软管的连接密封件损坏，需更换；由于低压侧和高压侧的连接尺寸不同，故连软管时不要装反；软管和车侧的维修阀门连接时，把快速接头接到维修阀门上并滑动，直到听到"咔嗒"声；和多功能表连接时，不要弄弯管道；检查制冷系统的压力：起动发动机，在空调运行时检查歧管气压计所显示的压力读数（见图8-59）。

低压侧：0.15～0.25 MPa（1.5～2.5 kgf/cm²）。

高压侧：1.37～1.57 MPa（14～16 kgf/cm²）。

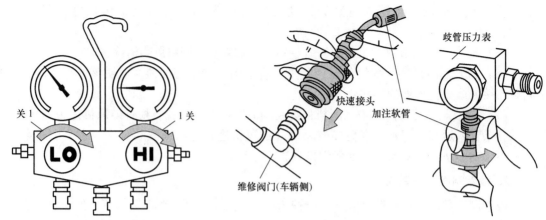

图 8-57　关闭歧管压力表的高低压开关　　　　图 8-58　连接歧管压力表图

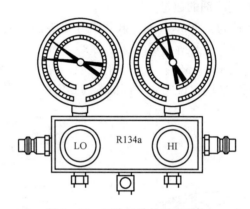

图 8-59　制冷系统的正常压力

提示：多功能表所示压力随外部空气温度而有轻微的变化。

3. 检查制冷剂的泄漏

用检漏计检测主要可能的泄漏部位，如图 8-60 所示。

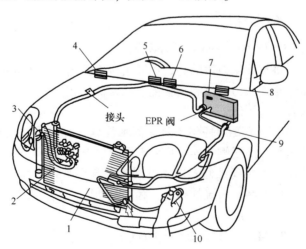

图 8-60　制冷剂主要可能泄漏的部位

1—冷凝器；2—压缩机；3—储液干燥器；4, 5, 6, 8—出风口；7—蒸发器；9—软管；10—检漏计

4. 空调制冷功能的检查

空调制冷功能的检查：车型不同，检查的方法也有所差异，下面以丰田轿车为例来介绍检查的方法（不同车型的检查方法，可参照该种车型的修理手册）。

（1）将车放在阴凉处；

（2）预热发动机到正常温度，将车门全开，气流选择为面部出风，进风选择为内循环，鼓风机速度选择最大，温度选择最冷，在发动机转速为 1 500 r/min 的情况下开启 A/C 开关，5~6 min 后测试进风口的湿度和温度及出风口的温度（见图 8-61）。

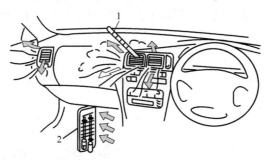

图 8-61　测量进风口的温度和湿度及出风口的温度

1—温度计；2—湿度计

（3）用进风口处的干、湿球温度按图 8-62（a）中的图表查出相对湿度，再算出进风口和出风口的温度差，检查是否在图 8-62（b）中的可接受范围内，如果在其范围内，则说明制冷性能良好。

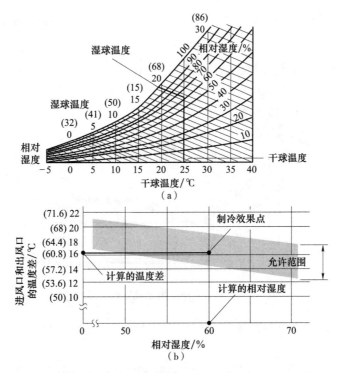

图 8-62　用干湿球温度检查湿度和判断空调性能

5. 制冷剂的加注

制冷剂加注工作分为两种：一种是制冷系统内部制冷剂不足，需要进行补充；另一种是制冷系统中无制冷剂，需要重新加注。如果制冷剂不足，需检查系统是否有泄漏的地方，在确认系统无泄漏后，可进行补充。如果空调系统更换了零件或因其他原因制冷剂全部漏光，则需重新加注，重新加注制冷剂时应先对系统进行抽真空作业，以抽去制冷循环系统的水分，防止因水结冰堵塞制冷系统的管路。下面介绍重新加注制冷剂的步骤。

8-8 检查与加注空调系统制冷剂

（1）按前述安装歧管压力表，将绿色软管的一端接压力表的中部，另一端接真空泵，如图8-63所示。

（2）打开歧管气压表高压侧和低压侧两侧的阀门，开启真空泵抽空，抽真空至歧管气压表低压侧显示为750 mmHg或更高，保持750 mmHg或更高的显示压力，抽真空10 min，如图8-64所示。

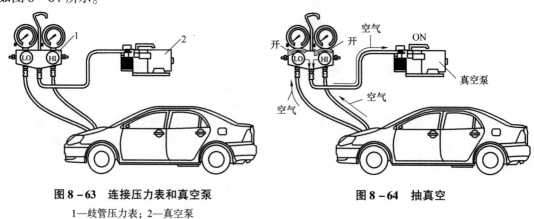

图8-63 连接压力表和真空泵
1—歧管压力表；2—真空泵

图8-64 抽真空

（3）关闭歧管气压表高压侧和低压侧两侧的阀门，关闭真空泵，如图8-65所示。

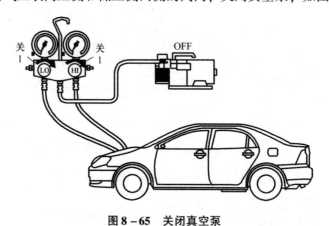

图8-65 关闭真空泵

注意：如果关闭真空泵时两侧的阀门（高压侧和低压侧）都开着，则空气会进入空调系统。

（4）检查系统密封性：真空泵停止后，高压和低压两侧的阀门关闭5 min，歧管气压表的读数应保持不变，如图8-66所示。

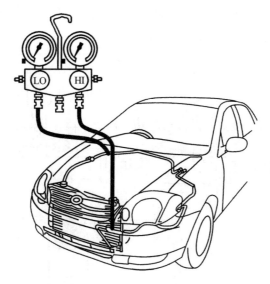

图 8-66 检查系统密封性

提示：如果显示压力增加，则有空气进入空调系统，检查 O 形圈和空调系统的连接状况。

注意：如果抽真空不足，空调管道内的水分会冻结，这将阻碍制冷剂的流动并导致空调系统内表生锈。

(5) 连接阀门和制冷剂罐，如图 8-67 所示。

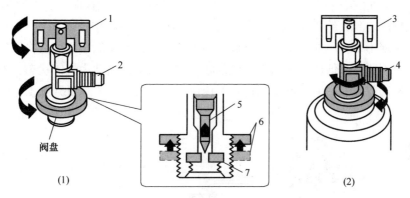

图 8-67 连接阀门和制冷剂罐

1，3—手柄；2，4—阀门；5—针阀；6—阀盘；7—盘根

①连接阀门和制冷剂罐，检查加注罐连接部件的盘根，逆时针转动手柄升起针阀，逆时针转动阀盘并将其升起。

注意：要在针阀升起前安装加注罐，否则针阀会插进加注罐，从而导致制冷剂泄漏。

把阀门旋进加注罐直到和盘根紧密接触，然后紧固阀盘以卡住阀门。

注意：不要顺时针转动手柄，否则针将插进加注罐，从而导致制冷剂泄漏。

②把加注罐安装到歧管气压表上（见图 8-68），完全关闭歧管气压计低压侧和高压侧的阀门；把制冷剂罐安装到歧管气压计中间的绿色加注软管；顺时针转动手柄直到针阀在制

冷剂罐上钻个孔，逆时针转动手柄退出针阀，按下歧管气压计的空气驱除阀放出空气直到制冷剂从阀门释出。

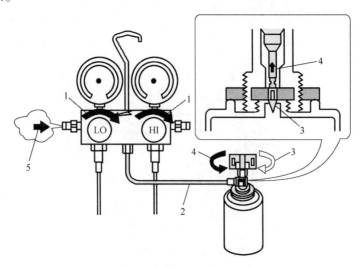

图 8-68　把加注罐安装到歧管气压表上

1—关闭；2—连接管；3—顺时针转动；
4—逆时针转动；5—气体驱除阀

注意：如果用手按下气体驱除阀，释放出的空调气体就会粘到手上等处，从而冻伤，因此要用螺丝刀等按住阀门。

（6）从高压侧加注制冷剂，如图 8-69 所示。发动机不工作时，打开高压侧阀门加入制冷剂直到低压表到大约 0.98 MPa（1 kg/cm^2）；加注后，关闭阀门。

注意：一定不要让压缩机工作，空调压缩机运行时，不从低压侧加注将导致空调压缩机缺油拉伤；也不要打开低压侧阀门，制冷剂在空调压缩机内通常为气体状态，如果从高压侧加注而低压侧阀门开着，液态制冷剂进入低压侧，此时若空调压缩机开始工作就会出现液击而损坏。

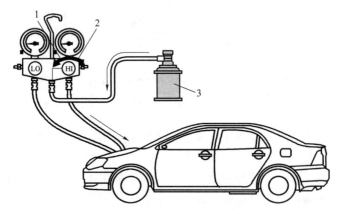

图 8-69　从高压侧加注制冷剂

1—打开；2—关闭；3—加注罐

(7) 检查漏气，如图 8-70 所示。用电子检漏计按图示的部位检测系统漏气的情况。

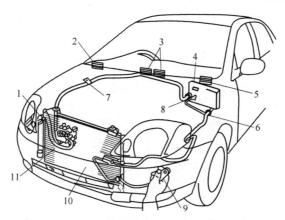

图 8-70　用电子检漏计检验系统漏气

1—储液干燥罐；2，3，5—出风口；4—蒸发器；6—软管；
7—接头；8—EPR 阀；9—检漏计；10—冷凝器；11—压缩机

(8) 从低压侧加注制冷剂。关闭高压侧阀门后，起动发动机并运行空调，打开歧管压力计，加入规定量的制冷剂（见图 8-71）。

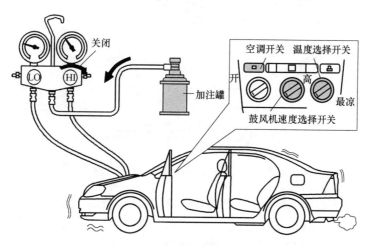

图 8-71　打开低压侧阀门加注制冷剂

加注条件：发动机转速为 1 500 r/min；鼓风机速度控制开关处于高位；A/C 开关开；温度选择器为最凉；完全打开所有车门。

提示：加注量随车型不同而不同，因此应参照相关的说明书。

注意：低压侧加注制冷剂时制冷剂罐倒置将使制冷剂以液态进入压缩机，压缩液体将损坏压缩机（见图 8-72）；不要加注过量，否则将导致制冷不足。

更换加注罐时，关闭高低压两侧的阀门；更换后，打开驱气阀，从中部的软管（绿色）和歧管压力表中放出空气；发动机工作时，不要打开高压侧的阀门，否则将导致高压气体回流至加注罐，并造成破裂（见图 8-73）。

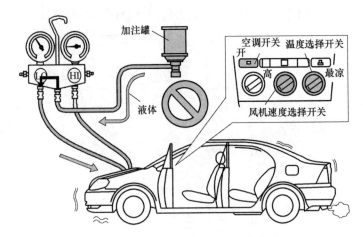

图 8-72 低压侧加注制冷剂时不要将罐倒置

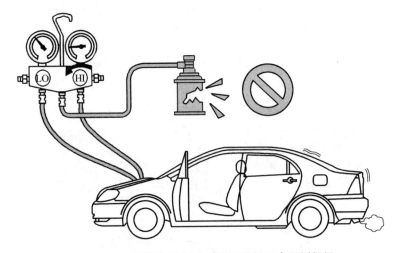

图 8-73 低压侧加注制冷剂时不要打开高压侧阀门

根据歧管压力表的压力检查制冷剂的加注量：在制冷剂加注量达到规定量时，歧管压力表内压力也应达到规定值，其规定的压力分别是（见图 8-74）：低压侧，0.15~0.25 MPa（1.5~2.5 kgf/cm^2）；高压侧，1.37~1.57 MPa（14~16 kgf/cm^2）。

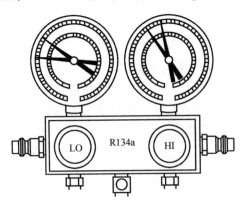

图 8-74 制冷剂加满时的规定压力

提示：歧管气压表所示压力随外部空气温度而有轻微的变化。制冷剂加注量符合要求后，关闭低压侧阀门并关闭发动机，如图 8-75 所示。把歧管压力表从车辆侧维修阀门和制冷剂罐阀门上拆掉，如图 8-76 所示。

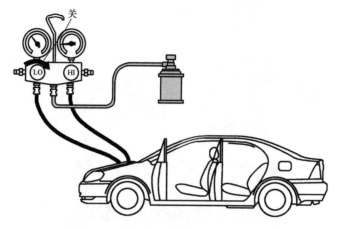

图 8-75 关闭低压侧阀门并关闭发动机

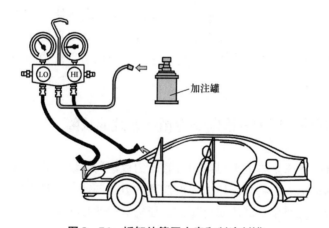

图 8-76 拆卸歧管压力表和制冷剂罐

提示：歧管气压表所示压力随外部空气温度而有轻微的变化；外部温度高时，加注制冷剂困难，可用空气或冷水降低冷凝器的温度，如图 8-77 所示；外部温度低时，可用温水（40 ℃以下）加热制冷剂罐，这样可使加注比较容易，如图 8-77 所示。最后检查制冷剂的加注量是否合适，空调系统运转是否正常：通过观察孔检查加注量、检查漏气和空调制冷状况，如图 8-78 所示。

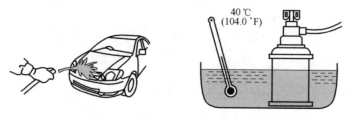

图 8-77 用温水加热制冷剂罐或用冷水冷却冷凝器

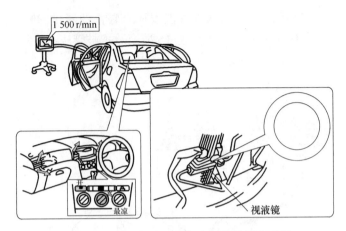

图 8-78 检查制冷剂量和空调系统是否正常

单元三 空调系统的故障诊断

空调系统的故障包括暖风系统、制冷系统、通风系统的故障等,其中暖风和通风系统的故障主要表现为无暖风或暖风不足,检查时只需检查风道是否堵塞、暖风水路是否正常、风道中各种风门工作是否正常即可,故障部位比较直观,此处不再赘述。制冷系统的故障较为复杂,故障的表现主要是不制冷或制冷不足,故障的原因可以分为制冷循环系统故障和电气控制系统故障,下面分别予以介绍:

一、利用歧管压力表诊断制冷循环系统的故障

制冷循环系统的故障基本上都可以用歧管压力表进行诊断,在系统无泄漏及压缩机电磁离合器能够吸合的情况下,将歧管压力表按前述的方法与制冷系统的维修阀连接,起动发动机,运转空调系统,检查系统高压及低压侧的压力。分为以下几种情况。

(1) 系统正常的情况下,高压侧的压力应为 1.4~1.6 MPa;低压侧的压力为 0.15~0.25 MPa。如图 8-79 所示。

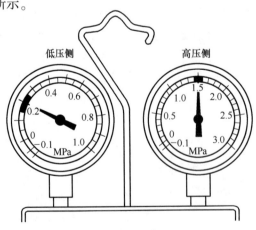

图 8-79 制冷循环系统的正常压力

(2) 如果歧管压力表的高低压表指示的压力均低，同时视液镜中可以看到大量气泡，这说明系统中制冷剂不足。此时，应检查系统是否有泄漏的地方，在排除泄漏故障后，将制冷剂补足。

(3) 歧管压力表的高低压表的指示均过高，视液镜中看不到气泡，甚至在低转速下也看不到气泡，造成这种现象的原因是系统中制冷剂过量或冷凝器冷却不足。排除时，要将制冷剂量调整合适，清洁冷凝器，同时还要检查车辆的冷却系统。

(4) 制冷时有时无，压力表在空调起动时正常，过一段时间低压表指示真空，高压表的压力也降低很多，过几秒到几分钟，表的指示又恢复正常，如此循环。造成这种现象的原因是系统中有水分，当系统正常制冷温度下降时，水分在膨胀阀处结冰造成冰堵，制冷循环不能进行；温度上升后，冰融化使得循环又正常进行，温度下降后又造成冰堵，如此反复。遇到这种情况应更换储液干燥器，系统抽真空后重新加注制冷剂。

(5) 如果高压表指示过低，低压表指示过高，关闭空调后，高低压表指示很快趋于一致，触摸压缩机，压缩机的温度也不高，这说明压缩机的效率不高，此时应更换或修理压缩机。此外，冷凝器冷却不足也可能造成高压表指示过低，低压表指示过高。

(6) 如果制冷循环系统内制冷剂不能循环，低压表可指示真空，高压表的压力也比正常压力低。造成这种情况的主要原因是：制冷循环系统内有堵塞情况。如果系统完全堵塞，开启空调时，由于制冷剂不循环，低压表即刻显示真空；如果未完全堵塞，低压表在开启空调时将逐渐指向真空，在堵塞部位的前后还将出现温差。堵塞的部位常发生在膨胀阀、EPR阀及管路较细的部位。膨胀阀的感温包漏气也可能使膨胀阀不能开启而造成这种情况。排除时，要查明堵塞的原因，更换堵塞的部件，彻底清理制冷循环管路。

(7) 在制冷剂数量正常的情况下，如果高低压表的压力均指示高于正常值，说明制冷循环系统中有空气进入，其表现通常为低压指示越高、制冷效果就越差。出现这种情况时，应更换制冷剂并对系统进行抽真空，排除系统中的空气。

(8) 如果低压表指示过高，高压表指示正常，低压管路结霜且制冷效果下降，这种情况往往是由于膨胀阀开度过大造成的，维修时要重点检查膨胀阀热敏管的安装情况，在热敏管正常的情况下，应考虑更换膨胀阀。

二、空调系统控制电路的故障诊断

汽车空调制冷系统电路控制部分因车型不同，其电路原理及组成也有所不同。因此，在检修汽车空调电路时，应首先理解空调的电路原理，之后才可动手检查和修理。另外，在检修汽车空调电路故障时，还应结合制冷系统综合考虑。

汽车空调控制电路的故障主要表现为系统不工作或系统中某一部分不工作。在检查时，首先要研读空调控制电路的电路图，再根据电路图用万用表或试灯等工具检查电路，找出故障所在，下面以丰田某车型的空调控制电路为例说明控制电路的检查方法。

1. 阅读空调控制电路的电路图

图8-80所示为丰田某车型的空调系统的控制电路示意图。从图中可以看出，控制电路中所包含的电器元件有空调放大器，执行元件有电磁离合器及真空电磁阀等，传感器及开关有双

重压力开关、转速检测传感器、点火器、热敏电阻、空调开关、点火开关、鼓风机开关等，继电器包括电磁离合器继电器、暖风继电器，保险包括断路器、仪表熔断丝、空调熔断丝。

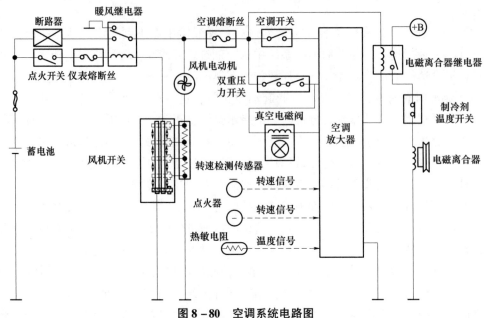

图 8-80　空调系统电路图

研读电路图后可以发现，空调压缩机电磁离合器电路在下述情况下会被切断：鼓风机开关断开，此开关断开后暖风继电器断开，控制系统电源被切断；空调开关断开，放大器的电源被切断；蒸发器温度过低，蒸发器表面温度低于某一设定值时，放大器会切断电磁离合器电路；双重压力开关断开，在制冷循环系统中压力过高或过低时，压力开关断开，空调放大器会切断电磁离合器电路；压缩机锁止，当压缩机转速与发动机转速的差值超过一定值时，空调放大器将做出压缩机已锁止的判断，从而切断电磁离合器电路；制冷剂温度过高，当压缩机内制冷剂的温度过高时，温度开关会切断压缩机电磁离合器电路；断路器、仪表熔断丝、空调熔断丝和暖风继电器损坏，空调放大器无供电，电磁离合器断电；电磁离合器继电器损坏，切断电磁离合器的电路。

2. 检查电路

(1) 检查电源电路。在接通鼓风机开关和空调开关后，检查空调放大器电源端有无 12 V 电压，并检查电磁离合器继电器线圈处有无 12 V 电压，如有 12 V 电压，则表明电源电路正常，否则应按照电路图逐一检查空调开关、空调熔断丝、暖风继电器、仪表熔断丝、断路器和鼓风机开关能否正常工作。

(2) 检查各传感器和开关电路。用万用表检查蒸发器热敏电阻、点火器、压缩机转速检测传感器、压力开关到空调放大器的电路是否导通，按照修理手册规定的要求检测各传感器的电阻是否符合要求，检查各开关是否能在规定的情况下导通。

(3) 检查电磁离合器继电器。将继电器的空调放大器控制端直接搭铁，看压缩机电磁离合器是否吸合，如能吸合说明继电器良好。

(4) 检查电磁离合器。将电磁离合器的电源端子直接接蓄电池电源，检查能否吸合，如能吸合说明离合器正常。

（5）检查连接器和电路。检查各连接器的连接是否良好、线路情况是否良好、各搭铁点接触是否良好；还可模仿故障发生的状态检查接触不良的情况，如故障发生在车辆振动时，可逐一晃动空调系统的部件，晃动某一部件故障现象出现时，该部件即为故障部件；又如下雨时出现故障，可通过人为浇水模拟故障产生的环境，检查故障的部位。

（6）如果线路中有短路故障，则线路熔断丝肯定被烧断，若换上熔断丝后又会被烧断，此时应检查各连线绝缘是否破坏而搭铁及部件内部是否有短路情况。

3. 系统部件的检查

（1）电磁离合器不吸合，应使用万用表检测电磁离合器的输入端有无 12 V 电压，如果有电压，说明离合器可能损坏，此时应使用万用表的电阻挡测量离合器电磁线圈的电阻是否符合要求，否则应予以更换，最后还要检查离合器的机械部分是否有异常。

（2）鼓风机不转，应解体检修鼓风机。拆下鼓风机线路，将蓄电池 12 V 电压接在电动机上，看电动机是否能平稳转动，且在空载下转速应能达到 7 000 r/min 左右。如不正常，应检查电刷接触是否良好、轴及轴承是否被卡死、电动机是否被烧坏。

（3）控制继电器一般为触点常开型，其故障多为继电器线圈烧坏（线圈短路或断路）、触点烧蚀、黏连、动触点卡死等。在正常情况下，当继电器线圈通电时，应能听到其触点动作的轻微声音，否则说明继电器有故障，可把它从线路上拆下，用万用表测量其线圈是否良好，如线圈完好，再用万用表测量其常开触点的电阻应为 OO，否则说明粘连；如为 OO，可给线圈通电后进一步检查。线圈通电后，常开触点应闭合，触点回路电阻应为零，否则说明触点烧蚀或卡死，应检修或更换。

（4）压力开关的检查。应在制冷系统完好的情况下进行。其检查方法是：歧管压力计接到制冷系统高低压检修阀上，用纸板盖在冷凝器散热通道上，以恶化冷凝器的冷却效果，这时冷凝压力会逐渐升高，当压力表压力达到 2.1 MPa（21 bar）左右时，电磁离合器应断电，然后拿开纸板，待高压表压力降到 1.9 MPa（19 bar）时，压缩机应恢复工作。如不符合上述规定，则说明压力开关已失灵，应予以更换。

（5）鼓风机电阻及挡位开关鼓风机电阻烧坏或鼓风机挡位开关接触不良，将会造成鼓风机不转动或无法调速等故障现象。检测时，可拆下鼓风机电阻及鼓风机挡位开关组件，用万用表测量各挡位电阻值。

（6）空调放大器空调放大器的故障主要有温度控制失灵、发动机怠速控制失灵、放大器输出继电器线圈烧坏、触点烧蚀和粘连等。空调放大器的检测应在制冷系统及其他电路及元器件完好的条件下进行。检测的最简单的方法是代换法。检查放大器时，可先检查放大器内部的输出继电器线圈和触点，如线圈和触点正常，再根据线路检查各元件是否正常。

汽车空调系统抽真空

8-9 汽车空调系统抽真空

学习情境九

电路图组成内容识读

掌握线束、熔断器、继电器及连接器的特点,了解全车电路图的基本知识,掌握识读全车电路的规则,掌握继电器及开关的检测方法。能正确分析全车电路图。

售后服务经理递交给学员一个全面维护全车线束及各种电器元件的任务,要求借助电路图检查各种典型电气系统,确定是否可再用,进行试验并排除可能出现的故障。制订学习和维修计划,完成此任务。搜集相关信息,将有关情况告知经理,得到经理的确认后,提交一份分析报告并归档。

单元一 汽车电路图的基本知识

9-1 认识车身电器系统

一、电路图组成内容

电路图是利用各种符号和线条构成的图形,电路图清楚地表示了电路中各组成元件、电源、保险、继电器、开关、继电器盒、接线盒、连接器、电线、搭铁等,有些电路图还表示了电器零件的安装位置、连接器的形式及接线情况、电线的颜色,接线盒和继电器盒中继电器及保险的位置,线束在汽车上的布置等。

1. 汽车导线、线束及插接器

1) 导线

用于连接各用电设备,汽车电系的导线有高压线和低压线两种,二者均采用铜质多芯软线。导线截面积主要根据其工作电流选择。对于一些电流很小的电器,为保证导线具有一定的机械强度,其导线截面积不得小于 0.5 mm²。其中截面积在 4 mm² 以上的采用单色线,而 4 mm² 以下的导线均采用花线。

低压线主要根据用电设备的工作电流来选择。各种低压导线截面积所允许的负载电流值列于表 9-1。

表 9-1 低压导线截面积所允许的负载电流值

导线标称截面积/mm²	0.5	0.8	1.0	1.5	2.5	3.0	4.0	6.0	10	13
允许电流/A			11	14	20	22	25	35	50	60

由于起动机是短期工作,为了保证起动机正常工作时能发出足够的功率,故连接蓄电池与起动机的导线不以工作电流大小来选定,而是以工作时的电压降来选定。要求在线路上每 100 A 的电流所产生的电压降不能超过 0.1~0.15 V,因此,所用导线截面积较大。

汽车 12 V 电系主要线路导线截面积推荐值见表 9-2。

表 9-2 12 V 电系主要线路导线截面积推荐值

标称截面/mm²	用途
0.5	尾灯、顶灯、指示灯、仪表灯、牌照灯、燃油表、刮水器电动机、电钟、水温表、油压表
0.8	转向灯、制动灯、停车灯、分电器
1.0	前照灯、喇叭(3 A 以下)
1.5	电喇叭(3 A 以下)
1.5~4.0	其他的连接导线
4~6	电热塞电线
6~25	电源线
16~95	起动机电线

汽车的高压导线耐压极高,一般应在 15 kV 以上,故其截面积很小(因电流很小),约 1.5 mm²,绝缘层厚度远较低压线为厚,多采用橡胶绝缘,外加有浸漆棉质编包。

为便于汽车电系的连接和维修,汽车用的低压线的颜色必须符合国家有关标准。单色线的颜色由表 9-3 规定的颜色组成。双色线的颜色由表 9-4 规定的两种颜色配合组成。

表 9-3 汽车用电线颜色

电线颜色	黑	白	红	绿	黄	棕	蓝	灰	紫	橙
代号	B	W	R	G	Y	Br	BL	Gr	V	O

双色线的主色占比例大些,辅助色占比例小些。辅助每条纹沿圆周表面的比例为 1:3~1:50。双色线的标注第一色为主色,第二色为辅助色。

导线颜色的选用程序,应符合表 9-4 的规定。

表 9 – 4　电线颜色的选用程序

选用程序	1	2	3	4	5	6
电线颜色	B	BW	BY	BR		
	W	WR	WB	WBL	WY	WG
	R	RW	RB	RY	RG	RBL
	G	GW	GR	GY	YBL	GBL
	Y	YR	YB	YG	BrB	YW
	Br	BrW	BrR	BrY	BLB	
	BL	BLW	BLR	BLY	GB	BLO
	Gr	GrR	GrY	GrBL	GrB	GrB

汽车电系一般分为 9 个系统，各系统的主色见表 9 – 5。

表 9 – 5　汽车电路各系统的主色

序号	系统名称	电线主色	代号
1	电源系	红	R
2	点火和起动系	白	W
3	前照灯、雾灯及外部灯光照明系统	蓝	BL
4	灯光信号系统，包括转向指示灯	绿	G
5	车身内部照明系统	黄	Y
6	仪表及警报指示和喇叭系统	棕	Br
7	收音机、电钟、点烟器等辅助装置	紫	V
8	各种辅助电动机及电器操纵系	灰	Gr
9	电器装置搭铁线	黑	B

电线颜色及表示方法如图 9 – 1 所示。

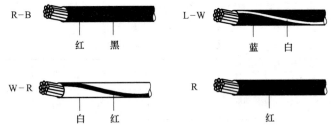

图 9 – 1　电线颜色及表示方法

2）线束

对繁杂的汽车电器线路，为了达到排列整齐、有条不紊、便于拆装、保证绝缘良好、免受振动而磨损折断导线的目的,一般都将相同区域、不同规格的导线用棉纱编织或用薄聚氯乙烯带缠绕包扎成束,称作线束或线缆。但汽车上的全车电路中高压线、蓄电池的电缆线除外。线束可分为发动机线束、仪表线束和车身线束等。

安装汽车线束时,一般都事先将仪表板和总灯开关,点火开关等连接好,然后再往汽车上安装。接线时,可根据导线颜色区分,分别接于相应的电器上。安装线束时应注意:

(1) 线束应用卡簧或绊钉固定,以免松动磨坏。

(2) 线束在拐弯处或在有相对运动的部件间,不应拉得太紧。

(3) 在穿过洞口或绕过锐角处,应用橡皮、毛毯之类垫子或套管保护,使其不被磨损而造成搭铁、短路甚至酿成火灾等危险。

(4) 各个线头连接必须牢固、可靠,线头与线头之间、线头与接线柱之间应接触良好。

3) 插接器

用于连接分线束与分线束之间、线束与用电设备之间、线束与开关之间的连接。插接器为保证接触可靠,其上都有锁紧装置,为了避免安装中出现差错,插接器还制成不同的规格和形状。如图9-2所示。

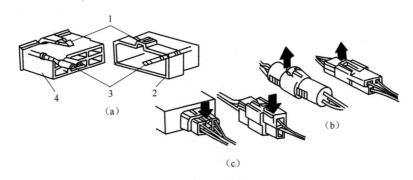

图9-2 常见的插接器形状与结构

(a) 结构;(b) 外形;(c) 外形

1—锁止扣;2—插座体;3—插接器端子;4—插头体

目前汽车上大量采用连接器。连接器大致可以分为以下几类:第一类是连接线束和电器元件(见图9-3);第二类是线束与线束的连接(见图9-4);第三类是线束与车身的连接(见图9-5),还有一类称为过渡连接器,即将连接器中需要连接的导线用短接端子连接起来(见图9-6)。

图9-3 线束与电器元件的连接

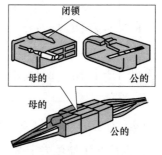

图9-4 线束与线束的连接

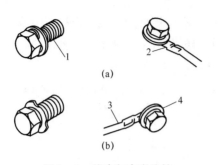

图9-5 线束与车身连接

(a) 不完全螺纹螺栓；(b) 刚性垫圈螺栓

1—压碎石；2—线束；3—线束；4—爪具

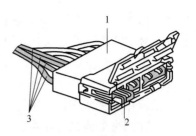

图9-6 过渡连接器

1—连线连接器；2—短端子；3—同色线

连接器在电路图上通常用数字、字母及相应的符号表示，如表9-6所示。

表9-6 连接器的表示方法

在电路图中的符号	连接类型	在电路图中的表示方法（示例）	连接器符号（示例）
Ⓐ，Ⓑ，Ⓒ	直接与零件连接	一个连接器和一个零件	配线束一侧的连接器
		起动机 几个连接器一个零件	配线束一侧的连接器
1A，1B	与1号接线盒连接	接线盒内的电路	连接器颜色 黑
2A，2B	与2号接线盒连接		
3A，3B	与3号接线盒连接		

4) 缩写词

在电路图中为了简单表示各个系统的名称，通常采用缩写词表示该系统，如用ECU表示电控单元、ABS表示制动防抱死系统等。缩写词各个公司有所不同，详情请参阅各公司的维修手册。

2. 汽车开关、电路保护装置及继电器

1）汽车开关

在汽车电路中，各用电设备或独立的电源系中都设有单独的控制开关，如灯光开关、变光开关、刮水器开关、洗涤器开关、转向灯开关、紧急报警开关、空调开关、倒车灯开关、制动开关、电喇叭开关等。

（1）点火开关。

在所有的开关中，点火开关最为复杂，它控制着充电系、点火系、起动系以及绝大多数的辅助电气设备。图9-7所示为点火开关的结构原理图，三片电刷组合在一起并同时转动，当点火开关拧到ST挡时，所有电刷转到"ST"位置，此时，电刷B将蓄电池的电压输送到点火线圈5，电刷C将蓄电池的电压输送到起动系、点火控制器3，电刷A没有输出。

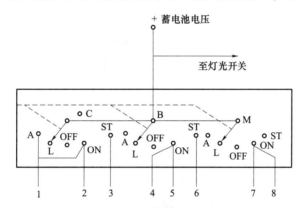

图9-7 点火开关的结构原理图

A—附件；L—锁住；OFF—断开；ON—运行；ST—起动
1—刮水器、洗涤器、电动门窗；2—仪表；3—起动系、点火控制器；4—点火控制器；
5—点火线圈、安全带报警灯；6—点火线圈；7—空调系统、转向信号灯；8—交流发动机报警灯

当发动机起动后，电刷便转到"ON"位置，此时，电刷M、B、C的输出情况如图9-7位置所示。在电刷C的端子A和ON之间的跨接线，表示它所接的附件在点火开关的电刷处于"ON"和"A"位置，并且均可开动。

有些轿车的钥匙采用了电子钥匙，具有防盗功能，非法起动时，电子钥匙解码器便禁止起动机工作，尽管锁体已经转到了起动位置，但发动机仍然不能起动。

（2）组合开关。

组合开关将灯光开关（前照灯开关、变光开关）、转向灯开关、紧急报警灯开关、刮水器/清洗器开关等组合为一体，它是一个多功能开关，安装在便于驾驶员操纵的转向柱上。

9-2 组合开关电路原理

2）电路保护装置

为防止电路中导线或电气设备过载，在每个用电设备的电路中都需要电路保护装置。当电路中的电流超过规定值时，保护装置可自动将电路切断，以防止烧坏电路中导线和电气设备。常用的电路保护装置有熔断器和断电器两种。

（1）熔断器。

熔断器是最普通的电路保护装置。常见熔断器外形如图9-8所示。熔断器的规格及控

制内容通常标在熔断器的盒盖上,一些中、高档车型通常标注英文缩写字母。熔断器与它保护的用电设备串联,电源电压加至熔断器盒内的汇流排,熔断器的一端与汇流排连接;另一端与要保护的用电设备连接。当熔断器断掉,更换新的熔断器时,必须选用额定电流值正确的熔断器,否则对电路及用电设备是有害的。

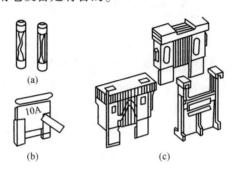

图 9-8 常见熔断器外形

(a) 熔管式;(b) 缠丝式;(c) 插片式

(2) 断电器。

断电器用于正常工作时容易过载的电路中,断电器的原理是利用双金属片受热变形的原理制成的。断电器按其作用形式有两种类型,一类是当电路发生过载时,双金属片受热向上弯曲变形,使触点分离,自动切断电路,保护线路及用电设备;排除故障后,需用手按下按钮,使双金属片复位,如图 9-9 所示。另一类是当电路发生过载时,双金属片受热变形弯曲,触点打开,电路自动切断;当双金属片冷却后,自动复位,触点闭合,电路自动接通,双金属片受热变形,触点再次打开,如此,断电器触点周期地打开和闭合,直至电路不过载为止,如图 9-10 所示。

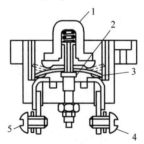

图 9-9 非循环式断电器

1—复位按钮;2—双金属片;3—触点;4,5—接线柱

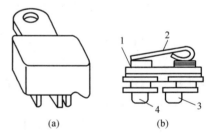

图 9-10 循环式断电器

(a) 外形;(b) 结构

1—触点;2—双金属片;3,4—接线柱

(3) 继电器。

在汽车电路中,应用大量的继电器来控制电路的导通与截止,它的主要作用是用小电流控制大电流,即用流经开关的小电流通过继电器的触点控制用电设备的大电流,这样可保护开关触点不被烧蚀,提高开关的使用寿命。在汽车上常见的继电器有:电源继电器、卸荷继电器、前照灯继电器、雾灯继电器、起动继电器、电喇叭继电器、鼓风机继电器、空调继电器、电动窗继电器等。多数继电器放置在熔断器盒内,还有一部分继电器随系统

9-3 继电器工作原理

的线束而定。常见继电器的外形与内部原理如图 9-11 所示。

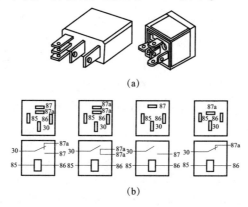

图 9-11　常见继电器的外形与内部原理
(a) 外形；(b) 内部原理

二、汽车电路图基本符号识别

电路图上是以电器符号来表示的。不同的车型其电路图是不同的，而且电路图还没有采用统一标准。这样在维修过程中，要求首先拥有《维修手册》，其次要能正确读懂电路图。

1. 电器符号

虽然不同车型的电路图不相同，但汽车电路图所采用的符号大体相同。大众车系电路图中使用的符号见表 9-7。

表 9-7　大众车系电路图中使用的符号

名称	图形符号	名称	图形符号	名称	图形符号
交流发电机		机械控制开关		后风窗加热器	
起动发电机		热能控制开关		车内照明灯	
点火线圈		冷却液温度传感器		火花放电点	
刮水器电动机		继电器		扁平插头	
手动控制开关		电喇叭		多孔连接插头	
压力控制开关		继电器		电磁阀	
多挡机械控制开关		点烟器		指示仪表	

2. 导线的标记

在电路图中，每根导线都有线束标记，如导线上标有 W/R，则表示该导线为白色基色带红色条纹的导线。由于各国家的母语不同，故线束标记有所不同。我国与美国、日本等国均采用英文字母缩写形式，而德国则采用德文字母。随着汽车用电设备的增多，导线的数量也不断增加，为了维修及安装方便，除各线束间的插接器不同外，备用电设备之间线束中的导线颜色也是不同的。这样当汽车电路出现故障时，根据电路图上导线的标注，可以从线束中很方便地找到相应的导线。

3. 熔丝及辅助接线盒

桑塔纳系列轿车整车电气系统采用中央线路板方式，即大部分继电器和熔丝都安装在中央线路板正面，中央线路板正面布置如图 9-12 所示，中央线路板上的熔丝如表 9-8 所示。主线束从中央线路板反面接插后通往备用电器，中央线路板反面布置如图 9-13 所示。中央线路板上标有线束和导线接插位置的代号及接点的数字号。主要线束的插件代号有 A、B、C、D、E、G、H、L、K、M、N、P、R。其中 P 插座插入常火线，R、K、M 均为空位插孔。查找时只要根据电路图中导线与中央线路板区域中下框线交点处的代号，就能了解其导线在某个线束中的第几个插头上。

表 9-8 桑塔纳系列轿车中央线路板上的熔丝

熔丝编号	熔丝名称	额定电流/A	熔丝编号	熔丝名称	额定电流/A
1	散热器风扇	30	15	倒车灯、车速传感器	10
2	制动灯	10	16	双音喇叭	15
3	点烟器、收音机、钟、车内灯、中央集控门锁	15	17	进气预热温控开关、怠速截止电磁阀	10
4	危险报警闪光灯	15	18	驻车制动、阻风门指示灯	15
5	燃油泵	15	19	转向灯	10
6	前雾灯	15	20	牌照灯、杂物箱照明灯	10
7	尾灯和停车灯（左）	10	21	前照灯近光（左）	10
8	尾灯和停车灯（右）	10	22	前照灯近光（右）	10
9	前照灯远光（右）	10	23	后雾灯	10
10	前照灯远光（左）	10	24	空调	30
11	前风窗刮水器及清洗装置	15	25	自动天线	10
12	电动摇窗机	15	26	电动后视镜	3
13	后风窗加热器	20	27	ECU	10
14	鼓风机（空调）	20			
注：熔丝 23~27 为桑塔纳 2000651 型轿车的编号，插在中央线路板的旁边。					

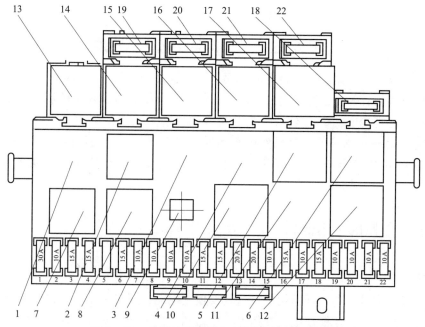

图 9-12 桑塔纳系列轿车中央线路板正面布置

1,3,4,11—空位；2—进气歧管预热继电器；5—空调组合继电器；6—喇叭继电器；7—雾灯继电器；8—"X"接触继电器；9—拆卸熔丝专用工具；10—前风窗刮水及洗涤继电器；12—转向继电器；13—冷却风扇继电器；14—车门玻璃升降器继电器；15—车门玻璃升降器继电器；16—内部照明继电器；17—冷却液位指示继电器；18—后雾灯熔丝（10 A）；19—过热保护器；20—空调熔丝（30 A）；21—自动天线熔丝（10 A）；22—电动后视镜熔丝（3 A）

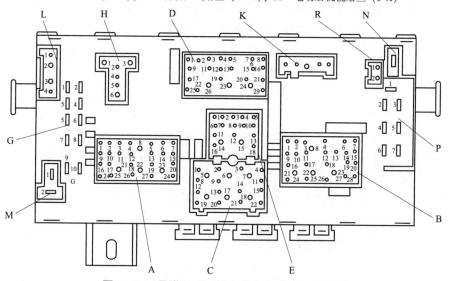

图 9-13 桑塔纳系列轿车中央线路板反面布置

A—用于仪表板线束，插件颜色为蓝色；B—用于连接仪表板线束，插件颜色为红色；C—用于连接发动机室左边线束，插件颜色为黄色；D—用于连接发动机室右边线束，插件颜色为白色；E—用于连接车辆后部线束，插件颜色为黑色；G—用于连接单个插头（主要用于冷却液不足指示控制器）；H—用于连接空调装置的线束，插件颜色为棕色；K，M，R—空位；L—用于连接喇叭等线束，插件颜色为灰色；N—单个插头（主要用于进气歧管预热器加热电阻的电源）；P—单个插头（主要用于蓄电池火线与中央线路板"30"的连接，中央线路板"30"与点火开关"30"接线柱连接）

单元二　汽车电路图的识读

汽车电气设备总线路，就是将电源、起动系、点火系、照明、信号、仪表、电子控制装置以及辅助电器装置等，按照它们各自的工作特性以及相互间的内在联系，通过开关、保险器用导线连接起来构成一个整体。

汽车电气设备总线路的布置虽然因车而异，但都存在一定的规律性。了解汽车电器线路的内在联系和熟悉全车电气线路，对正确使用、保证汽车安全可靠都有十分重要的意义。

一、线路的基本概念

1. 线路和电路

任何电源均向外供电，任何用电设备均要使用电能，故必须用导线将二者合理地连接起来，让电流形成回路，才能使电流在用电器中做功，把电能转换成其他形式的能，发挥电源和用电器的作用。电工学中将这种电流通过的路径称为电路。而一般的电路都是导线连接，故又称为线路。

2. 线路图和电路图

线路图是电气设备之间用导线相互连接的真实反映。它是一种专门用来标记接线的实际位置、线路走向、线型色码等的指示图。它所连接的电气设备的安装位置、外形和线路走径都与实际情况一致，便于汽车电器故障的判断和排除。

电路图是将电气设备按电气符号作原理性的连接。其特点是电路清晰，简单明了，对分析各电气设备工作原理有很大作用，故又称为原理电路图。

由图可知，各电气设备均以电工符号表示，其位置是以电路连接最短、最清晰为原则布置，且电气设备内部电路也基本表示出来。因此，电路图既表达了电器之间的连接，又体现了内电路情况，容易分析各电器工作时电流的具体路径，了解其工作原理。

除上述两种汽车电器线路图外，还有汽车电气设备连接简图和全车线束图。连接简图的特点是各独立电系划分明确，既有电器符号又有外形特征，电路更简化。

线束图主要说明哪些电器的导线汇合在一起组成线束，从何处进行连接。

二、线路分析的一般原则

有了电路和电路图的基本概念，就可以对汽车线路做正确的分析。汽车电器线路与一般直流电路相比，既有共同之处又有其特殊性。

汽车总线路，由于各种车型的结构型式、电气设备的数量、安装位置、接线方法不同而各有差异。但其线路一般都遵循以下基本原则。

（1）汽车线路均为单线制。单线连接是汽车线路的特殊性，它是指汽车上所有电气设备的正极均用导线相互连接，俗称火线；而所有的负极则分别与车架金属部分相连，即搭铁。任何一个电路中的电流都是从电源的正极出发经导线流入用电设备后，由搭铁的负极通过车架金属流回电源负极而成回路。

这种接线方式已形成汽车电器线路设计安装的制度，故称单线制。其具有节约铜线、减轻质量、简化线路、便于安装、容易排除故障等优点。

但是，对某些个别电气设备，为了保证其工作可靠，提高灵敏度，仍然采用双线连接方式，如发电机与调节器的连接，双线电喇叭和双线电热塞等。

（2）汽车线路为直流并联电路。汽车上的两个电源之间，以及与所有的用电设备之间，都是正极接正极、负极接负极，这与一般直流并联电路完全相同。

接成并联电路，能发挥两个电源的优越性；能满足蓄电池工作的要求；能使任何一个用电设备的启用、停止非常方便；能保证每个用电器的正常工作而互不干扰；能限制电路的故障范围；便于电气设备的独立装拆和排除故障维护保养。但仍有少数电气设备与某一电路接成串联。如电流表与电源电路串联；闪光器串接在转向灯电路之中；电源稳压器串联于油压表和燃油表电路内等。

（3）汽车线路为负极搭铁。一般汽车线路都是负极搭铁。负极搭铁，火花塞点火有利，对车架金属的化学腐蚀较轻，对无线电干扰小。仍有少数汽车采用正极搭铁方式，使用时必须注意。

（4）电流表串联在电源电路中，以测量蓄电池充、放电流的大小。因起动机工作时间短、起动电流大，所以起动机电流不经过电流表。

（5）各车均装有保险装置，以防止短路而烧坏电缆和用电设备。

（6）汽车线路有共同的布局。无论哪一种类型、哪一个国家生产的汽车，各种电气设备均按其用途安装于相同的位置，这样就形成了汽车电器线路的走径和布局的共性，即使有个别辅助电器不同，也仅仅是极少数。

（7）汽车线路有颜色和编号特征。汽车上电气设备一般有几十种，虽然采用单线制，但线路还是很多。为了便于区别各线路的连接，汽车所用的低压线必须采用不同颜色的单色或双色导线，并在每根导线上编号。

（8）为不使全车电线凌乱，以便安装和保护导线的绝缘，应将导线做成线束。一辆汽车可以有多个线束。

（9）汽车电器线路由各独立电系组成。

三、汽车电路图的识读方法

9-4 电路图的识图方法

（1）掌握电气组件额结构原理和电气组件的图形标识符号的含义。
（2）对照图注和图形符号，熟悉有关元器件名称及其在图中位置、数量和连接情况。
（3）掌握汽车电路元器件的识别代号。如表9-1所示。

识别代号	元器件	部件名称（部分电器件）
E	灯	大灯，雾灯
F	保护器	保险丝

识别代号	元器件	部件名称（部分电器件）
G	电源供给	交流发电机，蓄电池
H	转换器	喇叭，转向信号灯
K	继电器	继电器
L	传感器	点火线圈
M	电动机	雨刷电机，玻璃升降器电机
D	仪表	转速表，电压表
R	电阻器	鼓风机电阻
S	开关	雨刷开关，除霜开关
X	连接器	线束之间的连接器
Y	电子驱动	电磁阀

（4）分析电路的结构特点

①电源供给和接地分布；

②电路图的结构是以接线盒为中心、还是以 ECU 为中心展开的；

③主要元器件的走向。

（5）纵观"全车"，眼盯"局部"，有"集中"到"分散"。

全车电路一般都是由各个局部电路所构成，它表达了各个局部电路之间的连接和控制关系。要把局部电路从全车总图中分割出来，就必须掌握各个单元电路的基本情况和接线规律。

一开始，必须认真地读几遍图注，对照线路图查看电器在车上的大概位置、数量及其用途，是否有新的、独特的用电设备，如果有应加倍注意。

（6）抓住"开关"的作用，了解其所控制的对象。

开关是控制电路通断的关键，特别要注意继电器不但是控制开关也是被控制对象。

（7）根据"回路原则"分析电路

任何一个电路都应是一个完整的电气回路。其中包括电源、开关（或熔断器）、用电器（或电子线路）、导线和连接器等，并从电源正极经导线、开关（或熔断器）至用电器后搭铁，回到同一电源的负极。

一定要从电路组成的"三要素"——电源、中间环节、负载的分析入手，准确分析任何一条（或一个系统）电路中这三要素之间的内在联系和组成。已实现电路原理图、线路图和线束图三者间的相互转化，为检修电路提供方便。

（8）注意电路中开关或继电器的状态

大多数电器或电子设备都是通过开关或继电器的不同状态而形成回路或改变回路而实现不同的功能的。要仔细分析其控制条件和控制回路。

（9）要善于利用汽车电路特点，把整车电路化整为零

整车电路可以按组成汽车电气线路的各个分电路逐一进行分析；对于各分电路同样可以采取各个击破的办进行识读。

四、具体线路分析

现代汽车，由于电气设备不断完善，数量增多，整车电气设备总线路十分复杂。为便于分析和正确判断电路故障，按其用途和电路的组成，可将整车电路分解为电源电路、起动电路、点火电路、仪表电路、照明及信号电路等进行分析。例如以东风EQ1090型汽车电路中的电源电路、起动电路为例分述如下。

1. 电源电路

图9-14所示为东风EQ1090型汽车的电源电路。

它包括硅整流交流发电机及调节器和蓄电池。在此电路中，发电机与蓄电池并联。电流表的"-"端接蓄电池的正极，电流表的"+"端直接与交流发电机的"电枢"接线柱B相连，同时也与用电设备相连。这样电流表才能正确地指示蓄电池的充放电电流值。蓄电池的负极经电源总开关搭铁。在汽车停用时，应注意切断电源总开关，以防止蓄电池漏电。发电机的激磁电流由点火开关控制。

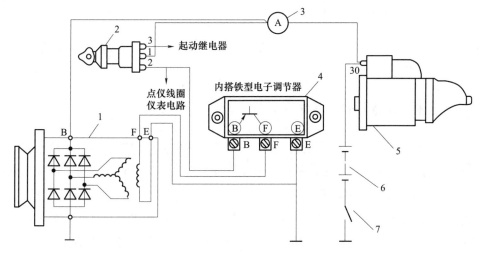

图9-14　东风EQ1090型汽车的电源电路

1—交流发电机；2—点火开关；3—电流表；
4—电子式电压调节器；5—起动机；6—蓄电池；7—电源总开关

2. 起动电路

图9-15所示为东风EQ1090型汽车的起动电路。它包括起动机、蓄电池及起动继电器等。其特点是起动机上的电磁开关由起动继电器控制，而起动继电器由点火开关控制。

起动发动机时，通过起动继电器、电磁开关接通蓄电池和起动机电路。蓄电池即向起动机供给200~600A的大电流。根据起动要求，线路电阻应尽可能小，其电压降不得超过0.2~0.3V，因此连接导线须用多股铜线，并应连接牢固接触良好。

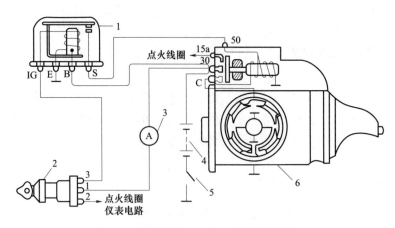

图 9-15　东风 EQ1090 型汽车的起动电路

1—起动继电器；2—点火开关；3—电流表；4—蓄电池；5—电源总开关；6—起动机

单元三　利用电路图排除故障

一、检查电路的工具

检查电路的基本工具包括万用表、试灯、发光二极管、试电笔等。其功能请参照其他资料，此处不再赘述。

二、检查电路故障的方法

当电路出现故障时，在进行检查之前，应首先仔细阅读电路图，将系统电路读懂，搞清楚系统的功能，然后再根据电路图从电源开始检查，一直查到搭铁，就可将故障点查出。

1. 利用电路图检查故障的方法

当电气系统出现故障时，首先应确定故障的现象和发生故障的条件，这样可以大致确定故障的范围。检查时，应首先对电源、故障系统的供电情况及故障元件本身进行检查，如果通过上述检查工作还不能确定故障原因时，则需借助电路图进行故障诊断。电路图可以提供电气设备的基本电路、电器元件的安装位置、线束及连接器的基本情况。在使用电路图进行故障诊断时，可按下述步骤进行：

（1）在电路图中找出故障系统的电路，并仔细阅读；

（2）通过阅读电路图找出故障系统电路中所包含的电器元件、线束和插接器等；

（3）通过电路图找出上述电器元件、线束和插接器在车上的安装位置及电器元件以及插接器上各端子的作用或编码；

（4）对怀疑有故障的部件按前述内容进行检测；

（5）根据电路图检查线束的短路和断路情况，直至查出故障的部位。

图 9-16 所示为利用电路图进行电压检测的情况，图 9-17 所示为利用电路图进行短路检查的情况。

如果检测到的数据与正确的数据不符，就说明系统有故障。图 9-18 中在开关断开时各点的

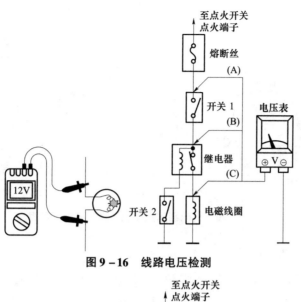

图 9-16 线路电压检测

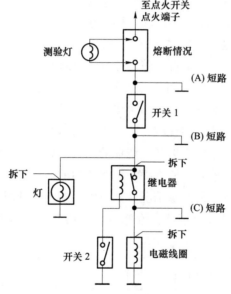

图 9-17 线路短路检查

电压应为万用表所示的数值,图 9-19 所示为开关接通时各点的电压,如果电压不符,说明存在故障。如图 9-20 中继电器触点处有 2 V 电压,说明此处有接触电阻,故障为触点接触不良。

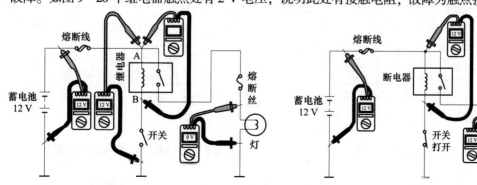

图 9-18 开关断开时各点电压的正确数据　　　图 9-19 开关接通时各点电压的正确数据

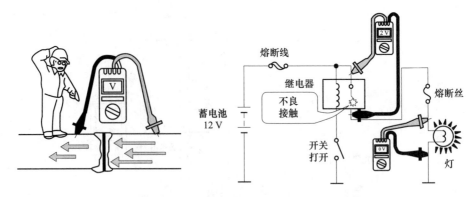

图9-20 继电器触点接触不良时的电压数据

2. 利用电路图检查故障的实例

一辆车右侧前照灯的近光和远光都不亮,诊断时应在电源检查的基础上仔细阅读电路图,前照灯的电路图如图9-21所示。阅读完电路图后可根据故障的现象分析故障可能发生的部位。这些部位包括蓄电池、FL MAIN熔断器、前部右侧熔断丝、前照灯右侧灯泡、组合开关、接线器和线束等,然后根据故障现象分析排除非故障的原因。由于左侧前照灯无问题,所以蓄电池、FL MAIN熔断器可以排除掉,组合开关和接线器同时控制左右前照灯的电路,左侧前照灯正常,说明组合开关和接线器也正常。通过上述分析,可能出故障的部位只有前部右侧熔断丝、右侧灯泡和线束。下一步可以对熔断丝、灯泡进行检查,检查的结果是熔断丝烧坏。再下一步是要确定熔断丝烧坏的原因,熔断丝烧坏的多数原因是线路发生了短路,因此还需对线路进行检查。检查时,可将灯泡的插接器作为检查的部位,用万用表的电阻挡检查插接器上3个端子的绝缘情况,如果电源端绝缘情况良好,说明短路发生在下游电路,此例中短路发生在此线束短路,维修后更换熔断器,故障排除。故障排除的过程如图9-22~图9-27所示。

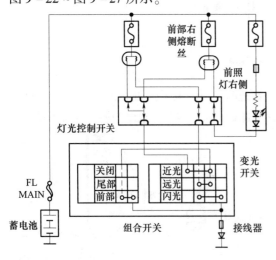

图9-21 前照灯的电路图

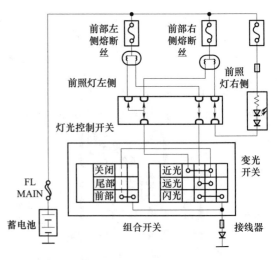

图9-22 确认故障可能发生的部位

图 9-23 检查零件确认熔断器损坏

图 9-24 分析烧熔断器的原因

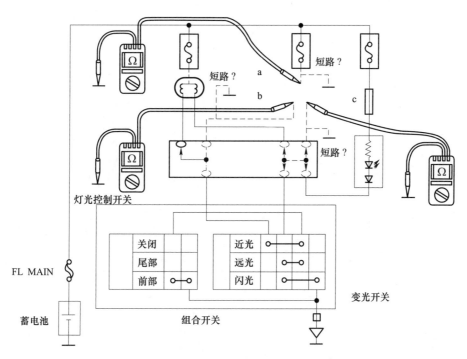

图 9-25 通过右侧前照灯的插接器检查绝缘情况

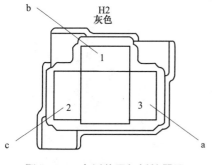

图 9-26 右侧前照灯插接器图

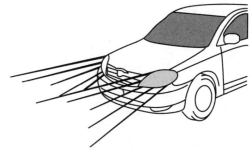

图 9-27 排除故障后检查灯的工作情况

丰田车电路图识图技巧

9-5 丰田车电路图
识图技巧

学习情境十

汽车整车电气设备生产性能检测与维护

为了完成汽车整车常用电气设备故障的检测与维护任务,必须了解各电气设备在车上的连接方式及作用,掌握汽车各电气设备常见故障及其排除方法;熟悉整车电气设备间故障检测维修的思路及综合维护的内容。

本生产性实训为模块化结构并提供开放式实训平台,实训模块可根据不同的实训要求进行组合;同时学校还可以根据教学需要,配置不同品牌的车型电气系统,也可以增加其他实训模块。事先配置,如电源系统、充电系统、启动系统、点火系统、灯光仪表部分系统以及各部分装置的零部件。各个部分自成系统,学生可以自由组装和调试。系统的控制部分采用蓄电池直接供电,也可以利用220 V交流电源供电(配有变频器),整个实训考核装置的模块之间连接方式采用安全导线连接,以确保实训和考核安全。

单元一 实训装置简介

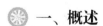 一、概述

汽车整车电气线路安装实训台,由铝合金实训网版、电源(蓄电池)、实训台支架、各汽车电气系统等组成。各个机构自成系统,学生可以自由组装和调试。

该装置配置电源系统、充电系统、起动系统、点火系统、灯光仪表部分系统以及各部分装置的零部件等实训机构。整个系统为模块化结构提供开放式实训平台,实训模块可根据不同的实训要求进行组合;同时学校还可以根据教学需要,配置不同品牌的车型电气系统,也可以增加其他实训模块。

系统的控制部分采用蓄电池直接供电,也可以利用220 V交流电源供电,整个实训考核装置的模块之间连接方式采用安全导线连接,以确保实训和考核安全。

该装置可实现的生产性实训任务包括：
(1) 汽车起动系统的装拆检修实训。
(2) 汽车点火系统的线路安装、检修实训。
(3) 电源系统的线路安装、检修实训。
(4) 灯光等的线路安装、检修实训。
(5) 整车电气设备的线路连接实训。
(6) 整车线束捆扎实训。
(7) 整车电气设备的线路连接实训。

二、建议配置

序号	名称	规格型号	单位	数量	备注
1	实训网板	铝板 1 200 * 1 500	块	6	
2	发电机	提供三相四线交流电源和单相电源输出；提供 12 V 可调直流电压源	台	6	
3	起动机		台	6	
4	点火开光		个	6	
5	分电器	带霍尔式信号发生器	个	6	
6	点火线圈	211905115D	个	6	
7	电喇叭		个	6	
8	中央继电器（盒）		个	6	
9	继电器		个	30	
10	开关	各种控制	个	若干	
11	滚轮	其中 2 个带锁止装置	个	24	

续表

序号	名称	规格型号	单位	数量	备注
12	前照灯		个	12	
13	尾灯		组	12	
14	雾灯		个	12	
15	牌照灯		个	6	
16	点火模块	191905351BDK－6A	个	6	
17	连接螺栓		个	若干	
18	线束接头		个	若干	
19	实训台支架			6	
20	电缆线	蓄电池专用	根	6	
21	火花塞		个	24	
22	电流表		块	6	
23	蓄电池		块	6	
24	零件框		个	6	

三、技术参数

（1）设备外形（存放）尺寸：长×宽×高＝1 300 mm×600 mm×1 480 mm。

（2）电源。

①蓄电池。

②220 V 电输出（降压使用）。

（3）整体式可移动台架，具有自锁功能，可折叠存放。

（4）安全保护措施：具有接地保护、漏电保护功能，安全性符合相关的国家标准。采用高绝缘的安全型插座及带绝缘护套的高强度安全型实验导线。

单元二　生产性实训说明

本安装系统主要有电源系统、起动系统、点火系统、照明和信号系统等组成。各系统所有的电器元件通过导线连接，均安装到网板上，并且各个系统组成各个模块，提高实训考核装置安全性和系统性。结构为拼装式，各个模块均为通用零部件，可以互换，能完成不同的实训项目，扩展性较强。

一、实训流程

（1）在学完相关知识之后，老师开始布置实训任务；

（2）学生根据掌握的知识，以及老师的实训要求，分组进行整理资料，绘制相应的电路总图以及接线图；

（3）学生设计好并绘制完相应连接图，由指导老师进行审核，由学生研讨，改正相关错误后到实训台上进行实物连接设计；

（4）在连接中，老师要严格把好关，确定无误后方允许进行接电调试；

（5）在调试结束后，进行成果展示，各组介绍，小组互评，老师点评，确定成绩。

二、实训的组织

为了充分利用实训设备，调动学生动手的兴趣，提高实际工作能力，掌握整车电路的安装、连接、故障排除的能力。我们必须精心组织、合理安排，以期达到我们预期的实训效果。

1. 人员安排

根据现有的实训设备，可安排 6 组学生同时进行实训。每组 5~7 人，其中设记录员 1 人，组长 1 人。参训的学生必须已学完汽车电气设备检修课程，并通过单项实做考核。

2. 设备安排

每组在配备实训台一台的基础上，配置工具箱 1 个；蓄电池 1 块；不同型号的熔断器，继电器若干，如有不足应及时配齐；导线若干。总的原则是必须满足实训要求。

3. 时间安排

这项实训总体时间以 16~18 课时为宜。电路图和布线图设计 4 课时；线路连接 6~8 课时；系统调试 4 课时；实训总结及实训报告写作 2 天；成果展示 2 课时。

4. 考核要求

本次实训总分为 100 分，按一定比例计入学科成绩。其中电路图和布线图设计 25 分；线路连接 25 分；系统调试 25 分；实训总结、实训报告写作、成果展示 25 分。

每小组按照其完成质量、完成时间、实训报告写作情况，由实训指导老师给出小组成绩。小组成员得分则由组长按其表现给出得分系数（百分比），该系数乘以小组分即为该学生实训得分。

三、系统调试

这一步骤是整车线路连接完成的必经步骤。

1. 调试前的准备工作

（1）调试前必须了解各种电气设备和整个电气系统的功能，掌握调试的方法和步骤。

（2）做好调试前的检查工作，包括：

①根据电气原理图和电气安装接线图、电器布置图检查元件的位置是否正确，并检查其外观有无损坏；触点接触是否良好；配线是否符合要求；电动机有无卡壳现象；各种操作机

构是否灵活；保护电器的整定值是否适合；各种指示和信号装置是否能按照要求发出指定信号等。

②对电动机和连接电线进行绝缘电阻检查。如连接导线的绝缘电阻不小于 7 MΩ，电动机的绝缘电阻不小于 0.5 MΩ 等。

检查各开关按钮、行程开关等电器元件应处于原始位置。

2. 调试的注意事项

（1）打开点火开关调试时，注意观察各种现象，随时做好关闭开关的准备，以防止意外事故发生。如有异常应立即停止，待查明原因后再继续进行。未查明事故原因不得点火。

（2）点火时，必须经过指导老师同意。

我国大力发展新能源汽车

我国大力发展新能源汽车

参 考 文 献

[1] 赵福堂. 汽车电气与电子设备［M］. 北京：北京理工大学出版社，2009.
[2] 毛峰. 汽车电气设备与维修［M］. 北京：机械工业出版社，2005.
[3] 周建平. 汽车电气设备构造与维修［M］. 北京：人民交通出版社，2005.
[4] 陈无畏. 汽车车身电子与控制技术［M］. 北京：机械工业出版社，2008.
[5] 李春明. 汽车电器与电路［M］. 北京：高等教育出版社，2003.
[6] 舒华，姚国平. 汽车电器与电子技术［M］. 北京：人民交通出版社，2004.